創傷與復原

Trauma and Recovery

性侵、家暴和政治暴力倖存者的絕望及重生

The Aftermath of Violence—From Domestic Abuse to Political Terror

茱蒂絲・赫曼——著
Judith Herman

施宏達、陳文琪、向淑容——譯

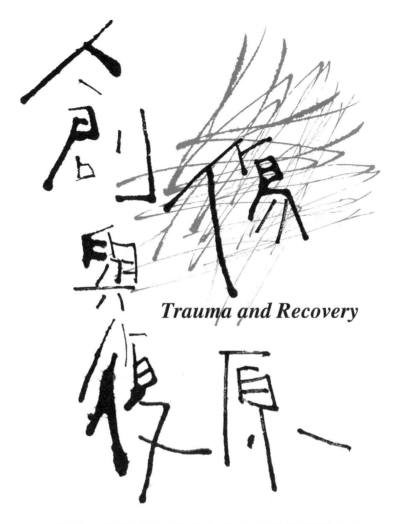

目錄

III

復原 STAGES OF RECOVERY

導讀

真相與正義：暴力創傷療癒的地平線

彭仁郁（中研院民族所副研究員／法國「分析空間」學會臨床精神分析師）

遺忘真的比較好？

在一次以「幸福科學」為主題的跨國跨領域先鋒科學論壇上，我試圖以人際暴力創傷的複雜主體經驗為例，從反面質問幸福的定義。一位來自歐洲，研究大腦生物化學機制的專家詰問我，臨床心理專業工作者為何總要逼迫受創者說出創傷，她認為反覆地敘說將增強創傷記憶的神經迴路，倘若能找出方法，比方藉由某種精神藥物清除此迴路，就能使受創者避免負面情緒的侵擾，幫助他們平靜下來，獲致真正的幸福或樂活（well-being）。我當場瞠目結舌，毫無辯駁能力。這位頂尖的科學家想必出自無比善意，但她應該未曾意識到，這項建議正好為世界各地不同形式的施暴者和歷史修正主義者，提供了最佳的大腦神經生物學理論基礎，鼓勵全世界受到暴力迫害的受創者，進行比遺忘或放下更徹底的歷史記憶抹除計畫。

如同絕大多數擁有多年暴力創傷臨床經驗的專業心理工作者，美國精神醫學教授、女權運動者、國際心理創傷權威茱蒂絲・赫曼教授承認，回憶受暴創傷的漫長歷程確實是輾轉而痛苦的，但在高品質的聆聽和陪伴下，這些引發極度痛苦的創傷憶痕將逐漸失去殺傷力（引自佛洛伊德），成為建構個人生命史或集體社群史的一部分。否則，就如佛洛伊德在歇斯底里症研究中揭示的，被意識排除的創傷憶痕將不斷自無意識復返，幻化成各種無名症狀，持續縈繞受創者。而在集體層次，難以化解的社群間衝突與仇恨，僵化意識形態所衍生的思考停滯，亦是暴力創傷症狀的一環。簡言之，無論是個人或集體層次，心理創傷經常外顯為記憶形構與思想的艱難。但解法絕不會是抹除憶痕；抹除的衝動本身，亦是暴力創傷的作用。因此，療癒歷程勢將捲入不同主體間記憶政治的多重角力。

《創傷與復原》自一九九二年出版後已翻譯成十國語文。三十年來，在心理創傷研究領域和創傷療癒實務界，維持屹立不搖的權威地位。對於相關領域學者和專業工作者而言，可說是名副其實的創傷療癒聖經，重要性遠大於收錄了「創傷後壓力症」（PTSD）診斷標準的《精神疾病診斷與統計手冊》（*The Diagnostic and Statistical Manual of Mental Disorders*, DSM）。書的內容分成兩大部分，前半部以戰爭創傷、長期受虐、亂倫性侵、家暴等人際暴力創傷的案例為主，鉅細靡遺地討論了PTSD診斷軸度所據以建立的臨床症狀，並針對PTSD診斷的缺漏，提出新的診斷名稱「複雜型創傷後壓力症」（Complex PTSD或CPTSD）。後半部則描繪治療與復原歷程，殷切提醒讀者，陪伴重度暴力創傷患者的重重困難及應注意事項，尤其強調臨床工作者自身支持體系的重要性。

受暴倖存者經常面臨的最大困境，是包括專業社群在內的廣大社會，傾向扁平化暴力創傷的特殊性，並且忽視否認暴力創傷真實的集體防衛機制。赫曼教授是一位入世的臨床精神醫學學者、臨床心理實務工作者及訓練者，她認為意識覺醒社會運動的參與本身也具有實徵調查研究的意涵。她的女性主義與人權關懷，不僅令她把臨床現場視為社會運動的實踐場域之一，成為北美、甚至是全世界首批揭露婦女及孩童在家內受暴真實境況的研究者，更使她觀察到創傷研究的大起大落，緊緊扣連著社會脈絡與政治氛圍。

加害者為了脫罪而否認十分容易理解，但赫曼及其同事在臨床觀察中發現，絕大部分的旁觀者，尤其是家內非受害的其他成員，亦傾向要求受害者緘默，或懷疑受害者的人格。筆者的家內性侵、慰安婦戰爭性創傷，以及白色恐怖政治暴力創傷研究，亦反覆發現同樣的現象。絕大部分的旁觀者選擇相信外表看來人格健全、品德無瑕、擁有社會資源的加害者，而看起來脆弱、無自信、不太正常、難相處的受害者，則難以取信於人，甚至經常受到汙衊。與素樸的正義直覺相反，陪伴受害者揭露真相，往往是最困難的選擇。乍看之下似乎令人難以置信，但否認的傾向其實完全符合佛洛伊德心理驅力理論中的享樂原則（pleasure principle）：即，心靈裝置（psychic apparatus）傾向遵循的心理經濟原則，是耗費最少精力，在最短時間內，讓系統恢復平衡狀態。

赫曼教授開宗明義便指出，在壓制或揭發暴力真相的矛盾中，目擊者不可能保持中立。不選邊，就是讓不正義延續。或者應該說，不選邊，其實就是選擇加害者那一邊。

然而，治療最困難的地方在於，否認暴行和挖掘真相的對立衝突，不只發生在不同社會群體和家庭成員之間，也發生在受創者自己心靈深處。如本書諸多臨床案例所呈現的，受創者內部的矛盾衝突，即是各種精神症狀的來源。而療癒之所向，即在透過治療關係，令被潛抑的傷痕與內在衝突的源頭為意識所接納，轉化為符合現實原則（reality principle，即非純粹個人利益導向）的真實記憶。唯有如此，才可能重啟時間之流，讓創傷成為過去。

拒絕真相的無意識衝動

精神分析和暴力創傷臨床經驗讓我們看見，一般人勿聽、勿視、勿言的排拒政策，是為了尋求自身內在安全感，因而選擇捍衛既定秩序。這樣的選擇又轉嫁到弱勢的受害者身上，對受害者產生非理性的不信任和汙衊衝動。即使是專業協助者，都很難避免受此衝動影響。書中稱之為專業者須時時警覺自省的內在「劣根性」，而在心理創傷研究史上，被這劣根性絆倒的最惡名昭彰的失足者，正是精神分析創始者佛洛伊德。

在十九世紀末，歇斯底里症症狀讓神經－精神科醫師傷透腦筋，在此困境中，佛洛伊德首先揭露了一段段童年家內或熟識性侵創傷史，並且發現了無意識心理防衛運作模式，據此建立了精神分析後設心理學的基本理論概念。但不久之後，佛洛伊德（至少表面上）放棄了這個（性）誘惑理論，「躲進」無意識伊底帕斯欲望心理真實的探究裡。對許多像赫曼一般的女性主義學者而言，佛洛伊德為了鞏固精神分析學門的學術與社會地位，放棄了為長期受到父權壓迫的女性病人伸張正義的機會。佛洛伊德或許不需要為自己放棄在十九世紀末成為捍衛性暴力受害者的女權主義運動先聲而懺悔，但他當時把「性誘惑」（性侵）場景挪移至伊底帕斯無意識幻想的理論選擇，確實開啟了主流精神分析學在一九八〇年代以前拒絕聆聽真實性侵創傷，甚至是其他外在真實創傷的趨勢。

書中提及赫曼自己在一九八〇年代遭逢了一波號稱精神分析取向的男性精神科醫師所主導的排拒勢力。當時，針對難以離開加害者的受暴婦女，他們提出在ＤＳＭ中增訂「受虐人格疾患」的提案，赫曼及其他女性主義專業工作者憤而投入抵禦學會內部建制派男性專業人士的抗爭。最後妥協的結果，是把這個明顯汙名化受暴婦女的病名更改為「自毀性人格疾患」。由此可見，在制定診斷病名和症狀標準的決策過程中，女性醫護人員的專業性也備受歧視。

再者，赫曼在一九九〇年代亦曾被捲入「虛假記憶症候群」（False memory syndrome）的風暴。一群被子女提告的加害父母，聯同數名認知心理學家組成了「虛假記憶症候群基金會」（ＦＭＳＦ），協助推廣這個後來被證實為偽科學的疾病診斷，在法庭上控訴心理治療師把被親人性侵的虛假記憶「植入」他們兒女的腦袋裡。根據一份一九九九年的加拿大研究*，從一九九二年ＦＭＳＦ成立開始，到一九九九年為止，北美有超過百分之九十的家內性侵訴訟因為法院採用這個未經臨床檢證的疾病診斷標籤而獲得不起訴處分，甚至有兒女和心理師被父母反控誹謗罪。赫曼亦指出，同時期，美國國家心理衛生研究院內的主流勢力，開始反對兒童虐待研究，不願相信創傷解離現象及潛抑記憶的實存性。一直以來，受害者被質疑可信度是極為常見的現象，其實不

* Kelly et al. (1999), "Memory on Trial: The Use of False Memory Syndrome in Court", in M. Rivera (ed.), *Fragment by Fragment:Feminist Perspectives on Memory and Child Sexual Abuse*, Charlottetown: Gynergy books, pp. 155-178.

單是受害者，創傷研究者和治療者也都可能受到否認勢力的攻擊。

嶄新的診斷病名：CPTSD

除了以豐富而鮮活的臨床案例幫助讀者了解創傷現象的複雜性，赫曼這部著作最大的貢獻在於提出「複雜型創傷後壓力症」（CPTSD）病名與更加細緻的症狀描繪，以補充PTSD診斷標準的不足。

PTSD主要的臨床樣本來自戰場退伍軍人。長期占有世界第一強權地位的美國，經常為了國家利益出兵，導致大量美國軍人承擔著戰爭創傷。尤其是一九七〇年代的越戰退伍軍人，不僅在越南戰場經歷極度殘暴血腥的場景，返鄉後迎面而來的不是同胞的安撫和理解，而是龐大的反戰浪潮與唾棄。這批不斷被邊緣化，出現各種社會適應問題、身心症狀、自毀行為的退伍軍人，在許多精神科醫師的協助下組織了自助團體，並成功地向精神醫學學會爭取將PTSD病名納入DSM第三版，使得退伍軍人的心理創傷獲得國家照顧與社會肯認。

然而，從DSM第三版到第四版的修訂版，PTSD診斷標準所羅列的關於記憶侵擾、封閉退縮、過度警醒等三大症狀軸向，一直都以創傷事件引發的生理心理反應和認知行為心理描述為主，忽略了暴力創傷對主體人格、關係和存在意義面向的根本衝擊。根據超過二十年的臨床觀察，赫曼認為，在以婦女和兒童為主要受害者的長期人際暴力創傷中，後者才是最重要、且最難處理的創傷。因此，赫曼反覆重申，創傷診斷必須納入被父權社會忽視的個案樣本。透過CPTSD診斷標準的內容，赫曼描述到，由於施暴者與受創者關係密切，在長期、重複性的暴力下，極易造成受創者的負面自我意象、人我界線模糊、忽視自我感受和自毀衝動，甚至可能因為過度認同加害者而轉變為施暴者。赫曼持續爭取了超過二十年，一直到二〇一三年在爭議中上市的DSM5，CPTSD的部分診斷描述才以PTSD解離亞型的形式被納入這部精神疾病診斷聖經。只是，被納入的主要還是關於受創個體負面認知和情緒行為的描述；為赫曼所珍視的，關於暴力創傷造成的斷裂中最根本的關係和意義面向，仍被排除在外。儘管國際衛生組織二〇一八年制定的《國際疾病分類手冊》第十一版（ICD-11），正式納入了CPTSD診斷，關於情緒、自我認同、關係面向的症狀描述，仍屬扁平靜態的障礙觀點，難以考量受創存在狀態隨著情境或脈絡變動的特殊性。

筆者認為PTSD診斷標準的缺憾，除了未納入創傷意義或意義缺乏的主體探問，也缺乏許多應更深入討論的問題，包括：創傷概念與壓力概念的滑坡類同、創傷事件與創傷症狀線性因果關係的預設，以及不同外顯症狀可能具有負面自我意象與人我關係斷裂等共同根源。此外，當創傷症狀被標準化和病理化，便可能忽略了主體試圖從失控的暴力衝擊中奪回掌控感的異質嘗試。也就是說，即使是最嚴重的精神症狀，都可能是受創者試圖自我療癒的嘗試，雖然這樣的嘗試從外表看來是失敗的，且未能減緩難以承受的心靈苦痛。

赫曼亦提醒，即使PTSD被納入了DSM，仍有許多創傷症狀會「偽裝」成其他精神疾病。這意味者，倘若受創者無法描述創傷經歷，在無法判斷症狀是否起源於真實外在創傷事件的情況之下，病患經常會取得身心症、焦慮症、憂鬱症、飲食疾患、睡眠障礙、成癮症、人格障礙或退化等疾病標籤，而造成不當診斷或誤診的問題。因此，書中強調，我們必須具備全面性的診斷概念，否則蒐集一堆病名和處方卻遮蔽了創傷，將產生嚴重的治療不良後果。

然而，在閱讀完赫曼提倡的CPTSD新診斷標準，與針對創傷症狀複雜而異質的提醒之後，讀者心中仍然留下一個懸而未決的問題：除了創傷診斷之外，我們是否應該賦予受創者其他精神疾病標籤？如同赫曼引述的倖存者所說，當她得到精神疾病診斷之後，彷彿創傷的真實經驗徹底被否定。即使赫曼不斷強調，在經歷重複而嚴重的暴力之後，生病是「正常」的，並且應該把創傷症狀看成從輕微／單純到嚴重／複雜的光譜，那麼我們應該如何看待童年長期受肢體暴力、性暴力與心理虐待的病患，往往在取得PTSD診斷之前，大多先收到人格疾患或重度精神疾病診斷的問題？此外，赫曼深知，多重人格疾患、邊緣性人格疾患等診斷經常為病患帶來汙名化和二度傷害的惡果，即使近年來這些診斷部分被解離性人格疾患取代，亦難以解除受創者自身人格被歸咎的情形，但全書仍然沿用了這些人格疾患診斷。到底創傷是正常反應還是病？不同創傷事件與創傷形式造成的創傷症狀之間，究竟存在什麼樣的普同性和異質性？這些是這部經典未及深入探究的重要問題，仍待追隨此研究取徑的理論家和實務工作者們共同思索。

復原三部曲

赫曼認為創傷的核心經驗是權能喪失（disempowerment）和失去連結（disconnection），因而將創傷治療設定成三個主要目標或階段：一、恢復安全感、重建信任關係；二、回顧與哀悼；三、重新（與自我和社群）連結。有趣的是，這兩大創傷經驗主題，在新舊版DSM的PTSD診斷標準症狀描述中均未出現。這意味著PTSD診斷標準彷彿要求治療師躲在單向鏡後觀察病人的外部症狀，而無視其內在動力。但一旦診斷成立，進入治療關係之後，治療師又需長出看見斷裂關係與內在複雜動力向度的眼睛。簡言之，DSM的診斷標準與後續治療的專業邏輯是脫節的。

雖然赫曼強調創傷治療應遵循精神醫學混揉生物-心理-社會三向度的基礎精神疾病病源學觀點，因而引介了精神藥物、短期行為認知治療和女性主義療法，但根據她臨床現場描繪所透露的與病患建立的治療關係，以及她對移情與反移情分析詮釋的著墨，可得知她主要運用的創傷治療方法還是精神分析取向的心理治療。全書散布著受到早期佛洛伊德精神分析理論影響的痕跡，赫曼也不諱言自己算是改良式的佛洛伊德學派治療師。心理動力療法曾經被認知行為學派治療取向專家斥為對創傷療癒不僅無效反而有害。最新的研究卻指出，以長期的療癒效果看來，精神分析取向心理動力療法雖然耗時，但療效更為持久而根本。赫曼在書中提倡梅寧格療養院資深心理師強・艾倫所命名的「純粹老派治療」，因為面對重度暴力創傷，從來不存在快速的療法。

替代創傷與支持網絡

凡是擁有與重度創傷個案工作經驗的臨床專業工作者皆曾體驗到：受傷者可能會傷人。受創者內部日夜翻騰著難以承受的恐怖風暴，對他人的信任感斷裂而飄搖。她內心永遠預警著將受到進一步的否認和羞辱，來自他人一丁點的遲疑和質問都會被放大數百數千倍，以至於無法分辨，關心者的靠近究竟是出自善意，或是與加害者密謀的迫害意圖。治療者在受害者強烈的移情投射中，經常被放到加害者的位置，容易被激起反擊的攻擊衝動。

赫曼提醒，投入重度創傷治療的專業工作者非常可能因為過度的同理共感而發生替代性創傷，不是跟受創者一起跌入無能、無助感的絕望谷底，就是進入唯一有能力捍衛、拯救受創者的全知全能防衛狀態。唯一的解套辦法是治療者自己須有充分的支持網絡，絕對不可陷入孤立無援的處境。然而，按照筆者對台灣目前暴力創傷療癒實務現場的了解，絕大部分接案的行動心理師或機構心理師都缺乏專業團隊的支持，往往只能依賴所費不貲的自費督導尋求專業討論機會並獲得情緒照護。極限暴力創傷療癒實務工作者如何能取得機構內部跨領域專業團隊的支持，或組織非正式的同儕支持團體，是值得思考和努力的方向。

終極療癒：社群集體追討真相與正義

赫曼教授反覆提到，暴力創傷的引爆與促成復原發生的歷程，都嵌在人類社會的大小歷史當中，無法脫離外在歷史情境和社會脈絡。這意味著療癒不僅侷限於個別受創主體的回顧與哀悼，因為受創主體不可能在真空中單向地與想像的他人重新連結，或自動地重返社群。在受創者尋求療癒的路途上，社群集體發掘真相、追討正義的意志亦扮演著關鍵角色。赫曼呼籲：「一旦大眾承認某人確實受到傷害，社群就必須採取行動，追究造成傷害的責任歸屬，並彌補傷害。社會的肯認與彌補是必要的，如此才能重建倖存者對秩序與正義的信心。」

這點不論對家內性侵、戰爭暴力或政治暴力的倖存者來說皆至關緊要。倖存者即使能透過個別治療情境的護持與涵容獲得初步療癒，但只要當社群集體空間中持續充斥歷史修正主義或否認主義的聲浪，在大眾媒體上流傳汙衊受創者／倖存者的扭曲歷史或虛構事實，這條崎嶇的療癒之路便很難抵達終點。正如德國社會政治與道德哲學家艾克索·霍內特在《為認納奮鬥：社會衝突的道德語法》一書中所闡述，受壓迫的主體必須獲得主體、法律、社會三重層次的認納（recognition），才能完成復原的抗爭道路。這一點與赫曼的看法不謀而合，她提到強勢群體對弱勢群體所施加的暴力，尚需仰賴社會政治運動從根本改變社會結構與大眾思維。一旦正義的問題存而未決，倖存者與社群連結的療癒工程便無法完竣。

然而，當加害者仍然高踞社會權力結構上位時，倖存者追討真相與正義之路勢必滿布荊棘。為了避免倖存者陷入永無止盡的悲傷絕望，以及在心理上與加害者永遠綑綁在一起的痛苦深淵，赫曼倡導，倖存者不需要堅持不放棄向加害者直接索求道歉賠償的艱辛路徑，而應透過投入社會全體的正義捍衛工作，間接奪回公平正義的肯認與自我價值。這樣的折衷之道的確有其不得不然，但前提是社群集體中的多數他者能認納倖存者受害的真相。

創傷療癒的未竟之業

赫曼這部涵蓋層面甚廣，著實難以超越的經典之作，仍舊為新世代創傷研究者留下一些待省思的未竟議題。當她說，暴力之所以能夠暢行，是因為「沒有群眾運動要求政府負起責任」，為了終結暴力，「我們需要一場政治運動」時，暴力創傷實務工作者應該如何理解這句指導語？誰是那些應該掀起政治運動的「我們」？我們應該如何解決意識層唾棄父權結構性暴力，無意識層卻不願耗費能量起而反抗，寧將各種性／別暴力視為理所當然的根本衝突？我們該如何理解自己對遠方不公不義灑下悲憫熱淚，甚至慷慨解囊助人困頓，卻持續對置身所在踐踏人權的殘酷罪行視而不見的荒謬矛盾？我們是否真正願意站出來向施暴者追討其應負的責任，還是繼續選擇不需承受任何代價的旁觀中立位置？無論是身為創傷療癒實務工作者、承受暴力創傷社群的一分子，或是身處加害結構中的一員，都需要思考這些問題，才有機會學習在暴力創傷摧毀的地基上，重建不一樣的自己，一個嶄新而異質的「我們」。

創傷與復原
Trauma and Recovery

茱蒂絲・赫曼
Judith Herman

開始寫這本書前，我以為我打算寫的是一個陽剛到幾近過分的故事，一部充滿性別對抗、野心、權力、恩惠、背叛、死亡、報復的小說。但女性似乎接下了控制權；她們從故事的外圍進占，要求納入她們自身的悲劇、歷史與喜劇，令我不得不以各種迂迴複雜的手法敘述我的故事，不得不看見我的「男性」構想可說是透過與其相反的「女性」立場這個稜鏡折射出來。我看到那些清楚知道自己在做什麼的女性——她們的故事說明、甚至涵蓋了男性的故事。壓抑是一件沒有任何縫隙的外衣；一個自有一套社會與性別規範的專制社會，會用榮譽及禮教這些沉重不堪的負擔摧毀這個社會中的女性，也會引發其他形式的壓抑。反過來說也通：獨裁者向來——或者說至少在公開場合代表別人的時候——都嚴守道德規範。所以到頭來，我的「男性」與「女性」情節其實都是同一個故事。

——薩爾曼・魯西迪，《羞恥》，一九八三年

導言

Introduction

人們對暴行的一般反應是將它排除於意識之外。某些違反社會常態的事，若恐怖到無法清楚表達出來，就只能用「難以啟齒」（unspeakable）這幾個字來形容。

然而暴行本身卻不願被埋藏湮沒。雖然人們有強烈的欲望想否認暴行存在，但也同樣深信，否認於事無補。民間流傳的說法是，冤鬼絕不安息，會始終陰魂不散直到沉冤昭雪；而紙是包不住火的，惡事終必敗露。想要重建社會秩序，讓受害者得到撫慰，首要之務就是記住暴行，並揭露真相。

一方面想要否認恐怖暴行存在，另一方面又希望將它公諸於世，這種矛盾正是心理受創者的主要對立衝突之處。暴行的倖存者通常會用高度情緒性、互相矛盾和零碎的表達方式述說慘痛遭遇，但此舉嚴重損及他們的可信度，致使他們陷入兩難困境：到底是要說出真相、還是保持緘默。只有徹底認清真相，倖存者才有可能出發邁向復原之路。可惜，大多數的時候保持緘默的力量贏了，受創者沒有以言語表達創傷經歷，而是透過精神症狀形諸於外。

受創者所表現的心理症狀是：想引起別人注意到那難以啟齒的創傷祕密，又想極力掩藏它的存在。最明顯的例子是，受創者會交替出現麻木無感和創傷事件重現兩種不同症狀。創傷所帶來的對立衝突會引起複雜、有時是非常嚴重的意識狀態之改變，就像上世紀致力於揭露真相的作家喬治・歐威爾所謂的「雙重思想」（doublethink），或是精神醫學專家找出的中性而精準的字眼：解離（dissociation）。創傷矛盾會形成變化多端、富戲劇性、通常也很怪異的歇斯底里症症狀，西格蒙德・佛洛伊德在一個世紀前即認為，此症乃是患者的偽裝表達，以透露童年時的性虐待經歷。

目擊者和受害者一樣，也會受到創傷引發的對立衝突之折磨。對目擊者而言，實在很難保持清醒，冷靜以對，也很難在當下對事件有整體性的觀照、記住所有的細節或是將所有細節串連起來；更難的是，要找到適當並具有說服力的言詞將所見所聞傳達給他人。因此，那些企圖描述所見暴行的人，也要承擔被質疑的風險。當有人公開說出暴行的見聞，同時也可能蒙受類似受害者所蒙受的汙名。

殘酷暴行被揭露後，時不時會成為公眾議題，但從來不會持續太久。否認、壓抑和解離反應不只發生在個人身上，也發生在整體社會的層次上。心理創傷的研究有一段「鮮為人知」的滄桑史。就像遭受創傷的人，我們已割棄過往的知識；就像遭受創傷的人，我們需要重新理解過去，才能挽救現在與未來。因此，想了解心理創傷，就要從歷史開始重新探索。

臨床醫師都知道，當被壓抑的想法、感覺和記憶浮上意識層，通常會是洞察心理創傷的良機。這樣的時機會出現在整體社會的演進史裡，也會發生在個人的生命史中。一九七〇年代，女性解放運動風起雲湧，促使當時普遍存在的女性受暴犯罪問題成為公眾討論的議題。那些長期受到壓制而不敢聲張的受害者，開始勇於揭露自己的隱情。我還是個精神科住院醫師時就從病患身上聽過無數的性侵和家庭暴力故事。身為女性運動的參與者，我得以在自己的專業領域中發言，並以親身見聞做見證，反駁那些否認女性真實遭遇的論調。我的第一篇亂倫研究論文，是一九七六年與麗莎・赫希蒙合寫的。我們的原稿「祕密地」流傳一年之後才得以正式付梓，發表後開始收到來自全國各地的信件，許多婦女將她們從未吐露過的故事告訴我們。從她們身上，我們領悟到勇於說出難以啟齒的祕密之力量，也見證到否認與壓抑的藩籬撤除後所釋放出來的創造性能量。

本書所呈現的內容是我二十年來的研究成果，包括對性侵與家庭暴力受害者的臨床工作心得。它也反映了我對其他受創患者不斷累積的了解，特別是那些參與過戰役的退伍軍人和政治恐怖活動的受害者。這本書會談到如何重建連結：無論在公眾領域與私人領域之間，在個人與社群之間，或在男性與女性之間。這本書也在描繪不同倖存者的共通經驗：無論在強暴倖存者與參戰退伍軍人之間，或是在受虐婦女與政治犯之間；也在不同的集中營倖存者之間，無論那是獨裁暴君所建立之大型集中營，或是家庭暴君所建立之小型隱藏版集中營。

長期生活在恐怖情境中的人所蒙受的心理傷害是可以預期的。創傷造成的疾患，範圍有如一個光譜，從單一巨變事件的影響，到長期不斷受虐的複雜影響。既有的精神疾病診斷觀念，尤其是那些通常在女性身上診斷出的重度人格疾患，通常很難用來識別出受創對個人的衝擊。在本書的前半部，我將描述人類對創傷事件的適應性變化之連續光譜範圍，和對長期不斷受虐的倖存者所產生的心理疾患，給予一個新的診斷名稱。

由於創傷症候群（traumatic syndromes）有許多相同的基本特性，因此復原過程也大致沿著相同的途徑。主要的復原階段為建立安全感、還原創傷事件真相，和修復倖存者與其社群之間的連結。本書的後半部將會對治療過程做一整體性概述，並對受創者的心理治療提出新的觀念架構。我會用倖存者的見證和各種文獻中的案例，闡述說明創傷疾患的特性和治療原理。

本書的研究素材包括我早期對亂倫倖存者的研究，和近期對童年創傷與邊緣性人格疾患（borderline personality disorder）關係的研究。本書的臨床素材則是我在一間女性精神醫療中心的二十年執業經驗，和在一所教學醫院十年的教學與擔任督導經驗。

本書最重要的部分，是創傷倖存者的見證之詞。為了保密，所有當事人我都冠以假名，只有兩者例外。其一，那些接受過訪問並談及他們工作內容的治療師和臨床醫師；其二，那些已將故事公諸於世的倖存者。至於敘述案例的短文都經過編造，每一篇的內容都是由許多不同患者的經歷綜合而成。

面對倖存者帶給我們的挑戰，我們要設法將支離破碎的情節拼湊起來，將歷史還原，據以解釋他們現在所表現出來的症狀。在創傷的議題上，我一直努力整合臨床的觀點和社會的觀點，既不犧牲個人經驗的特異複雜性，也不忽視社會政治背景的廣泛影響性。我也一直嘗試統合那些有明顯分歧的知識，並試圖發展出可同樣應用在不同議題的觀念，既可用於傳統女性角色中的家庭與性生活經驗，也可用於傳統男性角色中的戰爭與政治活動經驗。

在本書所誕生的時代，人們因女性運動而得以公開討論普遍存在的性與家庭暴行，也因人權運動而得以公然控訴普遍存在的政治暴行。我預期這會是充滿爭議性的一本書。首先，它是用女性主義的觀點寫成的；其次，它挑戰了既有的診斷觀念；第三，可能也是最重要的一點，它談的都是一些可怕討厭的事，一些沒有人真正想聽的事。我嘗試在傳達自己想法的時候，使用的是能與大眾產生聯繫的表達方式，希望一方面能忠實地恪守專業上的冷靜理性傳統，另一方面又能不失真地反映出被侵犯和被傷害者的激情控訴。我也在試著找出一種表達方式，既抵擋得住雙重思想的控制，又能讓我們大家願意進一步正視那群受著「難以啟齒」創傷折磨的人們。

I

創傷
TRAUMATIC DISORDERS

第 1 章

被遺忘的歷史

A Forgotten History

心理創傷的研究有一段令人費解的歷史，彷彿是間歇性的失憶現象，積極探究的時期與漠視遺忘的時期輪流交替著。這種現象在十九世紀即不斷重複，類似的研究開始進行後不久又忽然遭棄置，總要經過一段長長的時間才又重新被發現。五十或一百年前的經典文獻，讀起來就像現代作品一樣新穎。事實上，這個領域有非常豐富而深厚的傳統，但總是會被週期性地遺忘，然後再週期性地撿回來。

這種間歇性失憶現象，起因並非研究風潮的改變，雖然這是每個學術領域的普遍現象。心理創傷的研究並非因眾人興趣缺缺而式微。相反地，這個主題所激起的爭議是如此地強烈，還不時引起眾人唾棄相關的人事物。心理創傷的研究持續引領我們進入不可思議的境地，也讓我們一些基本信念瀕臨崩潰。

研究心理創傷，無可避免地要面對人類在大自然中的脆弱性，和存在人心中的劣根性。研究心理創傷，也意味著要忍痛見證可怕事件。如果是大自然的災難或「不可抗拒」的意外，目擊者很容易就對受害者產生同情心；但假如是人為的，目擊者就會被捲進受害者與加害者的衝突矛盾中。在此矛盾中，目擊者絕無可能保持中立，勢必被迫選邊站。

站在加害者那一邊是很誘人的。所有加害者想要的都一樣，就是目擊者什麼事都不做。所以他們利用人性弱點，也就是眾人不想看到、聽到、談到任何惡事。相反地，受害者要的是目擊者分擔痛苦，寄望他們能展開行動、保持關注和永不遺忘。精神科醫師李奧．艾丁格研究過納粹集中營的倖存者，他如此描述受害者和旁觀者間殘酷的利害衝突：「戰爭與受害者都是社會亟於忘卻的，任何痛苦與不快的事都會被覆上遺忘的紗幕。我們看到尖銳對立的兩邊：一邊是受害者，他們可能想忘卻忘不了；另一邊是那些極力要遺忘、也成功辦到的第三者，雖然遺忘的動機很強烈，卻也總是不自覺想起。這種對立……不管是哪一方，都會覺得非常痛苦。而最弱勢的一方……在這場無聲且不平等的對話中，永遠是輸家。」[1]

為了逃避對罪行應負的責任，加害者會盡其所能促使大眾忘記此事。保密和緘默是加害者的第一道防線，一旦事跡敗露，加害者就會開始攻擊受害者的可信度。如果加害者無法使受害者完全閉嘴，他會想辦法讓受害者的話無人願意聽。為達此目的，他會編造出一串令人印象深刻的論點，從最露骨的否認，到最詭辯和冠冕堂皇的理由。在每一個暴行之後，你可能都會聽到意料中的相同辯解之詞：根本沒有這種事，受害者說謊，還誇大一切過程，說其實一切都是她自找的；無論發生過什麼事，現在該做的是忘掉過去、迎向未來。加害者的權勢愈大，也就愈能隻手遮天，定義對他有利的所謂實情，然後就愈來愈多人相信他的說法。

如果旁觀者單獨面對加害者，加害者的辯解常顯得無可反駁。缺少社會大環境的支持，旁觀者常會屈服於誘惑，改變立場。[2] 就算受害者是社會上受人愛戴或重要的人物亦然。所有參戰過的軍人，甚至連那些已被視為英雄的軍人，都會沉痛地控訴：沒有人想知道戰爭的真實景況。如果受害者是原本就地位低落的那群人（如婦女或小孩），她可能會發現自己創傷事件的悲慘程度居然已超出社會所願意承認的範圍。她的經歷變得難以啟齒。

心理創傷的研究者永遠要應付社會大眾對於受害者的懷疑或是貶抑。綜觀這個領域的歷史，人們總是激烈地爭論著：那些有創傷後症狀的患者是否有資格受到重視與醫療照顧，或根本是罪有應得；他們是否真的被痛苦折磨，或只是詐病；他們的故事到底是真是假，如果是假的，是純屬想像呢？還是惡意的杜撰？縱使心理創傷的現象有大量的文獻紀錄，爭論的焦點卻始終圍繞在這個基本問題上：這個現象是可信的嗎？是真的嗎？

不只是那些有創傷後症狀的患者，就連這方面研究者的可信度也不斷遭受質疑。臨床醫師如果對創傷患者的故事聆聽得太多太仔細，通常會引來同事狐疑的眼光，好像這是一種傳染病。研究者如果在這個領域探究得太深入，以致超出傳統認知的範圍，通常得到的待遇是學術上的孤立。

要讓創傷的事實得到大眾注意，要有適當的社會背景，人們願意相信並保護受害者，還能讓受害者與目擊者聯合起來。對個別的受害者而言，這種社會背景指的是與朋友、情人和家人的關係；對社會大眾而言，則要靠政治運動創造環境，以爭取弱勢團體的發言權。

同樣地，若要對心理創傷進行有系統的研究，也需倚靠政治運動的支持。的確，這樣的研究是否有可能進行或公開討論，本身就是個政治問題。戰爭創傷的研究之所以具有正當性，是因為社會大眾開始質疑為何要讓年輕男子犧牲在戰場上；性與家庭生活創傷的研究之所以具有正當性，是因為社會大眾開始體認到女性與兒童地位低落的事實。要提升這個領域的研究，就需得到力量強大的政治運動之支持，並公開確立調查者與受害者的同盟關係，一起對抗社會上否認和要求噤聲的力量。如果沒有人發起強大政治運動主張人權，沒有人積極挺身做見證，創傷事件無可避免地會被壓制遺忘所取代。壓抑、解離和否認的現象不只存在於社會的意識中，也存在於個人的意識裡。

過去一百多年來，一共出現三次的心理創傷概念，各自以獨特的形式進入公眾的意識之中，每次的創傷研究也都因為與當時的政治運動聲氣相通而興盛一時。第一個出現的是歇斯底里症：一種典型的女性心理疾患，相關研究發展於十九世紀末的法國，當時正處於激烈的政治運動時期，人們擁護共和政體、反對教會干政。第二個是彈震症（Shell Shock）*或戰爭精神官能症（Combat Neurosis），相關研究開始於第一次世界大戰後的英國和美國，於越戰後達到全盛時期，當時的政治背景正處於戰爭狂熱的瓦解和反戰運動的興起。最後、也是最近引起世人關注的心理創傷研究是性與家庭的暴力，其政治背景是發展於西歐和北美的女性主義運動。我們現在對心理創傷的理解，就是建立在這三個主題的綜合研究上。

歇斯底里症的英雄時代

在十九世紀的最後二十年中，歇斯底里症成為學術研究的主要焦點。「歇斯底里症」這個名詞在當時幾乎是眾所周知，毋須費心定義，人人都理解其意涵。一位歷史學家曾說：「兩千五百年來，一直有人認為歇斯底里症是一種奇怪的疾病，有著矛盾和費解的症狀。大部分醫師都相信，它源於子宮，是女性才會罹患的疾病。」[3]歇斯底里症也因此得名。另一位歷史學家也解釋道，歇斯底里症是「一個戲劇性的醫學隱喻，是男人用來形容會在女性身上發生的任何神祕或難以處理的症狀。」[4]

歇斯底里症研究的開山祖師是偉大的法國神經學家尚-馬丁．夏爾科。位於法國巴黎的薩爾佩特里埃是一間古老、占地廣大的醫院，長久以來一直是那些最卑微可憐的巴黎無產階級的收容所：乞丐、妓女和精神病患。夏爾科將這個被忽視的場所改造成現代科學的聖殿，許多才華洋溢和野心勃勃的神經學家、精神科醫師，都不遠千里跑到巴黎向這位大師學習。其中幾位最卓越著名的朝聖者有：皮耶．賈內、威廉．詹姆斯和佛洛伊德。[5]

歇斯底里症的研究帶給大眾的想像空間，就如同一趟未知世界的探險旅程。夏爾科的研究不只在醫學領域中聞名，在廣大的文學與政治領域中同樣影響深遠。他的週二講座是一個充滿戲劇性的活動，參加的人「來自全巴黎，各色人等都有，作家、醫師、大牌男女演員，和湊熱鬧的上流社會交際花，全都充滿病態的好奇心」。[6]在這些講座中，夏爾科透過現場示範，闡述他在歇斯底里症研究上的發現。他在現場展示的都是一些年輕的女性患者，她們原本生活在充滿暴力、壓榨和被強暴的環境中，後來投奔到薩爾佩特里埃醫院而受到庇護。這個庇護所提供的安全感和保護，是她們之前做夢也想像不到的；對這群成為夏爾科表演明星的女性而言，這

* 編註：又譯為砲彈休克症。

個庇護所似乎也提供她們成名的機會。

夏爾科所展現的極大勇氣實在值得讚揚；由於他的聲望，一向被排除於正統科學研究領域之外的歇斯底里症研究因此得到認可。在夏爾科之前，罹患歇斯底里症的女性一直被認為是詐病，治療方式也只停留在催眠術和坊間民俗療法的層次。夏爾科過世時，佛洛伊德頌揚他是一位解放受苦受難者的守護神：「沒人相信歇斯底里症患者，也沒人把她們當一回事。夏爾科研究工作的第一個成就，就是重建了這個議題的尊嚴。漸漸地，人們也改變了以前對待歇斯底里症患者的那種輕蔑嘲弄態度。她們不會再被認為是詐病者，因為夏爾科已傾其學術聲望支持歇斯底里症現象的真實性與客觀性。」[7]

夏爾科把歇斯底里症稱之為「嚴重的精神官能症」(Great Neurosis)，研究方法則類似分類學。他強調要仔細地觀察、描述和分類。他鉅細靡遺地記錄歇斯底里症症狀的特徵，不只使用文字，也使用繪圖與攝影。夏爾科特別注意那些類似有神經受損情況的歇斯底里症症狀：痳痺癱瘓、感覺喪失、抽搐痙攣、失憶。在一八八〇年，他就證實了這些症狀是心因性的，因為這些症狀可以使用催眠術誘發和再現。

雖然夏爾科每分每秒都關注歇斯底里症患者的症狀，對她們的內心世界卻一點興趣也沒有。他視她們的情緒為一種需要加以分類的症狀，把她們的談話內容當成「嘴巴發出的聲音」而已。從他在一場週二講座裡所說的話，可以很清楚看出他對病患的態度。夏爾科利用一位已被催眠的年輕女子示範歇斯底里症的痙攣發作：

夏爾科：讓我們再壓一下歇斯底里症的病源點。（一位男性實習醫師碰了一下病患的卵巢部位。）就是這樣，有時病患甚至會咬自己的舌頭，但這很少見。看那拱起的背部，這在教科書中描述得很詳細。

病患：媽！我好害怕！

夏爾科：注意那情緒的爆發，如果我們讓她如此持續下去，很快會回復到癲癇症狀的行為……（病患再次大喊：「不！媽！」）

夏爾科：還有，注意這些喊叫。你可以說它是毫無由來的吵鬧聲。[8]

夏爾科追隨者的野心是驗證出歇斯底里症的成因，以超越夏爾科的成就。其中競爭最激烈的要屬賈內和佛洛伊德。他們都想成為這個偉大發現的第一人。[9]在追求此一目標的過程中，他們都發現，光觀察和分類歇斯底里症患者是不夠的，而是需要和她們深入交談。就在這短短的十年間，這些男性科學家付出關愛與尊重來聆聽女性的心聲，這個舉動實屬空前絕後。他們幾乎天天與歇斯底里症患者會面，常常一談就是數小時。這個時期的個案研究，讀起來幾乎就像是醫師與患者共同創作的作品。

這些研究終於有了成果。一八九〇年代中期，在法國的賈內，和在維也納的佛洛伊德及其合作者約瑟夫．布魯爾，都各自得出極為類似的結論：歇斯底里症是由心理創傷造成的。創傷事件引發難以承受的情緒反應，並因此使意識狀態改變，從而造成歇斯底里症的症狀。賈內稱這種意識狀態的改變為「解離」；[10]布魯爾和佛洛伊德則稱它為「雙重意識」（double consciousness）。[11]

意識狀態的改變無論是心理創傷所引發，或由催眠術引發，賈內與佛洛伊德都有發現兩者的基本相似性。不過賈內認為，人會進入解離或催眠狀態，代表具有某些心理弱點和容易受暗示；相反地，布魯爾和佛洛伊德則認為，歇斯底里症和相關意識狀態的改變也可能會發生在「才華最出眾、意志力最堅強、品格最高尚和批判力最強的人身上」。[12]

賈內與佛洛伊德也都發現，歇斯底里症的生理症狀，其實是代表已從記憶中被排除的強烈痛苦經歷，以一種偽裝過的形式表現出來。賈內描述他的歇斯底里症患者是被「潛意識的固著意念」（subconscious fixed ideas），也就是對創傷事件的記憶所控制。[13] 布魯爾和佛洛伊德則對此做了一個不朽的總結：「歇斯底里症患者的痛苦主要來自記憶的縈繞不去。」[14]

一八九〇年代中期，這些研究者也發現，當創傷記憶和伴隨的強烈感受被找回並述說出來時，歇斯底里症的症狀有可能會減輕。這個治療方法後來演變成現代心理治療的基礎。賈內稱這種技巧為「心理分析」（psychological analysis），布魯爾和佛洛伊德稱為「發洩」（abreaction）或「宣洩」（catharsis），佛洛伊德後來將它稱為「精神分析」（psycho-analysis）。但是一個最簡明、可能也是最好的名稱，則是由布魯爾的一位患者發明的。布魯爾給了她一個假名，安娜歐（Anna O），她是一位天資聰穎但有嚴重精神困擾的年輕女子。她稱她和布魯爾之間的私密對話為「談話治療」（talking cure）。[15]

醫師與病患間的合作有如探索追尋，過程中，醫師鉅細靡遺地重建病患的過往經歷，如此或有可能解開其罹患歇斯底里症之謎。賈內在描述一位病患時提到，在治療過程中，原本談的是近期的創傷經驗，但慢慢地重心轉移，進而探索更早期的經歷：「在移除了令人困惑的表層之後，我終於看到那原本靜靜棲息在她心靈深處、年代久遠又盤根錯節的固著意念。這個固著意念因被揭露而漸漸消失，患者的病情也因此得到極大的改善。」[16] 布魯爾描述他與安娜歐的工作時也描述：「沿著記憶的絲線往源頭探索。」[17]

佛洛伊德則沿著這條絲線走到最源頭處，這也必然引領他去探索女性的性生活。雖然就古老的臨床傳統來看，女性的性欲與歇斯底里症症狀有關，但佛洛伊德的良師益友夏爾科和布魯爾，則高度懷疑性欲在歇斯底里症的成因中所扮演的角色。佛洛伊德一開始並不接受這個觀念：「當我開始分析第二個病患時……性精神官能症是歇斯底里症的主要部分，這種猜想早就遠離我的腦海。我剛受到夏爾科學派的啟發，我認為，將歇斯底里症與性欲扯在一起實在是一種侮辱，就像那些女性患者所感受到的一樣。」[18]

這種對病患反應的同理心，是佛洛伊德早期有關歇斯底里症作品的特色。他的病歷研究紀錄透露出，一個男人表現出如此熱切的求知欲，願意克服自己的防衛心理，並願意傾聽。他聽到的故事令人膽戰心驚，病患不斷地告訴他有關性侵害、虐待和亂倫的事。佛洛伊德和他的病患沿著記憶的絲線回溯，發現兒時的主要創傷事件被隱藏在最近、通常也相當普通的經驗底下，而這經驗正好促使歇斯底里症症狀的初發。一八九六年，佛洛伊德相信自己已找到歇斯底里症的源頭了。在一份包含十八個病例研究、名為「歇斯底里症的病源學」(Aetiology of Hysteria)的報告中，他做了一段充滿戲劇性的宣示：「據此，我要提出的結論是，研究每一個歇斯底里症個案的起因後，我發現**每人至少有一次或多次的過早性經驗**，發生的時間都在人生最初幾年。雖然事件的發生已相隔數十年，卻可能透過精神分析的過程重現於記憶中。我相信這是重要的發現，是神經病理學的**革命性突破**。」[19]

一百年後再看，這篇報告內容毫不遜色，堪比今日研究者對童年性虐待之影響的臨床描述。它是一篇才華洋溢、悲天憫人、議論滔滔、細心推理的重要文獻。那充滿自信的篇名與歡欣的筆調暗示著，佛洛伊德視自己的這番貢獻在此領域中絕對是劃時代的。

然而，隨著「歇斯底里症的病源學」的發表，此一系列研究卻也宣告結束。不到一年的時間，佛洛伊德在私下已拒絕承認歇斯底里症病源的創傷理論。他在信件中很清楚地表明，他愈來愈受自己的理論所困擾，因為它會引起社會激進的聯想。既然歇斯底里症在女性中甚為普遍，如果患者的故事是真的，如果他的理論是正確的，他要被迫下一個結論：他所謂的「對兒童的性變態行為」應該是遍地皆然，不只會發生在巴黎的無產階級中（他開始研究歇斯底里症之處），也會發生在維也納受人尊重的中產階級家庭中（他執業之處）。這樣的想法令人難以接受，可信度一定會受到質疑。[20]

面對這樣的困境，佛洛伊德停止對女性病患的傾聽。這個轉捩點記錄在有名的「朵拉」（Dora）案例中。這是佛洛伊德最後一個歇斯底里症個案研究，讀起來已不再是合作地共同探索，而比較像明爭暗鬥。佛洛伊德和朵拉之間的互動，一直都被形容像是「情緒的搏鬥」。[21]在這個案例中，佛洛伊德仍認可病患所經歷事件的真實性：在父親精心設計的不倫關係中，朵拉被當成一個籌碼。然而，佛洛伊德卻拒絕承認朵拉的感覺是憤怒且屈辱的；相反地，他堅持要朵拉探索她性興奮的感覺，就好像被玩弄正好是她情欲的實現與滿足。朵拉最後中止接受治療，佛洛伊德則視此為報復行為。

兩人關係的破裂，也標示著那原本存在於野心勃勃的研究者與歇斯底里症患者之間的醫病合作的年代，慘澹終結。之後近百年來，這些患者還是受到輕蔑與壓抑。佛洛伊德的追隨者對叛逆的朵拉存在一股特別的恨意，一位佛洛伊德的弟子曾這麼描述朵拉：「她是我所見過最令人厭惡的歇斯底里症患者。」[22]

拋棄了歇斯底里症的創傷理論後，佛洛伊德用剩餘的一些成果創造出精神分析論。這個心理學理論在往後近一個世紀占據了主流地位，基礎卻建立於否定女性的真實狀況。[23]性欲仍然是研究的主要焦點。與此同時，剝削的性關係還是不斷發生，如此的社會真相卻被完全隱藏起來。精神分析的研究對象變成內在幻想與欲望的交織變化，與真實的經驗完全脫節。二十世紀的最初十年，在根本沒有提供任何臨床證據下，佛洛伊德宣稱患者做了不實敘述，並下結論說，他的歇斯底里症病患所說的童年遭受性虐待的事都是假的：「我最後不得不承認，那些性誘惑的場景從未發生過，都只是我的患者編造出來的幻想。」[24]

佛洛伊德態度的轉變，也預示了歇斯底里症英雄時代的完結。在世紀交替後不久，這個由夏爾科開山立派、再由追隨者發揚光大的研究領域已被棄如敝屣。催眠術和意識狀態的改變又再次被貶謫到神祕的暗處，心理創傷的研究因此被束諸高閣。一段時間之後，就連歇斯底里症這種疾病據說也已幾近絕跡。[25]

這種戲劇性地轉變絕非個人之力所能造成的。要了解歇斯底里症的研究為何會如此徹底瓦解、如此偉大的發現竟被快速地遺忘，我們有必要探究一下最早讓此研究之所以能興起的當代學術與政治氛圍。

十九世紀法國最主要的政治衝突，就是兩派人士的鬥爭，一邊擁護既有的宗教結合君主專政，另一邊則支持政教分離、建立共和體制政府。自一七八九年法國大革命以來，這種衝突造成七次政府垮台。隨著一八七〇年第三共和的建立，新而脆弱的民主政體的創始者發動了一個充滿攻擊性的運動以鞏固他們的權力基礎，並打擊和削弱他們主要對手——天主教會——的力量。

這個時期的共和政府領導者是一批白手起家的男人，屬於正興起的中產階級。他們視自己為捍衛啟蒙運動傳統的代表，正與一大股反動勢力進行殊死戰：貴族政治和神權政治。他們的主要政治鬥爭是爭奪教育的主導權，意識形態上則要爭取男人的忠誠與對女人的所有權。就如第三共和的創始者之一朱列斯・費瑞所說：「如果不讓女人屬於科學，她們將屬於教會。」[26]

夏爾科的父親是一位有錢又有名望的商人，他自己則是這個新中產階級菁英中的菁英，他的客廳是第三共和政府的一些達官貴人聚會的場所。他和官場上的一些同儕都極力宣揚去宗教化的科學觀念。他在一八七〇年代將薩爾佩特里埃醫院更新並現代化，就是以具體行動證明去宗教化的教學方式和醫院管理的優越性。他對歇斯底里症的研究也是用來證明，去宗教化的觀念體系比宗教性體系正確有用得多。他的週二講座其實也是政治舞台，任務就是宣告罹患歇斯底里症的女人是屬於科學的。

夏爾科也對歇斯底里症的闡述提供了科學性的觀點，以解釋諸如魔鬼附身、巫術、驅邪、靈魂出竅等現象。他最可貴的研究計畫之一，是回顧性地診斷從古至今表現在藝術作品中的歇斯底里症。他和弟子保羅・理契出版了一本中世紀藝術作品選集，藉以闡明其理論：藝術家在作品中展現的一些宗教性經驗，也許可以解釋為歇斯底里症的徵兆。[27]夏爾科及其追隨者也加入論戰，探討當時出現過的神祕現象，如聖痕紋身者、幽靈、信仰療法等。夏爾科還特別關注傳聞中在盧德新建神殿中發生的奇蹟式療法。賈內則專注於基督教科學的美國現象。夏爾科的弟子戴季黑-馬葛洛爾・邦訥維爾則嘗試使用新制定的診斷準則，證明當時非常有名的聖痕紋身者其實是歇斯底里症患者，這年輕的虔誠女子名為露意絲（Louise Lateau）。夏爾科等人主張，所有這些現象都應屬於醫療病理學的範疇。[28]

在十九世紀末，這個龐大且具政治性的理由，激起學界研究歇斯底里症的熱情，也給了夏爾科及其追隨者探究的動力。解開歇斯底里症之謎，就能證明去宗教化的啟蒙運動遠勝於迷信反動力量，也顯示出去宗教化世界觀的道德優越性。這些男性科學家對歇斯底里症患者的仁慈呵護，與宗教異端法庭的暴虐呈現強烈的對比。另一位夏爾科的弟子查爾斯・黎歇在一八八〇年即觀察到：「許多被關在薩爾佩特里埃醫院的患者之前曾受過火刑，她們的疾病被當成是罪行的代價。」[29]詹姆斯在十年後也發出共鳴：「在所有那些因當權者對醫學的無知而受害的人中，可憐的歇斯底里症患者是迄今遭遇最淒慘的。她們要能逐步地康復並得到解救，就得倚靠我們這一代的仁慈關注了。」[30]

雖然這些男性科學家自認為仁慈的解救者，提高了原本備受貶抑的女性地位，卻從來也沒想過男女的社會地位原應是平等的。女性只是研究和表現人道關懷的對象，而不是她們所應享權利的主體。致力於從啟蒙觀點剖析歇斯底里症的這群人，通常也強烈反對讓女性接受高等教育和進入專業領域，並堅決反對女性有投票權。

在第三共和初期，女性主義運動尚未盛行。直到一八七〇年代晚期，倡議女性主義的團體甚至還不被准許舉行公開集會或發行作品。一八七八年在巴黎舉行的第一次國際女權代表大會（International Congress for the Rights for women）中，有人提議要給予女性投票權，但遭到禁止發言，因為此舉被認為太具革命性。[31] 女權支持者體認到，自己的命運還有賴於那脆弱新民主體制的存續，因此願意委曲求全，以便保持與共和政府的同盟關係。

一個世代之後，共和創始者的政權已經鞏固，非宗教性的共和政府在法國已度過難關並茁壯。十九世紀末，法國的反教會干政運動大獲全勝；與此同時，那些「被啟蒙的」男性就更難以裝腔作勢要支持女性，因為女性如今已勇於站出來為自己發言。在民主政治較成熟的英國與美國，積極的女性主義運動者開始將理念傳揚至歐陸，法國的運動者對爭取女性權益的立場也益發堅定，有些甚至尖銳地批判那些共和創始者，質疑那些男性科學家憐憫施恩的態度。一位女性主義作家在一八八八年即嘲弄夏爾科：「利用研究疾病當藉口，想對女性進行活體解剖，對女性進入醫學專業領域也充滿敵意。」[32]

進入二十世紀後，當初推動歇斯底里症英雄時代誕生的政治氣氛已經消散，也不再有任何誘人的理由讓那些男性科學家維持初衷，繼續這一系列的研究。歇斯底里症的研究誘使他們進入迷幻、情緒和性的幽暗世界，得以傾聽女性的心聲，而且內容比他們預期的多得多。他們也得了解更多女性的生活，比原本想知道的多得多。當然，他們從未企圖要研究女性生活中有關性的創傷，之所以會走上這條路，是因為研究歇斯底里症是這場意識形態聖戰的一部分，在這個領域的發現會得到眾多的喝采，這些科學研究者還會因為他們的人道精神和勇氣而贏得尊敬。一旦這些政治動機逐漸消失，這些研究者發現，他們陷入自己研究成果的泥淖中，並由於太過涉入女性病患的生活而受到牽累。

這個後座力甚至在一八九三年夏爾科過世前就已出現。原本巴黎社會著迷於歇斯底里症的公開講座，但後來他愈來愈常得為其可信度辯護。到處謠傳著，那根本是一群容易受暗示的女人的舞台表演，只是在催眠術的影響之下有意識或無意識地遵循這位保姆的指令演出。夏爾科晚年顯然很後悔，當初不該開展這個研究領域。[33]

正當夏爾科從催眠和歇斯底里症的世界中撤退之際，布魯爾也從女性情感依附的世界中退卻了。第一個「談話治療」結束於布魯爾狼狽地逃離安娜歐。他之所以結束這段關係，可能是因為他的妻子非常厭惡他與一位充滿魅力的年輕女子關係如此密切。他毫無預警地中止這個歷時超過兩年、幾乎是天天會面的治療過程。這樣突然撒手不管，不僅危害患者、造成安娜歐入院治療，顯然也深深傷害到布魯爾。他驚駭地發現，患者是如此強烈地依附著他。與安娜歐的最後一次會面，他是帶著「一身冷汗」離開的。[34]

雖然布魯爾稍後與佛洛伊德一起合作出書，探討這個極不尋常的案例，但他始終是一個不情願又充滿疑慮的研究者。令布魯爾最感困擾的，就是不斷地發現到性經驗是歇斯底里症症狀的根源。佛洛伊德也如此向密友威廉・弗萊斯抱怨道：「不久前布魯爾對醫師協會發表重要演說，討論我的研究，聽起來他已改變原先的立場，開始相信性欲病源學理論。但當我私底下感謝他如此做時，他居然澆了我一大盆冷水：『我並沒有改變立場，我還是不相信它。』」[35]

佛洛伊德的研究帶領眾人深深走入女性生活中從未被探觸過的境地。童年性侵害是歇斯底里症的根源，這個發現超越了當時社會所能容忍的限度，致使他在專業領域中遭到全然排擠。佛洛伊德原本期待「歇斯底里症的病源學」的發表可為他帶來榮耀與讚美，不意前輩與同儕卻表現得無動於衷、提都不想提。就如他不久後寫給弗萊斯的信中說的：「你能想像得到我有多孤立，我就有多孤立。到處都傳言我已遭放逐，空虛孤寂籠罩在我的四周。」[36]

佛洛伊德隨後從心理創傷的研究中退卻，至今已被視為一大醜聞。[37]今日也有人詆毀他，認為他如此改變論調，完全展現了他個人的怯懦。[38]但是，提出這種人身攻擊的人，反而像是來自佛洛伊德時代的活化石。畢竟在當時，任何知識的躍進都會被視為是孤獨男性天才的挑戰，就像普羅米修斯那樣大逆不道。無論他的論點多麼有力、觀察多麼確實，只要缺乏相應的政治與社會背景，歇斯底里症研究就難以得到支持，無論會帶來什麼影響，佛洛伊德的發現是不可能被大眾接受的。那種支持背景從未在維也納存在過，在法國也很快就消失了。佛洛伊德的競爭對手賈內從未放棄自己的歇斯底里症創傷理論，也從未離棄自己的歇斯底里症病患，卻在有生之年眼睜睜地看著研究成果被眾人遺忘、新創觀念被嗤之以鼻。

慢慢地，佛洛伊德對歇斯底里症創傷理論的棄絕更加堅定，甚至帶有獨斷的態度。這個曾經將此研究探索至最深處、最能得其底蘊之人，竟然在往後的人生中徹徹底底地否認它的存在。在此過程中，他同時也否定了他的女性患者。雖然他仍將焦點放在患者的性生活，卻不再認可女性真實經驗中被剝削的本質。如此頑固的堅持驅使他把理論變得更加曲折，他堅持主張，雖然女性嘴裡抱怨，內心卻想像並渴望那種受虐的性關係。

若能知曉佛洛伊德所面對的嚴峻挑戰，也許就能理解他徹底改變立場背後的諸多因素。如要繼續堅持自己的理論，他就得承認女性和兒童所受到的性壓迫有多沉重。而唯一有可能對這種立場給予知性上之肯定與支持的，就只有當時正在萌芽中的女性主義運動，但那正好嚴重威脅到佛洛伊德所珍視的父權價值觀。以佛洛伊德的政治信念和專業野心來看，他絕不允許自己與女性主義運動站在同一陣線。既然反對聲浪太大，他便決然選擇與心理創傷研究和女性劃清界線，轉而發展出一套人類發展理論，而女人的自卑與虛假正是其學說的基本觀點。[39] 在當時反女性主義的政治氣氛下，這個理論遂得以獲得廣大支持並開枝散葉。

在這群早期的研究者中，唯一一位探索歇斯底里症後得出合理結論的，只有布魯爾的病患安娜歐。在布魯爾離棄她之後，她顯然仍病了好幾年，但最後她康復了。這位曾創造「談話治療」一詞的沉默歇斯底里症患者，終於在女性解放運動中找到自己的聲音與健全的心智。她使用筆名保羅．貝爾托特將瑪麗．沃斯東克拉芙特的經典論文《女權辯護》譯成德文，並創作了一齣舞台劇《女權》。她使用本名珀莎．帕朋海姆成為一位傑出的女性主義社會工作者、知識分子和組織創立者。在漫長而成果豐碩的生涯中，她管理專收女孩的孤兒院，創立猶太婦女的女性主義組織，並風塵僕僕奔走於全歐洲和中東地區以推動對抗對婦女和兒童的性剝削。她奉獻犧牲、擁有無窮精力、也總是力行承諾，可說是傳奇性的人物。同事如此描述她：「這個女人體內有一座活火山……她為受虐婦女與兒童而奮戰，就如有切膚之痛一般。」[40] 當她過世時，哲學家馬丁．布伯如此讚頌她：「我不只欽佩她，更將在我有生之年永遠敬愛她。有些人擁有高尚靈魂，有些人擁有無限熱情，但這兩種人都比我們想像中的少，更少的是同時擁有高尚靈魂和無限熱情，最少的是有無限熱情的高尚靈魂。帕朋海姆正是擁有這種高尚靈魂的女性。她的事蹟將永遠傳頌，見證其不朽的存在。」[41] 在遺囑中，她希望那些來到她墳前的人們，能放上一顆小石頭，「如同給了一個無聲的承諾……為善盡女性責任與追求女性幸福的使命盡一份心力……無畏地勇往直前。」[42]

戰爭創傷精神官能症

第一次世界大戰這個前所未有的大災難再次迫使大眾面對心理創傷存在的事實。在這個長期消耗性的戰爭中，四年內死了超過八百萬的男丁。當此大殺戮結束後，歐洲有四個帝國滅亡，許多西方文明賴以維繫的重要信念也為之動搖。

其中一項遭受戰爭蹂躪而幻滅的假象是：參戰是男人的至高榮譽。連續暴露在戰場壕溝之中，處於極端恐懼的狀態之下，面臨精神崩潰的軍人數目大增。受困的絕望、不停地遭受死亡的威脅、還要被迫目睹同袍殘廢與喪命，毫無任何得救的指望，這一切使得許多軍人開始表現得像罹患歇斯底里症的女人。他們失控地狂叫和哭泣，僵住無法動彈，變得沉默而無反應，失去記憶和感覺的能力。產生這類精神症狀的軍人數目是如此龐大，以致需緊急徵用許多醫療機構以容納他們。根據估算，精神崩潰患者約占英國戰役傷亡人數的百分之四十。軍方則企圖封鎖有關這些精神患者的報告，擔心這會嚴重打擊大眾的士氣。[43]

剛開始，研究人員認為那些精神崩潰症狀來自生理性成因。英國心理學家查爾斯．邁爾斯檢視了最早的幾個案例，將患者的症狀歸因為砲彈爆炸的震盪效果引起的，並稱此種神經性失常為「彈震症」。[44] 這個名稱一直沿用至今，雖然人們很快就發現，這些症候群也會發生在那些未曾暴露於任何生理性創傷環境中的軍人。漸漸地，軍中的精神科醫師不得不承認，彈震症的症狀是心理創傷所引起。男人長期置身於暴力與死亡的精神壓力下，就足以引發類似歇斯底里症的神經性症候群。

一旦戰爭精神官能症的存在成為無法否認的事實，醫界爭議的焦點便轉向患者的道德人格，就像當年對歇斯底里症的爭論一樣。就傳統主義者的觀點而論，正常的軍人應該為能投身沙場而自豪，不能有任何的情緒性表現，當然更不該向恐懼屈服。那些產生創傷精神官能症（traumatic neurosis）的軍人，說得好聽一點天生就是低弱的人，說得難聽一點則是詐病者和懦夫。當時的醫學文章稱這些患者是「道德殘障者」（moral invalid）。[45] 一些軍方高層則主張這些男人根本就不配被當作病患，應該交付軍法審判或不光榮除役，而不是給予治療照顧。

傳統主義觀點最有名的支持者，是英國精神科醫師路易斯・葉仁德。在其一九一八年的論著《戰場上的歇斯底里症》中，他提倡一種治療策略，主要手段就是羞辱、威脅和懲罰，對歇斯底里症狀如緘默症、知覺喪失、肢體麻痺等，一律使用電擊治療。治療者還會辱罵患者，說他們懶惰與懦弱。如果有人對可惡的敵人「態度消極負面」，就會被威脅送軍法審判。例如，葉仁德治療過一位不說話的病患，就是先將此病患綁在椅子上，然後對著他的喉嚨連續不停地電擊數小時，直到開口說話為止。在電擊過程中，葉仁德不斷地教訓那位病患：「記住，你的行為一定要像個英雄，就如同我期望你的那樣……身經百戰的男人應該更要懂得自我控制。」[46]

相反地，較進步的醫學權威則主張，戰爭精神官能症是真實存在的精神疾病，也可能發生在道德人格較高的軍人身上。他們提倡一種基於精神分析原理的人道治療方式。李佛斯醫師就是這種自由派觀點的擁護者，他是全才的知識分子，身兼神經生理學、心理學和人類學教授。他最有名的病患是年輕的軍官席格弗利．薩松。薩松以驍勇善戰和戰爭詩歌作品而聞名，但後來招致惡名，因為他以軍人身分公開支持和平反戰運動並譴責戰爭。他在一九一七年撰寫的《軍人宣言》，讀起來就像現代的反戰宣言一般：

> 我做這個聲明，目的就是刻意要違抗和挑戰軍事當局，因為我相信這場戰爭被刻意延長，而當局其實是有能力結束它的。
>
> 我是軍人，堅信自己的行為一定以軍人本分為依歸。當初投入這場戰爭，是為了保衛國家、捍衛自由，但我認為，這場戰爭如今已變質為侵略與征服……我眼見部隊弟兄受苦，自己也深受其害。我再也不願意參與延長這場苦難，因為我相信最終結果是罪惡且不義的。[47]

由於擔心薩松會因此遭受軍法審判，另一位也是詩人的軍官同僚羅伯．格雷夫斯安排他住院接受李佛斯的治療。他會發出反戰聲明，有可能被歸因於精神崩潰。雖然薩松不曾真的有情緒完全失控的情況，但的確有格雷夫斯形容的「精神狀態不佳」。[48] 他會慌張不安、暴躁易怒、受惡夢所折磨。他衝動的冒險行為和魯莽地置身於危險之中，為他贏得「瘋子傑克」的諢名。以現今的標準看，這些症狀毫無疑問地符合創傷後壓力症的診斷。

李佛斯著手治療薩松，並企圖透過這個案例說明，人道文明的治療方法比那些懲罰性的傳統方法高明得多。在軍事醫學的範疇中，治療只有一個目標，就是讓傷患能重返戰場。李佛斯並不質疑這個目標，只是想強調人道的談話治療方式是有效的。他不用羞辱的方式，而以有尊嚴和尊重的態度對待薩松。與其要求保持緘默，他反而鼓勵薩松自由地寫下、說出戰爭的恐怖。薩松充滿感激地回應道：「他讓我立刻有了安全感，他似乎了解我的一切……我願傾全數我收藏的唱片去換取一點我和李佛斯的談話錄音。這段記憶是我的重要資產，一位如此偉大良善的人，給了我如此多的友誼與引導。」[49]

以當時的情況看來，李佛斯對這位著名病患的心理治療是成功的。薩松隨後公開推翻他的和平反戰宣言，再度投入戰場。縱使政治信仰沒有改變，但是他依然這麼做。吸引他回戰場的是情義，因為同袍仍在戰場上，沒有和他們患難與共，他也深感愧疚。當然先前那毫無成效的抗議行動，亦令他覺得孤掌難鳴。探究人道治療的過程中，李佛斯建立了兩項原則，美國軍方的精神科醫師也在下一次大戰中奉為圭臬。首先，就算是素來勇敢非凡的人，也可能在無法抗拒的恐懼中屈服；其次，要克服這種恐懼，最有效的動力不是愛國心、不是抽象的政治原則、也不是對敵人的怨恨，而是更強烈的情感：袍澤之愛。

薩松從戰爭中存活了下來，但就像許多罹患戰爭精神官能症的倖存者一般，注定餘生會不斷在心中重現戰爭的痛苦。他獻身於寫作，不斷改寫自己的戰爭回憶錄，一方面要保存對陣亡者的回憶，也希望能推動和平主義的實現。雖然已從「精神狀態不佳」中完全復原，也過著充實的生活，但他腦中仍不斷縈繞著往事，畢竟那些人沒有他這麼幸運：

砲彈震撼著。數不清的砲擊，雖然短暫，卻留給倖存者心中永難磨滅的餘震；有那麼多弟兄，眼睜睜地看著尚在言笑中的同伴瞬間被死神帶走。最可怕的時刻並不是發生的當下，而是現在。現在，在惡夢中狂亂窒息時、在四肢麻痺癱瘓時、在結結巴巴、語無倫次時。而最糟的是，他們原本擁有的雄偉英勇、無私無我、無怨無悔的高貴特質也全都瓦解了。對那些高尚傑出的人而言，這就是砲彈震盪出的難以啟齒的悲愴……在捍衛文明的大旗下，這些士兵成了殉道者，但到底是不是一場醜陋的騙局，還有待文明的世人去證明。[50]

戰爭結束後沒幾年，醫界對心理創傷這個主題的興趣再一次消散。為數眾多的慢性精神病患壅塞在榮民醫院角落的病房，但他們的存在成了一般市民羞於面對又亟欲忘記的事實。

年輕的美國精神科醫師阿布蘭．卡丁納於一九二二年由維也納回到紐約，在一年的朝聖之旅中他曾受教於佛洛伊德。探索偉大發現的夢想深深啟發了他，「有什麼比成為發現心靈新大陸的哥倫布更令人興奮的呢？」[51]卡丁納自己成立精神分析診所，而當時約有十名精神分析學家在紐約執業。他同時也到退伍軍人局所屬的精神病院工作，在那裡他看到許多戰爭精神官能症患者。他非常煩惱，患者的痛苦是如此劇烈，自己卻無能為力治癒他們。卡丁納印象特別深刻，有位患者他治療了一年卻無太大起色。後來這位患者向他致謝時，卡丁納連忙推辭：「我並沒有真的幫到你什麼，根本就沒有把你的症狀醫好。」患者卻回答：「不過你真的試了。我待在這裡不知道有多少年了，他們從來連試也不試，根本就不在乎我。但你不一樣，你在乎。」[52]

卡丁納後來承認自己童年早期是「無止盡的夢魘」，包括貧窮、饑餓、被忽略、家庭暴力和母親早逝，深深影響他研究的方向，也致使他能對受創軍人感同身受。[53]卡丁納花了很長的時間，努力想在精神分析的理論架構下發展出一套戰爭創傷理論，但最後都失敗而放棄。他因此轉向全然不同的職業生涯，就像前輩李佛斯一樣，從精神分析跳到人類學的領域。他於一九三九年與人類學家科拉．杜波依斯合著基礎人類學教科書《個人及其社會》。

寫完這本書後，卡丁納才有時間再回頭研究戰爭創傷這個主題。多了人類學的概念架構，有助於他看清社會現實的衝擊，進而使他能真正理解心理創傷。一九四一年，卡丁納出版了包羅廣泛的臨床與理論研究報告《戰爭創傷精神官能症》，他也在書中提出批評，認為社會的間歇性失憶不斷阻礙此領域的研究發展：

> 過去二十五年來，戰爭所導致的神經官能失常，這個主題的能見度一直載浮載沉，因此大眾興趣與精神醫學風潮反覆無常。公眾原本在第一次世界大戰後非常關注這個主題，但並沒有持續太久，精神醫學界亦然。此後這些現象即未再有延續性的研究……只是偶爾有人提起討論一下，但從未認真對待過。部分原因是戰後退伍軍人的地位逐漸低落……雖然並非所有的精神醫學工作者都如此，但可悲的事實是，每個戰爭創傷的研究者都認為自己有神聖的任務，每次都要從頭做起，好像之前從來沒有人做過任何相關研究一般。[54]

卡丁納繼續將創傷症候群的整體臨床現象勾勒出來，這也正是我們今日所理解的創傷症候群。他的理論架構非常近似賈內在十九世紀末對歇斯底里症的綜合觀察。卡丁納認為，戰爭精神官能症是一種歇斯底里症類型，但他也察覺到這個用語還是有貶義，以致再一次嚴重地將患者汙名化：「我們在使用『歇斯底里症』時，有夾帶某種社會意義，彷彿將患者視為掠奪者，總是漫無目的地要求這個那個。如此形象的精神官能症受害者在法庭上得不到同情，而且……也得不到醫師的同情。這些醫師通常將『歇斯底里症』當作是個人一些難以改變的品性，如邪惡缺德、乖僻剛愎、意志薄弱。」[55]

由於第二次世界大戰的爆發，醫界又重新燃起對戰爭精神官能症的興趣。為了找出快速而有效的治療方法，軍方的精神科醫師遂試圖去除戰鬥壓力症狀的汙名。有史以來第一次，他們願意承認：**任何人都有可能在砲火下精神崩潰**；依精神科傷患暴露在戰鬥中的慘烈程度，我們也許能預測出相稱的症狀嚴重度。當時研究人員付出很大的努力想判定，到底暴露於戰鬥中到何種程度會導致精神崩潰。二戰結束一年後，兩位美國精神科醫師阿佩爾和畢比的研究結論是，處於戰鬥狀態下兩百至兩百四十天即足以使人崩潰，連最堅強的戰士也不例外：「絕沒有『慢慢習慣於戰鬥狀態』這回事……每一個戰鬥時刻軍人身上沉重的壓力會不斷累加，崩潰與否，端視他們暴露在戰鬥狀態下的強度與時間。因此在戰場中有精神傷患，就和會有槍傷和榴彈炸傷的傷患一樣無可避免。」[56]

美國的精神科醫師將精力集中在找出有哪些因素能避免瞬間崩潰，和幫助患者儘速復原。他們發現的就是當初李佛斯在治療薩松時驗證過的：同袍間相互扶持、生死與共的情感力量。一九四七年卡丁納重新修訂他與赫伯．史皮格合著的經典教科書。史皮格也是精神科醫師，剛從前線治療傷患回來。卡丁納和史皮格主張，士兵對抗極端恐懼最強大的保護力，來自與同袍和長官相處的密切度，以及對所屬作戰單位的向心力。精神科醫師洛伊・葛林克和約翰・史皮格也報告了類似的發現，他們認為接連不斷的危險處境，使士兵對同袍和長官發展出非常強烈的情感依附。他們觀察發現，要避免精神崩潰的最強大保護力量，就是小作戰單位中的士氣與長官的領導能力。[57]

二次世界大戰中所發展出的治療策略，是儘量減少受精神折磨的士兵與同袍分離。原則上，軍醫盡可能在靠近戰場的地方給予短暫治療，目標是儘快將士兵送回所屬的作戰單位。[58]軍方精神科醫師尋求快速而有效的治療，過程中，再次發現意識狀態的改變在心理創傷中所扮演的中介角色。他們發現，以人為的方式誘發意識狀態改變，可以打開通道，進入患者的創傷記憶。卡丁納和史皮格使用催眠術誘發意識狀態改變，葛林克和史皮格則是讓患者服用安米妥鈉（sodium amytal），這種技巧他們稱為「麻醉精神療法」（narcosynthesis）。就像過去治療歇斯底里症，以「談話治療」治療戰爭精神官能症，關鍵也在於重現與修復創傷記憶，以及宣洩伴隨而來的恐懼、憤怒、悲痛情緒。

開發這些技巧的精神科醫師也了解，就算解除創傷記憶的束縛，也不足以維持長期的治療效果。卡丁納和史皮格即警告說，雖然催眠術可以加速重現創傷記憶，但僅僅讓患者宣洩傷痛，助益不大。他們解釋道，施行催眠術後，「其他治療步驟不會自動完成。」[59]葛林克和史皮格也同樣觀察到，在安米妥鈉的影響下，記憶解除束縛並重現，但若無法將其整合進入患者意識，治療就不算成功。他們認為：「戰場經驗在個人身上產生的效應，並不像寫在石板上一樣，可任意拭去，只要石板回復到原來的樣子就可以。戰爭在士兵心中留下難以抹滅的烙印，要改變非常困難，就像要改變生命中根深蒂固的經驗一樣。」[60]

然而，這些睿智的警語通常都遭到忽略。新的快速療法非常成功，普遍用於精神創傷患者身上。一份報告顯示，在第二次世界大戰中，身受急性壓力困擾的美國參戰軍人中，有百分之八十回到部隊執行勤務，而且治療過程通常不超過一週，還有百分之三十可以重回戰場。[61] 一旦這些人回部隊之後，往後的命運就很少有人聞問，更別提他們解甲返鄉之後的問題了。只要身心運作達到低標，軍方、院方就認為他們康復了。隨著大戰結束，熟悉的社會集體失憶再度出現。公眾和醫界對那些退伍軍人的心理狀態不再感興趣，戰爭創傷帶來的長遠影響再一次被遺忘。

直到越戰之後，才有人開始對戰鬥引起的長期心理影響進行有系統且大規模的研究。當時這股研究動力並非來自軍方或醫界，而是一群失望不滿的退伍軍人組織的奔走推動。

一九七〇年，越戰戰況最激烈的時候，羅伯．立夫頓和恰姆．謝頓兩位精神科醫師，與新組織「越戰退伍軍人反戰聯盟」的代表碰面。退伍軍人組織起來反對自己參與過、而且尚在進行的戰爭，這種事幾乎史無前例。這一小群軍人，其中有多人曾以英勇善戰而聞名，他們將勳章退回給政府，並讓公眾見證自己的戰爭罪行。他們的現身說法為當時逐漸壯大的反戰運動賦予了道德正當性。立夫頓寫道：「他們喚起大眾的質疑自己如何看待戰爭體制以及體制下的戰士。此外，他們也戳破自己國家宣傳這是一場正義之戰的謊言。」[62]

這些反戰的退伍軍人組織起他們所謂的「交談團體」。在這些與同袍的私密聚會中，越戰退伍軍人重述和再現戰爭的創傷經歷。他們也會邀請同情他們的精神科醫師提供專業協助。謝頓後來解釋道，為何這些人要向傳統精神醫療機構以外的地方尋求幫助：「就如他們自己描述的，有許多人都『受傷了』。他們不願向政府的退伍軍人署求助……他們得在自己的地盤上做些什麼，才能感覺掌握了自己的人生。」[63]

交談團體有雙重目的：其一，給予受到心理創傷折磨的退伍軍人心靈上的撫慰；其二，喚起對戰爭效應的注意。在這些團體中，當事人現身說法，社會大眾才把注意力聚焦在戰爭所引起的長期心理創傷。這些退伍軍人拒絕被遺忘，更拒絕被汙名化。他們強烈要求大眾公正且有尊嚴地看待軍人的苦難。就像海軍陸戰隊退伍軍人麥可．諾門所表達的：

> 家人與朋友都很奇怪我們為何如此憤怒。他們會問，你們到底在鬼叫些什麼？為什麼如此暴躁易怒又忿忿不平？我們的父執輩和祖父輩都參加過戰爭，盡了他們的義務，返鄉後也都安然度日。是什麼讓我們這一代如此不同？但事實證明，我們和他們一點也沒有不同。這些老兵號稱參加的都是「正義之戰」，但一掀開簾幕，在他們的神話與情操背後，其實都只是將憤懣與疏離悶在心中……所以我們的憤怒，是古老而代代遺傳的情緒。在道德的旗幟下，文明人被送去做殺戮工作，所以我們才憤怒。[64]

到一九七〇年代中期，已經組織了數百個非正式的交談團體。七〇年代末，一些退伍軍人組織施加政治壓力，終於催生出法定的心理創傷治療方案，交由退伍軍人署實施，稱為軍隊延伸服務計畫（Operation Outreach）。超過一百個服務中心建立起來，任職專員也皆為退伍軍人，關懷的方式原則上為自助性的同儕諮商模式（peer-counseling model）。退伍軍人如此大規模地組織起來，也給了精神醫學界動力，開始發起系統性的研究。越戰之後數年間，退伍軍人署委託各界進行廣泛的研究，追蹤退伍軍人的戰時經歷對返鄉後生活的影響。越戰後遺症研究成果有五大冊，內容詳述創傷後壓力症，研究人員也舉證說明，暴露在戰鬥狀態如何直接導致此症候群，以此反駁各種質疑。[65]

反戰運動獲得道德正當性，全國又籠罩在師出無名的敗戰氣氛中，社會才能接受心理創傷是長期而無可避免的戰爭後遺症。到一九八〇年，有史以來第一次，屬於心理創傷的獨特症候群終成為「真正的」診斷項目。美國精神醫學學會在那年成立新診斷類別，稱為創傷後壓力症（Post-traumatic Dtress Disorder），收錄在其出版的官方精神疾病診斷手冊中。[66] 此精神疾病的臨床特色，與四十年前卡丁納所描述的創傷精神官能症是一致的。過去一個世紀以來週期性地被遺忘和重新發現的心理創傷症候群，終於在診斷正典中得到正式的承認。

兩性戰爭的戰爭精神官能症

十九世紀末有關歇斯底里症的研究，由於性心理創傷的爭議而告失敗。暴力在當時婦女的性生活與家庭生活中司空見慣，而那些研究者並未認真看待此事。佛洛伊德模糊地意識到這個事實，卻驚恐地逃開了。在二十世紀的大部分時間裡，相關研究都集中在參戰的退伍軍人身上，由此帶動心理創傷症的知識建構與發展。但直到一九七〇年代婦女解放運動興起，大眾才真正了解到，最普遍的創傷後壓力症患者並不是上戰場的男人，而是日常生活中的女人。

女性生活的真實面貌被隱藏在個人的、隱私的生活領域中。對隱私權的高度重視形成強大的障礙，人們難以察覺真相，女性生活的真實面貌幾不可見。談論性或家庭生活的經歷將招來別人的羞辱、嘲笑和不信任。女人因害怕和羞恥而保持沉默，正好讓各式各樣的性剝削與家庭暴力有機可乘。

在家庭生活的暴政下，女性毫無地位可言。令人難堪的是，我們在公共領域實行發展成熟的民主制度，與此同時，竟然還有原始的專制統治或更進化的獨裁管理存在於家庭之中。因此，貝蒂・佛麗登會在美國女性主義復興運動的第一份宣言中談到，女性議題「連名稱都沒有」，也就一點都不令人意外了。[67] 同樣不意外的是，女性主義運動推出的第一個改革方法，就叫作「意識覺醒」(consciousness-raising)。[68]

意識覺醒活動以團體方式進行，對比退伍軍人交談團體和心理治療，三者具有許多共同特性：親密氣氛、保密協定、當事人一定要講述實情。對女性而言，唯有形成受尊重的空間，才有可能克服否認、緘默和羞恥等障礙，讓她們能夠指出自己所受的傷害。在諮商室安全的環境下，婦女敢於說出被強暴的事，但那些博學的男性科學家並不相信。而在有安全環境的意識覺醒團體中，婦女說出被強暴的事，其他的婦女會相信她們。大聲說出自己的故事，而且有人聆聽，這點讓婦女感受到無比的愉悅。當時有人寫詩捕捉這種心情：

今天在我渺小的身軀中
我靜坐著並且得知
我的女人身軀
就像妳們的一樣
是任何街道上的目標
將我擄走
才十二歲的稚齡……
我看到有個女人敢
我敢去看一個女人
我們敢於發出自己的聲音[69]

雖然意識覺醒方法類似心理治療，但目的是推動社會改革，而非治療個人。以女性主義的角度理解性侵害，能賦予受害者力量，突破隱私的藩籬，讓她們互相支持並採取集體行動。意識覺醒也是實徵調查方法的一種。意識覺醒團體發起人凱西．沙拉喬德形容它挑戰了當今正統的知識體系：「強調我們女人本身的感受與經驗，用自己的經驗驗證我們歸納的普遍原則與一般見解，這就是科學的研究方法。實際上，我們再現了十七世紀科學家挑戰經院哲學的精神，『研究自然，而非書本』，透過行動與實踐驗證所有的理論。」[70]

意識覺醒的活動開始後，運動者階段性地增加大眾的認知程度。一九七一年，紐約激進派女性主義者（New York Radical Feminists）組織了第一個有關強暴的公共論壇。一九七六年，第一個針對女性受害者的國際刑事法庭（International Tribunal on Crimes Against Women）於布魯塞爾召開。在美國，一九七〇年代中期，全國婦女組織（National Organization for Women）則針對性犯罪發起修法運動。十年之內，五十個州都修法革新，以鼓勵那些沉默的性犯罪受害者勇敢地站出來。

從一九七〇年代中期開始，隨著美國婦女運動的勃興，各界也大量投入研究之前嚴重受忽視的性侵害問題。為回應女性主義團體的壓力，國家心理衛生研究院於一九七五年在內部設立強暴問題研究中心。有史以來第一次，社會為女人開了一扇門，讓她們成為研究者，而非只是被研究的對象。相對於一般的研究常規，此中心撥款贊助的「首席研究員」大多為女性。研究員秉持女性主義信念，非常努力地接近研究對象。科學家一向標榜研究時情感上要保持疏離，但她們棄絕這個原則，反而坦率自豪地與研究對象有情感聯繫。彷彿回到歇斯底里症的英雄時代，長期而密切的個人訪談再一次成為知識的來源。

這些研究成果肯定了女性經歷的真實性，雖然在一世紀前還被佛洛伊德指為幻想而不予理會。對婦女和兒童的性侵害，在我們的文化中特別普遍。社會學家、同時也是人權鬥士戴安娜·羅素在一九八〇年代早期主持最詳盡的流行病學調查，以隨機抽樣的方式挑選出超過九百名婦女進行深度訪談，以了解她們的家庭暴力和性剝削經驗。結果令人震驚，有四分之一的受訪者曾遭強暴，有三分之一曾在童年遭受性虐待。[71]

除了將普遍的性暴力列冊記錄，女性主義運動者還推出一種新詮釋，讓大眾理解性侵害的衝擊。強暴問題第一次進入公共討論的領域，她們認為有必要加強議題的能見度，所以再三疾呼：強暴是殘忍的暴行！在女性主義者的重新定義下，強暴是一種暴力犯罪，而非只是性活動。[72]透過這個簡明的闡述，她們進一步駁斥了強暴滿足了女性深層的欲望的傳統看法。在當時，這種看法充斥於各類型著作中，從通俗色情文學到學術教科書都有。

女性主義者重新定義強暴，將之視為政治性的控制工具，透過威嚇迫使女性處於附屬的地位。蘇珊．布朗米勒有篇劃時代的論文，確立了強暴是屬於公共領域的重要議題，並引起大眾關注這個男性用以保持權力的工具：「男人發現自己的生殖器可以當作製造恐懼的武器，這絕對可以列入史前時代最重要的發現之一，就如同懂得用火和打造簡易的石斧。從史前時代到現在，我相信，強暴一直有關鍵性的作用。再也沒有比這種精神上的恐嚇脅迫更有效的了，所有男人都會用它來讓所有女人處於恐懼之中。」[73]

婦女運動不只喚起大眾對強暴的注意，也促使社會以新的態度對待受害者。第一個強暴危機處理中心成立於一九七一年，十年之後，全美已出現數百個這樣的單位。這些民間機構並不在醫學或心理衛生體系的架構之中，但它們為強暴受害者提供具體與法律上的協助，以及情感支持。強暴危機處理中心的志工常會陪伴受害者去醫院、警察局和法院，以確保受害者得到有尊嚴和細心的照顧；在此之前，這種照顧顯然相當缺乏。雖然她們的介入常會招來敵意與抗拒，但有時也啟發了一些在這些機構中任職的專業女性。

精神科護士安．柏基絲和社會學家琳達．霍姆斯壯於一九七二年開始從事一項強暴心理影響的研究。她們日夜待命，以便能訪談和輔導每一位來到波士頓市立醫院急診室的強暴受害者。她們一年內處理了九十二名婦女和三十七名兒童的個案，觀察到一個她們稱之為「強暴創傷症候群」(Rape Trauma Syndrome)的心理反應模式。她們注意到，被強暴的婦女在當下會覺得這是嚴重危及生命的事件，在被侵害的過程中，一般都會體驗到身體受創或瀕死的恐懼感。被強暴後，受害者會抱怨自己出現各種症狀，如失眠、噁心反胃、易受驚嚇、做惡夢，也會有解離或麻木無感的症狀。她們發現，有些受害者的症狀很熟悉，就像先前研究者在參戰退伍軍人身上看到的那樣。[74]

從女性主義運動脈絡來看，強暴是私人生活領域中對婦女施暴最重大的惡行。研究者了解得更深入後，開始逐步考量性剝削中層層複雜的人際關係，其中暴力與親密關係糾纏不清。她們最初的關注焦點是陌生人犯下的街頭強暴，繼續探索後，焦點逐步轉向熟人強暴、約會強暴和婚姻中的強暴。最初研究者會把焦點放在強暴，是把它當成對女性施暴的形式之一，之後她們再進一步探索，包括家庭暴力和其他形式的生活暴力侵害。最初的強暴研究對象是成人，隨著研究發展，兒童遭性虐待的真相自然也被挖掘出來。

就如同強暴議題，最早有關家庭暴力與兒童性虐待的討論，也萌發於女性主義運動中。在傳統心理衛生體系之外，運動人士也組織受害者服務單位，當中提供協助的專業女性也都是受到運動所啟發。[75]此外，運動中一些自認積極且有使命感的女性夥伴，也發起開創性的研究以了解受害者的心理效應。如同強暴議題，針對家庭暴力與兒童性虐待的心理學研究，也帶領研究者重新探究心理創傷症候群。心理學家莉諾．渥克在研究中詳細談到逃到收容所的婦女，也第一次定義了所謂的「受虐婦女症候群」(Battered Woman Syndrome)。[76]在研究亂倫倖存者的心理歷程時，我自己所做的初步描述，基本上是在重述十九世紀末精神分析師對歇斯底里症的觀察。[77]

一九八〇年之後，由於參戰退伍軍人的努力，終使社會大眾接受創傷後壓力症這個概念。很明顯地，在強暴、家庭暴力和亂倫倖存者身上看到的心理症候群，基本上與戰爭倖存者一樣。這個發現所透露的訊息令十九世紀的人驚恐，也同樣震驚現代人：男人使用不為外人所知的暴力，迫使女性處於附屬地位，不得翻身。兩性之間一直處於戰爭狀態：強暴受害者、受虐婦女、被性虐待的兒童就是傷兵。歇斯底里症就是兩性戰爭中的戰爭精神官能症。

五十年前，作家維吉尼亞．吳爾芙如此寫道：「公共領域與私人領域是分不開的……公共領域中的專制暴政和屈從奴化，也就是私人領域中的專制暴政和屈從奴化。」[78]如今同樣明顯的是，公共領域中的創傷，也就是私人領域中的創傷。女人的歇斯底里症和男人的戰爭精神官能症根本是同一回事。承認這種苦難的共通性，或許才能跨越那一道鴻溝，不再一分為二：戰爭與政治的公共領域是男人的世界，家庭生活的私人領域是女人的世界。

不過，世人會再一次拋棄這些洞見嗎？至少目前看來，心理創傷研究似乎已地位穩固，確立為正式的研究領域。過去許多被壓抑的觀念捲土重來，夾帶在這股創造性能量中，這個領域便有了戲劇性的擴展。二十年前，只有數冊絕版的文獻被塵封在圖書館無人聞問的角落；如今，每個月都有新書面世、新的研究成果發表、新的討論在媒體上進行。

但歷史告訴我們，這個知識也有可能再度消失。缺少適當的政治運動脈絡，心理創傷研究就不可能更上一層樓。這個知識領域的命運，全取決於同一個政治運動的發展，有賴其百年來的啟發和維繫。在十九世紀末，此運動的目標是去宗教化和建立民主政體；在二十世紀初，它的目標是廢除戰爭；在二十世紀末，它的目標是解放女性。所有這些目標都還存在，最終也都彼此相連，密不可分。

第 2 章

恐怖經歷
Terror

心理創傷的痛苦源於無力感。受創當下，受害者籠罩在無法抵抗的力量下而感到無助。如果是大自然的力量，我們稱作天災（disaster）；如果是人為的，我們叫它暴行（atrocity）。創傷事件摧毀了人們得以正常生活的安全感，世間的人與事不再可以掌控，也失去連結與意義。

過去人們認為這樣的事件並不常見。美國精神醫學學會在一九八〇年出版的診斷手冊中，第一次列出創傷後壓力症，將創傷事件描述為「超出人類一般正常經驗之外」。[1]可惜這個定義顯然不正確。像強暴、毆打和其他形式的性與家庭暴力，普遍發生在婦女身上，實在很難說是超出一般正常經驗之外。再想想百年來因戰爭而死亡的人數，戰爭創傷也應被視為人類常有的經驗。大概只有那些幸運兒，才會覺得這些事是罕見的吧！

創傷事件的不尋常處，並不在於其少見，而在於它破壞了人類對日常生活的適應能力。不同於日常的衰事，創傷事件通常會威脅到當事人的生命與身體安全，或讓她親身面對暴力傷害和死亡威脅。它將人類逼到無助與驚恐的牆角，並激起大禍臨頭的反應。根據《精神病學通論》一書所述，所有心理創傷的基底，是一種「極度恐懼、無助、失去掌控力和面臨毀滅威脅」的感覺。[2]

創傷事件的嚴重度無法靠任何單一層面衡量；將創傷予以簡單量化，最終只是無意義地比較恐懼程度罷了。然而，有一些特定的經驗確實會增加受傷害的可能性，包括受驚嚇、被困或被耗到精疲力竭。[3]此外，當創傷事件包含身體暴力或傷害，又或是當事人置身極端的暴力現場或目睹可怕的死亡場面時，也會增加受傷害的可能性。[4]就上述的情況來看，創傷事件最主要的特點是具有激起無助感與恐怖感的力道。

一般人有一套複雜的反應系統去面對危險，能整合包括身體和心智的各種反應。一開始，威脅感會激發交感神經系統，造成腎上腺素激增，使我們處於警戒狀態。威脅感也會使人集中注意力於眼前的情勢。再者，威脅感亦可能改變正常的知覺能力：身處險境的人通常會忽略饑餓、疲累或疼痛的感覺。最後，威脅感會引發強烈的恐懼與憤怒。其實，上述這些變化，都屬正常的調適反應。這些反應讓受威脅的個體動員起來，準備採取激烈行動，以備應戰或脫逃。

一旦行動徒勞無功時，就會出現創傷反應。當抵抗與脫逃都已無望，人類的自我防禦系統就會被擊垮而變得混亂無序。每一個危機反應功能都失效後，就算實際危機早已解除，內在系統還是容易維持在改變後且過度反應的狀態。創傷事件會對當事人造成長期而根本的改變，反應、情緒、認知和記憶都大受影響。更有甚者，創傷事件可能會阻斷個體這些功能的整合運作，使之失去協調聯繫。受創者可能感受到強烈的情緒，卻對事件沒有清楚的記憶；或可能記得事件的每一個細節，卻無任何情緒反應；也可能察覺到自己一直處在警醒和暴躁不安的狀態，卻不知何以如此。創傷症狀通常有種傾向，就是斷絕與創傷源頭之間的連結，並開始有了自己的生命。

創傷撕裂了精密複雜、原本以整合方式運作的自我保護系統。這種裂解現象正是歷來研究者對創傷後壓力症所觀察到的重點。一個世紀前，賈內就準確地指出，歇斯底里症最主要的病理學特徵即是「解離」：重大的衝擊事件發生後，歇斯底里症患者喪失將這些記憶整合在一起的能力。他小心翼翼地使用包括催眠術在內的研究技巧，嘗試說明受創記憶以一種不正常的狀態被保存下來，並處於一般意識之外。他認為，由於對創傷事件的強烈情緒反應，導致記憶、知識和情緒之間的正常連結遭到阻隔。這種使心智功能失去「統合」(synthesize)能力的強烈情緒反應，他稱為「分解」(dissolving)效應。[5]

五十年後，卡丁納也使用類似的術語描述戰爭精神官能症的主要病理學特徵：「當個體遭受驚駭和無助的強大侵襲時，**所有人體器官原本協調一致且作用明確的生理活動，一時之間全都瓦解了**。知覺能力變得失真且被恐怖感受所占據，判斷辨別的能力也不再產生作用……可能連感覺器官也失效了……攻擊衝動變得雜亂無章且不符合當前的狀況……交感神經系統的功能恐怕也與其他組織器官失去聯繫。」[6]

受創者的感覺與行動看起來就像是神經系統與當下的現實已失去聯繫。詩人格雷夫斯詳述過自己的狀況，雖然過著平民的生活，但仍持續有一些行為反應，就好像又回到第一次世界大戰的戰壕中：「我的精神狀態與神經系統仍在備戰中，雖然妻子南西和我睡在同一張床上，我仍覺得砲彈會在半夜掉到床上爆炸；白天看到的陌生人，會讓我誤認為是陣亡的同袍。當我有力氣爬上哈萊克後方的山丘造訪最喜愛的鄉村時，我仍不由自主地將它看作戰場。」[7]

創傷後壓力症有許多症狀，可歸納為三個主要類別：「過度警醒」（hyperarousal）為不斷預感危險將至；「記憶侵擾」（intrusion）是受創時刻的傷痛記憶縈繞不去；「封閉退縮」（constriction）則反映出屈服放棄後的麻木反應。

過度警醒

有過創傷經驗後，人類求生保命的自衛體系似乎整個啟動，並一直保持在高度警戒狀態，就好像危險隨時會再出現一般。生理激發（physiological arousal）也持續不退。這種過度警覺的狀態是創傷後壓力症第一個最主要的症狀，受創的個體非常容易受到驚嚇，一點小小的刺激就暴躁不安，而且難以成眠。卡丁納主張：「由創傷引起的精神官能症，基本上就是一種生理精神官能症（physioneurosis）。」[8]他認為許多從第一次世界大戰退伍軍人身上觀察到的症狀，諸如驚嚇反應、過度警覺、保持警戒害怕危險再現、做惡夢、心因性地抱怨身體不適，都是肇因於交感神經系統長期處於過度激發狀態。他也解釋，受創者之所以出現暴躁和突發的攻擊行為，是因為本來用以應付重大危機的「戰或逃」（fight or flight）反應已經崩解，變成毫無法章法的片斷情緒或行為。

同樣地，葛林克和史皮格也觀察到，第二次世界大戰的受創士兵「似乎為交感神經系統長期處於激發狀態所苦……緊急狀態下的心理焦慮反應和生理預備反應……已經一起啟動，不只維持一段時間，而是幾乎持續不斷……士兵最後撤離了那個充滿壓力的環境，一段時間後，主觀上的焦慮感雖已降低，生理現象卻仍頑強持續著。現在他對安全穩定的生活反倒適應不良了。」[9]

受創者的生理機制（交感神經系統）大大改變——這個假說在越戰之後終於有足夠的證據加以確認。精神科醫師勞倫斯．科爾布播放戰場上的聲音給越戰退伍軍人聽，創傷後壓力症患者的心跳及血壓都上升，有些甚至因無法承受而要求停止實驗；相反地，無此疾患的退伍軍人和沒有戰爭經歷的人，既沒有情緒的困擾，也沒有明顯的生理反應。[10]

如今大量類似的研究已顯示出，創傷後壓力症在心理生理上的改變是廣泛而持久的。患者受到廣泛性焦慮症狀和特定恐懼的雙重折磨。[11] 一般人的注意力是警覺中帶點放鬆，但他們沒辦法維持這種「基準線」，身體始終處於面對危險的警覺狀態。意外的刺激會使他們極度驚恐，與創傷事件有關的特定刺激更會造成強烈反應。[12] 對一般人只是小小困擾的重複性刺激，受創者似乎也無法「假裝不理」，他們會對每一個重複的片段做出反應，好像每次都是嶄新、危險、令人驚訝的經驗。[13] 無論早晚，受創者都保持在生理激發狀態，造成許多類型的睡眠障礙。創傷後壓力症患者難以入睡，對聲音特別敏感，夜裡醒來的次數也較一般人頻繁。創傷事件似乎重新設定了人類的神經系統。[14]

記憶侵擾

就算早已事過境遷，受創者還是會不斷在腦海中重新經歷創傷事件，宛如發生在此時此刻。

創傷如此反覆侵襲使他們很難重返原先的生活軌道。創傷事件轉錄成一段變調回憶，強行植入受創者的意識中。醒著的時候，受創片段在腦海中一幕幕閃現；睡覺時，則成為揮之不去的夢魘。就連一件看似不怎麼相關的小事，也可能勾動這些記憶，逼真程度與強烈感受一如事發當時。因此再平常、再安全的環境，對受創者而言都充滿危機，因為誰也無法確保她的傷痛記憶不會被喚起。

在傷痛記憶的反覆侵擾下，受創經驗阻礙了人生的正常發展。賈內形容他的歇斯底里症患者受到「頑念」(idee fixe)所支配。第一次世界大戰後，戰爭精神官能症的證據大量出現，佛洛伊德努力嘗試理解，他說：「如果有人說受創患者固著在受創當時……一點也不教人驚訝。」[15]卡丁納也認為「固著在受創當時」(fixation on the trauma)是戰爭精神官能症最基本的特徵。特別的是，受創者的惡夢內容可以毫不改變地經年重複，他稱這樣的夢是「此症最獨具的特徵，也是最費解的現象」。[16]

創傷記憶有一些不尋常的特性，轉錄到大腦的方式與成人的正常記憶不同。正常記憶應是可以言詞述說的線性故事，並融入生命進程中。賈內解釋其間的差異：

> (正常的記憶)就像所有的心理現象一樣，是一種活動；在本質上是敘述故事的活動……某個處境沒得到令人滿意的回顧清理……除非我們完成這個過程，不只是透過行動向外反應，也要向內反應，包括對自己說話、有結構地對他人和自己講述事件經過，並將此敘事置於個人生命史的適當章節……所以嚴格地說，如果發生的事仍停留在固著意念，就不能說擁有此

「記憶」……為了方便起見，姑且稱它為「創傷記憶」。[17]

創傷記憶凝結於受創當時、又無法言說，多麗絲・萊辛深入描述過這種特質。她父親是第一次世界大戰的退伍軍人，覺得自己很幸運地只有失去一條腿，其他的同袍卻都在帕森達勒的壕溝中失去生命。「他童年和青年時期的記憶仍然鮮活，會跟著成長增添新色彩，正如其他生活的回憶；但他的戰時記憶卻凝結在他一成不變、重複述說的事件裡，每次都用相同的字眼、刻板的情節，連講的姿勢都一樣……他語無倫次地敘述心中這塊陰暗角落，那是宿命的無奈，但除了恐懼，無一真實。在他痛苦而短暫的驚呼中，充滿憤怒、懷疑和背叛的情緒。」[18]

創傷記憶難以用言詞敘述，也缺乏前後脈絡，而是以栩栩如生的感受和影像方式轉錄起來。[19]研究日本廣島與其他一些民間災難和戰爭倖存者的立夫頓，將創傷記憶描述為一種「抹不去的影像」(indelible image)或「死亡印記」(death imprint)。[20]在立夫頓所稱的「極端恐懼」(ultimate horror)中，通常會有一組特別的影像讓創傷經歷更顯清晰具體。受創者完全聚焦在這樣的感官片段和無前後因果的影像上，更放大了創傷記憶的臨場感。越戰退伍軍人提姆・歐布萊恩如此描述他的創傷記憶：「我記得斷臂的白骨，我記得皮膚的碎片和一些濕濕黃黃的東西，我想那一定是腸子。身邊到處是可怕的血跡。但在二十年後仍會使我驚醒的那一幕，是同袍戴夫・詹森一邊唱〈檸檬樹〉，一邊將屍塊往下丟。」[21]

創傷記憶透過畫面和身體感官掌控受創者，且難以用言詞描述，這些特性與幼兒的記憶很類似。[22]事實上，在某些針對兒童的研究中，研究者提供了一些最清晰的例證以了解創傷記憶。

精神科醫師拉諾爾・特爾在二十位有早期創傷記錄的兒童身上發現，沒有一位能用言詞描述一歲半或兩歲前發生的事。然而，那些經歷深深烙印於記憶中。其中有十八位兒童在行為和遊戲中透露出創傷記憶的訊息。他們有與創傷事件相關的特定恐懼，而且能夠在遊戲中正確無誤地重演創傷事件。例如，有一位兒童在人生的頭兩年，一直受到保姆的性折磨。到了五歲時，他完全不記得那個保姆，甚至否認任何被虐的訊息或記憶。但他在遊戲中所重現的情節，竟與那個保姆所拍的色情影片一模一樣。[23] 這種高度視覺化與行動化的記憶形式在幼兒身上不足為奇，但似乎也會在經歷恐怖事件的成人身上運作。

創傷記憶的這些不尋常特性，可能是由於中樞神經系統改變運作所致。大量的動物實驗顯示，當高濃度的腎上腺素或其他壓力荷爾蒙在血液中循環時，記憶的片段會深深烙印在腦海中。[24] 同樣的創傷記憶也可能發生在人類身上。精神科醫師貝塞爾・范德寇推測，在交感神經系統受到高度激發的狀態下，透過語言轉錄記憶的方式受到抑制，中樞神經系統改回感官與圖像式的記憶，正如我們早期人生最主要的記憶過程。[25]

就如同創傷記憶與一般記憶不同，創傷夢境與一般夢境亦不同。在形式上，創傷夢境與清醒時的創傷記憶有許多相同的不尋常特性。它們通常都包含一些創傷事件的片段，內容與事實一致，幾乎不會有任何加油添醋的描述。完全相同的夢境經常重複發生，還有宛如發生在當下的駭人臨場感。在夢境中發生的一些看似微小無關的環境刺激，可能會被當作是惡意攻擊的訊號，而激起暴力反擊。創傷惡夢可能發生在一般人不會做夢的睡眠階段。[26] 因此，無論醒著或睡著，創傷記憶似乎是由於神經生理組織的狀態改變所致。

受創者對創傷事件的再體驗，不只發生在思想和夢境中，也表現在行動上。創傷情境的重演（reenactment）在兒童一再重複的遊戲中最為明顯。特爾區分一般的遊戲和受創兒童「禁忌遊戲」之不同：「童年的日常遊戲……是輕鬆自由、活潑快樂；但創傷過後的遊戲則是令人不舒服而刻板單調的……由創傷引發的遊戲不易停止，就算時日已久，內容可能也無太大改變。與一般兒童的遊戲不同，創傷後的遊戲會不由自主地強迫重複著……創傷後的遊戲是如此真實地呈現原貌，以致當你看著他進行時，不需要什麼其他線索，就可能對創傷內容猜得到十之八九了。」[27]

成人也常如兒童一般，總是覺得有一股衝動，想要重演創傷時刻，或許如實呈現，也或許經過偽裝。有時人們會重新演繹創傷事件，在奇情幻想中改變危險處境的結局。倖存者總是想解開創傷事件的牽絆，甚至可能置自己於再受傷害的險境。有些重演的情境甚至是受創者自己有意造成的。強暴受害者索海拉．阿布杜拉利描述她何以要讓自己回到創傷的現場：

> 我一向很討厭那種被打敗的感覺。當事情發生時，我正值稚嫩的十七歲，但我必須證明他們不會將我擊垮。那些強暴我的男人告訴我：「如果再讓我們看到妳一個人跑到這裡來，我們不會放過妳的。」我相信他們說的話。走在那條巷子裡總讓我心驚膽戰，因為害怕會再看到他們。事實上，我認識的人沒有一個會在晚上單獨走過那條巷子，之前也有人被搶過。毫無疑問，那裡就是不安全。但我的腦袋裡卻有個聲音告訴我，如果我不敢走那裡，那他們就贏了。因此，即使我比別人更害怕，**還是要走過那條巷子**。[28]

但更常見的是，受創者以自己也不明白為何要這麼做的偽裝方式重現某些創傷意涵。亂倫倖存者莎朗．西蒙那詳述她如何覺察到自己的危險行為與兒時受虐經歷之間的連結：

> 兩個月前，我在高速公路上和男人爭道比膽，並因此出了車禍。一個男性卡車司機試圖超到我前面，當時我用最粗魯的話告訴自己，去你的！你的臭老二休想擋住我的路。突然間碰的一聲！就這樣，我也不明白為什麼。
>
> 我從來沒有認真面對過任何跟那件亂倫有關的事。只是模模糊糊地感到有事懸在那兒，我也知道必須處理，但就是不想碰它。我就是對男人有一肚子氣，所以讓那個臭男人狠狠地撞過來，那景象真是壯觀極了。鑽出車外時，我已完全失控，只是一陣狂怒掃向那個男人。這件事就這麼擱著，大概六個星期後我才告訴心理治療師，他當面責備說，這實在太危險了。我因此和治療師訂了一個約定：我會處理我和男人之間的問題。[29]

並不是所有的重演都是危險的，事實上，有些反而是適應表現。受創倖存者有可能會找到一種泰然自得、甚至是適於社會生存的方式，得以讓創傷的再現融入現實的生活中。退伍軍人肯．史密斯回到平民生活後，如此重新應用過去的戰爭經驗：

> 我在越南待了八個月十一天十二小時又四十五分鐘。這些事你也許只是記得，我可是記得

> 清清楚楚。從戰場回家後，我幾乎完全變成另一個人。接著我找到一份醫務人員的工作，也得到很大的自我滿足感。這工作幾乎就像是延續我在越南的任務，但當然是小巫見大巫了。沒有槍傷，沒有燒傷，也不會看到冒血的胸口或截肢，或是被霰彈槍打到血肉模糊的軀體。現在更常見的是急診傷患、包括待急救的糖尿病患，還有很多老人。偶爾會有車禍發生，那可是讓我最來勁的事，我會打開警笛，知道又有活兒可幹了。大量腎上腺素在體內流竄，我覺得自己就像個發電廠，再出一百個任務也不怕。[30]

重演有其弔詭之處。即使他是有意識地進行，還是會有不由自主的感覺；即使不會產生危險，底下仍有一股頑強的驅力。這種創傷經驗的記憶侵擾現象一再發生，佛洛伊德稱為「重複性強迫衝動」(repetition compulsion)，他起初將此現象理解為受創者企圖想掌控創傷事件。但這樣的解釋沒有令他自己滿意，因為無法傳達出他所謂重演具有的「心魔」(daemonic)特質。重複性強迫衝動似乎不接受意志的控制，抗拒改變的力量也很強烈，佛洛伊德無法找到任何解釋，來說明它對生命的適應作用與正面價值，只好被迫援用「死亡本能」(death instinct)的概念。[31]

大多數學者都拒絕接受這種有摩尼教色彩的解釋，但同意佛洛伊德最初的說法。他們推測，不斷重複體驗創傷經驗，顯然表示受創者自發性地想嘗試痊癒，但每次都徒勞無功。賈內認為，受創者會有種「同化」(assimilate)和「清理」(liquidate)創傷經驗的需求，一旦成功便會產生「獲勝」的感覺。從他的說法來看，賈內間接承認：創傷造成的最大羞辱是使人產生無助感，補救的方法即是重建信心，相信自己有用、有能力。賈內相信：「受創者依然身陷困局，在其中他尚無法擔任令人滿意的角色，也無法適應良好，因此須持續不斷地努力以求適應。」[32]

近期學者也將記憶侵擾的現象（包括重演）解釋為受創者自發性地想整合創傷事件。精神科醫師馬帝．霍洛維茨提出「完成原則」(completion principle) 理論。據此，霍洛維茨扼要歸納：「人類心智本有能力處理新資訊，隨時更新內在基模 (inner schemata)，重新認知自我與外在世界。」依據定義，創傷撕裂了這些內在基模。霍洛維茨認為，未被同化的創傷經驗，儲存在某種特殊的「主動記憶」(active memory) 中，而且，「此種記憶的內在傾向是不斷重複表現其內容」。只有倖存者發展出一套新的心理「基模」以理解事件經過，才能解除創傷。[33]

精神分析學家保羅．羅素認為，引發重複性強迫衝動的驅力是創傷的情緒經驗，而非認知經驗。「經驗被重製，是因為受創者需要去感受，並用以修復傷痛。」他認為，透過重複性強迫衝動，受創者企圖重現並掌控創傷時產生的重大挫敗感。[34] 最首要未化解的感受可能是恐怖、無助的憤怒，或單單只是面對致命危機時的「腎上腺素激增」。

創傷的再體驗也許給我們機會去掌握它，但大部分的倖存者並不主動尋找、也不歡迎這樣的機會，只是擔心害怕。創傷經驗的再體驗，無論被侵擾的是記憶、夢境還是行動，伴隨的情緒強度都如同創傷事件當下。倖存者也會持續受到恐怖與憤怒的折磨。這些情緒在本質上與一般的害怕和生氣不同，不但超出一般情緒經驗的界限，也超出一般所能忍受的範圍。

正因為創傷經驗的再體驗導致如此強烈的情緒折磨，受創者都會極力避免。雖然原意是要自我保護，但努力避開侵擾症狀，卻會進一步惡化創傷後症候群。經常刻意逃避創傷的再體驗，受創者的覺察力會愈來愈受限，並從人際互動中退縮，讓生活愈來愈貧瘠。

封閉退縮

當我們感到徹底無能為力，任何形式的抗拒也已經無望時，就可能會進入屈服放棄的狀態，自衛系統完全關閉。無助之人想要脫離此一處境不是透過現實中的行動，靠的是改變自己的意識狀態。類似的狀態也可以在動物身上觀察到，當牠們遭受攻擊時會立刻「靜止不動」，這是被捕的獵物或戰鬥中失敗的一方會有的反應。有位強暴倖存者描述這種任人宰割狀態的經驗：「晚上在路上開車時，你是否看過兔子在你強烈的車頭燈前定住不動了？就像那樣，被嚇得呆住不動，你知道就要變成俎上肉了。」[35] 另一位強暴倖存者說：「我叫不出來，也無法移動，我整個癱瘓了……就像一個破布娃娃。」[36]

這些意識的改變，是封閉退縮或麻木無感的核心狀態，也是創傷後壓力症第三個主要症狀。有時逃脫不掉的危險處境引發的不只是恐怖和憤怒，弔詭的是，也可能出現超然的冷靜狀態，此時恐怖、憤怒和痛苦都消散不見了，事件還在不斷進入意識中，但宛如已和原本的正常意義脫勾了。知覺能力可能已麻木或受到扭曲，伴隨著某些感官功能的部分麻痺或喪失。時間感也可能改變，感覺周邊事物像慢動作播放一樣，整個經驗亦可能喪失一般應有的真實感。受創者可能會覺得事件好像不是發生在自己身上，彷彿自己從身體以外的地方觀察著，或宛如這整件事只是個惡夢，很快就會從中醒來。這些知覺的改變結合了冷漠的感覺、疏離的情緒，受創者還會處於全然被動的狀態，即放棄所有自主與掙扎。這種意識狀態的改變可視為本能上最後僅存的保護措施，以對抗難以忍受之痛苦。一位強暴倖存者如此描述這種疏離狀態：「當時我離開自己的身體，就在床邊的上方，看著這一切發生……我從無助感中游離出來。我就站在自己旁邊，在床上的只是一具軀殼……什麼感覺也沒有，我只是在那裡。當我要重新想像那個房間時，不是從床上看出來，而是在床邊，那是我看到整件事的地方。」[37] 一位第二次世界大戰的退伍軍人也報告過相似的經驗：「就像大部分隊上的同袍一樣，我全身麻痺，處於幾乎是解離的狀態。這種情況我們稱作『千年凝視』，那是一種迷離的眼神，圓睜而空洞的眼睛顯得不再在乎什麼。我還沒有陷入那種狀態，但已整個麻木僵硬了。我幾乎覺得自己根本沒有真的待過那個戰場。」[38]

這些意識的疏離狀態類似催眠的出神狀態（trance states）。它們有一些共同的特質：放棄自主行動、擱置主動和批判性的判斷、保持主觀的疏離或平靜、增強對想像情節的知覺、改變感官功能（包括麻木和無痛覺）、現實的扭曲（包括自我感喪失、現實感喪失）和時間感的改變。[39] 創傷事件發生時，受創者的知覺放大增強，類似於催眠時的全神貫注，麻木無感的症狀則類似催眠時相對應出現的解離現象。[40]

賈內認為，他的歇斯底里症病患有能力進入出神狀態，就是精神病理學上的證據。最新的研究則證實，雖然人們進入催眠狀態的難易度各有不同，出神狀態卻是人類意識的正常特質。[41] 創傷事件提供了強大的啟動力，讓人得以進入出神狀態。[42] 如同精神科醫師大衛．史皮格指出的：「如果人們在遭受突發性創傷時，身體**不會**自發性地使用這種能力來減輕痛苦感受，那才真教人驚訝。」[43] 但人們通常是在可掌控的情況下，出於自己的選擇進入催眠狀態，而創傷的出神狀態卻發生在無法掌控的情境中，且通常沒有選擇。

這些造成包括催眠出神狀態和創傷性解離等狀態改變的生物學因素，至今仍是個謎。心理學家厄尼斯特・希爾加德推論：「催眠的作用方式可能很類似嗎啡的效果。」[44] 用催眠代替鴉片麻醉劑以消除疼痛感，長久以來即為人所知。催眠和嗎啡會產生一種解離狀態，在該狀態中，痛的感覺和正常對痛的情緒反應之關係被切斷了。催眠和鴉片麻醉劑減緩了劇痛的折磨，而不去破壞感官本身。精神科醫師羅傑・皮特曼和范德寇曾以實驗驗證，罹患創傷後壓力症的參戰退伍軍人，其疼痛知覺產生了永久性的改變。也就是說，創傷有可能對內源性鴉片（endogenous opioid），也就是對中樞神經系統中具有和鴉片麻醉劑相同效果之天然物質的調節機制，造成永久性的改變。[45]

那些無法在體內產生自發性解離的受創者可能會嘗試服用酒類或麻醉藥品，以產生類似麻木無感的效果。葛林克和史皮格觀察戰時的軍人行為後發現，酗酒人數增加與戰鬥傷亡人數成正比；軍人會酗酒，似乎是想忘卻愈來愈沉重的恐怖感和無助感。[46] 很明顯地，一旦養成對酒精和其他藥物的依賴，受創者的困境恐怕會進一步惡化。心理學家喬瑟菲那・卡德研究過越戰退伍軍人及其平民生活，證實罹患創傷後壓力症的人，非常有可能大量使用麻醉藥品和街頭毒品，返鄉後，也非常有可能因酒精和藥物的濫用問題接受治療。[47] 在另一個研究中，赫伯・漢丁和安・哈斯觀察一百名罹患重度創傷後壓力症的參戰退伍軍人，八十五人在重返平民生活後發展出嚴重的藥物和酒精濫用問題，其中只有七人在參戰前有酗酒問題。他們使用麻醉藥品和酒精，是想控制自己過度警醒和記憶侵擾的症狀，包括失眠、惡夢、騷動不安和暴怒。然而藥物濫用最終將使痛苦加劇，並使他們與他人更加疏遠。[48] 全國越戰退伍軍人復原研究可說是規模最大、最廣泛的調查研究，其研究者也提出幾乎相同的發現：百分之七十五的創傷後壓力症患者，有酒精濫用或酒精成癮的問題。[49]

雖然意識的解離性改變，甚或喝醉、嗑藥狀態，在全然無助的當下可能是適應性行為，然而一旦危機解除，就會變成適應不良的行為。因為這些改變狀態持續將創傷經驗和正常意識隔開，阻斷兩者的整合，而那正是復原所需的。不幸的是，封閉退縮或解離的狀態，就像其他的創傷後症候群的症狀，總是對患者糾纏不清、緊黏不放。立夫頓將災難和戰爭倖存者身上發現的普遍現象稱為「精神上的麻木」，還比喻為「心智的麻痺」。[50]

像記憶侵擾一樣，研究者最早觀察到的封閉退縮症狀，是記憶方面的問題。賈內提到，創傷後的失憶乃源於「意識範圍限縮」，也就是痛苦記憶被分開儲存，遠離日常意識範圍之外。當歇斯底里症患者被催眠後進入出神狀態時，就能鉅細靡遺重構解離事件。他的病患艾琳原本表示，自己對母親逝世前後大約兩個月期間所發生的事毫無記憶。處於出神狀態時，她即能重現所有那兩個月發生的痛苦事件，包括死前那一幕，宛如就發生在當下。[51]

卡丁納也認為，限縮作用使得創傷記憶無法進入正常意識中，只容許一些小片段透過記憶侵擾的症狀出現。他以一名海軍退伍軍人的案例做說明。患者抱怨長期知覺麻木無感、疼痛和腰部以下冰冷，但否認在戰爭期間有任何創傷經驗。在沒有完整催眠的情況下，經由不斷地詢問，他憶起服役的戰艦沉沒時，自己泡在冰冷的海水中數小時等待救援，但仍否認對此事有任何情緒性反應。然而，在卡丁納不斷追問下，患者開始變得激動、憤怒和驚恐：

他所抱怨的症狀……和腰部以下曾浸泡在冰冷海水中，我指出兩者之間的相似處。他承認說，當他閉上雙眼，**容許自己去想**此刻的感覺時，仍能看到自己緊抓著一半已沒在海中的救生艇之景象。他接著說，當他緊抓著救生艇時，全身都感到劇烈的疼痛，而且當時除了痛以外，腦中再也沒有其他東西了。他也回想起許多人昏迷並溺斃了。大體而言，患者當時一心只在乎冰冷海水引起的劇痛感，讓他保住性命。因此，這個症狀代表……複製被浸泡在海水中的原始感覺。[52]

在此案例中，意識限縮的過程並沒有造成完全的失憶，而是形成一段修剪過的記憶，其中既無情緒也無意義。這位患者不「容許自己去想」有關自己症狀的意義，如此會勾起他的痛苦、恐懼和憤怒，想起差點沒命、又目睹同袍死亡的回憶。刻意壓抑與創傷事件有關的想法，以及進入較無自覺的解離狀態，是受創者的主要特徵。

創傷精神官能症封閉退縮的症狀，不只作用在思想、記憶和意識狀態，也作用在各種有目標的行動與想法中。為了擁有安全感和控制自己無所不在的恐懼，受創患者處處設限自己的生活。兩位強暴倖存者描述自己在創傷後的生活是多麼狹隘：

我一個人時哪兒也不敢去……感到毫無保障且極度害怕，我什麼事也不做……只想待在家裡，我就是怕得要命。[53]我把自己的頭髮剪光，不要對男人有吸引力……這一陣子我只想讓自己看起來很中性，這樣我才覺得安全。[54]

參戰退伍軍人史密斯描述戰後如何將自己生活中的封閉退縮合理化，以致長久以來一點都沒有察覺到自己受制於恐懼的程度有多嚴重：「我工作的時間僅限於從午夜到早上八點，或晚上十一點到早上七點，我從來都不了解為什麼。原來我對夜晚存有恐懼感，所以一直很擔心在晚上是醒著的。當時不懂，現在我知道了。我對自己的合理化解釋是，那種時間沒有人會來管我，可以自由自在，不用去聽那些亂七八糟的政治性口水戰，沒人會來煩我，我可以獨處。」[55]

封閉退縮的症狀也干擾了對未來的期待和計畫。葛林克和史皮格觀察到，在戰時目睹同袍死亡或受傷的軍人，對自己訂定計畫和採取主動行動的信心大減，愈來愈迷信和相信魔法，非常依賴幸運護身符和好兆頭。[56] 特爾研究被綁架學童時發現，這些孩子事後變得非常相信，其實早有警告預兆，此創傷事件一定會發生。綁架事件多年後，這些孩子仍持續到處留意預兆，以保護自己和作為行為準則。甚且，事件發生多年後，他們對未來仍充滿極為悲觀的想法。問起長大以後想要做什麼，許多人回答說從來不去想像未來，也不為未來做計畫，因為預料自己不會活得很久。[57]

受創者會避免任何足以勾起過往創傷回憶的情境，或任何可能涉及未來規畫與風險的行動，卻也剝奪了一些新的契機，如果能成功地面對、處理，或許可以減輕創傷經驗所帶來的影響。封閉退縮的症狀可能代表受創者企圖抵禦排山倒海的情緒狀態，卻也可能因此付出慘痛的代價，畢竟這些症狀會窄化並耗損患者的生活品質，最終使創傷事件的效應永不消退。

創傷症狀的辯證發展

在經歷過極端危險之後，記憶侵擾和封閉退縮這兩個互相矛盾的反應，會形成擺盪兩端的律動。這兩個相反心理狀態之間的辯證發展，也許就是創傷後症候群的最大特徵。[58] 記憶侵擾和麻木無感的症狀都無法讓創傷事件得到整合，兩個極端狀態交替出現，或許可以解釋為受創者企圖在兩者之間找到可接受的平衡點。但平衡正好就是受創者最缺乏的。受創者會發現，自己擺盪在兩個極端之間：失憶或創傷重現、排山倒海的情緒波濤或完全無感的麻木狀態、行動上的煩躁衝動或完全自我抑制。這種週期性交替所產生的不穩定狀態，進一步惡化受創者的不確定感和無助感。[59] 因此，創傷症狀的辯證發展本身可能將永遠持續下去。

隨著時間流逝，這個辯證發展也會逐漸演化。剛開始時，創傷事件的侵擾再現會占主要作用，受創者會維持在高度激動的狀態，為防範新的威脅而保持警戒。創傷事件之後最初數天或數週，是侵擾性症狀出現最明顯的時候；在三到六個月中程度會逐漸減緩，然後隨著時間慢慢消弱。例如，在一項有關犯罪受害者的大規模社區研究中，大部分的強暴倖存者報告說，自己最嚴重的侵擾症狀會在三到六個月後逐漸減少，但被強暴後一年中仍隨時會感到害怕和焦慮。[60] 另一項研究也發現，百分之八十的強暴倖存者在一年之後仍抱怨有侵擾性恐懼。[61] 另一組強暴倖存者，當研究者第一次在醫院的急診室訪談兩、三年後，再聯絡她們時，大多數人仍受到一些可歸因於強暴引起之症狀的折磨。這些倖存者最普遍提到的症狀，是與創傷相關的特定恐懼、性方面的障礙，和日常活動受限。[62]

受創的傷痛也可能延續得更久。例如，柏基絲和霍姆斯壯曾在一家醫院的急診室中研究強暴受害者四到六年，再度聯絡那些婦女時，其中四分之三認為自己已經復原了。請她們回顧時，大約三分之一（百分之三十七）認為自己一年不到就復原了，另外三分之一（百分之三十七）覺得花了超過一年的時間才復原，但也有約四分之一（百分之二十六）覺得尚未復原。[63]

在荷蘭一項人質相關研究中，研究者記錄了單一創傷事件所帶來的持久影響。被釋放後的第一個月內，所有人質都有症狀出現，在六個月後到一年之間，有百分之七十五仍為症狀所困擾；被囚禁得愈久的人症狀愈嚴重，所需的復原時間也愈長。在事件之後六到九年的長期追蹤調查中，幾乎一半的倖存者（百分之四十六）仍然報告有封閉退縮的症狀，三分之一（百分之三十二）則報告仍有記憶侵擾症狀。雖然廣泛性焦慮症狀會隨著時間而減緩，但心身症狀（psychosomatic symptom）其實是愈來愈惡化。[64]

雖然特定的創傷相關症狀似乎會隨著時間慢慢淡去，但如果被某些事物觸發，想起原來的創傷，就算已過數年之久，症狀還是可能復發。例如，卡丁納描述過，有位退伍軍人在飛機失事中死裡逃生，八年後在失事的同一日期，他受到記憶侵擾症狀「突襲」。[65]在最近的案例中，有位第二次世界大戰的退伍軍人，在三十年後突然復發惡夢和其他記憶侵擾症狀。[66]

當侵擾性症狀減輕時，麻木或封閉退縮的症狀即取而代之。受創者可能不再感到害怕，外表上看來可能已回復到以往正常的生活形態。[67]但事件與其日常意義分離以及現實感扭曲的狀況仍然存在。受創者可能會抱怨自己只是行屍走肉，好像是從很遠的地方觀察自己每天的一舉一動。只有當恐怖記憶重複再現時，才會暫時打斷麻木和失去連結的感覺。對於受創者疏離與心如死水的狀況，作家吳爾芙有段非常經典的描繪，那是一位患有彈震症的退伍軍人：

「好美！」（他的妻子）喃喃低語著，並輕碰塞普蒂莫斯，想引起他的注意，但美麗的東西在玻璃窗後。連吃東西（蕾莉兒喜歡吃冰、巧克力、甜食）對他也毫無滋味。他把杯子放在大理石茶几上，看著外面的人群；他們好像很快樂，聚在街道的中央，沒事地叫著、笑著，亂成一團。他沒有味覺，甚至沒有了感覺。在茶館裡，周圍都是桌子和喋喋不休的侍者，那令人毛骨悚然的恐懼向他襲來；他什麼都感覺不到。68

對受創者的內心世界和外在活動產生限制的，是一些負性症狀（negative symptom）*。他們沒有劇烈的起伏，最重要的特徵就是那些少掉的東西。正因如此，封閉退縮的症狀不容易察覺，且創傷的源頭通常也不可考。隨著時間流逝，當這些負性症狀變成創傷後壓力症最明顯的特徵時，這個疾病診斷本身反而愈容易被忽略。因為這些症狀非常持久且影響極廣，很容易誤認為受害者長久以來的人格特質。這個錯誤代價很高，當事人無法被診斷出罹患創傷後壓力症，就注定要過著不斷耗損的人生，被記憶糾纏折磨，被無助與恐懼所禁錮。以下是另一段萊辛對父親的描述：

* 編註：缺乏正常人有的情緒反應。

這個年輕的銀行職員，工作時間長卻只領少少的薪水，但喜歡跳舞、唱歌、遊玩，和人打情罵俏。這個天生活潑快樂的人，在一九一四、一五、一六年被殺死了。我想，我最棒的那個父親已經在那場戰爭中死亡，他的靈魂被那場戰爭踐踏得殘破不堪了。我遇過那些認識父親年輕時候的人，尤其是女性，都會提到他的快樂、活力、懂得享樂，也會提到他的親切、善心。眾人更常提到他有多聰明……但我想他們應該認不出我所認識的父親：病懨懨、暴躁不安、失魂落魄、憂鬱苦悶。[69]

即使事件經過很久，許多受創者仍會覺得一部分的自己已經死了。病情最嚴重的那些患者，恨不得一死百了。有關創傷事件的長期影響，也許最令人感到不安的資料來自一個其中包括一百位曾被強暴婦女的犯罪受害者社群研究。所有個案從事件發生至調查當時的平均時間是九年。研究人員只記錄主要的心理衛生問題，但是沒有從創傷後症狀學的角度做更細微的觀察。即使是這麼粗糙的研究，也可明顯看出創傷長期的破壞效應。強暴倖存者比其他的受害者出現更多次「精神崩潰」，更多的自殺想法，更多的自殺嘗試。她們在被強暴之前，自殺企圖絕對不比一般人高，但在被強暴之後，幾乎有五分之一（百分之十九點二）曾嘗試自殺。[70]

不過，如何準確估計嚴重創傷後的自殺率，仍是充滿爭議的謎。媒體報導說，越戰退伍軍人自殺而死亡的人數，比在戰場上死亡的人數多得多。這種說法似乎太過誇張，但傷亡人數的研究卻也顯示，戰鬥創傷的確可能會增加自殺的風險。[71]漢丁和哈斯研究罹患創傷後壓力症的參戰退伍軍人，發現一個有指標意義的數據：少數人曾有自殺的企圖（百分之十九），或持續想到要自殺（百分之十五）。大多數持續有自殺念頭的人都投身過慘烈戰役，此後受到戰爭經驗折磨，當中有尚未化解的罪惡感、強烈持續的焦慮與憂鬱以及創傷後症狀。研究過程中，就有三個個案自殺身亡。[72]

因此，即使危險情境已過，創傷當下出現的「毀滅威脅」早已不復存在，它仍可能陰魂不散地糾纏著倖存者。難怪佛洛伊德研究創傷精神官能症時，會發現「心魔作用」的徵候。[73]創傷當下的恐怖、憤怒和怨恨，將繼續活在創傷症狀的辯證發展中。

第 3 章

失去連結
Disconnection

創傷事件引發我們開始懷疑一些基本人際關係。它撕裂了家庭、朋友、情人、社群的依附關係，粉碎了由人我關係所形塑與維持的自我，破壞了賦予人類經驗意義的信念體系，違背了受害者對大自然規律或上帝旨意的信仰，並將受害者丟入充滿存在危機（existential crisis）的深淵中。

很多人以為，對人際關係的損害只是創傷的次要效應。其實，創傷事件的主要效應，不只作用在自我的心理結構，也包括連結個人與社群的依附與意義體系。霍洛維茨將生命中的創傷事件定義為：受害者與外在世界的連結中，無法同化到自我「內在基模」的事件。[1] 創傷事件破壞了受害者的基本預設，包括對世界的安全感、正面自我價值和天地萬物的合理秩序。[2] 強暴倖存者艾莉絲見證了這種安全感的喪失：「我被強暴時，失去了童貞，也幾乎失去了生命。我也失去一些原有的想法，像是世界的運作方式、能得到多少安全保障等等。」[3]

存活於世的安全感，或基本的信任感，是在人生的最初階段與初始主要照顧者的關係中獲得的。這種信任感源於生命本身，也將跟著我們走完人生旅程。它是所有關係與信念系統的基石。對人類而言，有了被呵護照顧的最初經驗，才有能力面對並展望所處的世界，才有可能相信這是一個會善待自己的世界。有了基本的信任感，我們才能進而相信生命的延續、自然秩序和超驗的神聖安排。4

恐怖事件發生時，人們會不由自主地向最初安全感的來源尋求安慰和保護。受傷的軍人和被強暴的女性會哭喊母親或上帝。一旦這樣的哭喊沒有得到回應，基本的信任感即開始破滅。受創者感到全然的孤單，自己被徹底拋棄了，被逐出那賴以生存的神聖保護體系之外，再也不受眷顧。此後，疏離和隔絕的感覺擴散至每一種關係，從最親近的家人到最抽象的社群成員與教友。一旦信任感喪失，受創者就會覺得自己沒有真的活著，跟死了沒兩樣。吳爾芙在描繪患有彈震症的退伍軍人塞普蒂莫斯．史密斯時，捕捉到這種內在毀滅的特質：

> 這一切終於顯露在塞普蒂莫斯面前，那隱藏在華麗文藻下的啟示。這個祕密信息，在偽裝之下，一代傳一代：厭惡、怨恨、絕望……我們不能將小孩帶到這樣的世界裡。我們不能永遠受折磨，或讓這些貪婪動物不斷繁衍，他們沒有長久持續的情感，只有一時的興致和無意義的瑣事，不斷打轉著，一會兒這樣，一會兒那樣……因為事實是……人類沒有慈悲、沒有信仰、也沒有善行，除了用來增加一點當時的樂趣以外。他們成群結隊出外獵食，掠過沙漠，倏忽來去，只留哮聲迴盪荒野間。5

受損的自我

與照顧者建立起安全感的連結，是性格發展的基石。當連結被破壞後，受創者將喪失最基本的自我感。原本早已消失、在兒童和青少年階段才發生的成長期衝突，突然被重新激發了。創傷事件迫使倖存者重新經歷所有早年的掙扎奮鬥，包括爭取自主、開展行動、培養能力、尋求認同和親密關係等各方面。

兒童要能發展出正面的自我感，必須仰賴照顧者審慎使用本身的權勢。父母權勢比小孩大得多，若能表現出重視孩子的個體性與尊嚴，孩子就會覺得自己是有價值且受尊重的，自尊也就建立起來了。孩子也將發展出自主性，那是一種在人際關係中有適當分際的自我感。孩子也會學著控制和管理身體功能，形成自己的觀點並表達出來。

就身體完整性的基本層面來看，創傷事件侵害了受創者的自主性。她的身體被侵犯、被傷害、被玷汙了；對身體功能的控制力也喪失了；一般傳統看法認為，經歷戰鬥與遭到強暴後，這種控制力的喪失通常是創傷中最恥辱的事。而且顯而易見地，在受創當時，受創者無論有什麼意見，都不會被當成一回事。在強暴事件中，攻擊的意圖正好體現對受害者自主性和尊嚴的蔑視。創傷事件也因此摧毀了受創者的信念，她不再相信與他人產生連結時還能保有自我。

在正常發展階段中，追求自主時產生的衝突如未能充分解決，人就比較會感到羞恥與懷疑。相同的情緒反應也會在創傷事件後重現。無助、身體完整性遭侵害、在別人異樣眼光下失去尊嚴，就會產生羞恥反應。[6]想要維持與他人的連結、卻無法保留自己獨立的觀點，就難免反映出懷疑感。在創傷事件後，倖存者不只懷疑他人，也懷疑自己，世事已不再是它們原來的樣子了。參戰退伍軍人歐布萊恩如此描述這種具侵蝕性的懷疑感：

對大部分的士兵而言……戰爭的感覺具有精神上的成分，如鬼魅一般的濃霧，厚重且永不消散，讓你什麼都分不清。每樣東西都像在漩渦中打轉。既有的規則都不再有用，既有的事實也不再真實。對與錯已合流混雜，再也分不清。秩序摻雜著混亂、愛摻雜著恨、醜陋摻雜著美麗、法治摻雜著無政府、文明摻雜著野蠻。一團迷霧將你吸入，你不知道身在何處，也不知為何在此，唯一確定的，就是找不到任何確定的事。在戰爭中，你會失去確切感，也失去真實感，我們也可以這麼說：在真實的戰爭故事裡，沒有一件事是絕對真實的。[7]

在兒童的正常發展過程中，逐漸增長的才能與主動進取的能力，會形成正面自我觀感的一部分。如果發展過程中的衝突未能充分解決，人就比較容易有罪惡感與自卑感。非常明顯地，創傷事件會擋下積極進取的精神，壓垮勇於任事的能力。無論受害者之前多麼勇敢、多有能力，她所做所為都不足以避開災難。創傷事件後，當倖存者回顧和評價自己的行為時，普遍都有罪惡感與自卑感。立夫頓發現，「倖存者的罪惡感」普遍存在於一些經歷過戰爭、天然災害或核子大屠殺的人們心中。[8] 強暴基本上會造成相同的影響：有罪惡感的人是受害者，而不是加害者。罪惡感也許可以解釋為，受害者企圖從苦難中學到有用的教訓，重新拾回一些力量與掌控感。與其承認那全然無助的現實，想像當初本來可以做得更好，還比較令人可以忍受。[9]

倖存者目睹過其他人的痛苦或死亡時，罪惡感會特別嚴重。自己運氣好死裡逃生，別人卻歹命難逃一劫，這樣的想法產生良心上的重擔。別人在垂死掙扎、自己卻沒有能力援救的畫面，總是縈繞在災難和戰爭倖存者心頭。他們覺得自己沒有冒生命危險救人，或未能滿足垂死者的要求，因而產生罪惡感。[10] 在戰爭中目睹同袍死亡的軍人發展出創傷後壓力症的風險特別高。[11] 同樣地，在天災中目睹家人的死亡，也最有可能讓倖存者發展出長期而難解的創傷症候群。[12]

若倖存者不只是被動地目睹、而是主動地參與致人於死的暴行，就最有可能危害人與人的連結，罹患創傷後壓力症的風險也最高。[13] 當此種暴行已不能再用一些較高尚的價值與意義加以合理化時，戰爭的創傷將更加嚴重。越戰中，士氣遭到嚴重敗壞，是因為取得勝利已經成為不可能的目標，成功的標準變成殺戮本身，例如在戰場上清點敵人的屍體。在這些情況下，受創者不僅暴露在死亡的威脅中，更是親身參與毫無意義的惡意破壞行動，於是最可能受到長期的心理創傷折磨。根據一項越戰退伍軍人的研究，約有百分之二十的人承認在越南執勤時期曾目睹暴行，百分之九的士兵承認曾親身犯下暴行。從戰場返鄉數年後，症狀最嚴重的就是那些目睹他人或自己濫用暴力的人。[14] 為了確認這些發現，另一個越戰退伍軍人的研究也發現，所有那些承認參與暴行者，在戰爭結束的十幾年後，仍然受到創傷後壓力症的折磨。[15]

「這是個有意義的世界」，此信念在人際關係中形成，而且開始於我們的早年生活。從主要親密關係中獲得的基本信任感，是所有信念的基石。其後，法律、正義、公平等更細緻的觀念，則是發展於童年時期與照顧者和同儕的關係。至於更抽象的問題，如宇宙的運行法則、個人在社群中的位置，和人類在大自然規律中的地位等，都是青少年期和成年期發展中正常的關注焦點。要解決這些有關存在意義的問題，需要個人與廣大的社群有更多的接觸與互動。

創傷事件粉碎了人與社群之間的連結感，造成信仰危機。立夫頓發現，在災難和戰爭之後會有種常見的反應：對社群產生普遍的不信任感，認為這是個「虛偽」的世界。[16]有位越戰退伍軍人描述自己如何喪失信仰：「我無法在心中對自己做合理的解釋，為什麼上帝會讓好人死？我找過好幾位神父，就坐在其中一位面前並對他說：『神父，我不明白：為什麼上帝會容許小孩被殘殺？這到底是怎麼回事，這是什麼戰爭、那些鬼話什麼意思？我的朋友如今都死光了。』……神父看著我的眼睛對我說：『我不知道，孩子，我從未經歷過戰爭。』我說：『我不是在問你戰爭，我是在問你神啊！』」[17]

如果創傷事件本身牽涉到重要關係的背叛，就會更嚴重損害倖存者的信仰與社群感。在背叛發生時，背叛事件的意象通常就會具體成形。正是因為信任感被破壞，侵擾意象才會帶有情烈的情緒反應。例如，卡丁納曾對一位在戰艦沉沒時從海中被救起的海軍退伍軍人進行心理治療。在透露自己國家的軍隊是多麼令人失望時，他顯得極端煩躁不安：「這位病患變得非常激動且開始不斷地咒罵，他火氣上來，顯然與獲救過程有關。他們在水中大概待了十二個小時後，才被一艘魚雷艇救起。當然在救生艇上的軍官先被救起，有八、九個人緊抓住病患所在的橡皮艇，還得在水中再泡上六、七個小時才會有救援到來。」[18]

縱使那些軍官已在較安全的救生艇上，還是先被接走，而那些掛在橡皮艇邊的士兵卻受到忽略，有些等不及救援到來就已溺斃。卡丁納能理解，此搜救程序屬於正常的軍隊慣例，但這位病患卻驚恐不已，居然被自己人當作犧牲品。被敵人攻擊、浸泡在冰水中忍受疼痛、對死亡的恐懼、共患難的同袍之死，這些事情對他造成的創傷，都遠不及於援救者不重視他的生命。援救者的冷漠摧毀了他對自己社群的信念。事件之後，這位病患表現出的不只是典型的創傷後症狀，顯然還有病態傷痛、人際關係破裂、慢性憂鬱症等徵兆：「他對任何形式的暴力都反應激烈，而且看不得別人身體或感情受到傷害或受威脅……（然而）他自稱好想揍人，也變得常常向家人挑釁。他說：『我真希望自己已經死了；我讓身邊的人都感到痛苦。』」[19]

這位患者所面臨的人際關係矛盾在受創者身上非常普遍。倖存者難以調節強烈的憤怒情緒，總是擺盪在兩端，怕自己會失控表現憤怒，但又無法忍受任何形式的侵略。一方面對他人充滿慈悲與護衛之心，一想到有人會受到傷害就無法忍受；但另一方面，卻會對家人煩躁不耐且大發雷霆。這種不一致是他痛苦的來源之一。

類似的擺盪也發生在親密關係的處理上。創傷迫使患者想從親密關係中逃離，卻又拚命想抓住它。基本信任感嚴重瓦解，常出現羞恥感、罪惡感和自卑感，想避免可能會喚起創傷記憶的社交生活，這些困擾促使患者從親近關係中退縮。但對創傷事件的恐懼感，又使受創者強烈需要被保護和依附他人，因此不斷在隔離孤立和渴望依賴的焦慮之間來回擺盪。創傷症狀的矛盾衝突不只作用在倖存者的內心世界，也影響到與他人的親近關係，結果形成熱切卻不穩定的關係，總是在兩個極端之間波動。有位強暴倖存者描述創傷事件如何摧毀她與他人的連結：「我實在無法形容自己內在到底發生了什麼變化。我失去了控制力，這一生從來沒有如此害怕和無助過。我感到好像整個人被拋離地球，從此將獨自漂流在無垠的黑暗中。我一再地在駭人的惡夢中重現被強暴的經歷……我好害怕跟人在一起，但也好害怕自己一個人。」[20]

受創者因為自我感的基本架構受損而痛苦不堪。他們對自己、對他人、對上帝都失去信任感；自尊心被反覆的羞恥感、罪惡感和無助感所踐踏。他們失去維繫親密關係的能力，只剩下既期待又怕受傷害的強烈矛盾情緒，在創傷發生前建立的認同感也永久性地損毀。強暴倖存者南西・齊根梅爾見證了這種自我感的喪失：「從前那個我，在一九八八年十一月十九日的那個早晨，從我和家人手中被搶走了，往後的餘生中，我再也不是那個相同的我了。」[21]

脆弱性與適應性

心理傷害最有決定影響力的，是創傷事件本身的特質，在面對巨大創傷事件時，人的性格反而無太大影響。[22] 創傷的嚴重程度及其造成的心理衝擊，兩者的關係單純而直接；受影響的人數或傷害的強度與長度都可以當作心理衝擊的衡量標準。[23] 科學家研究戰爭和天然災害時，設計了「劑量與反應曲線」(dose-response curve)，此曲線顯示出，暴露於創傷事件的程度愈大，出現創傷後壓力症的人數百分比就愈高。[24]

越戰退伍軍人復員後得重新適應平民生活。研究者對此做過全國性研究，比較以下三者的差異：被派去越南打仗的士兵、沒上戰場的士兵以及平民。在戰爭結束十五年後，超過三分之一（百分之三十六）參與激烈戰役的越戰退伍軍人，仍符合創傷後壓力症的診斷；相對地，只有百分之九有輕度或中度交戰經驗的退伍軍人、百分之四從未被派往越南的退伍軍人和百分之一的平民罹患此症。[25]復員返鄉後曾出現過症狀的退伍軍人，大約有一半在研究當時仍罹患此症候群。曾置身於激烈戰役中的軍人，大約四分之三受過創傷後症候群之折磨。[26]

若是過度暴露在創傷環境中，則無人可倖免。有群學童曾被綁架並遺棄在洞穴中，特爾研究發現，所有學童都出現創傷後症狀，有些在事件後立即出現，有些則在四年後的追蹤調查中才發現。雖然這些孩子的身體未受到傷害，但所受到的驚嚇、死亡的威脅和綁架者陰沉莫測的敵意，都對他們的心理形成強大衝擊。[27]在醫院急診室訪談強暴倖存者的柏基絲和霍姆斯壯發現，每一位受侵害女性，在事件後都立即出現創傷後壓力症的症狀。[28]

研究者在一些追蹤調查中發現，相較於其他犯罪類型的受害者，強暴倖存者長期罹患創傷後壓力症的比例較高。[29]若深入了解這種創傷的特質，就自然明白被強暴的可怕影響。強暴的基本要素就是在道德上對受害者進行身體與心理上的侵害。事實上，侵犯就是強暴的同義字。強暴者的目的就是要恫嚇、支配和羞辱受害者，使她完全無助。因此就本質而言，強暴就是故意用來造成心理創傷的。

雖然發展出創傷後壓力症的可能性，主要視創傷事件的本質而定，但最終會出現哪種類型的心理疾病，個體差異仍扮演決定性的重要角色。不會有兩個人對同一事件出現相同的反應。雖然創傷症候群有許多常見的特徵，但不會每個受害者都有。例如，在一項患有創傷後壓力症的參戰退伍軍人研究中，研究者發現，與每個人顯著症狀模式相關的，是他的童年成長史、情緒衝突和適應模式。在參戰前有反社會行為傾向者，比較可能出現煩躁不安和憤怒的顯著症狀；對自己有較高道德期許和滿懷慈悲心腸者，則比較可能有憂鬱症的顯著症狀。[30]

創傷事件的衝擊程度，也要視受影響者之適應力強弱而定。有關第二次世界大戰退伍軍人的研究顯示，每個人都有「崩潰點」，但有些人就是比其他人容易崩潰。[31]只有少數例外的人，在極端的情況下也不會顯得非常脆弱。科學家研究各種人口族群後，也得到類似的結論：抗壓能力較強的人，似乎具有較成熟的社交能力、細心積極的處世風格，也知道有多少能力可以掌控前途命運。[32]科學家還追蹤調查一大群兒童從出生至成人的過程，當中大約有十分之一顯示出對早期惡劣環境不尋常的承受力。這些兒童的特質是：具有機敏積極的性格、不尋常的社交能力和與他人的溝通技巧，以及有強烈自信，相信自己有能力決定命運，心理學家稱這種自信為「內控傾向」(internal locus of control)[33]。類似的能力也可以在一些人身上發現，他們對疾病有特殊的抵抗力，能堅強面對日常生活壓力。[34]

遭逢壓力事件時，適應力強的人能利用任何機會與他人協力，採取目標明確的一致行動，一般人則很可能因恐懼而癱瘓或畏縮孤立。縱使身處極端險境還是能保有社群連結，積極想出應對策略的能力，似乎在某種程度上可保護人免於日後發展出創傷後症候群。例如，在某次海難的倖存者中，那些能夠與他人合作而成功逃生的人，事後顯示出較少的創傷後壓力症跡象。相對地，那些「嚇僵了」和有解離現象的人，日後則出現較多的症狀。而那種不願與他人合作，單槍匹馬橫衝直撞的「藍波型」人物，也是此症的高危險群。[35]

在一項研究中，研究人員觀察十名越戰隊伍軍人，他們參與過激烈戰役、卻從未發展出創傷後壓力症。結果再一次印證三個重要的抗壓特質：主動找出任務導向的應對策略、優秀的社交能力和內控傾向。這群出類拔萃的軍人縱然身處最混亂的戰場，仍神志清醒，專注於保持冷靜、做出判斷、與他人維持聯繫，還能謹守自己的道德價值和意義感。他們把參與戰爭視為「一項危險挑戰，為了求生存得實際面對」，而非找機會證明自己的男子氣概，或只能當個無助的受害者。[36]他們努力為自己參與的行動建立起一些合理的目的，並將其理念與他人溝通。他們表現出高度的責任感，想保護他人如同保護自己，會避免沒有必要的冒險，有時也會出面反對他們認為太過輕率的命令。他們承認存在於自己和別人心中的恐懼，但會盡其所能地做好準備，克服難關。他們也會避免讓自己陷入憤怒的情緒中，因為估計那會危及生命。在一支士氣低落並充滿暴戾之氣的軍隊中，這群人中沒有一個表現出對敵人的怨恨和報復心態，也沒有一個人會強暴、拷打、殺害平民或戰俘，或是損毀屍體。

在遇上強暴事件的女性中，擁有相同適應力特質的人，在某些方面也會發揮保護作用。那些能保持冷靜、使用許多積極策略並盡力抵抗的女性，不只較有可能成功阻止強暴企圖，就算這些努力最終仍告失敗，也比較不會罹患嚴重的創傷症狀。相對地，那些因恐懼而動彈不得和未經掙扎即屈服放棄的女性，不止容易被強暴得逞，且很可能在事後感到強烈的自責和沮喪。然而，一般女性所擁有的良好社交能力，在遇上企圖強暴者時，通常會成為劣勢而非優勢。有些女性嘗試喚起強暴者的人性，或嘗試建立起某種同理連結，這些努力幾乎都是徒勞無功。[37]

雖然適應力強的人有最佳的機會在較無損傷的情況下存活下來，但沒有一項個人特質本身足以提供受害者可靠的保障。大部分倖存者都認為，其實最重要因素是好運。許多人也深刻感受到，如果不是老天眷顧，創傷事件的傷害可能嚴重得多，自己也可能早就「支離破碎」了。有時倖存者會將逃過一劫的原因，歸之於與某人的連結意象；縱使身處絕境，他們也會盡力懷抱這個意象，雖然很清楚這個連結既脆弱又可能輕易被破壞。有位年輕男子從蓄意謀殺中存活下來，他如此描述了這種連結所扮演的角色：

> 一連串的好運保住了我這條命。至少他們沒有折磨我。我真不敢相信我能死裡逃生。當他們刺傷我並丟下我一個人等死時，我腦中忽然浮現出父親的鮮明影像，我知道我還不能死，如果我死了，他一定悲痛萬分。我要和他化解爭執、重新和好。一旦我決心要活下去，神奇的事就發生了，雖然雙手被反綁在背後，我卻彷彿看得到手腕上的繩結。我自己解開繩子並爬到走廊上，鄰居剛好及時發現我，只要再慢個幾分鐘，一切就都太遲了。我覺得自己根本就是重新獲得生命。[38]

一小部分社會資源豐富的人，可能對創傷的負面心理影響有特別的抵抗力，但在光譜另一端，則可能是特別脆弱的一群人。可預料的是，最為弱勢以及社會連結不高的族群，是風險最高的一群。例如，在被送往越南的軍人中，年紀較輕且教育水準較低的士兵，比其他人更可能受到極端戰爭經驗的影響。他們也可能在返鄉後得到較少的社會支持，也比較不可能向朋友和家人談及戰爭的經驗。理所當然地，這些人也是會發展出創傷後壓力症的高危險群。被派往越南前就有精神疾病的軍人，很有可能返鄉時已發展出廣泛的精神問題，這樣的脆弱性在創傷後症候群中非常普遍。[39]被強暴前即有精神疾病的女性，同樣會受到特別嚴重與複雜的創傷後反應所折磨。[40]就像其他的不幸一樣，生命中的創傷事件對那些原本就身陷困境的人總是特別無情。

比成人更弱勢的兒童與青少年，也更容易受到傷害。[41] 受虐兒童的研究顯示，心理疾病的嚴重度與開始受虐的年齡呈反比。[42] 青少年士兵比那些較年長的同袍更容易在戰爭中發展出創傷後壓力症。[43] 青少女在強暴創傷中亦較脆弱。[44] 青少年時期的恐怖和弱勢經歷，將嚴重危及他們在此階段發展三種適應能力：形成認同感、逐漸從原生家庭中獨立出來，以及探索更廣泛的社群世界。

戰爭與強暴，這兩種分屬公眾和個人形式的社會型暴力，是青少年和成人早期的主要創傷經驗。美國軍隊徵募的是十七歲年輕男性，越戰參戰士兵的平均年齡是十九歲；在許多其他國家中，男孩徵召服兵役時也都僅十幾歲。同樣地，女孩被強暴的危險高峰期是青春期晚期，所有強暴受害者中，有一半發生在二十歲或更小，有四分之三是介於十三歲到二十六歲。[45] 對年輕的男性和女性而言，他們在心理上最脆弱的時期，事實上也是遭受創傷的高峰期。因此強暴和戰爭或許可視為進入高壓暴力的成人世界前所進行的補強社會儀式，也分別是女性和男性創傷的標準範例。

社會支持的影響

生活中的創傷事件，無可避免地會對周遭的人際關係造成損害，因此在倖存者社交生活圈中的人們，將有能力左右創傷的最終結果。[46] 他人的支持反應（supportive response）可能足以減輕事件的衝擊，敵意或負面的反應則可能會加深傷害或惡化創傷症候群。[47] 創傷事件後，倖存者自我感已破碎，變得更容易受傷，重建的方法就是回到原點，重新與他人建立連結。

情感上的支持有很多種，受創者會從家人、情人、好友身上去尋找，而且會隨著創傷處理過程的變化而改變。在創傷發生後初期，受創者的首要課題是重建最起碼的信任感，最重要的是有人能承諾安全和保護。有獨處恐懼的倖存者，渴求的僅僅是有個具同情心的人在身邊。一旦經歷過那種全然孤立的感覺，倖存者就會強烈意識到在面對危險時，所有人際間的連結是多麼脆弱。她需要清楚而明確的保證，保證她再也不會被遺棄。

對身在戰場的軍人而言，安全感建立在他的戰鬥小隊裡。長期處於危險環境中，小隊成員患難與共，形成一個共同的美好想像：彼此的忠誠與信心可保護眾人免於受到傷害。他們變得害怕彼此的分離更甚於死亡。第二次世界大戰時，軍方精神科醫師發現，將士兵與他們的小隊分開將嚴重惡化其戰鬥創傷。為了維持前線士兵此種依附關係和恢復基本的安全感，精神科醫師赫伯·史皮格採取的策略如下：「我們知道士兵一旦和他的單位分開，就會感到迷失。所以假如有人開始變得膽怯，我會給他機會在廚房區過夜，因為這個區域較後面也較隱蔽，但畢竟還是同一個單位。伙房兵也在那裡，我會叫他們好好休息，甚至給他們一些安眠藥，那裡就好像我的復健小隊。由於創傷精神官能症並不會馬上發作，在剛開始的階段只會感到困惑和喪失信心。在此最初階段，如果環境對他有鼓勵和支持的作用，即可能得以避免惡化。」[48]

一旦軍人復員返鄉，安全與保護的問題一般而言即不再存在。在天災人禍和一般犯罪事件中也有類似情況，受害者最親近的家人和朋友通常都能提供庇護與安全保障。然而在性與家庭暴力事件中，受害者在受攻擊後仍可能受到嚴重的安全上的威脅。例如在大部分強暴的案例中，侵害者是受害者認識的人：他可能是普通朋友、同事、家人的朋友、自己的丈夫、自己的情人。[49]更有甚者，強暴者通常在該社群中享有比受害者更高的地位。受害者最親近的那些人，不見得都會站在受害者這一邊；事實上，她的社群對強暴者的支持可能更甚於對她的。為了逃離強暴者，受害者也許必須從她部分的社交圈中退出。她可能發現自己被迫離開學校、工作或同儕團體。有位被強暴的少女描述她在事後是如何地遭受排擠：「那件事以後，一切都江河日下。女孩被禁止邀我去她們家；當我走路到學校時，男孩在街上瞪著我瞧。我就是帶著這種恥辱過完高中生活。」[50]

因此，當受害者求助的對象居然表現出不諒解或明顯的敵意時，那種害怕、不信任和被孤立的感覺可能因此加重。當強暴者是丈夫或情人時，受害者更是脆弱無助，因為她們平常賴以尋求安全與保護的對象，如今正是危險的來源。

相對地，如果倖存者很幸運地擁有家庭、情人或朋友的支持，所受到的照顧和保護可能會有很強的療傷效果。柏基絲和霍姆斯壯在追蹤研究強暴倖存者後指出，復原所需的時間長度與親密關係的品質密切相關。與伴侶擁有穩定的親密關係，比缺乏此種關係的女性復原得快。[51]其他的研究也發現，追蹤調查中最少出現症狀的強暴倖存者，就是那些回報與男人的戀愛關係非常融洽、親密的女性。[52]

一旦基本的安全感得以重建，倖存者還需要他人的幫助以重建對自我的正面看法。在創傷事件的破壞下，受害者會無法適切表現親密感或攻擊性。此調節機制若要恢復，旁人得容忍倖存者反覆無常的需求，時而與她親近、時而保持疏遠，當她努力嘗試要重建自主與自我控制力時，也要表達尊重之意。但旁人不需要容忍她攻擊性失控爆發；事實上，容忍有反效果，最終只是導致倖存者承擔更多罪惡感和羞愧感。相反地，要讓倖存者重建自我價值感，就要付出同樣的尊重，如同讓她建立自主性那樣。在人生早期，正是自主性推動我們原初自尊心的發展。

許多返鄉軍人都提到他們在調節親密感與攻擊性方面有困難。參戰退伍軍人諾門證實這種難處：「情緒不穩定又暴躁，我的行為壞透了。我想離群索居，卻又咒罵保持距離的朋友……我對一向敬畏我的兒子咆哮，又老找最親密夥伴的碴，也就是我的太太。」[53]這類見證充斥於相關研究中。心理學家卡德發現，越戰退伍軍人經常回報很難與妻子或女友好好相處，也很難在情感上覺得和任何人親近。在這方面，他們和那些沒有參與過戰爭的同儕有極明顯的差異。[54]另一個有關越戰退伍軍人復員調適的研究中，研究者記錄了戰爭創傷的嚴重衝擊，比如說，罹患創傷後壓力症的男性比較不可能結婚，比較可能有婚姻和親子問題，也比較可能離婚。有許多人變得極端孤僻或對他人暴力相向。有相同症候群的女性退伍軍人，在親密關係上出現類似的崩解現象，但很少出現暴力行為。[55]

沒有家人的支持，參戰退伍軍人就處於高風險，會出現長期的創傷後症狀，而罹患創傷後壓力症的人，更可能進一步與家人疏遠，如此惡性循環下去。[56]在一個針對返鄉軍人的社會支持網絡研究中，心理學家泰倫斯·基恩觀察到，離家參戰時，所有人都會失去一些民間生活的重要連結。未罹患創傷後壓力症的人，返鄉後會漸漸重建並修復支持網絡；但受到症候群反覆折磨的人，就沒有能力重建自己的社會關係，且隨著時間過去，他們的社會網絡將更加貧乏破碎。[57]

退伍軍人喜怒無常，又常失控展現攻擊性，但廣大社會的包容，事實上可能加重戰爭對這些人的傷害。與受創退伍軍人最親近的那些人，可能不會質問他的行為，反而過分包容他的亂發脾氣和自我封閉，結果，他的挫折感和愧咎感因此加重，更加疏離親近的人。有些參戰退伍軍人嘗試發展平和與溫暖的家庭關係，但傳統社會要求男性要有攻擊性，導致他們內心一直很困惑。社會工作者莎拉・海利談到一位退伍軍人的故事。他曾罹患創傷後壓力症，後來結了婚也擁有一個家。某一天，剛學步的兒子開始玩戰爭玩具，他症狀突然復發：「我原以為可以控制得很好，但就在耶誕節早上，我被一個美國大兵玩偶和他手上的玩具機關槍給擊垮了⋯⋯我們和三歲的兒子玩得不開心，但我也不知道如何化解⋯⋯我想是我太無知了。每個小孩都會經歷這個階段，但他卻讓我慌亂失措，因為我在越南時就像那個樣子。我以為是自己讓他喜歡玩戰爭遊戲，所以一心覺得有責任要阻止他。」[58]

這位退伍軍人滿腦子都在想，當兵時做了那麼多無意義的殘暴行為，但沒有一個有權的領導人出面制止軍隊。他對家裡的事這麼敏感，使他想起早年在越南失控的攻擊行為。他為過去的作為和現在的行為感到羞愧，「覺得自己實在不配當父親」，甚至懷疑自己不配擁有家庭。就像許多其他參戰退伍軍人一樣，這個人面對的成長議題，就跟自己學齡前要面對的一樣：在攻擊與自制間找到平衡。戰爭的創傷使他回到原點，得重新學習生命早期就已獲得的能力。

在性與家庭生活中受到創傷的女性，也掙扎於類似的自我調節困境中。然而相對於男性，她們的困境也許會因為最親近的人欠缺包容而加重。不管是退縮逃避或表達自己的真正感受，社會給予女性的空間都是很小的。家人、情人或朋友為了做到無微不至的保護，可能會忽略倖存者有重建自主性的需求。在創傷事件後，家人會自行決定要如何做，而忽視甚或推翻倖存者的期望，再次削弱她的權利與能力。[59]他們會對倖存者的憤怒感到不耐，也或許是他們自己的復仇心淹沒了倖存者的憤怒。因此倖存者常常會猶豫要不要對家人吐露實情，不只是因為擔心家人無法了解，更擔心家人的反應比自己還激烈。有位強暴倖存者描述道，她丈夫一開始的反應使她更加焦慮與失控：「當我告訴丈夫事發經過時，他的反應很激烈，想去找那些傢伙算帳。我當時已經嚇得半死，不希望他再去和那些人正面衝突。我明明白白告訴他我的想法，所幸他聽我的勸，也願意尊重我的期望。」[60]

重建掌控感特別困難的，就是受創者的性關係。被強暴之後，幾乎所有的倖存者都回報說，她們之前既有的性關係模式已遭破壞。大多都希望能夠有一段時間完全避開性，就算重新恢復親密的性關係後，性生活中的障礙也難以在短時間內克服。[61]在做愛時，倖存者不只會一再浮現由特定刺激所引起的「閃現畫面」，更有一種被壓制與被強迫的感受。有位強暴倖存者述說男友的反應如何讓她覺得受到二度傷害：「半夜裡我醒了過來，發現他正壓在我身上。一開始我以為（強暴者）又回來而恐慌起來。男友說他只是試著要讓我『習慣這件事』，這樣往後的人生我就不會再覺得性冷感。我實在沒有力氣抵抗或爭論，只好由他去了。在過程裡我腦中一片空白，什麼感覺也沒有。隔天我去考完最後一科，打包後就離開了。那個夏天就和男友分手了。」[62]

為了自身權益，男性建立了牢不可破的規範，許多女性因此習慣於滿足伴侶的欲望而貶抑自己的需求，就算在你情我願的性關係中亦然。然而在被強暴之後，許多倖存者發覺無法再忍受這種角色安排。為了恢復自己的性自主權，強暴倖存者需要建立起自主性和掌控感。要重新對人有信任感，就需要一位體貼、好配合且不會認為性是可以任意需索的伴侶。

恢復對自己的正面觀點，不只是在人際連結中重新感覺有自主性，也得再次得到自尊與自重。倖存者需要在奮鬥過程中得到他人協助，以幫助她克服羞恥感，並公允地評價自己的行為。因此，最親近的人態度是最重要的。他人的真實評價能減輕屈辱和罪惡感；相對地，嚴厲的批判或只是無知盲目的包容，都將嚴重加深倖存者的自責和隔絕孤立。

真實的評價包含幾項認知。首先，我們得了解創傷事件的慘痛情況，以及正常範圍內的創傷反應。此外也得知道，當人的選擇極為有限時，會面臨哪些道德困境。最後我們得認識心理傷害為何，並接受復原過程會很漫長。相對地，嚴厲的批判評價總是帶有先入為主的偏見，以致於曲解創傷事件的本質和適當的反應範圍。至於天真地接受各種觀點的人，其實就是想消除道德判斷的疑慮，他們總是會強調，在選擇有限的情況下，道德考量都是不切實際的。然而，羞恥感和罪惡感這些道德情緒，不是想抹就能全然抹去的，尤其在這些情況中。

在修復參戰退伍軍人和最親近的人之間的連結感時，評價是最重要的課題。退伍軍人會孤立自己，不只是因為目睹那些恐怖畫面或自己幹下可怕行徑，也因為自己的特殊身分，畢竟他也是這戰爭文化的參與者。他總以為，一般老百姓不可能理解他面對邪惡與死亡的遭遇，尤其是女人和小孩更不懂。他懷著複雜的情緒看待這些老百姓，一方面太理想化，覺得她們很純真，但又蔑視她們是無知的。相對地，他視自己為非常優秀的人，也是很骯髒的人；他違反了殺人的禁忌，身上有殺人者該隱的印記。有位越戰退伍軍人描述這種被汙染的感覺：

這個鎮上的人既不交談，也不彼此傾聽。「你會想聽聽戰爭的事嗎？」某人可能會這麼問，但這些人只會眨眨眼聳聳肩。鎮民沒有記憶，所以也沒有罪惡感。稅都繳了，選票也數了，政府部門做起工作是既有精神又有禮貌。這是一個既有精神又有禮貌的小鎮，沒人知道任何跟狗屎有關的事，也不在乎知不知道。（這個退伍軍人）傾身思忖著，這個議題上他可能說過什麼。他了解狗屎，這是他的專長，特別是那氣味，還有那非常多樣化的質地和口味。有一天，他將為這個主題做專題演講，穿上西裝，打上領帶，昂首站在吉瓦尼斯俱樂部之前，告訴那些笨蛋所有他知道的美妙狗屎，或許，也讓他們傳閱一下樣品。[63]

一般百姓總懷著一種觀點：退伍軍人是不同於常人的男人。關於服役的種種經歷，我們只滿足於或敬佩或鄙視，對有關的細節沒多大興趣。就算在參戰退伍軍人之間，講述戰爭故事時，到底發生過沒有、細節如何，也經常存在著分歧。戰爭的故事被封閉地保存在特定年代的男人之間，與廣大社會失去連結，其他男男女女和下一代都無法得知全貌。受創者固著在創傷事件，彷彿時間被凍結在某一時刻，我們的社會習於延續這種現象，促使戰士與社會大眾更加隔離。[64]

原因雖然不盡相同，強暴倖存者也會陷入社會評價帶來的困境。她們可能會被視為已遭玷汙的殘花敗柳。這種死板的評判態度非常普遍，連最親近的人都無法避免。丈夫、情人、朋友、家人都有先入為主的偏見，認為強暴應該是怎麼造成的，受害者應該如何反應。倖存者內心總有許多疑惑，因為她們的真實遭遇跟一般人以為的強暴遭遇有很大的落差。返鄉的退伍軍人會因為家人的天真和對戰事不切實際的看法而感到挫折，但至少他享有上過戰場的光環；強暴受害者可就不是這麼回事了。許多女性認為是恐怖侵犯的行為，在別人眼中可能並非如此，甚至最親近的人也不諒解。於是倖存者被逼入一種困境，她必須做選擇，是要真實表達自己的觀點，或是保持與他人的連結。在這種情況下，許多女性可能連如何稱呼這種經驗都有困難。[65] 所以「意識覺醒」的首要任務，就是直截了當地說出「強暴」兩字。[66]

就傳統社會的態度來看，不只不會認定大部分強暴是一種侵害，還說成是受害者也要負責任的兩相情願性行為。女性才發現，自己的真實經歷與社會建構的現實的差異之大，令她們感到心寒。[67] 被強暴的女性受到的不只是侵犯，還有羞辱。她們比打敗戰的軍人更被看不起，因為沒有人願意承認她們在這場不公平的戰鬥中有什麼損失。甚且，別人會責怪她們背叛自己的道德標準和捏造自己的慘痛經歷。有位倖存者描述自己如何受到批判和責備：「這真是令人萬念俱灰，母親居然不相信我被強暴了。她很確定那是我自找的……父母一直在對我洗腦，說我沒有被強暴，說到我都快開始懷疑了，也許真是我自己想要的。人們總是說，如果女人真的不想要，強暴是不可能得逞的。」[68] 相對地，倖存者如能得到來自最親近的人之支持反應，可能有助於消除羞恥、汙名和骯髒的感受。有位比較幸運的強暴倖存者，描述朋友如何安慰她：「我說：『我只有十四歲，而且再也不是處女了。』他說：『這和是不是處女一點關係也沒有。將來有一天妳會談戀愛，妳會做愛，**那時**才會失去妳的童貞，而不是發生過的那件事。』（他沒有用強暴這個字眼)『它們根本完全是兩回事。』」[69]

除了要克服羞恥與懷疑，受創者努力想做到的是，對自己的行為有公平而合理的評價，並尋求平衡點，免於不切實際的罪惡感，也不需忽視所有的道德責任。為了成功處理罪惡感，倖存者需要他人的協助，這些人也必須願意承認，創傷事件發生了，得先擱置自己先入為主的評斷，單純地為她所說的事做見證。當他人願意聆聽，而不是責備，倖存者即有可能接受自己在危急時刻無法堅守完美道德標準的事實。最後，她才可能對自己的行為有合於現實的評價和公平的責任歸屬。

研究罹患創傷後壓力症的參戰退伍軍人後，漢丁和哈斯發現，要解除當事人的罪惡感，我們需要理解每個人會自責的特殊原因，而非單純地一概赦免罪過。例如有位年輕的軍官，他乘坐的吉普車因壓到地雷而爆炸，許多人陣亡了，他卻逃過一劫。他為同袍已死自己卻苟活而自責不已，他覺得當初應該是他開那輛吉普車才對。從表面上看來，這種自我批判根本毫無根據。然而仔細探究整個情況後，導致這個悲劇的真相隨即顯露出來：這位軍官一直有逃避責任的習慣，且從不曾盡全力保護部下。經驗不足的指揮官下令開吉普車出任務，雖然年輕軍官知道這個命令不太妥當，卻未加以反對。因此，由於他的疏失，讓自己和部下陷入險境。這同時也是個隱喻，他責怪自己沒有「坐在駕駛座上」(in the driver's seat)*。[70]

類似的問題也會在治療強暴倖存者時浮現，她們通常會嚴厲地痛責自己，認為是她們將自己置於險境，或認為自己反抗得不夠盡力。而這些，正好就是強暴者用以責怪受害者和將強暴合理化的狡辯之詞。倖存者對自己的行為永遠不會有公平的評價，除非她能清楚地了解到，不管她自己做了哪些事，都不能免除強暴者應負的罪責。

現實中，大部分人有時候都會冒一點沒有必要的危險。女人有時因為不知險境而天真地涉險，有時則是蔑視危險而叛逆地冒險。大部分的女性沒有真正認識到男性敵視她們的程度，寧可視兩性關係比事實的情況還要良好；同樣地，女性也喜歡相信自己有更多自由和更受尊重，但事實上並沒有。當女性表現得好像很自由時，也就是當她不遵守服裝、儀態舉止和社交慣例的傳統規範，被強暴的風險也最高。表現得好像很自由的女性，通常會被形容為「放蕩的」(loose)，其中含義不只是「不受拘束的」(unbound)，還是會挑起男人性衝動的。

一旦面臨危險的狀況，大部分女性都沒有採取有效防衛的足夠經驗。傳統的社會規範確保了女性的無能：對危險毫無心理準備、會被攻擊嚇呆、沒有足以保護自己的裝備。[71] 回顧強暴經過時，許多女性都回答說，她們輕忽了最初覺察到的危險，因此喪失逃走的先機。[72] 對衝突或尷尬情境的害怕，可能也妨礙了受害者及時採取行動。那些忽略自己「內在聲音」的倖存者，事後總會大罵自己的「愚蠢」或「天真」。如能將這種嚴厲的自責轉變成實際的評價，或許才有助於復原。只有少數的強暴倖存者事後有正面發展，那是因為她們下定決心要更自立自強、更看重自己的知覺和感覺，並且充分準備好應付衝突與危險。[73]

倖存者的羞恥感和罪惡感會因他人的嚴厲批判而加深，卻不會因旁人輕描淡寫地說她沒有責任而減輕；縱使是正面的，也可能代表旁人拒絕與倖存者一起處理在危急處境中被撕裂的複

* 編註：與「主導全局」同義。

雜道德關係。倖存者從見證創傷事件的人身上尋求的不是責任的免除，而是公平、體諒，也希望旁人能理解人在極端處境下會有的罪惡感。

最後，倖存者哀悼自己的創痛時，需要別人的幫助以度過難關。在所有經典著作中，作者最終都同意，要化解生命中的創傷事件，哀悼和重建是必要的。如無法走完正常的哀慟過程，創傷反應將永遠存在。立夫頓觀察到「哀悼不夠完整或沒有化解，就會陷入創傷的泥淖，無法完成整個過程」。[74] 謝頓觀察參戰退伍軍人後也提到，他們的哀慟「被壓縮」了。[75] 一般我們面臨喪親之慟時，社會有許多儀式包容哀悼者的不適，支持他度過這個過程；相對地，我們社會沒有沒有任何習俗或共同的儀式，允許我們在生命的創傷事件後進行哀悼。缺少這種支持，病態悲傷發生的機會就很高，造成嚴重而持久的憂鬱症狀。

社群的角色

與他人分享創傷經驗是恢復生命意義感的先決條件。在這個過程中，倖存者不只尋求親近的人的協助，亦要從廣大的社群中找到支持。創傷是否得到徹底的解決，社群的反應有強大的影響力。要修補受創者和社群間的裂痕，得依靠兩個條件，大眾得承認創傷事件的確發生，其次是社群採取某些形式的實際行動。一旦大眾承認某人確實受到傷害，社群就必須採取行動，追究造成傷害的責任歸屬，並彌補傷害。社會的承認與彌補，這兩個反應是必要的，如此才能重建倖存者對秩序與正義的信心。

返鄉軍人總是對自己在家鄉所受到的支持程度非常敏感，所以會尋找受到大眾肯定的實際證據。在每一場戰爭之後，軍人都會對沒得到大眾廣泛的認同、關心和注意表達忿恨不滿，擔心自己的犧牲奉獻很快被遺忘。[76] 第一次世界大戰後，退伍軍人辛酸地指出，自己參與的那場戰爭「眾人最不願提起」。[77] 當退伍軍人團體組織起來後，首要的任務就是確保自己的苦難不會從大眾的記憶中消失。因此他們堅持要政府頒勳章、建紀念碑、舉辦遊行、設立節日、舉行大眾追悼大會和個別撫卹傷者。然而，縱使有公開的盛大典禮，也難以滿足這些參戰退伍軍人渴望得到的肯定，因為戰爭的真相被扭曲成灑狗血的故事。大眾總傾向否認戰爭的可怕，有位越戰退伍軍人描述道：「如果你聽到戰爭故事的結尾時會感到熱血沸騰，或是以為尚有一丁點正義公理從垃圾堆中挖出來，那你鐵定上當，那些都是古老而可惡的謊言。」[78]

除了受肯定之外，軍人也會從平民社群的道德立場，尋求他們身處殺戮和死亡的背後意義。他們想知道自己的行為會被當成英雄或是不名譽的軍人，是勇敢的戰士還是懦弱的士兵，這場戰爭的目的明確又必要或是了無意義。如果社群意見一致，散發的氛圍是真誠接受，將有助於軍人融入平民生活；排拒氛圍就會加重他們的離群孤立。

從近期歷史來看，軍人被社群排拒的著名惡例就是越戰。美國政府未經宣戰、未經既有民主決策程序，就派出軍隊開打。政府無法取得大眾對出兵的認同，也無法訂定實際的軍事目標，卻率爾徵召數百萬年輕男子服役。傷亡的人數快速增加，大眾的反戰意識遂發展開來。為了遏止這股反戰情緒，政府改變決策，把軍人與平民隔開，也將軍人彼此之間隔開。軍人被派遣到越南，返鄉後卻孤零零，部隊沒有舉辦退伍歡送會，沒人促成袍澤間緊密聯繫，也沒有鄉親舉辦歡迎歸來的儀式。政府把軍人送入危險戰場前，就應該先解決政治衝突，才不會讓他們返鄉後陷入困境。軍人參與這場戰爭卻迷失了，大眾又只是批判和排拒，使他們承受了二度傷害。[79]

為了幫助這群退伍軍人療傷止痛，社會最顯著的貢獻大概就是於華盛頓特區建立越戰紀念碑了。這座紀念碑上面只有簡單銘刻了姓名和死亡日期，以此表達對士兵的肯定，讓世人在此共同悼念。只要社群表達了哀悼之意，體會到士兵們的犧牲，那份「被壓縮的悲痛」會較容易得到紓解。不像其他紀念碑只是用來頌揚戰爭英雄事蹟，這座紀念碑比較像是朝聖的莊嚴聖地，人們來到它面前，看著上面的名字，觸摸著牆面；他們帶來悼念物，為死者留下一些滿懷歉意與感恩的短語。越戰退伍軍人史密斯組織團體為其他退伍軍人服務，他如此描述第一次來到此紀念碑前：「我記得某些人，我記得某些氣味，我記得某些時間，我記得那場雨，我記得耶誕夜，我記得撤離時。我在那裡做過一些齷齪事；我記得那些，我記得那些臉，我記得……對某些人來說，這裡像個墓園，但對我來說，它更像一座大教堂。身處其中，充滿宗教性的經驗，能宣洩淨化內心，這種感覺難以解釋。我是其中的一分子，永遠都是。我能夠從這裡得到平靜，可以從這裡獲取力量去從事現在做的事。」[80]

創傷倖存者在平民生活中一心關切的核心議題也是公眾肯認和社會正義。理論上，應該提供認可和補償的官方機構就在刑事司法體系中，但性暴力與家庭暴力受害者總覺得那些地方是禁區。得到認可是最基本的需求，但女性普遍發現，自己在法律之前是多麼孤立，彷彿隱形人。女性的實際遭遇與法律認定的事實經過兩者南轅北轍，以致阻礙了女性透過正式的司法途徑尋求協助。

女性很快地意識到，強暴是犯罪行為，那只是在理論上說說而已；實務上，強暴的構成要件，法律所考慮的層級不是女性受侵害的經歷，而是高層男性一廂情願認定的暴力範圍。法律學者凱薩琳．麥金儂曾說：「從女性的觀點來看，強暴沒有被絕對禁止，只是受到規範而已。」[81]依照傳統的法律標準，只有加害者使用極端暴力，程度上遠遠超出通常用以恐嚇女性的手段，強暴罪行才會成立；或是加害者所攻擊的對象，其所屬的族群特別受到社會保護及偏愛，不用說，黑人男性攻擊白人女性就是罪該萬死。人際關係的程度愈親近，上位者能運用的特權強制力就愈大，因此，陌生人強迫發生的性關係會被視為強暴，但如果是熟人則否。事實上，大部分的強暴都是認識或親近的人所為，大都不受到法律認定。在婚姻關係中，許多國家都會授予任一方有永久而絕對的特權可要求性行為，甚至任何程度的強迫都是合法的。[82]

當強暴受害者努力尋求正義或補償，往往會給自己帶來更進一步的傷害，因為司法體系常常對她們充滿敵意。確實，只會製造對立的司法體系，必然也是充滿敵意的環境；它設計得就像戰場，在其中，攻擊性的辯論攻防和心理打擊取代了身體暴力。一般而言，比起真正的肉搏戰，女性面對法律戰場的資源甚至更少。就算有萬全準備，我們法律充滿系統性的偏見與制度上的歧視，女性依舊處於不利的地位。司法制度是設計來保護男人，以抗衡比他強大的國家公權力，而不是用來保護女性與兒童，以對抗比她們強大的男性威權。因此，它提供被告強有力的權益保障，實質上卻未保障受害者的權益。如果有誰想要設計一套系統以引發侵擾性的創傷後症狀，再也沒有比法庭程序更棒的主意了。那些想在司法制度下討回公道的女性，大多會將上法庭的過程比擬成被二度強暴。[83]

結果不令人意外，大部分強暴受害者都認為，自己被社會的正式司法管道拒於門外，而她們也選擇不去報案、不申訴。強暴相關研究證實了這個現象。強暴受害者會向警方報案的不到十分之一。強暴案件中，最終只有百分之一的加害者被逮捕且定罪。[84]因此，最普遍的女性創傷仍然被禁錮在私人生活領域中，沒有從社群中得到正式認可和補償，也沒有人為強暴倖存者設立紀念碑。

因此，在療傷止痛的道路上，每個倖存者都必須找到自己的方式，以重建她與廣大社群的連結感。我們不知道有多少人成功地走過這條路，但至少明白，那些復原最良好的女性，都能跨出個人悲劇的藩籬，從苦難經驗中找出更廣的意義。最常見的方式，就是找到志同道合的人，一起參與社會運動來找出意義。柏基絲和霍姆斯壯追蹤調查強暴倖存者後發現，復原得最好的女性，就是積極投入反強暴運動的那群人；她們成為強暴危機處理中心的諮商志工、法庭上的受害者保護人（victim advocate）或是推動修法的遊說者。有位女士遠赴其他國家去喚起對強暴的重視，並組織了強暴危機處理中心。[85]倖存者不再躲藏、拒絕沉默，堅持強暴是公共議題、要求改革，以行動堆砌起自己的生命紀念碑。強暴倖存者、法學教授蘇珊．艾斯崔契提出自己的見證：

寫文章討論強暴議題，等於是在記錄我自己的生命。在我認識的女性中，我不認為有任何人不曾有過被強暴的恐懼。我們當中一小部分人（其實並不少）都能帶著自己的往事繼續生活下去……偶爾我會覺得自己說太多了，否則在凌晨兩點，就不會有人打電話來自稱是我的學生，並威脅要強暴我。但大多數時候，情況並沒有這麼糟。當我的學生被強暴了（或曾經被強暴），她們知道可以來找我談談。當我的朋友被強暴了，她們知道可以像我這樣繼續活著。[86]

第 4 章

囚禁
Captivity

單純的創傷事件可能發生在任何地方。相對地，長期而連續的創傷只會發生在被囚禁的情況下。只要受害者成功脫逃，就不會被虐待第二次；若受害者是階下囚，無法逃脫，且完全受制於加害者時，就會一再造成創傷。這些情況顯然存在於監獄、集中營和奴工營中，也可能存在於邪教團體、妓院或其他有組織的性剝削場所和家庭。

政治性的囚禁一般而言容易察覺，婦女和兒童被囚禁在家中則通常是外人看不到的。男人的家是他的城堡，但很少人想到，這個家也可能是婦女和兒童的牢籠。在家庭的囚禁中，很少會有實體的屏障防止家人逃跑。在大部分的家庭，就算是那種最暴虐的，窗上不會有鐵架，柵欄上不會有帶刺的鐵絲網，婦女和兒童也不會被鐵鍊鎖住（雖然這種情況比我們想像得更多）。防止逃跑的關卡通常都是無形的，卻威力無比。兒童因為得依賴家庭而成為囚徒，女性則因經濟、社會、心理、法律上的從屬地位而無法逃脫，更不要說還會被強迫監禁。

囚禁後，受害者與加害者長時間接觸，產生特殊形態的關係，算是一種高壓控管（coercive control）。同樣地，受害者完全受暴力脅迫而被俘虜，如囚犯或人質，也會有這種關係，此外，同時以恐嚇、蠱惑和暴力手段被劫持的人也處於高壓控管下，如邪教團體的成員、被家暴的婦女和受虐兒童。在高壓控管下，從屬地位所產生的心理衝擊有許多共同特質，無論此關係發生於政治的公領域中，或發生在性與家庭關係的私領域。

在被囚禁的狀況下，加害者成了受害者生命中最有權力的人，受害者的心理狀態完全受加害者的行動與信念所形塑。但加害者的內心世界則鮮為人知，因為他鄙視那些想了解他的人，所以不會自願被研究洞悉；他不認為自己有做錯什麼，除非有法律上的麻煩，否則不會尋求幫助。從受害者的證詞和心理學家的觀察，我們發現，加害者最一致的特點就是外表看起來都很正常，無法透過一般的心理病理學觀念去定義或理解。[1]

這個特點深深困擾我們許多人，如果加害者很容易辨認出來，有明顯的離經叛道舉止或心智異常，應該會讓人放心得多，但他們偏偏不是這樣。法律學家漢娜．鄂蘭以阿道夫．艾希曼為報導題材，此人犯下難以理解且嚴重違反人道的罪行，卻有六位精神科醫師證明他是正常人，於是激起很大的爭議：「艾希曼的問題就在於，很多人都像他一樣，既不變態反常也非殘暴成性，極端正常到令人膽寒，而且始終如一。從我們的法律制度和道德評判標準來看，這種『正常』比所有暴行加在一起還要恐怖駭人。」[2]

這種加害者既獨裁、城府又深，有時一副不可一世的模樣，還會有所偏執，卻對權力的運作和社會的規範有絕佳的敏銳度，所以很少會碰到法律上的麻煩。或者說，他會尋找可以容忍、寬恕或欣賞他專制行為的環境。他的翩翩風度成了良好的保護色，因為很少人會相信，這麼傳統有禮的人竟會犯下如此駭人聽聞的罪行。

加害者的第一個目的似乎是奴役受害者，他以高壓手段控制受害者生活的每一個層面來達成此目的。但簡單的順從並無法滿足他，他似乎有將罪行合理化的心理需求，為此，他需要受害者的肯定。他不停苛求受害者，一定要表達對他的尊敬、感激、甚至是愛。他的終極目標，似乎是要創造心甘情願的受害者。許多人質、政治犯、受虐婦女和奴隸，都曾提及加害者對受害者有難以理解的心理依賴。喬治．歐威爾在他的小說《一九八四》中如此描繪極權主義者的心態：「我們不會滿意於被動的服從，也不要那最卑微的屈服。如果你最終決定要向我們投降，那必須是你自由意志下的決定。我們不因異端分子的反抗而摧毀他；只要他仍在抵抗，我們就永遠不去摧毀他。我們要改造他，虜獲他的內在心智，重新塑造他。我們要除去他心中所有的邪魔和幻象，要讓他成為我們的一分子，不只有表面上的，而是真正地發自內心獻出靈魂。」[3]不論哪種類型的暴君，共同特性都是想要完全控制他人。極權政府要求被統治者自行懺悔，改變政治信仰；主人要求奴隸得心存感恩；邪教團體要求教徒成為獻祭的犧牲品，以表達服從教主的神聖意志；家庭暴力的加害者要求受害者犧牲所有其他的人際關係，以證明完全的服從與忠誠；性侵者要求受害者乖乖地享受性行為帶來的滿足。在色情文化中，全然控制他人是最核心的權力動機。這些欲望幻想吸引了數百萬極端正常的男人，助長色情產業不斷擴展，致使許多女性與兒童受到凌虐，那不只是影片情節，而是真實發生。[4]

心理上的支配

使他人成為奴隸的許多手段，彼此間有明顯的一致性。世界各個角落的人質、政治犯、集中營倖存者如此描述，即可印證其中不可思議的同質性。國際特赦組織於一九七三年收集了來自世界各個不同文化區域之政治囚犯的證詞，並印製成「高壓統治表」(chart of coercion)，詳盡描述這些手段。[5] 在專制政治體系中，我們有時能夠循線找出這些高壓手段的散布過程，比如從某個祕密警察組織或恐怖團體向外流傳。

在妓院、色情行業和家庭中，施暴者也是用同樣的手段讓女人屈服。在有組織的犯罪活動中，皮條客和色情業者有時會互換心得，討論如何使用這些高壓手段，系統化地使用高壓技巧逼良為娼，稱之為「調教訓練」(seasoning)。[6] 就連在家庭環境中，施暴者既不屬於任何大型犯罪組織，也不曾受過此類技巧的正式訓練，卻能不斷自己應用創新。心理學家渥克研究受虐婦女時，觀察施虐者所使用的高壓技巧，「雖然每個人皆有獨特之處，但仍有驚人的相似性。」[7]

高壓手段要能成功控制他人，基本做法就是系統性地重複施加心理傷害，技巧性地分階段解除受害者的權益和人際連結。心理控制就是專門用來灌輸恐怖和無助感，摧毀受害者人際關係中的自我感。

雖然暴力是造成恐懼的普遍方法，但加害者不會經常使用暴力，而是當成最後的法寶。要讓受害者持續生活在恐懼狀態中，不需要常常祭出暴力手段。比起真的訴諸暴力，殺人或重傷害的威脅還比較常見。而且，威脅傷害其他人，效果不下於直接威脅受害者。受虐女性在報告中提到，施虐者總是威脅說，膽敢逃走的話，就要殺害她們的小孩、父母或任何提供庇護的朋友。

緣由不明、無預警的暴力相向與反覆無常地立下瑣碎規定，都會增加恐懼感。這些技巧的最終目的，就是要讓受害者相信：加害者是全能的上帝，反抗是無用的；想要活下去，就得求取加害者的寬大垂憐，所以她得絕對順從。加害者的目的就要在受害者心裡植入死亡的恐懼，還要令她深信，自己還活著全要感謝他。家庭或政治的受難者常常提到，當時以為自己會被殺害，卻在最後一刻被赦免了。經歷多次這種死裡逃生的戲碼後，受害者反而弔詭地開始視加害者為救世主。

除了製造恐懼感，加害者還會想辦法破壞受害者的自主性。為了達成這目標，他會仔細檢查和控制受害者的身體與生理功能。他會監視受害者，看她吃什麼，何時睡覺、上廁所，都穿什麼衣服。食物、睡眠和行動受到剝奪，如此的控制手段，會導致受害者身體羸弱不堪。但就算受害者的基本生理需求尚能滿足，身體自主性被侵害，等於是羞辱她，令她欲振乏力。政治犯愛琳娜．拉圖辛史卡亞如此描述加害者使用的方法：

> 人從嬰兒期就被反覆教導的行為常規，受到蓄意且有系統的破壞。喜歡乾淨應該很正常吧……你卻在這兒感染疥瘡和皮癬，住的地方汙穢不堪、聞到的是餿水桶的惡臭。然後你會開始後悔當初為何要犯下輕罪！女人應會比較害羞吧？那更有理由在搜查時把她們脫光光……正常人對粗暴行為和謊言很反感吧？兩者你都會遇上一堆，得用盡所有精神氣力才能努力記住……另一個真實世界……只有發揮最大的意志力，才能保存你之前所擁有、正常尺

度的價值觀。8

在邪教團體中，成員的飲食與服裝有嚴格的戒律，還會被疲勞轟炸，不斷質問是否有破戒。同樣地，性和家庭囚犯經常描述，自己不斷地遭到鉅細靡遺的盤問，以致睡眠遭長期剝奪，衣著、外表、體重和飲食也受到嚴密監控。幾乎對所有的女性囚犯（無論是政治的或家庭的）而言，身體受到控制也包括性威脅與侵犯。有位受虐婦女描述她的婚姻強暴經驗：「那是個很殘暴的婚姻。他非常大男人主義，他覺得我和孩子都歸他所有，意即我是他的財產。在我們剛結婚的最初三個星期，他就告訴我要尊他如上帝，他的話就是聖旨。他想做愛就一定要做，反正我的意願不重要。有一次……我不想做愛，為此我們吵翻天。他怒氣沖天，我居然敢拒絕。我不斷反抗和懇求，但他說我是他的妻子，所以無權拒絕他。當時我們在床上，因此他能夠用身體壓住我，他的體型比我大得多，將我壓得動彈不得，就這樣強暴了我。」9

一旦加害者成功建立日復一日的身體控制模式，就會成為受害者恐懼和羞辱的源頭，卻也是慰藉的來源。有飯吃、能洗澡、聽到一點親切的話，或其他一些人類基本生活品質的小小滿足，對長期被剝奪需求的人來說，變得有強大的吸引力。加害者也會進一步給予毒品或酒精等上癮物，讓受害者更無反抗能力。透過這種喜怒無常的小恩小惠，就能破壞受害者的抵抗意志，效果遠比不斷剝奪和恐嚇大得多。派翠西亞．赫斯特曾被恐怖分子抓去當人質，被監禁時，她因為順從而得到獎賞，生活品質小小改善：「我開始同情他們的理念與作為，因此愈來愈常被放出衣櫃外。有時他們會讓我和他們一起吃飯。當他們在開會或有讀書會時，偶爾會讓我矇著眼坐著和他們一起待到很晚。晚上被鎖在衣櫃中時，他們允許我把眼罩拿掉，那真是一件幸福的事。」[10]

有些政治犯會意識到這種高壓控制手法，因此會特別保持警覺，以維持自主感。反抗方式之一，就是拒絕服從瑣碎的要求或接受小惠。絕食抗議是最終極的反抗表達方式，囚犯搶在獄方的意志前自我剝奪最大的權益，以此宣示他的完整自我和自我控制權。心理學家喬爾．丁斯戴爾提到，有位納粹集中營裡的女性囚犯選擇在猶太教贖罪日禁食，以證明關押者無法打敗她。[11]政治犯納坦．夏仁斯基如此描述主動反抗的心理效果：「只要宣布開始絕食抗議，我就不再有絕望和無助的感覺，也紓解了心中的屈辱感，否則一直被迫忍受格別烏（KGB）特務的虐待……過去九個月來我以苦痛、悲憤打造的意志退下了，心中只有一股奇妙的輕鬆感。最終，我總算有效地保衛了自己和我的世界。」[12]

加害者偶爾略施小惠以縛住受害者，這種技巧在家庭凌虐的環境發揮到極致。家中不會有為了防止逃跑的實體障礙，所以受害者受到一次暴力傷害就會想離開，不過卻經常被說服而打消念頭。不是因為受到更大的威脅，而是因為施暴者向她表達歉意、說自己多麼愛她、承諾一定會改、喚起她的忠誠和憐憫。有段時間，兩人的權力關係似乎逆轉了，此時施暴者所做的每一件事，都是在盡其所能贏回受害者的心。其實他占有欲的強度並未改變，只是表現方式有戲劇性的轉變。他堅稱自己的跋扈行為正好證明他是多麼愛她和需要她，至少他自己相信是如此。甚且，他辯稱他的命運完全操在她手上，她完全有能力終止家庭暴力，只要她能做得更多以證明她對他的愛。渥克觀察到，這個「和解階段」非常關鍵，受虐婦女很容易瓦解心防。[13]有位最終成功逃離受虐關係的婦女，如此描述施虐者如何間歇施予小惠將她綁住：「那真的是不斷輪迴⋯⋯最奇怪的是，在『好日子』期間，我幾乎不記得有過壞日子。彷彿有兩個我在過截然不同的兩種生活。」[14]

然而，要達到完全支配，通常需要更多的方法配合。只要受害者仍保有其他人際關係，加害者的掌控力就會受到限制。就因為這個原因，加害者一般都會想方設法防止受害者從其他的管道取得任何資訊、物質上的幫助，或情感上的支持。政治犯的故事中充滿這類情節。關押者企圖防止他們與外界聯繫，並努力使他們相信，連最親近的同志都已經忘記或背叛他們了。在家庭暴力的檔案中，受害者都有提到，施暴者總是疑神疑鬼監視她的一舉一動，包括跟蹤、偷聽、截取信件、截聽電話等，如此即可將受虐婦女孤立限制在家中。施暴者還會不停指控受害者不貞，要求對方以行動證明她的忠實，像是放棄工作，放棄經濟獨立的收入來源，斷絕與朋友、甚至與原生家庭的關係。

要摧毀情感依附，不只得將受害者與外界隔絕，還要一併破壞她的回憶畫面，以免她想起與他人的連結。為達此目的，加害者通常會盡最大努力剝奪受害者各種有象徵意義的物品。有位受虐女性談到，為了斷絕原本的依附關係，男友要她進行各種犧牲儀式：「他沒有打我，卻狂怒不止。我以為那是因為他很喜歡我而在吃醋，但後來才發現那跟喜不喜歡一點關係也沒有，那是很不一樣的。他提了一大堆問題，比如認識他之前和誰一起約會過，還要我從家裡拿出一大疊信件和照片，要我站在路上排水溝口前，然後他站在我前面下令，我得一件一件地往排水溝裡丟，當然是先撕碎再丟。」[15]

在這種關係的最初階段，受害女性還能說服自己這只是一個小小的象徵性讓步。許多受虐女性都提到自己做過這些不情不願的犧牲，然後以緩慢不易察覺的方式腐蝕自己與他人的連結。她們事後才發現，原來自己是一步步踏入陷阱中。琳達・拉芙蕾絲是一位受壓迫的妓女，也是色情影片的演員，她描述了自己如何逐漸落入皮條客的圈套中，對方一開始即說服她斷絕與父母的關係：「我跟他跑了。現在想起來，我當時真是鬼迷心竅……沒有人押著我做什麼，當時還沒有。每件事都是溫和而漸進地，一小步，然後再一小步……它從非常細微的地方開始，直到過了很久以後，我才了解它的模式。」16

最為熟知此種控制手段、也知道反抗策略為何的，莫過於良心犯了。他們普遍都知道，被孤立最危險，一定要不惜一切代價避免，更要保持與外界保持聯繫，絕無所謂小小讓步的可能。關押者緊迫盯人，定要破壞受害者的人際網絡，後者也毫不鬆懈地想盡辦法保持與外界的聯繫。他們刻意練習，在心中喚起關愛的人之影像，以保存與外界的連結感。他們也努力保留物品以象徵自己的忠誠，冒著生命危險保存一枚結婚戒指、一封信、一張照片，或其他有情感意義的小紀念品。對外人而言，這種冒險是英雄行徑也是愚蠢作為，其實背後有極端務實的理由。在長期隔離的情況下，囚犯需要這種「過渡性客體」(transitional object)以保持自己與親友的連結感。他們深刻了解，若失去這些情感的象徵物，也將失去自己。

受害者被隔離時，會變得愈來愈依賴加害者，不只是為了生存和求得溫飽，還為了取得訊息，甚或情感上的支撐力量。她愈是害怕，就愈會忍不住緊抓唯一可得的關係：與加害者的關係。由於缺乏任何其他的人際連結，她會試著尋找關押者較有人性的一面。無可避免地，由於缺乏任何其他觀點，受害者將逐漸開始用加害者的角度看世界。赫斯特如此描述她與綁匪的相處情況，她原以為可以感化、智取他們，但不久之後，被同化的人卻是她：

> 隨著時間流逝，雖然我幾乎察覺不出來，但他們卻完全改變了我，或者說幾乎完全改變了我。我就像個戰俘，一直矇著眼關在衣櫃中兩個月，他們老是用共生解放軍（SLA）那一套解釋所有事，包括人生、政治、經濟、社會現況和近來大事，不斷密集地轟炸著我。每當我被放出衣櫃，都想故作幽默地模仿他們老掉牙的口吻和說法，雖然我本身不相信那些鬼話。然後……一陣麻木感向我襲來。日復一日生活在這個新環境中，為了讓自己神智清醒且心態平衡，我已學會表現得非常機械化，像個好士兵，做好吩咐我的事並擱置內心的懷疑……他們認知的事實全然不同於從前我所知道的，而現在，他們的事實卻變成我的事實。[17]

良心犯都很清楚，和關押他們的人建立起一般的人際關係是很危險的事。在所有被關押者中，良心犯是最有準備的一群，能挺住監禁所帶來之腐蝕性心理影響。他們選擇了這條人生道路，對可能遭遇的危險了然於胸，對自己的理念有清楚的認知，對同志也有強烈的信心。然而，即使有如此高度的自覺與動機，他們也警覺到，對關押者發展出情感依賴的風險依舊存在。保護自己的唯一方法，就是毫不妥協地拒絕與敵人建立任何關係，連最表面的社交關係也不要。夏仁斯基描述他如何感到有股力量將他拉往關押者那一邊：「我開始發現，在所有人性層面上，我和那些格別烏的爪牙都是一樣的。雖然這再自然不過，但也是很危險的事，愈來愈覺得與他們有共同的人性，我離投降的第一步就愈來愈近。假如我與外在接觸的唯一對象就是審訊者，我就會慢慢依賴他們，各方面尋求他們的認同。」[18]

良心犯得喚起所有內在資源，才能避免對關押者發展出情感上的依賴，但缺乏足夠準備、政治信仰和道德感支持的人，就很容易發展出某種程度的依賴。人質和綁架者之間經常發生依附關係，絕非例外。長期遭到監禁、一直面臨死亡的恐懼、與外在世界隔絕，這個狀態確實會引發受害者對關押者產生認同連結。有一些人質被釋放後，甚至會為加害者的動機辯護、去監獄探望他們，以及募款為他們打官司。[19]

在受虐女性和施虐者之間發展出情感連結的情況，雖然與人質和綁架者之間類似，卻有一些獨具的特質，那是基於家庭暴力受害者與加害者之間特殊的依附關係。[20]人質被囚禁的過程都是事發突然，她一開始對綁架者毫無所知，或只是視綁架者為敵人。但在監禁期間，人質逐漸喪失之前的信念體系，到後來開始對綁架者產生移情作用，並用綁架者的觀點看世界。相對地，在家暴環境中，受害者是在對方的求愛下逐漸陷入無形的牢籠。類似的情況也發生邪教團體中，他們透過「以愛轟炸」(love-bombing)的技巧吸收信徒。[21]

那些與施暴者涉入情愛關係的女性，起初會將對方的占有欲解釋為熱烈愛情的表現。施暴者對她生活的每個層面都感到強烈的興趣，起初會讓她覺得受寵若驚以及安心。對方掌控欲愈來愈強時，她也大事化小，或為他的行為找藉口，不只因為怕他，也因為在乎他。為了避免產生如人質般的情感依賴，她必須對自己的處境有新而獨立的看法，以積極抵抗施暴者的信念體系。她不只要避免對施暴者產生同情心，也要克制自己已產生的感情。她一定得這麼做，縱使施暴者用任何充滿說服力的說詞要求她，只要再犧牲一次、再一次證明她愛他，就會終止暴力並拯救兩人的關係。若能保全關係，大部分女性就會感到自豪而且有自尊，因此施暴者通常能夠利用受害者最珍視的價值觀讓她自投羅網。為何受虐婦女每次試圖逃離施暴者後，通常會被說服而再回來，也就不令人驚訝了。[22]

徹底投降

恐嚇、間歇施予小惠、隔離、迫使產生依賴，這些方法能成功地培養屈服而順從的囚犯，但要想達到最後階段，在心理上完全控制受害者，就要迫使她違反自己的道德原則和背叛她的基本人際網絡。在心理上，這是所有高壓技巧中最具殺傷力的，如此一來，受害者會開始厭惡自己。到了這一步，被監禁的受害者一旦成為共犯開始犧牲他人，就等同於徹底「崩潰」（broken）了。

在家庭暴力中，違反道德原則的行為通常包括性凌虐。許多受虐婦女提到曾被迫進行一些感到不道德或噁心的性行為；還有些女性被迫說謊、掩護伴侶的詐欺行為，甚至被迫參與非法活動。[23]至於違反人際關係的行為，通常包括犧牲孩子的權益；會毆打妻子的男人也很可能會虐待小孩。[24]有許多婦女不敢為自己反抗，卻勇於保護孩子，但仍有很多婦女受到嚴厲恐嚇，就算親眼見到孩子遭受殘忍對待，也無能制止。有些婦女不只壓抑自己的內在疑慮和反對，甚至哄勸孩子也要順從，或處罰抗議的孩子。再次強調，背叛模式顯然開始於小小讓步，最終卻發展成完全緘默，看到孩子被以最粗暴的方式的對待身體或性虐待，也不作聲。到這個地步，受虐婦女已完全失去反抗意志。

有些受到政治迫害而遭監禁和酷刑的倖存者也提過，所愛之人被凌虐時，自己只能被迫在旁無助地目睹一切發生。埃利．維瑟爾待過奧許維茲-比克瑙滅絕營，是納粹暴政的倖存者。他記錄下自己和父親熬過非人磨難的經過，當中全靠摯愛與忠誠。不知有多少次，他們兩人為了能夠在一起而無視危險的存在，也不知有多少時光，兩人相濡以沫、共度難關。然而，在他心中盤桓不去的影像，是某些感覺到背叛父親的時刻：「（警衛）開始用鐵條打他，一開始我父親被打得跪倒在地，然後像斷成兩截一般，就如乾枯的樹被閃電劈中，隨即趴倒不起。我目睹整個過程，卻嚇得一動也不敢動，也不敢出聲。事實上，我正想著如何躲得遠一點，免得下一個挨打的是我。更有甚者，當時我心中充滿憤怒，並不是對（警衛），而是對我父親。我生他的氣，因為他竟然不知道如何避免激怒警衛。就是集中營的生活讓我變成這樣。」[25]

從務實的角度想，有人會認為，在這種時候這個兒子不管做什麼都幫不了父親，事實上，任何企圖支援父親的舉動，都可能增加兩人的危險。但這樣的說法一點也無法安慰這位受害者，他仍因自己的無能為力感到極度羞愧。義憤填膺的感覺也挽回不了他的尊嚴，他已懾服於敵人的淫威，只好將憤恨指向所愛的人。那種羞辱和被打敗的感覺，不只是他沒有替父親求情，也因為察覺到內在靈魂已被關押者所奪取掌握。

就連那些成功反抗的囚犯也理解到，處於極端的脅迫下，任何人都可能「崩潰」。他們通常將此過程分為兩階段。在第一個階段，受害者放棄她的內在自主性、世界觀、道德原則，或為了求生存而斷絕與他人的關係，也因此關閉所有感覺、思考、進取心和判斷能力。精神科醫師亨利・克里斯托治療過納粹大屠殺的倖存者，他將這個階段稱為「機器人化」(robotization)。[26]經歷過這個心理階段的囚犯，通常會形容自己正退化到非人的生命形式。拉芙蕾絲也證實，被迫賣淫和拍攝成人影片的過程中，自己一步步向下沉淪：「一開始，我確定上帝會幫助我逃走。但隨著時間過去，我的信心動搖了，變得愈來愈害怕，害怕每一件事。就連想要逃脫的念頭都會令我恐懼。他們用各種方式貶低我，剝奪我一切尊嚴。我退化成動物，再退化成植物。我開始喪失力量，一心只求活著就好。我告訴自己，撐過一切，活到明天，就算是一種勝利了。」[27]出版商兼作家雅可布・提默曼也描寫過類似的沉淪經驗，他因政治異議被囚禁、遭受酷刑虐待：「我無法傳達出那種痛苦的強度，但可以提供一些忠告給那些將來可能會受酷刑虐待的人……在被軟禁的一年半裡，若沒有被拷打和關禁閉，我就會花很多工夫思考我的態度，我直覺地意識到，自己逐漸產生一種全然放棄的態度……我覺得自己漸漸變成植物，失去所有合理的情緒與感知，不再感到害怕、怨恨，也不想復仇。反正它們都派不上用場，只是徒然浪費精力。」[28]

這種心理沉淪狀態是可以逆轉的。受害者經常提到，在被囚禁的過程中，屈服和積極反抗這兩種狀態會互相交替。但到了第二階段就不可逆了，受害者一旦喪失求生意志，就完全崩潰了。這和帶有自殺傾向不同；被囚禁的人總是帶著自殺幻想生活，有時自殺企圖和一般的求生意志並非彼此衝突。事實上，依照提默曼的描述，在這種極端狀況下，一心求死反而成為反抗和驕傲的象徵。他說：「一想到自殺，等於是每日生活多了新想法，可與環繞在身邊的暴力分庭抗禮……感覺就像我與獄卒站在平等的立足點上。」[29]自殺是主動態勢，維護了內在的自我掌控感。以絕食抗議為例，被關押者一心求死，以突顯自己的反抗精神。

相對地，一旦喪失求生意志，受害者就會走到最後一個階段，提默曼稱為陷入「全然被動的態度」。人到了這種情況就必死無疑，納粹滅絕營的倖存者管它叫「慕死者」(musulmann)。自我放棄至此的囚犯，不再有動機尋找食物或穿衣禦寒，也不會想辦法避免挨打，如同行屍走肉一般。[30] 極端處境的倖存者通常會記得有個轉捩點，在當下覺得被引誘走向這道毀滅之門，卻及時主動做了抉擇，要為生存而奮鬥。赫斯特如此描述遭囚禁期間出現的轉捩時刻：

> 這樣被關著，我愈來愈虛弱。此時，我清楚地感覺到我快要死了。我能感覺到有一道門檻橫在眼前，跨過去就回不來，我想自己就在垂死的邊緣。我的身體已經枯竭，精力盡失；就算此時放我自由離去，我也站不起來……我好累、好累，最想做的就是倒下來睡覺。但我知道那很危險，必死無疑，就像迷失在北極冰雪中，只要低下頭打個誘人的小盹，就再也不會醒過來了。突然間，我回過神來警覺到這一切。我能看到發生在自己身上的事，好像從我的身體外看著自己……衣櫃中正進行一場無聲的戰役，而我的意志贏了。我想得透徹又明白，決定不要死，至少不要自願去死。為了活下去，我得拿出力氣克服所有阻礙。[31]

長期創傷症候群

遭受長期而重複創傷的人，會發展出潛伏而持續惡化的創傷後壓力症，足以侵害並腐蝕人的性格。遭受個別事件急性創傷的受害者，在事件以後會覺得自己「已非原來的我」；而遭受長期創傷的受害者，則會覺得自己永遠無法挽回地改變了，或喪失對自己原有的任何認同。

受創者最害怕的是恐怖的時刻將再度來臨，而這種恐懼最常見於長期受虐者身上。很自然地，不斷重複的創傷會放大所有創傷後壓力症的過度警醒症狀，長期性受創者會持續地過度警戒、焦慮和激動。精神科醫師伊蓮・希伯曼如此描述受虐女性不斷擔心受怕的狀態：「就算是跟暴力看似無關的事，警笛聲、打雷、甩門聲，也會引發強烈的恐懼。那是一種長期性憂慮，老是覺得厄運將臨、恐怖事情就要發生。任何潛在危險的跡象，不論確實程度多高，都會造成當事人活動量增加，更常激動、來回踱步、尖叫和哭泣。受虐女性會一直保持警戒狀態，無法放鬆或睡覺，並經常做惡夢，其中充斥著赤裸裸的暴力與危險的題材。」[32]

長期受創者不再感到身體有最低限度的平靜與舒適。一天天下去，他們會感覺身體不斷與自己作對。他們開始抱怨，自己除了失眠和騷動不安，還出現數不清的身心症狀，最普遍的是頭痛欲裂、腸胃不適，以及下腹部、背部或骨盆疼痛，也會抱怨有顫抖、窒息感或心跳加快等症狀。研究人員在納粹大屠殺倖存者的身上發現，心因性生理反應非常普遍。[33]我們在東南亞集中營的難民身上也觀察到類似的現象。[34]有些倖存者會透過身體症狀去歸納長期監禁所受到的傷害，但有些人太習慣自己的身體狀況，以致察覺不出身體的不適症狀和引發這些症狀的恐怖氛圍之間有什麼關聯。

創傷後壓力症的記憶侵擾症狀，也持續困擾受到長期重複創傷的倖存者。但它們不像個別急性創傷所造成的記憶侵擾症狀，能在數週或數月內緩和。長期監禁的人重獲自由後，記憶侵擾症狀會持續數年，沒有什麼改善。研究人員觀察第二次世界大戰或韓戰的戰俘後發現，獲釋三十五至四十年之後，大部分人仍會做惡夢、幻覺不斷重現，對任何勾起戰俘回憶的事物都會有激烈反應。[35] 比起同年代上過戰場、但未被俘或監禁的退伍軍人，他們的症狀嚴重得多。[36] 納粹集中營的倖存者也有類似的現象，四十年後仍有嚴重纏繞不去的記憶侵擾症狀。[37]

但是，在長期受創者身上，創傷後壓力症最顯著的特徵還是逃避與封閉退縮。當受害者的生活目標退化到只是活著，心理上的封閉退縮也就成為必要的適應形式。這種窄化作用落實在生活中的每個層面，人際關係、日常活動、思想、記憶、情緒、甚至是感官。雖然這樣的封閉退縮在被監禁時是一種適應行為，但它會導致已被壓抑的心理功能更加萎縮，也導致內在生命更加隔絕孤立。

被囚禁的人會成為改變意識狀態的一流高手。透過各種心理活動，包括解離、有意識地壓抑念頭、看輕一切、有時徹底否認，他們學著改變無法忍受的現實。這一系列複雜的心智運作策略，既有意識又無意識，我們無法以一般心理學術語來稱呼，也許最佳的名稱是**雙重思想**，歐威爾如此定義：「**雙重思想**的意思是，心智有能力同時保有兩種矛盾信念，同時接受兩者成立。此人知道他的記憶必須改往哪個方向，也知道自己正在操弄現實。透過**雙重思想**的運作，他就能說服自己，他沒有違背現實境況。這個過程必須是有意識的，否則無法精準地達成目的，但它也必須是無意識的，否則會引起虛假的感覺……甚至在用**雙重思想**這個詞時，都必須運用到**雙重思想**。」[38] 同時保有兩種矛盾信念的能力，是出神狀態的一項特徵，改變知覺狀態的能力則是另一項特質。囚犯常常會互相教導，透過唱歌、祈禱和簡單的催眠技巧誘發這些狀態。

這些方法被有意識地應用於抵抗饑餓、寒冷和疼痛。阿根廷有位「被失蹤」的女性阿莉西亞・帕諾伊描述她第一次嘗試進入出神狀態，但未成功：「大概是因為饑餓，激起我對超感官世界的好奇。我從放鬆肌肉做起，以為那變輕的意念將隨心所欲御風而行，但實驗失敗了。我原本期望靈魂可以浮上天花板，能看到我的身體躺在有紅色斑紋又汙穢不堪的床墊上，結果沒有成功，或許我那靈魂之眼也被眼罩蒙住了吧！」[39]

從其他囚犯處學到冥想技巧後，她開始能夠改變對現實的知覺以縮小身體疼痛的感覺，以及對恐怖和羞辱的情緒反應。她以第三人稱的方式敘述如何成功地解離自己的經驗：

「脫掉妳的衣服。」
她只穿著內衣褲站著，頭上仰，等待著。
「我說過了，統統脫掉。」
她脫掉所有衣服，但覺得警衛好像不存在似的，好像他們只是一堆令人厭惡的小蟲，她可以用想像愉快的事將他們從腦海中抹去。[40]

有些囚犯在被長期監禁和隔離期間練就出神的能力，能夠形成正面和負面幻覺，還能解離部分的性格，這一般只發生於極度易於被催眠的人身上。南非政治犯伊蓮・穆罕默德描述被囚禁時心理狀態的改變：

> 我在獄中開始產生幻覺，想必是要試著對抗孤寂吧。我記得，若有人問我：「伊蓮，妳在幹什麼？」我就嘗試在背後不停搓自己的手，並且告訴他：「我在摸我的尾巴。」我透過意念把自己當成是一隻松鼠。我的幻覺大多與恐懼有關。牢房的窗戶很高，無法看到外面，但幻覺讓我覺得有東西進到牢房，例如一匹狼……
>
> 我開始和自己說話，我的另一個名字是蘿絲，而我一直很痛恨這個名字。有時候我是蘿絲，在和伊蓮說話；有時候我是伊蓮，在和蘿絲說話。我覺得，伊蓮的那個我是堅強的，而蘿絲的那個我是我所鄙視的，只會哭哭啼啼愁眉苦臉，一點也無法面對被監禁的事實，而且即將崩潰；伊蓮**就能**處理得很好。[41]

除了出神狀態，囚犯也發展其他能力，比如主動限縮並壓抑念頭。這種做法特別應用在任何有關未來的想法。思考未來會激起強烈的渴慕和希望，對囚犯而言難以承受；他們很快就發現，這些情緒讓他們易於遭受失望的打擊，進而陷入絕望。因此他們有意識地窄化自己的注意力，將焦點放在極為有限的目標，如此，未來便縮減成幾小時或幾天的事情。

改變時間感，先從刪除未來開始，最後發展成遺忘過去。那些積極抵抗的囚犯會有意地增強過去生活的記憶，以對抗隔絕孤立。但當高壓控管更加嚴酷，抵抗行動一一瓦解，囚犯就會喪失時間連續感，忘記過去。過往的一切，如同未來一般，令人痛到無法忍受，因為記憶就像希望，只會喚起我們對逝去一切的思念。因此，囚犯最後都縮減意念，只活在循環不盡的當下。納粹死亡營的倖存者普里莫．李維如此描述這種失去時間意義的狀態：「一九四四年八月，我們被關進來至今五個月，可以算是老鳥了……我們的座右銘是『不要嘗試去了解什麼』，不要想像未來，不要折磨自己，去追問這一切為何發生或何時會結束，也不要問別人或自己任何問題……對一般人而言，每一個時間單位都是有價值的；對我們而言，歷史早已停滯凍結。」[42]

現在和過去之間連續性的斷裂，通常在囚犯被釋放後依然存在。囚犯也許外表上回到常人，擁有一般時間感，但心理上仍然被束縛在監禁狀態，失去時間的意義。為了重返正常生活，有些被囚禁過的人會喚起過去練成的思想控制力，刻意壓抑或避免想起被監禁過的記憶。結果，被囚禁的長期創傷無法整合進入此人的現實生活中。我們在戰俘研究中驚訝地發現，他們從不曾對他人談及自己的經歷。釋放後才結婚的人，通常也不會對妻小談及遭囚禁的往事。[43] 類似的情況也發現在集中營倖存者身上，他們都拒絕談論過去。[44] 然而，愈是加以否認被囚禁的事實，這些失去連結的過去片段就愈是鮮活，反而讓創傷記憶有如重現在此時此刻一般。

因此，縱使已重獲自由多年，被囚禁過的人仍在不斷地使用雙重思想，同時生活在兩個不同的現實和時間點上。他們的現實經驗通常模糊而空洞，但過往日子的侵擾記憶卻強烈而清晰。我們研究集中營倖存者時發現，有位重獲自由超過二十年的婦女，「雙重意識仍在運作」。她看到以色列士兵從窗外經過時，便說她知道他們正在趕赴前線打仗，同時她也「知道」，是納粹指揮官逼迫他們走向死亡之路。[45] 雖然她並未喪失與當下現實的聯繫，但更強大的現實感卻來自過去。

隨著時間感改變，受創者也會畏縮到不再主動出擊、訂定計畫。還未完全「崩潰」的囚犯不會放棄與周邊人事物積極互動的能力，反而會以非凡的才能與毅力，每天做一些和求生有關的小事。但在加害者規定的框架下，囚犯的主動作為範圍愈來愈有限，也就不再想如何逃跑，只關心如何活下來，或如何讓囚禁生活變得較能忍受。因此，集中營的囚犯會設法去得到一雙鞋、一支湯匙或一條毯子；勞改營的政治犯就一起種種菜；妓女想辦法背著老鴇藏一些錢；受虐婦女就教孩子如何躲開攻擊。

在長期囚禁中，人就習慣縮小主動出擊的範圍，因此在重獲自由後，一定得想辦法去除這習慣。政治異議分子毛里西歐・羅森可夫描述自己被囚禁多年後，返回自由生活時遭遇的困難：

> 我們被放出來後，一下子面臨了所有這些問題……有些非常可笑，例如門把。當我走到門邊時，不再有任何伸手抓門把的反射性動作，我已有超過十三年不必、也不被**允許**這麼做。我走近一道關著的門，發現自己一時呆住，想不起來下一個動作應該是什麼。開燈、工作、付帳單、買東西、拜訪朋友還有回答問題時也會遲疑。我女兒會叫我做這個做那個，第一個我能處理，第二個也還可以，但到了第三個要求，我聽得到她的聲音，腦中卻已是一片空白。[46]

個別的創傷事件後，與這世界互動的能力受到抑制很常見，但長期受創的情境下，這種無力感更巨大，我們常用被動或無助形容這感覺。有些學者錯誤地將「習得無助」（learned helplessness）的概念套用在受虐女性和其他長期受創者的情況上。[47] 用這種概念理解受害者，很容易把她們看成被擊垮、面無表情的一群人，但事實上，她們內心往往正在進行慘烈而複雜的掙扎。在大部分的案例中，受害者並沒有放棄，但知道每一個行動都受到監視，大部分的行動也會被制止，她也會為失敗付出高昂的代價。等到加害者迫使對方全面屈服、唯命是從時，受害者就會把所有主動出擊當成不順從的行為。因此在採取任何行動之前，她會先掃視四周環境，並擔心可能遭到報復。

長期監禁會侵蝕或破壞在一般安全環境下有的主動態勢，因為受害者不再有嘗試錯誤的彈性空間。對長期受創者而言，沒有犯錯的餘地，任何行動都可能帶來悲慘後果。羅森可夫提到，他不停地擔心會受到懲罰：「我一直都畏畏縮縮，總是會停下來讓後面的人先走：身體總是準備好要挨揍了。」[48]

獲釋後，若受害者還是感覺加害者就在身邊，那麼她的人際關係會有重大改變。監禁期間被迫產生的人際關係，在當時必然會獨占受害者的全部注意力，重獲自由後也將變成受害者內在生命的一部分，並持續吸引其注意力。對政治犯而言，這種關係的延續會轉化為在心頭盤旋不去的執念，比如細數加害者的種種罪行，或間接地關注世界上還有哪些沒被揪出的邪惡力量。獲釋囚犯通常會一直注意加害者的行蹤，並仍對他們感到害怕。對性侵、家暴或邪教的受害者而言，這種延續關係會變成矛盾情結，她依然怕那個關押者，擔心總有一天自己會再被逮到，卻也害怕一旦失去對方，她會感到空虛、迷惑和失去價值感。

政治犯若沒有被完全隔離，有和難友建立起依附關係，就能減低與加害者建立惡性關係的不良影響。有幸能擁有患難之交的囚犯，就了解到人類在絕境中會產生的慷慨、勇氣與真情。縱使處於最殘暴的情況下，人類還是能產生強大的依附關係，共患難的精神不會被摧毀。即使在納粹死亡營，囚犯間還是萌發熱切的友情。我們研究集中營囚犯的人際關係後發現，絕大多數倖存者能活下來，是因為有「可靠的夥伴」，就是能同甘共苦、照料彼此的忠心死黨。如此得出的結論是：活下來的基本單位不是個人，而是成對的夥伴關係。[49]

但對被單獨隔離的囚犯而言，並無機會擁有患難之交，以致夥伴關係會發生在受害者和加害者之間，感覺跟他變成「求生存的基本單位」。這是發生在人質身上的「創傷連結關係」(traumatic bonding)，她會視綁架者為救世主，害怕並仇視前來解救她的人。心理分析學家兼警官馬丁．塞門茲描述道，這個過程像是被迫退化的「心理幼稚症」(psychological infantilism)，「迫使受害者強烈依附那個正好會危及其生命的人。」[50]他經常看到這個過程發生在執勤時被綁架並成為人質的員警身上。

同樣的創傷連結關係，也可能發生在受虐婦女和施虐者之間。[51]暴虐與和解不斷循環，尤其容易出現在隔絕情境中的愛情關係，最後受虐者產生強烈、幾近崇拜的依賴感，將對方當成全能、上帝一般的主宰。在對方的狂怒下，受害者充滿恐懼，但也會視他為力量的來源，當他是導師、甚至是生命的源頭。這種關係呈現出非常怪異的特質。有些受虐婦女說，自己像是進入獨特、幾近迷幻的世界，皈依到伴侶自大的思想體系中，並自願壓抑內心的懷疑以證明忠誠與順服。類似的經驗也常常發生在加入邪教團體的人身上。[52]

受害者就算逃離，也很難重建被監禁前一般的人際關係。因為他們會以過去的極端經驗去看待所有的人際關係。前面提到，在艱困環境中，一採取主動態勢，就不可能只用溫和手段或不冒任何風險，人際關係也是。然而，在一般人際關係中，我們很難找到有如和施虐者相處時的強烈病態連結。

生活中不管我們遇上誰，都會確定對他的基本信賴感。對重獲自由的囚犯而言，與人發生的故事只有一種：暴行。其中的角色也非常有限：有一個加害者、一個被動的目擊者、一個幫凶，或一個救難者。無論是新或舊人際關係，他心頭都會隱然質疑：你是站在哪一邊的？受害者通常最鄙視的不是加害者，而是被動且袖手旁觀的人。被迫賣淫的拉芙蕾絲提到，她最不屑的就是那些眼看別人受苦卻不伸出援手的人：「大部分的人都不知道我有多看不起他們，因為我從來都不說什麼。我能做的就是在腦中把他們倒到垃圾桶，永遠。這些男人有機會幫助我，但卻毫無反應。」[53] 政治犯提默曼也敘述過這種苦澀、被拋棄的感覺：「要理解大屠殺的殘酷，與其用受害者的數目，不如看看有多少人保持沉默。在我心中縈繞不去的，就是那無休止的沉默。」[54]

長期監禁打亂了所有人際關係，也擴大了創傷帶來的矛盾。倖存者擺盪在強烈依附和害怕退縮之間。不管面對哪種人際關係，她都當作面臨生死存亡的危急關頭。她會死命地抓住一個人，視他為救難者；她會突然逃離一個人，懷疑他是加害者或幫凶；她會對一個人表現出極度的忠誠與摯愛，認為他是盟友；她會對一個人憤恨與不屑，覺得他表現得像事不關己的旁觀者。只為了小小的過錯或失望，她就突然改變為別人編排的角色，因為此人在她心中已不再安全可靠。她絕不容許有犯錯的餘地，一段時間後，大部分人都無法通過她的嚴厲信賴度考驗，她就想從人際關係中退縮。因此，即使重獲自由，倖存者的隔離生活仍不斷地延續下去。

長期監禁亦會造成受害者認同上的重大改變。所有的自我心理結構都遭到侵犯和系統性破壞，包括身體形象、對他人的印象、賦予我們一致性與目的感的價值與觀念，都不再如常。在許多極權體系中，主事者甚至去除受害者的姓名，來完成去人性化的程序。提默曼稱自己是「無名的囚徒」。在集中營裡，囚犯的名字由非人化的數字取代。在政治犯監獄、邪教團體和有組織的性剝削場所中，受害者通常會取新名字，代表自己服從新紀律，全然忘卻之前的所有認同。因此赫斯特重獲新生變成坦妮亞（Tania），意為革命者；琳達・伯曼改名為拉芙蕾絲（Lovelace），也就是浪蕩女。

獲釋後，受害者甚至也無法回復原有的認同。不管重獲自由之後要發展何種新認同，都必然包含自己曾被奴役的記憶。她看待自己的身體時，必然認為那是可控制和被侵犯的身體。對於自己在人際關係的形象，必定包含可能失去他人、或被他人所棄的自己。雖然她有道德理念，但也深知人有為惡的能力，不管是他人或自己都有。在脅迫下，假如她曾背叛自己的原則或犧牲他人的權益，就會把自己看成是加害者的爪牙，到現在都活在「破碎」的自我中。最後，大多數的受害者都會覺得自我被汙染了，心中充滿羞愧、厭惡和失敗感。

在最嚴重的案例中，受害者會一直殘留被囚禁時去人性化的認同感，退化到最基本的存活狀態：像機器人、動物或植物。精神科醫師威廉・尼德蘭在納粹大屠殺倖存者的研究中觀察到，個人認同的改變是「倖存者症候群」（survivor syndrome）的共同特性。他大部分的病患會抱怨說：「我現在是不一樣的人。」一些受傷害最嚴重的人更直接說：「我不是人。」[55]

這些內在自我和人際關係上的根本變化，不可避免地會導致受害者質疑信仰的基本價值。擁有堅定信仰的人，或許能忍受監禁的磨難，信念不但絲毫未損，反而益加堅強，但這種人非常稀少。大部分人經歷的是遭神背棄的悲苦。大屠殺倖存者維瑟爾說出了這種悲苦心情：「我永遠都不會忘記，那些烈火把我的信仰燒得一點不剩。我永遠都不會忘記，那些寂靜深夜奪去我的生存意志，萬劫不復。我永遠都不會忘記那些時刻，我的上帝和靈魂被謀殺了，夢想也化為塵土。我永遠也不會忘記這些事，就算我被詛咒會活得和上帝一樣久，也永遠不會忘記！」[56]

這些心理上的失落令人難以忍受，還會造成糾纏不去的憂鬱狀態。在所有長期受創患者的臨床研究中，這些長期不癒的憂鬱症狀是最常見的現象。[57]長期創傷經驗的各個面向都會加重憂鬱症狀。創傷後壓力症的慢性症狀包括過度警醒和記憶侵擾，它們會溶入憂鬱的植物性症狀中，產生尼德蘭所稱的「倖存者三循環」(survivor triad)：失眠、惡夢和身心症狀。[58]這種疾病的解離性症狀也會合併其他憂鬱症具有的症狀，包括注意力無法集中。此外，長期創傷所導致的麻痺、失去主動性，也會結合憂鬱症的冷漠和無助感。在長期創傷中破損的依附關係，更增強受害者的憂鬱症隔離感。長期創傷中被貶低的自我形象，則激起憂鬱症中的罪惡感。長期創傷令人喪失信仰，也與憂鬱症的絕望融為一體。

遭囚禁者的強烈憤怒也會加重憂鬱症狀。在囚禁期間，受害者無法向加害者展現受屈辱的憤怒，否則生命會有危險。獲釋後，受害者一直害怕遭報復，遲遲不敢對關押者表達憤怒。此外，她心中還埋藏許多未發洩的怒火，特別是對於那些未能幫助她、對她的遭遇冷漠以對的人。有時暴怒會加深倖存者與他人的疏離感，也會妨礙人際關係的重建。為了控制自己的怒氣，倖存者更加逃離人群，使得孤立的處境永遠無解。

最後，倖存者會將憤怒與怨恨轉向自己。被囚禁時，自殺有時可以當作一種反抗手段，但那個意念可能在獲釋很久後一直存在，儘管此時不再有適應上的目的。研究返鄉戰俘時，我們一再發現，他們不斷攀高的傷亡人數，都是導因於殺人、自殺和可疑的意外事故。[59]受虐女性的研究也反映出類似的現象，她們都有揮之不去的自殺意念。我們訪問過某個受虐婦女團體，當中一百位成員有四十二人曾企圖自殺。[60]

因此，被囚禁的受害者獲釋後，都還帶著加害者對他們的恨意，有時候會在無意中用自己的手繼續完成加害者的毀滅目的。就算重獲自由許久，受過高壓控制的人仍帶著被囚禁的心理傷疤。他們不只受典型的創傷後症候群所苦，更受到關係的徹底改變所折磨，與神、與他人、甚至與自己都無法共處。大屠殺倖存者李維是這麼說的：「我們發現自己的人格已經破碎，這比生命受到威脅更危險。古時智者只警告我們『記住人生難免一死』，他們實在早該提醒，還有比死更危險的事會威脅我們。若我們能夠從這集中營流出一絲訊息給外面的自由人，一定會說：『要小心哪，我們在這裡遭受的苦難，千萬不可以出現在家中。』」[61]

第 5 章

受虐兒童
Child Abuse

在成人階段發生的重複性創傷（repeated trauma），會侵蝕已經定型的人格結構；在兒童期發生的重複性創傷，則會扭曲尚未成形的人格，使她朝不正常的方向發展。陷於受虐環境中的兒童面臨困境，適應上難以克服，必須尋找一些適應之道。她得對一些不值得信賴的人維持些許信任感，在不安全的情勢中求平安，掌控極端不可測的狀況，在無能為力的環境中保有能力。由於無力照顧或保護自己，她必須運用唯一可自行支配的資源，也就是那未成熟的心理防禦系統，以補償沒有大人照顧和保護的缺憾。

童年受虐的病態環境，會迫使人發展出一些不尋常的能力，創造性和具破壞性的都有。這種病態環境會導致意識狀態的異常發展，摧毀身體與心智、現實與想像、知識和記憶之間的正常關係。這些被改變的意識狀態，有可能進一步引發大量的症狀，包括生理上和心理上的。這些症狀會隱藏、但也同時洩露其病源；它們其實是以偽裝過的神祕方式，述說那難以啟齒的恐怖遭遇。

數百年來，許多察覺這些現象的人以既迷惑又害怕的方式描述它們。自科學論文中消失了三百年的超自然說法，現今還能滲透到最嚴肅的論述中，用來描述兒童長期創傷的心理徵候。因此，極端無神論者如佛洛伊德，在最投入探索歇斯底里症的創傷病源論時，都認為他的研究與早期的宗教審判有許多相似之處：

> 順道一提，有種說法不知你的意見如何？就是有人說，我那歇斯底里症主要病原的全新理論，其實早在數世紀之前就眾所周知，一再地有人發表討論。你是否記得，我老是提到，中世紀教會法庭主張的附身理論，和我們提議的外來物體和分裂意識理論竟如出一轍？但附身在那可憐受害者身上的惡魔，為什麼一定要用這麼可怕的方式對待他們？為什麼在嚴刑拷打下所得到的口供，和接受我心理治療的病患告訴我的事，竟是如此相似呢？[1]

這個問題的答案來自於那些幸運的倖存者，他們已經找到自我復原的掌控方法，也因此讓自己成為尋求真相的主體，而不是被審判的對象。作家希維亞．佛瑞瑟是亂倫倖存者，她如此詳述自己的探索之旅：「當我的身體用其他的方式在發洩時，我經常痙攣、抽搐；有時我的身體在惡夢中彈起，喉嚨有潰瘍，胃會噁心翻騰。這些壓迫感強烈到讓我覺得好像有一片黏糊糊的青苔覆蓋在胸前，使我無法呼吸。我突然想到中古世紀傳說中的『夢淫妖』（incubus），牠強暴了睡夢中的女子，讓她懷孕生下惡魔……在迷信的社會中，我可能會被斷定是受魔鬼控制的小孩。事實上，控制我的是我父親強行侵入的器官，男人身上的那隻惡魔。」[2]

佛瑞瑟知道，如果生在較早的年代，她極可能會被誣指為巫婆。在佛洛伊德的年代，她的診斷會是典型的歇斯底里症；而在今天，則會是多重人格疾患（multiple personality disorder）*。她有許多精神病的症狀，包括始於兒童期的歇斯底里發作和心因性失憶、青年期的厭食和亂交，以及成年後的性功能異常、親密關係障礙、憂鬱症和嚴重的自殺傾向。佛瑞瑟有各式各樣的症狀、分裂人格、精神嚴重受損和異常能力，簡直就是倖存者的範例。她有天賦的卓越創造力，能在不斷重複、無法逃避的受虐經歷中重構自我敘事，清楚地描記自己的發展歷程：從受害者到精神病患，再從病患到倖存者。

受虐環境

童年長期受虐發生在瀰漫著恐怖氛圍的家庭環境裡，一般家中具有的照護關係遭到徹底破壞。根據倖存者的描述，受虐的典型模式是極權控制，執行手段則是暴力和死亡威脅、反覆無常的瑣碎規矩；施虐者還會間歇性地透過隔離、保密和背叛的伎倆破壞幼童的其他親密關係。在這種高壓統治氛圍下生活的孩子，比成人更容易對那些虐待和忽略他們的人發展出病態依附。日後他們也會不惜犧牲一切，努力維護這個依附關係，自己的權益、真實感受，甚至生命都不在乎。

許多倖存者都在證詞中提到，自己是分分秒秒籠罩在死亡的恐懼下。有時孩子在暴行或殺

* 編註：目前改為解離性身分疾患。

害的威脅下，會嚇得噤若寒蟬。倖存者大多提到，加害者慣用的威脅手段就是，如果膽敢反抗或洩露祕密，其他家人包括手足、未施虐的父親或母親就會有生命危險；加害者甚至會威脅自殺。暴行或殘殺威脅亦可能施加在寵物身上，許多倖存者都提到，自己被迫親眼目睹動物被殘暴凌虐的景況。兩位倖存者如此描述她們忍受的暴行：

> 我看見我父親狠踢那條狗，把牠踢飛到房間的那頭。那條狗是我的世界，我跑去將狗擁入懷中。他非常惱怒，並大聲喊叫。他把我推來推去，說我是淫婦和母狗。我看見他那令人作嘔的臉孔，完全不像是我認識的人。他說，如果我覺得自己有多好，就要讓我知道我到底是個什麼東西。他把我壓在牆上。我的腦海裡一片空白，動彈不得，我好怕我會斷成兩半。然後我開始變得麻木。我想：妳真的快死了，不論妳做了什麼，這就是妳的懲罰。[3]
>
> 我常想，當我的父親醉酒時或許會殺了我們。他有一次拿槍對著我、母親和我的兄弟。這樣持續了幾個小時。我記得我們靠著的那面牆。我儘量乖乖的，做我應該做的事。[4]

除了對暴力的恐懼之外，倖存者一致表示有極強烈的無助感。在受虐的家庭環境裡，施虐父母親可以隨心所欲、反覆無常和毫不受限地濫用權力，設下古怪異常、前後矛盾，而且顯然不合理的規定。倖存者頻頻憶及，最恐懼的莫過於變化莫測的暴行。根本找不到任何避免受虐的方法，只好選擇無條件投降。兩位倖存者描述他們如何設法應付暴行：

每當我好不容易想出應付她的方法時，遊戲規則就改變了。我幾乎每天都在挨打，她會用刷子或是飾鈕密布的皮帶打我。她打我的時候（我慣性地會蹲坐在角落，膝蓋朝天），她的面容都變了。好似她不是在打我，而是在打別人。當她安靜下來時，我會給她看我身上一條條的青紫鞭痕，然後她會說：「這是打哪兒來的？」[5]

我們家毫無規則可言；任何規則沒多久就會瓦解。我過去常害怕回家，不知道會發生什麼事。怕會挨打的威脅是如此之恐怖，因為我們看見父親對母親做了什麼。軍隊裡的人常說：「大便總是往下滾。」他會打她，然後她會打我們。有一次她用撥火棍打我，但沒多久我就習慣了，我會整個人蜷縮成一團。[6]

多數童年受虐倖存者強調，這些規則執行起來，常是雜亂無章和變化莫測，但也有些倖存者描述，雖然遭受懲罰和高壓統治，背後卻有高度組織化的模式可尋。許多倖存者報告，他們所受的處罰與政治監獄裡的刑罰非常相似。施虐者會以侵入方式控制受虐者的身體功能，譬如強行灌食、斷食、灌腸、剝奪睡眠，或長時間使其暴露在極熱或極冷的環境中。有些受虐者是真正被監禁起來，綁起來、關在壁櫥或地下室內。在最極端的情況下，虐行反而變得可以預測，施虐者會遵循某種儀式，那常見於色情產業或賣淫集團，或祕密的邪教團體。至於規定是否合理，有位倖存者說：「我們從未想過規定是否合理，只能儘量遵守。有太多規則真的很難做到。現在回想起來，全都太嚴厲、太吹毛求疵了。有些相當詭異，像是嘻笑、不敬和一些臉部表情，都可能讓你受罰。」[7]

要適應這種危險不斷浮出的環境，就必須無時無刻保持警戒。生活在受虐環境的孩子通常會發展出異常能力，用來掃瞄身邊是否有攻擊警訊。他們非常敏感，能配合施虐者的內在狀態，懂得覺察對方微妙的變化，包括面部表情、聲音和肢體語言上的改變，解讀當中的信號，看他是否處於憤怒、性衝動、酒醉或解離狀態。這種非語言的溝通變得高度自動化，多數可不經思索、產生在意識之外。甚至在還未確認或辨別危險信號、內在警報未響起時，受虐兒童即可做出反應。在一個極端案例中，精神科醫師理查．克隆夫特觀察到，這位母親一變得兇暴，三個孩子就知道要產生解離反應。[8]

一察覺到危險信號，受虐兒童保護自己的方法是嘗試逃避或安撫施虐者。企圖逃跑的動作相當常見，通常從七、八歲時開始。許多倖存者記得他們長期過著躲躲藏藏的生活，沒有人可以給他們安全感；而唯一能產生安全感的，是一處隱藏的所在。有些人說，他們會想辦法變得不顯眼，比如僵硬不動、蹲伏、蜷縮，或保持面無表情，竭盡所能地避免引起注意。因此，他們雖然不自覺地經常處於過度警醒的狀態，但必須保持沉默和靜止不動，以防外表洩露內在的不安。結果，受虐的孩子會表現出怪異、緊繃的「僵化戒備」(frozen watchfulness)狀態。[9]

如果逃避無法解決問題，兒童會嘗試運用自動自發的順服討好施虐者。施虐者專橫地強制執行規定，受虐者對死亡或傷害的恐懼不斷加強，造成矛盾的發展。一方面，孩子相信自己是徹頭徹尾地無助，而且抵抗是無效的。許多孩子開始堅信施虐者有絕對的能力，甚至有超自然能力，可以讀出他們的想法，進而徹底操縱他們的生活。另一方面，兒童更想證明自己對施虐者的忠誠和順服，一而再再而三，加倍努力變成「好孩子」，似乎是能掌控狀況的唯一可行方法。

透過暴力與威脅，施虐者反覆無常地執行規定，將恐怖慢慢灌輸到兒童的腦海裡，以形成自發的順從習性；同時，透過隔離、保密和背叛，他徹底破壞任何可能提供孩子保護的關係。現在我們都知道，有受虐兒的家庭經常自外於社會，但較不為人知的是，這種社會隔離不會自然產生，常是施虐者刻意造成的，為的是保守祕密和維持對家人的操控。根據倖存者所描述的操控模式，施虐者會小心提防地監視所有的社會連結。施虐者會禁止孩子參加一般的同儕活動，或堅持他們有任意闖入這些活動的權力。受虐兒童的社交生活受到嚴重限制，如此一來才能保持祕密，維持正常家庭的表象。因此，即使這些孩子嘗試發展出某種社交生活，過程也只是失真的假象。

除了社會隔離，受虐兒童也與其他的家人隔離。她每天所感覺到的是，不僅那最強而有力的成人在她親密的世界裡對她構成威脅，其他本應負責照顧她的成人也並未保護她。至於無法保護她的原因，對她來說並不重要。在最好的情況下，受虐兒童將此視為冷漠；在最壞的情況下，則視為與施虐者沆瀣一氣的背叛。從孩子的角度來看，雖然另一位家長默默被解除武裝，但她應該知道實情，如果她真的有關心我，應該會發現這一切。在威脅之下，即使那位家長沒有反抗能力，但若她真正在乎，就會為我奮戰。孩子認為自己被拋棄，任由命運處置；她對自己被棄之不顧的憤怒，尤勝於被虐。有位亂倫倖存者如此描述她對家人的憤怒：「我非常非常地憤怒，不只氣家中發生的事，更氣沒人聽我傾訴。我的母親仍然否認曾發生的事之嚴重性。偶爾心血來潮她會說：『我感到很內疚，也無法相信自己什麼都沒做。』在當時沒人願意承認，他們就只是讓它發生。因此我必須離開，必須變得瘋狂。」[10]

雙重思想

在人際關係遭嚴重破壞的氛圍下，兒童要面對的發展任務（developmental task）會更加艱辛。她必須尋找方法與照料者形成主要的依附關係；但是從她的觀點看，照料者要不是令人感到危險，就是漠視疏忽她。她必須尋求方法對照料者產生基本的信任和安全感，雖然他們既不值得信任亦不安全。她必須發展自我感，身邊的人不幫她、不關心她甚至近乎殘酷。她必須在任人宰割的環境裡，發展出自我調節身體的功能，還必須在沒有慰藉的環境中，發展出自我安慰的能力。她必須在思想意念完全與施虐者一致的環境裡，發展出主動的進取精神。最後，她必須在所有親密關係都敗壞的環境中，發展出可與人親密的能力，並且要在一個將她定位為淫婦和奴隸的環境裡，發展出自我認同。

受虐兒童面對的存在任務（existential task）同樣嚴峻。雖然她知道自己被拋給毫無慈愛之心的權力者，但仍須找到保持希望和意義的方法。若非如此，就會感到徹底地絕望，而這是沒有任何孩子可以忍受的事。為了保存對父母的信念，她首先必須否定一個最明顯的結論：我的父母是極端不正常的人。她將竭盡所能地製造理由來解釋自己的命運，並免除父母所有應受的責難與責任。

日復一日親眼目睹父母的狠毒、無助或冷漠，受虐兒童心理調適的主要目的，即為保存她與父母的主要依附關係。為達此目的，孩子會採取各式各樣的心理防衛。在這些防衛的美化下，虐行不是排除在有意識的感知和記憶外，好似它從未發生過，就是經過淡化、合理化和原諒，彷彿發生的事並非虐行。因為無法逃脫或改變那不堪忍受的現實，孩子只好在自己的腦袋裡改造它。

受虐兒童寧可相信虐行從未發生過。為了符合這個期望，她得不讓自己面對虐行的事實，甚至須設法欺騙自己，方式包括直接否認、自發的思想潛抑，和大量的解離反應。自我引發出神或解離狀態的能力通常在學齡階段的兒童較強，而嚴重受罰和受虐的兒童更是練到爐火純青。科學研究證實，童年時期受虐嚴重度和解離狀態的熟練度有很大的關聯。[11]多數童年受虐倖存者能隨心所欲讓自己出神，有的甚至成為解離大師。她們學會忽略極度的痛苦，將記憶掩藏在複雜的失憶背後，改變自己對時間、地點或人的感覺，引發幻覺或進入著魔的狀態。有時這些意識狀態的改變是蓄意的，但通常已變成無意識的，且感覺像是外來和不由自主的。兩位倖存者如此描述她們的解離狀態：

> 我的方法是讓自己的目光失焦，我稱它為幻境。首先，我感覺不到景深；一切看起來都是平的，且令人感覺冰冷。我覺得自己像個小嬰兒，然後身體像氣球一般地漂浮在空中。[12]

> 我過去常會突然發作，漸漸變得麻木，我的嘴動著，可以聽到聲音，而且感到身體好似在燃燒。我想我是被惡魔附身了。[13]

在最極端的情況下，從早年就一直受到重度虐待的兒童，也就是有超強能力可令自己進入出神狀態的人，人格會開始分裂成各自獨立的碎片，每一個皆有自己的名字、不同的心理功能和個別的記憶。因此，解離不僅成為適應性的防衛反應，更成為人格組構的基本法則。大量的研究報告證實，人格破碎或轉變，會在嚴重的童年創傷後出現。[14] 轉變後的人格使受虐兒童善於應變，得以妥善地應付虐行，同時亦將虐行本身和應對策略排除在意識之外。佛瑞瑟提到，當她被父親口交強暴時，轉變的人格是這樣出現的：

> 我的嘴被堵住，我透不過氣來。請幫幫我！我用力把眼睛閉上，這樣我才看不見。我爸爸把我拉到他身上，就像媽媽把一隻有破洞的襪子罩在蛋型織補架（darning egg）上。汙穢、汙穢、別讓我捉住妳、可恥、可恥、汙穢、爸爸不愛我、愛我、骯髒地、汙穢、愛他、恨他、恐懼、別讓我捉住妳、汙穢、汙穢、愛、恨、內疚、可恥、**恐懼、恐懼、恐懼、恐懼、恐懼、恐懼**……
>
> 我可以很精確地憶起那個時刻，當時的無助感是如此之深，覺得無論什麼情況都不會比那更慘的了。因此，我把頭從自己的身上旋開，就像打開醬菜罐的蓋子一樣。從那時起，就有兩個自我了。一個孩子心裡明白，自己的身體被爸爸侵占玷汙了；另一個孩子不敢知道什麼，有顆與媽媽一樣無知的腦袋。[15]

雙重自我

不是所有的受虐兒童都能掌握利用解離能力改變現實，擁有這種能力的孩子也無法時時刻刻依賴它。當她無法逃避被虐的現實時，就必須建立某種系統以詮釋虐行的意義與正當性。孩子很自然地認為，這些都是因為她與生俱來的壞所引起的。孩子很早就會抓住這個解釋，執著地牢抓不放，因為這讓她能保有人生意義，感覺到希望和力量。如果她真是壞的，那麼她的父母就是好的；如果她真是壞的，那麼她可以改好。如果是她以某種方式為自己帶來這種命運，那麼她應該有某種力量可以改變它。如果是她造成父母苛待她，那麼只要夠努力，或許有一天能贏得他們的饒恕，並且最終能獲得她夢寐以求的保護和關心。

自我責備（self-blame）與早年兒童期正常的思考模式是一致的，在此模式內，自我是所有事件的基準點。不管哪個年齡層的受創者，也會有如此一致的思考程序，都會在自己的行為中挑錯誤，以求能合理解釋發生在他們身上的事。然而，在長期受虐的環境裡，時間或經驗並未能導正這種自我責備的傾向；恰恰相反，它持續地增強。受虐兒童成為雙親罪責的替罪羔羊後，更直接確認自己天生就是個壞胚子。許多倖存者描述，諸多的責備都加添於他們身上，不僅會因為父母的暴行或不當性行為遭責難，還會因為家中其他不幸事件受責怪。家族傳說總有一些故事，包括某孩子誕生而導致災難，或是她注定會為家人帶來恥辱。有位倖存者描述她如何成為替罪羔羊：「我的名字取自於我的母親。她必須結婚，因為她懷了我。在我兩歲時她跑了，祖父母負責養育我。我從未看過她的照片，但他們告訴我說我長得和她一模一樣，所以我大概會像她一樣變成一個蕩婦或妓女。當爸爸開始強暴我時，他說：『這是妳夢寐以求的，現在我給妳。』」[16]

憤怒的感覺和殘忍的復仇幻想，是對虐行的正常反應。如同受虐的成人，受虐兒童通常是滿懷憤怒，有時甚至具攻擊性。他們大多缺乏解決衝突的言語和社交技巧，面臨問題時，也預期會遭到惡意攻擊。[17]可以預見的是，受虐兒童在調整憤怒情緒方面有困難，加深她堅信自己是天生壞胚子。每一次遭遇有敵意的衝突，都讓她再次相信自己的確是個可惡的人。同樣常見的情況是，她很容易將憤怒轉嫁至與危險來源毫不相干的地方，不公平地爆發在無辜的人身上，於是自我責備更加嚴重。

受虐兒童參與禁忌的性活動後，就更加確認自己天生是壞胚子。孩子若在剝削情境中得到滿足感，心中就更加肯定，挑起虐行的是自己，應負全責。她或許會體驗到性愉悅，沉浸於施虐者的特別關心中，還會博取小惠，甚至利用性關係獲得特權，種種罪衍更成為她內在邪惡的證據。

最後，如果被迫同流合汙去欺侮他人，受虐兒童就認定自己是天生壞胚子了。孩子通常會抗拒，不願成為共犯，甚至會與施虐者交換條件，設法犧牲自己以保護他人。然而這些交易不可避免地會失敗，因為兒童缺乏能力或力量足以擔任如成人般的保護者角色。孩子有時會構想脫逃方法，也明白她的施虐者會再找替代的受害者。目擊其他兒童受虐時，她會保持沉默，甚至受誘導成為共犯，把那些孩子送入虎口。在系統化的性剝削關係中，孩子若要正式加入邪教或性工作集團，就得完成入會儀式的要求，一同去虐待其他人。[18]有位倖存者描述自己如何被迫參與劣行，去虐待更年幼的兒童：「我大概曉得祖父在幹什麼。他會將我們綁起來，包括我和表兄妹，然後要我們把他的……你知道的，放在我們的嘴裡。最糟的一次是我們大夥一起對付我的小弟，也逼他做這件事。」[19]

陷於這種恐懼中的兒童會開始相信她應該為施虐者的罪行擔負責任。她相信，就是因為自己的存在，才驅使她世界裡最強有力的人做出那種可怕的事情。所以她的本性肯定非常邪惡。倖存者描述自己時，充滿厭惡不齒的言詞，時不時就提到，自己不屬於正常人際關係裡的一分子，認為自己是有如幽靈、鬼怪般的超自然物體，或是以非人的生命狀態存在著。他們將自己視為巫婆、吸血鬼、淫婦、狗、鼠或蛇。[20]某些倖存者會以糞便或穢物描述內心的自我感。有位亂倫倖存者就如此提到：「我被黑色的黏液填滿。如果我張嘴，它將傾洩而出。我認為自己是陰溝裡的淤泥，那種蛇會在上面繁殖的爛泥。」[21]

受虐兒童一發展出被汙染、汙名化的自我認同時，就會把施虐者的惡行內化到自己身上，也因此維持了跟父母的主要依附關係。自認是天生壞胚子，這感覺維繫住與施虐者的關係，即使虐行停止也不會消散，反而成為兒童人格結構中很穩固的一部分。社工發現虐待案件介入處理時，多半會確切地告訴受虐兒童，錯不在他們，但孩子一般都會拒絕相信，不肯免除對自我的譴責。同樣地，逃脫受虐環境的成人倖存者會一直鄙視自己，並將屬於施虐者的羞愧和罪惡感硬加在自己身上。受虐兒童深刻認定自己是天生壞胚子，形成自我認同時一直以此為核心，持續到長大成人。

受虐兒童總是努力要有好表現，在那偽裝之下，她內心充滿負面感受，覺得自己是天生壞胚子。她必須經常安撫施虐者，因此極易成為優秀的表演者。只要有必要，她什麼都願意做。對她的父母，她會變成充滿同理心的照護者、高效率的管家、成績優秀的學生、遵奉社會規範的榜樣。她滿懷熱忱、以完美的姿態完成這一切，而推動她的力量，就是渴望要贏取父母的喜愛。成年後，這種早熟、被迫形成的能力或許會在職場上帶來可觀的成就。然而，她不會將這些成就歸功於自己，因為她視那個自我為失真和虛偽的。甚且，別人的讚賞只是讓她更加確定，無人能真正了解她。她也相信，一旦她的祕密和真實的自我被揭發出來，別人就會躲開她，還會辱罵她。

有些受虐兒童能勉力形成較正面的自我認同，但連帶會出現過度自我犧牲的傾向。她會從宗教層面找尋神意，據此詮釋自己的受害經歷，勇於接受自己是神明所選的殉道者，以保持自己的價值感。亂倫倖存者伊蓮諾・希爾描述道，她的自我認同就是被選中要犧牲的聖女，這個刻板形象也給了她與眾不同的感覺：「在家庭神話中，我扮演的角色，就是『美麗且富有同情心』的家人，因此必須支持我父親，維繫他的地位。就像在原始部落裡，年輕的貞女被奉獻給惱怒的男神。家庭裡的情況也是一樣。」[22]

受害者一方面貶損自己，一方面又抬高自己，但這兩個認同是互相矛盾、無法整合的。受虐兒童無法建立統合的自我觀感，接受自己有普通的優點以及可容忍的缺點。在受虐環境裡，他們不知道什麼是普通和可容忍的。相反地，受虐者表現的自我形象卻是僵硬、誇大和分裂的。在最極端的情況下，這些不同的自我形象會導致解離轉變的人格。

兒童在心裡整合他人的形象時，也會產生類似的錯亂。當受虐兒童不顧一切地設法維持自己對父母的信念時，至少會高度理想化其中一位的形象。有時孩子會試圖與未侵犯她的那方父母維繫親密關係，還會找藉口跟理由，認為對方沒有提供保護，是因為自己不值得她（他）這麼做。更常見的是，孩子會理想化那位虐待她的父母，並將所有憤怒發洩在另一位無辜的父母身上。從受虐兒的角度看來，沒有虐待她的那位父母其實不關心她，反而是對她有邪念的施虐者才讓她感到更親密。尤有甚者，施虐者會將自己偏執或浮誇的信念灌輸給受虐兒和其他家人，進而理想化自己的形象。希爾如此描述她的殘暴父親在家族心目中幾近天神般的形象：「紅極一時的中心人物，我們的曠世英雄，那個聰穎過人、才華洋溢、魅力四射的人。我們的絕世奇才，這裡每一個人都對他千依百順，沒人敢忤逆他。他一降生，律法就出現了，無人能改。無論他做了什麼，永遠是被揀選的天之驕子，君臨天下的寵兒。」[23]

然而，這種過度美化的父母形象，很難始終如一地保存下去，畢竟許多資訊都刻意地被省略掉了。施虐者或疏忽者的片斷理想形象跟受虐兒的真實感受不符，所以無法整合在一起。因此，就像她看待自己一樣，孩子對主要照顧者的觀感也是矛盾和分裂的。受虐兒無法在心中為照顧者建立有安全感、一致的形象。這種失落會妨礙她正常發展自我調整情感的能力。孩子為照顧者建立的形象過於片斷和理想化，所以無法真的用來滿足安慰情感的需求。這些形象太薄弱又殘缺不全，還容易在沒有預警的情況下轉變成恐怖的影像。

在正常的成長過程中，孩子能對照顧者產生內在的信任感與依賴感，身處低潮時能在心中喚起此人的形象，就能在自主時擁有安全感。成人囚犯非常依賴這些內在形象以維持他們的獨立感。在童年長期受虐的情境中，這些內在形象一再被猛烈地創傷經驗所粉碎，根本無法成形。受虐兒童無法建立穩固的安全感，比其他孩子更需要旁人給予關懷和撫慰。她無法建立穩定的獨立感，便會不顧一切、飢不擇食地努力尋求依靠任何人。在許多受虐兒童的案例中，我們發現非常矛盾的結果：他們可以很快地依附陌生人，卻也還緊緊依戀著虐待他們的父母。

因而，在童年長期受虐的情況下，分裂（fragmentation）成為人格構成的基調。意識上的分裂，阻擾受虐者知識、記憶、感情狀態與生理經驗的正常統合。內在自我形象（inner representation of self）的分裂，導致她無法統合自我認同。內在他人形象的分裂，則妨礙她在人際關係中發展可靠的獨立感。

從佛洛伊德和賈內的時代開始，學者就觀察到這類複雜的精神病理學現象。一九三三年，山德・費倫齊認為，受虐兒童所展現的霧化（atomization）人格，是保存希望和人際關係的適應機轉：「受創時進入出神狀態，可使孩子成功地保存受創前所感受的溫柔。」[24] 半個世紀以後，另一位精神分析學家李歐納・西安格也談到，受虐兒童煞費苦心進行「心智分割操作」（mind-fragmenting operation），藉以維護有一對好父母的「錯覺」。他強調：「在垂直分裂（vertical splitting）的過程中，心智分割成獨立的單位，對立矛盾的自我和父母形象，便永無癒合的可能。」[25] 社會學家派翠西亞・萊可和精神科醫師伊蘭・卡門則認為，受虐兒童的主要病理學特徵在於「順應他人的評斷而導致自我認同的混亂和分裂」。[26]

對身體的攻擊

這些意識、獨立性和自我認同的扭曲現象，雖可用以保存希望和維繫關係，但仍無法解決許多重要的適應問題，甚至會加重適應的難度。雖然孩子將虐行合理化或排除於意識之外，但會不斷透過生理機能反映那些負面作用。

正常的生理狀態調節機轉被長期過度警醒的症狀攪亂了。兒童的身體由施虐者全權操控，其身體的自我調節機轉在受虐環境裡變得更為複雜。睡眠和清醒、飲食和排泄等生理作息的正常週期會被打亂，或是受到嚴密監控。上床睡覺的氣氛變得非常恐怖，而不是應有的舒適溫馨時刻；睡前儀式被扭曲了，孩子得解決大人高漲的性欲，而不是大人哄孩子安靜入眠。同樣地，用餐氣氛也極端緊張，而不是祥和愉快。在倖存者的追述記憶中，用餐時刻總是充斥著可怕的沉默、被強迫餵食和隨之而來的嘔吐，或是大人盛怒和丟擲食物。她們無法在安全、規律和舒適的情境下調控基本的生理機轉，於是發展出許多身體的痛苦症狀，包括長期睡眠障礙、飲食失調、胃腸不順等。[27]

創傷經驗一再挑起恐懼、憤怒和悲傷情緒，同樣會擾亂正常情感狀態的調節機轉。這些情緒最終會交錯在一起而形成令人懼怕的感覺，精神科醫師稱為焦躁（dysphoria），那是患者幾乎無法描述的感覺，一種混亂、騷動、空虛和全然孤獨的狀態。有位倖存者說：「有時我感覺身陷黑暗中的一團混亂，但這算不錯了，有時我根本不知道自己處於什麼狀態。」[28]

長期受虐兒童的情緒狀態分布很廣，從些許的心神不寧，到中度的焦慮和焦躁，到極度的恐慌、憤怒和絕望。不令人意外的是，大多數倖存者會發展出慢性焦慮和憂鬱症狀，且一直持續至成年。[29]受虐兒若過於依賴解離作為防衛機轉，焦躁的精神狀態最終會更加惡化，因為解離有時會失控。她原本用它來產生疏離的安全感，但一不小心就會帶來與他人完全脫節和自我崩解的感覺。精神分析學家傑拉德·阿德勒稱這種不堪忍受的感覺為「毀滅性恐慌」（annihilation panic）。[30]希爾如此描述這種狀態：「我內在是冰冷的，外面沒有任何表皮，身體就好像一直在流動、溢出、無法凝結在一起。恐懼牢牢地抓住我不放，我感覺自己已不存在，消失無蹤了。」[31]

兒童感到被威脅拋棄時，通常就會喚起這種情緒狀態，而且無法透過一般的自我安慰方式得到紓解。受虐兒童慢慢會發現，消除這個感覺最有效的方法是重擊自己的身體；而達成這個目標最猛烈的方法，則是蓄意自殘。迄今已有無數的文獻可以佐證，童年受虐和自殘行為的確有連結。在童年初期就遭虐待的受害者，最可能反覆自我傷害，或用各種方式突發攻擊自己的身體。[32]

所有自殘的倖存者都提及，動手之前會產生嚴重的解離狀態。首先是不堪忍受的焦躁不安，等到攻擊身體的衝動出現後，人格崩解、現實感喪失和感覺麻木就隨之而來。通常一開始傷害自己時，並不會感到任何痛苦，自殘行為會持續下去，直到產生高度平靜和放鬆的感覺。倖存者寧可用肉體的苦痛取代精神的折磨。有位倖存者解釋這種傾向：「做這事是為了證明我的存在。」[33]

與一般人的觀念相反，童年受虐者其實很少用自我傷害的行為「操弄」他人，甚至不會用它傳達悲苦。許多倖存者記述，這種難以壓抑的自殘欲望相當早期就發展出來，通常是在青春期之前，而且已祕密地進行多年。他們一般對這種行為感到羞愧和憎惡，所以會盡力掩飾。

自我傷害的行為，通常會被錯認為自殺舉動。許多兒童期受虐的倖存者的確有自殺傾向。[34]然而，反覆自殘和企圖自殺的區別非常明顯。自殘的目的並非置自己於死地，而是要解除那不堪忍受的精神痛苦；弔詭的是，許多倖存者反而認為這是自我保護的方式。

自我傷害或許是病理性慰藉機轉中最突出的，但只是許多機轉之一罷了。一般而言，受虐兒童在成長過程裡會慢慢發現，雖然短暫，他們能藉由主動引發的自律神經失調或是自律神經過度亢奮，導致情感狀態的巨大改變。拉瀉和嘔吐、衝動的性行為、莽撞的冒險行為或蓄意暴露於危險情境，以及使用精神藥物，孩子會利用不同的手段調整自己的情緒狀態。透過這些機轉，受虐兒童試圖消除自己長期的焦躁症狀，並催生安樂與舒適的內心狀態，儘管一瞬即逝，也沒有其他方式可以達成。在受虐兒童中，這些自毀症狀通常在青春期前出現，到青少年階段變得更加顯著。

適應機制有三大形式：精巧的解離防衛機轉、自我認同的分裂發展，以及情緒狀態的病理性調節，它們讓孩子得以在長期受虐環境中求生存。不但如此，它們還能讓受虐兒童保有一切皆正常的假象，這對受虐家庭成員是極為重要的。兒童通常能妥善掩飾痛苦症狀，所以一般人很難識別出其意識狀態改變、健忘或其他解離症狀。雖然孩子內心形成惡性、負面的自我認同，但也會發展出假裝適應社會的「假面自我」，有算有心身症狀，專業人員也難追蹤到病源。自毀行為也都在暗中進行，外人不會注意到。雖然有些兒童或青少年受害者會透過攻擊或違法行為引起人們注意，但大部分人還是能成功隱瞞心理障礙的嚴重度。多數受虐兒童的祕密，一直到成年都無人知曉。

長大的孩子

許多受虐兒童牢牢抓住一個希望，就是長大後可以逃走和獲得自由。然而，在高壓控制環境裡形成的性格，使她無法適應成年後生活。倖存者在基本信任感、自主性和主動性等方面的能力上都有根本問題。一般人到成年期早期就得建立獨立性和親密感，但被虐者受損的自我保護機轉、知識和記憶、自我認同及建立穩定情感關係的能力，都會成為她的負擔。她仍舊是自己童年的囚犯，試圖創造新生活時，得再度與創傷正面交鋒。作家理查·羅德斯是童年重度受虐的倖存者，他描述創傷如何在他的作品中一再出現：「我的每本書感覺上都不一樣，也在說著不同的故事……但在我看來都是千篇一律地重複。主題都是關於男性角色面臨暴力挑戰，去抵抗它，然後在殘暴之外發現尚存一線希望。重複是受虐兒無聲的語言。在我的作品結構中，這個主題出現的次數多到無法清楚傳達出來，這我並不驚訝，就像廟裡的鐘鼓和鳴，耳朵所聽到的，不如內心迴響來得多。」[35]

倖存者建立親密關係的動機，是渴望能得到保護和照顧，但被拋棄和被剝削的恐懼卻始終如幽靈般揮之不去。在尋求拯救時，她可能會找那種似乎可以提供特別照顧關係的權勢人物。她理想化所依附的人，試圖阻絕被操控或被背叛的恆久恐懼。

然而，這樣被選擇出來的對象，都不可避免地無法達到她不切實際的期望。她一感到失望，就會憤怒地鄙視原先崇拜景仰的人。就連一般的人際衝突都會引發強烈的焦慮、憂鬱或憤怒的情緒。在倖存者心中，即使微不足道的小事，也能喚起過去受到無情漠視的往事，甚至微乎其微的傷害，亦可勾起過去被蓄意虐待的回憶。這些扭曲反應很難經由成長的經驗導正，因為倖存者通常缺乏能夠解決衝突的語言與社交技巧。因此，倖存者發展的情感關係，有著劇烈、不穩定的特性，反覆地重演著拯救、不公和背叛的戲碼。

不可避免地，倖存者在任何親密的關係裡都難以妥善保護自己。她渴求關懷和照顧，因此很難與他人建立安全和適當的界限。她易於貶低自我、理想化所依附的人，此舉更加模糊她的判斷力。她會過於為人著想，以配合他人的意願，並慣性地、通常是不自覺地服從，於是更加容易被有力量或有權威的人利用。她慣用解離防衛機轉，所以很難清楚和準確評估危險情況。再者，她會想再次體驗危險境況，以為這次能迎刃而解，但總是重蹈受虐的覆轍。

由於上述所有原因，倖存者成年後，生活中極可能面臨再度受害的危險。現有的資料完全支持這一論點，至少對女性而言。雖然強暴、性騷擾或被毆打的危險性對所有女性都很高，但對童年被性虐待的倖存者而言，這種危險性幾乎是加倍的。羅素針對童年時曾遭亂倫虐待女性的研究顯示，其中三分之二日後都再遭到強暴。[36]因此，長大成人後的兒童受害者，似乎注定要再度體驗她的創傷經驗，不僅是在記憶裡，而且是在真實人生中。有位倖存者對自己生活中層出不窮的暴行有此感觸：「這幾乎就像是自我應驗的預言。在童年時，我就開始預期暴力出現，還把它等同於愛。我一共被強暴六次，發生在我離家出走、搭便車或喝醉酒時，所有情況加起來讓我成為待宰的肥羊，真是太慘了。更瘋狂的是，起初我想（強暴者）肯定會殺了我，如果他們讓我活著，如何逃過法律的制裁呢？後來我懂了，他們根本沒什麼好怕的，不會有任何人出手，因為這一切『都是我自找的』。」[37]

重複被害是千真萬確的事實，但要如何詮釋此現象，則需要謹慎以待。長久以來，精神病學的觀點只是反映出粗淺的社會評斷：虐待是倖存者「自找」的後果。無論是早期的受虐（masochism）概念或近期的創傷成癮理論，學界都暗指，受害者從重複的虐待中追求並獲取滿足感。真實情況很少如此。有些倖存者回報說，自己曾在受虐時感受到性興奮或愉悅；在這些案例中，倖存者的早年受虐景象或許能直接刺激性欲，或是被強迫一再重演。即使如此，就倖存者經驗層次來看，想要和不想要還是有明顯區別，正如有位倖存者所說：「如果是自己付錢找人做，我就很喜歡身體受到虐待，那會讓我飄飄欲仙。但我希望一切都在掌控中。我度過一段酗酒的時期，當時我會去酒吧，選出一個當中我認為最骯髒、汙穢的男人，然後跟他發生性關係。這根本是侮辱自己。我再也不做那事了。」[38]

更常見的情況是，雖然受害者沒有主動追求重複虐待，卻消極地將其視為可怕又無法逃避的命運，且接受它是情感關係中必須付出的代價。許多倖存者的自我保護機制乏善可陳，幾乎無法想像自己處於能採取行動或有選擇餘地的位置。對他們而言，拒絕父母、配偶、戀人或權威人士的情感要求，根本就是匪夷所思。因此，我們常見到，倖存者成年後繼續滿足施虐者的願望和需求，也繼續在沒有界限或尺度的情況下容許他們侵犯。施虐者生病時，成年倖存者會照料他們，患難時會保衛他們，在極端的案例中，倖存者還會繼續滿足對方的性需求。有位亂倫倖存者描述她如何持續地照顧施虐者，即使在成年後：「父親日後被逮捕了。他強姦他女朋友的女兒，然後對方決定提起告訴。我父親被她趕出去之後，無處可去，所以我讓他搬來和我一起住。我祈禱他不會進監獄。」[39]

倖存者太習慣以解離狀態去面對問題，會導致她忽略或淡化社交線索（social cue），一般來說那可以提醒她哪裡有危險。有位倖存者描述她如何一再地陷於易受傷害的情況下：「我真的不知道我是怎麼搞的。我只知道，我會去找這些年老、似父親般的男人，這是我能確定的……有一次，在我住的廉價旅館裡只有妓女、酒客和我。我和一個老男人有了牽扯。我會幫他清洗，慢慢地愛上他。然後有一天他躺在床上，他說醫師要他別再召妓，問我願不願意用手幫他弄出來。我不知道他在說什麼，他教我怎麼做，我照做了。之後我有罪惡感，但過了很久才感到憤怒。」[40]

童年受虐的倖存者再度受害或自我傷害的可能性遠遠超出他們危害他人。事實上，倖存者日後侵犯他人的比例並不高，這點頗令人詫異。或許是由於反覆灌輸自我厭惡的想法，倖存者的侵略性似乎全是針對自己。雖然自殺傾向、自殘行為兩者與童年受虐明顯有強烈的關聯性，童年受虐和成人反社會行為的關聯性卻較薄弱。[41]研究九百名以上精神病患者後，我們發現，雖然自殺與童年受虐的經歷有強烈關聯，謀殺卻沒有。[42]

多數受害者不會成為加害者，但當然還是有少數人走樣了。創傷似乎加強了受害者的刻板性別角色：有童年受虐經歷的男性比較會把侵略性發洩在他人身上，但受虐女性較易再度受害或傷害自己。[43]研究二百名一般社會年輕男性後，我們發現，在童年遭受身體虐待的人，比較願意承認自己曾威脅要傷害他人、在鬥毆時傷人，並曾參與非法活動。[44]有很少數的倖存者，通常是男性，熱中於扮演加害者的角色，如同在重演自己的童年經歷。我們還不能確知有多少比例的倖存者會走上這條路，但追蹤研究被性集團剝削的兒童倖存者後，我們粗略推斷，當中大約有百分之二十會為加害者辯護，輕描淡寫或合理化被剝削的過程，並採取反社會的態度。[45]有位童年嚴重受虐的倖存者描述他如何開始對旁人產生攻擊性：「約莫在我十三或十四歲的時候，我覺得我受夠了，我開始還擊，變得很粗暴。有個女孩挑釁我，我打得她屁滾尿流。我開始隨身帶槍，所以就被逮捕，畢竟我沒有攜槍執照。一旦孩子開始反擊，並成為少年犯，他就走上一條不歸路了。人們應該在孩子毀掉自己一生之前，發現他的家庭到底發生了什麼事。好好查一查！不要只是把孩子關起來！」[46]

在少數極端的案例裡，童年受虐的倖存者會攻擊自己的孩子，或未能妥善地提供保護。一般人總以為「虐待會世代循環」，事實上，大多數的倖存者既不虐待也不會忽視自己的孩子。[47]相反地，他們深恐孩子將面對與自己類似的命運，所以會盡心盡力地防患未然。為了孩子的利益，多數倖存者都會發揮最大潛力關愛和保護下一代；他們從未把那樣的心力用在自己身上。研究許多羅患多重人格疾患的母親之後，精神科醫師菲利普．庫恩斯表示：「我很感動地發現，許多患有多重人格疾患的母親，都以正面、具建設性和關心的態度對待孩子。她們曾經是受虐兒童，因此會竭盡所能保護自己的孩子免於類似的不幸。」[48]

倖存者成年後嘗試建立社交關係時，童年形成的心理防衛機轉會使他們愈來愈適應不良。雙重思想和雙重自我是兒童在高壓操控的家庭氛圍下所發展的巧妙適應機轉，但在自由、得擔負成人責任的環境中不但無益，反而有害。它們會成為阻礙，倖存者因此無法發展互動、親密的人際關係，也無法形成整合後的自我認同。倖存者在成人生活中奮鬥時，童年留下的包袱卻愈來愈沉重。通常到了三十至四十歲，防衛結構就開始崩潰，導火線通常就是親密關係的平衡狀態發生變化時，例如婚姻失敗、孩子誕生、父母生病或死亡。內在的分裂浮出檯面，她再也無法維持生活假象。倖存者一崩潰，各種精神障礙的症狀都可能會出現，擔心自己會瘋狂或害怕死期將至。佛瑞瑟成年後，一開始面對自己童年時的祕密，就出現極大的恐懼與危機感：

我真的想打開父親床下那個潘朵拉的盒子嗎？四十年來苦苦地循線解謎後，如果發現盒中的祕密竟是父親曾對我性虐待，我該做何感想？我真的能夠完全看開，不去追究人生中浪費多少精力在掩飾罪行嗎？

我相信，通常我們完成某個階段的人生任務、必須轉換身分繼續人生旅程時，意想不到的死亡就會到來。鳳凰為了重生而浴火，然後在虛弱搖晃中上升飛翔。在那個轉折點上，我幾乎和另一個自我同歸於盡。[49]

第 6 章

全新的診斷

A New Diagnosis

大多數人對囚禁所引起的心理變化缺乏足夠的知識或理解，因此一般社會上對於長期受創者的評價往往也過於嚴苛。長期受虐者總是展現無助、消極被動的態度，沉迷於過去、憂鬱纏身，抱怨心身症狀的不適，內心藏著怒火；這些表徵總是令身邊的人感到挫折。若她曾被迫背離人際關係、違反社群忠誠或道德價值，就會受到外人更嚴厲的譴責。

旁觀者從未經歷過長期恐怖，不了解高壓控制手段，總以為自己在類似的狀況下，會比受害者表現出更大的勇氣及抵抗力；因此傾向從受害者的性格和人品中找尋弱點，藉以詮釋受害者的行為。受敵人「洗腦」而屈服的戰俘常常被視為賣國賊，[1] 順服於關押者的人質往往為人所不齒。有時倖存者會面臨比施虐者更嚴苛的批判。舉例來說，眾所周知的派翠西亞．赫斯特事件中，人質在關押期間的犯行不僅被起訴，而且被判的刑期竟被比關押者更重。[2] 同樣地，那些未能從受虐關係中逃脫、以及關押時被迫去賣淫和背棄子女的女性，都容易受到嚴厲的譴責。[3]

這種歸咎受害者的傾向，甚至也會出現在有組織的政治大屠殺事件中。納粹大屠殺事件不久後，各界就展開冗長的爭論，探討猶太人的「消極被動」（passivity）態度，以及在自身命運中涉入的「共謀關係」（complicity）。但是歷史學家露西・達維多維奇指出，「共謀」和「合作」（cooperation）這兩個概念只適用於有自由選擇的情況下，與被囚處境下的意義不同。[4]

錯誤的診斷標籤

這種責備受害者的傾向也強烈地影響心理學界的探討方向。在這股風氣下，研究人員和臨床工作者解釋施暴者的罪行時，反而是從被害者的特質去找原因。就人質和戰俘的情況而言，許多研究人員都假設，有些人格缺陷會使某些人容易被關押且「洗腦」，不過研究成果沒什麼共識。但至少有個結論是無法避免的：一般心理健全的人的確可能在不人道的對待下屈服。[5]在家庭暴力的情境下，受害者是被絆住而不是被俘虜，研究重心因此集中於探討女人有哪些人格特質易於陷入受虐關係。同樣地，還是沒有一致的成果能說明什麼是易受影響的女性特質。有些受虐婦女在陷入被剝削的關係之前即有嚴重的心理問題，特別容易受傷害，但多數並沒有明顯的精神病理跡象。她們會與施虐者產生糾葛，大多是遭遇到暫時的生活危機，或近期遭逢喪親之痛，而感到不快樂、疏離或孤獨時。[6]我們研究家暴行為後發現：「有些人嘗試從女性某些特質找出導致她們受害的原因，但終究徒勞無功。人們總是會忘記，男人的暴行是男人的行為。據此，我們有更多豐碩的研究成果，從男性特質來解釋他們的行為，這方面不令人感到意外。但令人驚訝的是，人們仍花費大量心思檢驗女性特質以解釋男性的行為。」[7]

我們都很清楚，正常健康的人也可能被拖進長期受虐的處境；同樣顯而易見的是，逃離這種處境以後，他們就不再正常或健康了。長期受虐會造成嚴重的心理傷害，社會卻傾向責備受害者，更加阻礙我們從心理學上理解和診斷創傷後症候群。心理衛生專家經常把受害者的被虐處境歸因於她們原有的潛在精神病理問題，而不是將這些問題統整歸納，視為被虐的精神生理反應。

最能反映這種想法的驚人例子，是一九六四年的受暴婦女研究，題目為「家暴者的妻子」（The Wife-Beater's Wife）。起初，研究人員打算調查施暴者，但發現這些男人絕對不會對他們開誠布公，於是將目標轉向態度較為合作的受暴婦女，並歸納出她們有些共同特性：了無生氣、冷漠呆板、攻擊挑釁，優柔寡斷和被動消極。研究人員因此認為，婚姻暴力滿足了這些婦女的「被虐需求」。既然發現問題根源就是她們的人格障礙，這些臨床工作者便開始「展開治療」。例如，他們設法說服某位妻子相信，暴行是因她的挑釁而起，並教她如何「改善」現況。因此，當她挨打時，不再請求青少年兒子的保護；丈夫要求性交時，就算是酒醉或態度粗暴也不再拒絕。最後，研究人員認為她的治療成功了。[8]

雖然這種毫不掩飾而公然的性別歧視，現今很少出現在精神醫學的文獻中，但同樣的錯誤觀念以及隱含的偏見和蔑視，仍然是社會主流論調。受害者退縮到只求滿足基本生存需求，但在臨床觀察下，卻常被錯認為那是她潛在特質的寫照。我們不了解受害者長時間身處恐怖中造成的人格腐蝕，還在她們身上套用正常環境下發展的人格結構與概念。患者在長期創傷影響下產生複雜的後遺症，卻常被誤診為人格障礙。她們可能被描述成天生「充滿依賴性」、「有被虐傾向」或「有自我毀滅人格」。我們最近在一所大型城市醫院的急診室進行實務觀察，發現臨床工作者仍習慣稱呼受暴婦女「歇斯底里」、「女性受虐狂」、「慮病症患者」，或更直截了當稱為「廢物」。[9]

受害者經常被如此誤診，一九八〇年代中期，美國精神醫學學會進行診斷手冊修訂時，此議題便成為核心爭議。有群男性心理分析家提議，要於手冊中增訂「受虐人格疾患」（masochistic personality disorder）。「縱使有機會改變現況，仍留在被他人剝削、虐待或被利用的關係中」，任何人符合此條件，就適用於這個假設性診斷。這項提議激怒了婦女團體，因而催生了一場激烈的公開辯論。女性代表堅持，醫學學會要公開制定診斷準則的過程，那曾是一小撮男人保有的特權，而這是女性第一次能參與心理現實（psychological reality）的命名。

我是這個過程的參與者之一。當時令我萬分驚訝的是，理性辯論彷彿無關緊要。女性代表備妥了推論精細、旁徵博引的論文，前來參與討論。那些作者認為，醫界過去所提出的診斷概念缺乏科學根據，又忽視近年來受害者心理學的知識進展，因此那些診斷只能用來汙名化弱勢的人，對社會造成更大的衝擊，觀念倒退、歧視更深。[10] 但精神醫學的建制派男性無動於衷，依舊堅持自己的提議。他們大方坦承，自己對過去十年大量的心理創傷文獻一無所知，也不認為有關切的必要。有名美國精神醫學學會的理事認為，受暴婦女這議題的討論「無關緊要」。另一成員更直截了當：「我從未見過哪裡有受害者。」[11]

最後，在婦女團體組織的抗議下，加上論戰激烈、獲得大眾廣泛關注，某些權宜的妥協方案才得以實現。[12] 先前提出的診斷名稱便改為「自毀性人格疾患」（self-defeating personality disorder）。

診斷準則亦隨之改變，這種標籤因而不能再使用於任何在身體方面、性方面或心理方面受過虐待的人。最重要的是，這個疾患並未列入診斷手冊的正文中，而是收在附錄裡。它先是被降級到次經（apocryphal）的地位，逐漸地無人看重討論，直到今日。

為何需要新概念

誤用「受虐人格疾患」概念，可說是最汙名化患者的錯誤診斷，但絕非唯一。一般而言，現有精神醫學準則的診斷類別，完全沒有為極端狀況倖存者而擬定的，也根本不適用。倖存者持續性的焦慮、恐懼及恐慌等症狀，並不同於一般焦慮症，他們的身心症狀也不同於一般的心身症。他們的憂鬱情況與一般憂鬱症也不一樣。而且，他們在自我認同和人際關係上的退化，與一般人格障礙患者亦迥然不同。

缺乏準確而全面性的診斷概念，治療時就會產生嚴重的不良後果，因為患者當下症狀和過往創傷經驗的連結會消失。硬要將患者套入現有的診斷模式，至多只能理解部分問題、做出片段治療。最常見的情況是，長期受創者只能默默地受苦，即使抱怨，人們也根本不了解他們的怨言。他們大多收藏了藥典上的各大處方：一帖治頭痛、一帖治失眠、另一帖治焦慮，再一帖治憂鬱。但這些多數沒什麼用處，因為創傷的深層癥結點並未處理。當照護者厭煩了長期鬱鬱寡歡的病患，看不見他們症狀有什麼改善，就會克制不住誘惑，定要將患者貼上一些輕蔑的診斷標籤。

即使是現今明確定義的「創傷後壓力症」診斷，還是不足以精確描述病況。現有的診斷準則是歸納自單一範圍創傷事件（circumscribed trauma event）的倖存者，這些事件屬於戰鬥、災難、強暴等典型歷程。對經歷長期重複創傷的倖存者而言，症狀通常更加複雜。長期受虐的倖存者會發展出獨特的性格變化，包括情感關係和自我認同的變形。童年受虐的倖存者也會發展出類似的人際關係和自我認同方面問題；此外，他們極易受到重複傷害，不管是自我引起抑或他人施加的。不管是長期重複創傷下千變萬化的症狀表徵，或是關押時產生的嚴重人格變形，目前我們對創傷後壓力症的論述，都無法完全掌握全貌。

我們需要新的名稱，專門指稱經歷長期重複創傷後出現的症候群，我提議為「複雜型創傷後壓力症」（complex post-traumatic stress disorder）。患者對創傷的反應，最好以連續光譜的方式理解，而非當作單一病症。症狀的範圍從會自己好轉、不符合任一診斷準則的短期壓力反應，到典型或單純的創傷後壓力症，再到長期重複創傷的複雜型症候群。

雖然過往不曾有人系統化地概述複雜型創傷後壓力症，但許多專家都不約而同提及，可用光譜來排列創傷後症狀。勞倫斯．科爾布談到創傷後壓力症的「異質性」（heterogeneity）時強調：「創傷後壓力症之於精神醫學，如同醫界對梅毒的看法。隨著階段不同，這疾病看起來就像是各種類型的人格障礙……也就是說，經歷長期脅迫後，人格也會跟著長期嚴重解體。」[13] 其他專家也提醒人們注意，長期重複的創傷會引起人格變化。照顧納粹大屠殺倖存者的精神科醫師艾曼紐．泰內觀察到：「精神病理問題也許掩藏在人格變化中，只有反映在人際關係困擾，以及對工作、世界、人類和上帝的態度上。」[14]

許多經驗豐富的臨床工作者表示，除了單純的創傷後壓力症以外，確實有必要再發展另一套診斷準則。威廉・尼德蘭觀察納粹大屠殺倖存者的症候群時發現：「創傷精神官能症的概念，似乎不足以涵蓋臨床表徵的多樣性與嚴重性。」[15] 治療過東南亞難民的精神科醫師也認為，得有一個「延伸」的創傷後壓力症概念，才能理解嚴重、長期且大量的精神創傷。[16] 有位權威專家提出「創傷後性格障礙」（post-traumatic character disorder）概念。[17] 其他專家則提議使用「複雜的」（complicated）創傷後壓力症。[18]

治療童年受虐倖存者的臨床醫師也發現診斷概念需要擴充。為了區別不同創傷的影響，特爾稱單一打擊創傷為「第一型」（Type I），而稱長期、重複的創傷為「第二型」（Type II）。她對「第二型」創傷症候群的描述包括否認和麻木無感、自我催眠和解離，以及極端消極和暴怒交替出現。[19] 精神科醫師珍・古德溫觀察童年受虐倖存者後，發揮創意，以大寫字母「恐懼」（FEARS）代表單純的創傷後壓力症，而用「嚴重恐懼」（BAD FEARS）代表重度的創傷後壓力症。[20]

由此可見，研究人員經常注意到複雜型創傷後壓力症潛在的同一性，並給它許多不同的名字。現在，是時候該給這個病症官方公認名稱了。目前，根據七個診斷準則（參見下頁表1），美國精神醫學學會已經考慮要將複雜型創傷後症候群納入第四版診斷手冊中。有一些臨床試驗正在進行，以確定我們是否可靠地從長期受創者中診斷出此症候群。這工作所牽涉到的嚴謹科學能力與知識水準，都遠超過前述那可笑的「受虐人格疾患」辯論。

複雜型創傷症候群概念得到更廣泛的重視後，它又有了幾個新的名字。美國精神醫學學會診斷手冊的工作小組選用「未註明特性之極端壓力症」（disorder of extreme stress not otherwise specified）為

表1：複雜型創傷後壓力症

1. 長期受極權手段控制（數月至數年）。案例包括：人質、戰俘、集中營生還者，和邪教組織的倖存者。案例亦包括在性關係與家庭生活中遭系統性極權控制的人，如家暴、童年時遭受身體虐或性虐待的倖存者，和被特定組織性剝削的人。

2. 情感調節的改變，包括：
- 持續焦躁
- 長期性自殺傾向
- 自我傷害
- 爆發性或極端壓抑的憤怒（可循環出現）
- 強迫性或極端壓抑的情欲（可循環出現）

3. 意識的改變，包括：
- 對於創傷事件的失憶或記憶增強（hypermnesia）
- 突發短暫性解離現象
- 人格崩解／現實感喪失
- 創傷體驗再現，可能是侵入性的創傷後壓力症的症狀，或反芻思考所引發

4. 自我感知的改變，包括：
- 無助感或喪失主動性
- 羞恥感、罪惡感和自我責備
- 感到被誣衊或被汙名化
- 全然與眾不同的感覺（包括獨一無二、極端孤單、堅信沒人理解自己，或不認同自己是人類）

5. 對於施暴者認知的改變，包括：
- 全神貫注於自己和施暴者的關係（包括一心要報復）
- 賦予施暴者不切實際的力量（不過，關於施暴者的力量，受害者的評估可能比臨床工作者更接近事實）
- 理想化或矛盾地感激施暴者
- 對某個對象產生特殊或超自然的連結感
- 接受或合理化施暴者的信念體系

6. 與他人關係的改變，包括：
- 疏離和退縮
- 親密關係中斷
- 不斷尋覓救助者（疏離和退縮可能循環出現）
- 對人一直產人不信任感
- 一再地不懂得自我保護

7. 意義系統的改變：
- 喪失持久的信念
- 感到無助和絕望

名稱。《國際疾病分類手冊》考慮將之命名為「源於慘痛經驗的人格變化」(personality change from catastrophic experience)。也許你覺得這些名字怪異又難念，但實際上，任何命名都能讓此症候群得到認可，聊勝於無。

對於那些長期遭剝削的人而言，為複雜型創傷後壓力症候群命名，等於社會跨出重要的一步，承認他們的苦痛。這是一種嘗試，我們尋求一套說法，既忠於心理學家一貫精確的觀察精神，又能滿足受創者的道德要求。同時我們也嘗試向倖存者學習，因為他們比任何研究人員都深深地了解被關押造成的影響。

成為精神科患者的倖存者

心理衛生的醫療體系內充斥著童年遭受長期、重複創傷的患者，即使多數童年受虐者確實從未得到精神醫學的關注。這些人必須自求多福才得以康復。[21]僅僅少數的倖存者最終成為精神科的病患，而且通常是那些受虐經歷最嚴重的人，但無庸置疑的，許多、甚或可說是大部分的精神科患者是童年受虐的倖存者。[22]在細心的探究下，精神科百分之五十到六十的住院病患與百分之四十到六十的門診病患，都回報說自己在童年時有生理或性方面（或兩者皆有）受虐經歷。[23]一項研究顯示，來到急診室的精神科患者，百分之七十有受虐的經歷。[24]由此可見，童年受虐顯然是導致一個人在成年後尋求心理治療的主要因素之一。

當童年受虐的倖存者成為精神科患者時，常呈現一系列令人困惑的症狀，痛苦煩惱的程度也比一般患者高。或許最令人印象深刻的成果，是發現那一長串各式各樣的症狀，都與患者童年受虐經歷有關。[25]心理學家傑佛瑞．布萊爾及其同僚指出，受過身體或性虐待的婦女接受症狀標準評估時，指數明顯高出其他患者；症狀包括身心症、憂鬱、一般焦慮、恐懼焦慮、人際敏感度、妄想和「精神病質」（psychoticism，可能是解離性症狀）。[26]心理學家約翰．布里爾的報告也指出，童年受虐的倖存者出現比其他患者更多失眠、性失調、解離、憤怒、自殺傾向、自殘、毒癮，和酒精中毒等症狀，而且這些症狀的項目幾乎不勝枚舉。[27]

童年受虐的倖存者尋求治療時，會出現心理學家戴尼斯．格林納斯所謂的「掩飾的表象」（disguised presentation）。他們會前來求助，是出現許多症狀或是人際關係方面有困擾，包括親密關係、對他人的需要有過度的反應，和重複受傷害等問題。然而最常見的情況是，不論患者或治療師，都未能識別出患者當下呈現的問題與其長期創傷經歷的連結。[28]

在心理衛生的醫療體系裡，童年受虐的倖存者就像其他的受創者一樣，經常被誤診或接受錯誤的治療方式。他們的症狀數量又多又複雜，因此得到的治療往往片面而不足。而且，他們大多難以跟人建立緊密的關係，因此極易被醫護者造成二度創傷。一般醫療或心理衛生的醫療體系也會複製虐待家庭的行為，致使患者捲入長期、具殺傷力的互動關係。

在治療師找出複雜型創傷後症候群的潛在問題之前，童年受虐的倖存者身上已被加諸許多不同的診斷。治療師在判定病情時，可能會給他們具有強烈負面含義的診斷。經常應用於童年受虐的倖存者、卻令人困擾的三種診斷是：身體型疾患（somatization disorder）、邊緣性人格疾患（borderline personality disorder），和多重人格疾患（multiple personality disorder）。這三種診斷曾被歸入現在已過時的名稱「歇斯底里症」。[29] 得到這些診斷的患者（通常是婦女）常會挑起醫護者極其強烈的反應。她們的可信度經常受到質疑，頻頻地被指責是裝病，也經常成為激烈、學術派別的爭論焦點，有時更受到醫護者毫不掩飾地厭惡。

這三種診斷都有汙蔑貶抑的含義，最惡名昭彰就是邊緣性人格疾患。在心理衛生專業領域，使用這個詞比辛辣刻薄的侮辱好不了多少。有位精神科醫師直率地表示：「擔任住院醫師時，我記得有次問指導教授要如何醫治邊緣性人格疾患的患者；他略帶諷刺地回答說：『轉診給其他醫師就對了。』」[30] 精神科醫師歐文．亞隆提過，有些人到中年、只顧安逸的精神科醫師，一聽到「邊緣性」一詞，就好似「恐懼一刀刺進心裡」。[31] 有些臨床工作者主張，「邊緣性」這個名詞現今已充滿偏見，正如之前的名稱歇斯底里症一般，必須一併摒棄。

這三個診斷項目有許多共同的特點，經常會群聚出現，或是部分症狀重疊。患者只要得到這三個診斷其中之一，通常也符合其他診斷項目。例如，除卻許多的生理症狀外，多數身體型疾患患者合併有重度憂鬱症（major depression）、懼曠症（agoraphobia）和恐慌症（panic）。[32] 過半患者也同時得到諸如「戲劇性」（histrionic）、「反社會」（antisocial）或「邊緣性」人格疾患等附加診斷。[33] 同樣地，邊緣性人格疾患的患者也經常飽受重度憂鬱症、物質濫用、懼曠症、恐慌症和身體型疾患之苦。[34] 大部分多重人格疾患的患者受嚴重憂鬱所苦。[35] 多數也都符合邊緣性人格疾患的診斷準則。[36] 他們通常有無數的心身症狀，包括頭痛、無緣由的疼痛、腸胃不適，和歇斯底里的轉化症狀。尚未被找出潛在問題的多重人格疾患患者，平均都會得到三種精神性或是神經性的診斷項目。[37]

雖然這三種障礙都與高催眠敏感度（hypnotizability）或解離有關，但多重人格疾患患者的症狀表現可說是自成一格。他們擁有之意識解離的能力令人嘆為觀止，甚至發展出更加怪異的症狀，會被誤認為思覺失調症（schizophrenia）。[38]例如，他們有時會被動地遭另一重人格「支配」，或曾在腦海內產生多重人格爭吵的幻覺。雖然邊緣性人格疾患的患者很少真正有純熟的解離能力，其解離症狀也是高度反常。[39]至於身體型疾患患者，研究人員也發現他們催眠敏感度很高，還有心因性失憶（psychogenic amnesia）症狀。[40]

在深度人際關係方面，這三種障礙的患者同樣都有獨特的困擾。不過在邊緣性人格疾患的患者身上，我們最常看到人際互動的困難。的確，強烈和不穩定的關係模式，就是這種診斷成立的主要準則。邊緣性患者難以忍受獨自一人，但也謹慎提防他人接近。他們既怕被拋棄又怕受控制，擺盪在緊抓不放與封閉退縮兩個極端之間，亦飄忽在悲慘順從與狂怒反抗之間。[41]他們極易與心中理想化的醫護者建立「特殊關係」，忽略其中的人際基本界線。[42]有精神分析作者認為，這種不穩定性是源自童年人格形成期失敗的心理發展。有位權威專家表示，邊緣性人格疾患的主要問題在於「未能成功建立對客體的穩定性」，也就是說，未能對人產生可信任、完善整合過的內在表徵（inner representation）。[43]另一專家表示：「這些病患比較無法完成內化過程，不能為自己提供具有支持撫慰功能的安全感。」換句話說，邊緣性人格疾患的病患無法在心中想像與醫護者有安全關係，以致無法得到平靜或撫慰。[44]

多重人格疾患的患者也會一再發展這類猛烈不定的關係。而且患者能高度執行心理隔離（comparmentalization）功能，所以能在解離中「變換人格」，參與這種異常矛盾的關係模式。不但如此，多重人格疾患的患者亦易於發展強烈和「非常特殊」的情感關係，當中糾纏著複雜的人際關係，包括侵犯、衝突和剝削。[45] 身體型疾患患者在親密關係方面也有困難，性關係、婚姻及養育孩子等方面都有問題。[46]

自我認同形成機制的失調，也是邊緣性及多重人格的特徵（但我們還沒在身體型疾患患者身上進行這方面的系統性研究）。自我分裂後轉成解離人格，是多重人格疾患病患的主要特徵，當中通常包括至少一個「可惡」或「罪惡」的分裂人格，以及一個循規蹈矩、唯命是從或「良好」的分裂人格。[47] 邊緣性人格疾患的患者缺乏解離能力以形成分裂人格，但要發展出整合過的自我認同也一樣有困難。他們內在的自我形象被分成極端的好與壞。不穩定的自我感是邊緣性人格疾患的主要診斷準則，有些學者認為，自我和他人內在表徵被劇烈分割開來，是此障礙主要潛在的病理特徵。[48]

這三種障礙的共同特徵是，病源都始於患者童年創傷的經歷。我們可以找到各種直接與間接證據說明此關聯性。目前已確認，嚴重的童年精神創傷是多重人格疾患的病因。[49] 精神科醫師法蘭克．普特南的研究顯示，一百位病患中，九十七位有嚴重的童年創傷歷史，最常見的是性虐待、體虐，或兩者均有。在這些可怕的歷史裡，極度性虐待和殺戮暴力是必然而非例外現象。幾乎過半的病患都曾目睹親密的人橫死。[50]

我的研究調查亦顯示，大多數（百分之八十一）邊緣性人格疾患的案例中，都有嚴重的童年創傷經歷。虐待通常在幼年就開始，一般是嚴厲且長期的，雖然很少到達多重人格疾患的患者所描述的致命極限。虐待愈早開始，手段愈嚴厲，倖存者就愈可能發展出邊緣性人格疾患的症狀。[51] 許多其他研究報告也證實，邊緣性人格疾患症狀和童年創傷經歷兩者的確有關聯。[52]

至於身體型疾患，目前還沒有足夠的證據能說明它和童年創傷的關聯。此病症有時亦會被稱為布里克症候群（Briquet's syndrome），得名於十九世紀法國醫師保羅・布里克，他是夏爾科的前輩。在布里克對這些患者的觀察報告中，充滿家庭暴力、童年創傷和虐待的故事。針對八十七名不足十二歲兒童的研究中，布里克注意到「三分之一曾遭受慣性虐待，或經常處於恐懼狀態，或被父母嚴苛地操控著」。在另外百分之十的案例中，孩子的症狀則歸因於父母親以外的人所施加的虐待創傷。[53] 相隔一個世紀之後，終於又有學者開始研究身體型疾患與童年虐待的關聯性。最近一項針對身體型疾患女性的研究發現，有百分之五十五的女性曾在童年被騷擾，對象通常是親戚。然而，這項研究僅僅集中於早期的性經驗，研究人員並未探詢患者任何有關身體虐待或家庭暴力氛圍的問題。[54] 目前還沒有人系統化調查身體型疾患患者的童年經歷。

若要理解這三種障礙，最好是將它們視為複雜型創傷後壓力症的變體，都是衍生自患者對創傷環境的適應過程。身體型疾患患者最顯著的症狀是複雜型創傷後壓力症的生理精神官能症（physioneurosis）；多重人格疾患最顯著的症狀是意識知覺的變形；邊緣性人格疾患最顯著的症狀則是自我認同和人際關係的紊亂。透過複雜型創傷後症候群的總體概念，我們就可解釋這三種障礙各自的特殊性和相互連結。透過這樣的條列歸納，還能重組過去人們對於歇斯底里狀態的片段描述，重新確認它們在個人創傷歷程的共同根源。

回顧童年的創傷歷程，就更能理解這三種障礙裡許多令人困惑的特點。更重要的是，倖存者變得更理解自己。當他發現自己的心理問題是起源自受虐的童年環境時，就不需再將這些障礙歸因於自我的天生缺陷。他們現在可賦予自己的經歷更新的意義，並創造去汙名、全新的自我認同。

了解童年創傷在這些嚴重病症裡如何發展還能增進不同治療層面的知識。在這樣的理解基礎上，患者和治療師就能建立合作聯盟，把倖存者對過往事件的情感反應當作正常且合理的，也承認這些反應可能是出於對目前環境的不適應。此外，若治療師和患者有共識，了解到倖存者會經歷獨特的紊亂人際關係，也很有機會再次遭受創傷，那雙方就能做好準備，避免在治療關係中不經意地重演創傷。

創傷獲得承認是復原過程的關鍵，這一點可由許多患者的見證得到有力支持。透過三位接受長期心理治療倖存者的經歷，我們可以知道其他倖存者的遭遇。她們在復原之前已積累了無數的錯誤診斷和失敗治療。每個患者的經歷都是一項挑戰，我們得去解讀她們的語言，找出那隱藏在層層偽裝下的複雜型創傷後症候群。

第一位倖存者芭芭拉提到自己的身體型疾患主要症狀：

> 我住在一個醫師或藥物對我都沒有幫助的人間地獄裡……我不能呼吸，試圖吞嚥食物時，我會痙攣，心在胸口裡敲個不停，我的面孔麻痺，睡覺時有舞蹈病（St. Vitus Dance）的症狀。我有偏頭痛，而且右眼上的血管緊繃，以至於我不能閉上那隻眼睛。
>
> （治療師）和我都確定我有各種解離狀態。雖然它們很近似獨立的人格，但我知道它們是我的一部分。當恐怖第一次浮現時，好像經歷一次心理的死亡過程。我記得與許多人一起浮在

一朵白雲上，但他們的面孔模糊不清。然後兩隻手出現，壓在我的胸口上，並且有個聲音說：「別進那裡面去。」

若我在那崩潰的當下去求助，我想大概會被歸類為精神失常。我的診斷大約會是躁鬱症，並帶有思覺失調症、恐慌症和懼曠症的特點。當時沒人有充足的診斷知識可以看出我有（複雜型）創傷後壓力症。55

第二位倖存者泰妮，被診斷患有邊緣性人格疾患：

我很清楚，那些所謂邊緣性與診斷玩意兒愈來愈厲害了。拿到那個診斷後，我被治療的方式正如同家人對待我的方式。從那一刻起，他們對我的所作所為，就不再以事出有因來看待了。所有那些心理治療的破壞性，就跟以前所發生的傷害是一樣的。最讓我受傷的，就是否定我經驗的真實性。更糟糕的是，我變得無法相信任何人……我知道我的行為很卑劣，但我沒發瘋，有些人會那樣是因為感到絕望。這一路走來，終於遇到一些覺得我還過得去的人，儘管我有嚴重的問題。好的治療師是那些能真正確認我經驗的人。56

第三位倖存者是荷佩，她呈現多重人格疾患的主要症狀：

很久很久以前，有一個可愛的孩子被烙印上妄想型思覺失調症的汙名……這標籤如此沉重。

那就像削足適履般把我塞入一個框架，我根本無法成長……被一層層包圍覆蓋著。那些不敏銳、戴著眼鏡的心理醫師，哪能在我這既單調乏味又費力的個案工作中訓練出專業的頭腦。不！妄想型思覺失調症的診斷讓我無法友善地回頭看那著認真的實習醫師，對他說：「你錯了，那只是我一輩子的哀傷，沒什麼大不了的。」

不知怎地，那些殘忍的話像灑在我的麥片粥上、滲透到我的衣服裡。我感到它們用嚴厲的眼光看著我，用無形的手壓著我。在那些把頭撇開的醫師眼中，我彷彿可以讀出那沒說出口的問題；他們小心翼翼、一再重複地把概念縮小和簡化，說是為了我的利益著想。年復一年，他們繼續那樣對我，那個糾纏我的框架，早已成為我的生活方式。我愈來愈不抱持期待，復原之路是倒著走，過去的樣子還比較好。一條潛伏的蛇彷彿始終纏繞在我心頭，揮之不去。

最後，我的夢終於開始解鎖。有股小小、沉穩的聲音愈來愈清新而響亮，它在驅策著我。我開始搞懂一些沉默、從未說出口的話。我看見一副面具，它看起來像我，我揭開它，然後看到一堆驚慌失措的人蜷縮在一起，試圖遮掩那些可怕的祕密……

「妄想型思覺失調症」一個字一個字慢慢浮現就定位，但看起來更像是一些感覺、想法和行動，它們會傷害孩子、欺瞞真相、掩蓋罪行，帶來更多的恐怖經驗。我開始意識到，這標籤、這診斷，都是人為的，好比繡在《紅字》小說主角白蘭衣服胸口上的「A」……本來他們還時時小心用辭，但隨著日子慢慢過去，其他的名稱漸漸取代這符號、這標籤、這診斷，諸如「受傷的孩子」、「不體面的人」、「做著那些丟臉事的男男女女」……

我把我那所謂的「妄想型精神分裂症」和所有煩惱憂慮一起打包，通通送回費城去。[57]

II

復原
STAGES OF RECOVERY

第 7 章

治療關係

A Healing Relationship

心理創傷的核心經驗是權能喪失（disempowerment）和失去連結（disconnection）。因此，復原的基礎在於對倖存者進行賦權增能（empower）和創造新連結。復原僅能在患者擁有人際關係的情況下進行，不可能在隔離中進行。在與他人重建連結的過程中，倖存者須重塑被創傷經驗損壞或扭曲的心理機能，包括基本的信任感（trust）、自主性（autonomy）、主動性（initiative）、工作能力（competence）、自我認同（identity）和親密感（intimacy）。[1] 這些機能原本即是從人際關係中形成，也必須在這樣的關係裡重建。

復原的首要原則是對倖存者進行賦權增能。在自我重建的過程裡，她必須是全權的主導者和裁決者，他人可以提供忠告、支持、協助、關愛和照顧，但不是治療她。許多人出於仁慈和善意想要協助倖存者，但之所以會失敗，乃在於未遵循賦權增能的根本原則。介入手段若會奪走倖存者的權能，就不可能促進她的康復，無論表面上看來多能立即讓她受益。有位亂倫倖存者是這麼說的：「只有好的治療師才會確認我的經歷為真，幫助我控制自己的行為，而不是設法控制我。」[2]

傳統醫療方式下訓練出的醫護人員，往往很難掌握並實踐這項基本原則。唯有在極為例外的情況下，我們才有立即介入的必要（無論倖存者本身是否同意），也就是倖存者完全罔顧照料己身的責任，或是有直接傷害自己或危及他人之危險。即便如此，醫護人員也沒有單方面行動的必要。在不危及倖存者安全的情況下，我們仍應諮詢她的意願及提供她任何可行的選擇。

把主控權保留給受創者，這項原則已受到廣泛地接受和認可。根據卡丁納的定義，治療師的角色為病患的助理，目的是「幫助病患完成他自發性想要完成的事情」，及「注入各種元素，讓他得以重新獲得主控權」[3]。從事人質研究的賽門茲描述他治療的原則為：恢復受害者的權能、減少隔離狀態、擴大當事人的選擇範圍以降低其無助感，和抑止任何試圖支配受害者的發展。[4]社區運動工作者伊凡・史達克和安妮・弗里克里福也提到，針對受暴婦女，治療目標是自主性與賦權增能。他們定義自主性為「有足夠的獨立感、靈活性和自我歸屬感，能明確地顧及自身利益……和做出有意義的選擇」；賦權增能的定義為「在自主的前提下，個體同心協力，相互支持」。[5]從她們的角度來看，被傳統醫療或心理衛生診所視為無助和「退化」的女性患者，若能置身於適當的保護環境，創傷經歷獲得承認、勇氣獲得承認和鼓勵，外表和行動上看起來就會像「堅強的倖存者」。

倖存者和治療師的關係，是許多人際關係中的一種，但絕不是促進復原的唯一關係，甚至不是最好的。受創者通常不願意尋求任何形式的幫助，更別提心理治療。但是許多飽受創傷後壓力症所苦之人，最終還是須從心理醫療體系尋求幫助。例如，我們在一項越戰退伍軍人的全國性研究中發現，從戰場回國以後，多數有創傷後症候群的越戰老兵，至少都去過一次醫療單位，以尋求治療精神健康問題。6

患者和治療師的關係在某些面向是很特殊的。首先，此關係唯一目的就是促進患者復原。在推進這個目標的過程中，治療師成為患者的盟友，只要患者有需求，她就會分享自己的知識、治療技巧和經驗等所有資源。這個治療關係第二個特殊之處，在於患者和治療師有立下契約，明訂彼此的權力關係。患者是由於需要幫助和照顧才求助於心理治療，據此，她自願地進入一個不平等的關係，在其中治療師有較高的地位和權力。過程中不可避免地會喚起患者童年對父母的普遍依賴感，我們稱為移情作用（transference），而那將更進一步地加深治療關係裡的權力失衡，使患者更脆弱、更易遭受剝削。治療師的責任之一，是須確保其權力的使用僅限於促進患者復原，並須抗拒所有濫用權力的誘惑。這個承諾就是所有健全治療關係的關鍵，對於受到蠻橫對待和強權剝削的受害者，更為重要。

在投入治療關係時，治療師須承諾保持無私（disinterested）和中立（neutral）的態度，以尊重患者的自主性。「無私」代表治療師不得為了滿足個人需求而對患者行使權力。「中立」意指治療師不會偏袒患者內在矛盾衝突的任一端，且不支配患者人生中的任何決定。治療師也應經常自我提醒，患者本人才是自己的人生主宰，因此須避免把治療當成實現個人成就。當然，保持無私和中立的態度是一種理想，沒有治療師可以完全實現，但仍須努力做到。

治療師在專業上保持中立，不等於道德上也要中立，有堅定的道德立場才能與受害者攜手合作。治療師將會見證罪行，所以必須堅定立場，與受害者團結一致。這並不代表我們支持過於簡化的觀念，即受害者不會犯錯；更確切地說，這意味著治療師得理解，對受害者來說，創傷經驗本質就是不公正的遭遇，所以必要找到解方、為她們保留些許公道。明白這一點，治療師就會自然表現在日常療程、言語，還有最重要的道德承諾中：她只說真話，不閃躲也不偽裝。心理學家葉爾．丹尼耶利治療過納粹大屠殺倖存者，她指出，即使只是訪談家族史這樣的例行程序，她都得採取這種道德立場。當倖存者談及親人「死了」時，她就會再次確認是否其實是「被謀殺了」：「治療師和研究人員對倖存者家族進行治療訪談時，面對的是被大屠殺剝奪正常世代交替的人。不但如此，大屠殺剝奪了他們自然、個別死亡的權利（事件結束後影響力也還在）……因而剝奪了他們正常的哀悼權利。倖存者用『死了』描述親人、朋友和社群的命運，顯然是一種防衛做法，目的是幫助自己免於面對謀殺這個大屠殺最關鍵的事實。」[7]

治療師的角色既是知識性的、也牽涉到人際關係，這兩個特性促使他能同時發展洞察力與同理心。卡丁納注意到，就症狀的本質和意義而言，「治療的核心應該是不斷地啟發患者。」但同時，「醫師對待這些患者的態度是類似有保護之心的父母親。他必須耐心地幫助病患恢復對外在世界的了解與掌控。敷衍塞責、隨便開個處方，這種態度無法幫助病人。」[8] 精神分析師奧托．康伯格在治療邊緣性人格疾患患者時，曾有類似的觀察：「治療師的同理心起源他自身的感性理解以及對患者產生暫時的認同和關懷，性質類似『夠好的母親』(good enough mother) 對寶寶的憐憫……然而在治療師的工作中，也有完全屬於理性、認知和幾近苦修的層次，使他們與患者的關係具有與眾不同的特質。」[9]

治療同盟的建立不能一蹴可幾，必須由患者和治療師苦心孤詣地一同打造。治療成功有賴於良好的合作關係：雙方的相處模式是勸服而非壓服、溝通理念而非強制執行、建立互動關係而非專橫控制。對於這些方式的價值和效應，雙方應有絕對的信心，也都應該遵循實踐，雖然那些都是被創傷經驗粉碎的信念。創傷損壞了患者進入信任關係的能力，對治療師也有間接但強烈的影響。因此，患者和治療師要成為治療夥伴，勢必會面臨一些困難，一開始就要理解並有心理準備。

創傷性移情作用

在治療關係中，創傷症候群的患者會對治療師發展出典型的移情作用。他們對任何權威人物的情緒反應，都被其恐怖的經歷扭曲了。因此，不同於一般的治療經驗，創傷移情反應有一種強烈的、非生即死的特質。康伯格表示，就好像「患者的人生取決於能否有效地掌控治療師」。[10] 有些關於創傷性移情作用的變化發展最深入的觀察，出現在邊緣性人格疾患的典型病歷中，雖然在診斷當下，治療者還不知創傷的起源。從這些病歷我們看到，破壞性的力量顯然一再地闖入治療師和患者的關係。這個力量過去以為始於患者先天的侵略性，現在則認為可能是來自加害者的暴力。精神科醫師艾瑞克．里斯特注意到，精神創傷患者的移情作用並非反映出單純的對偶關係，而是三人組合：「令人毛骨悚然的是，當患者和治療師面談時，好像有第三者在場似地。那個影子就是施虐者……他要求保持緘默，但現在沒人會聽他的命令了。」[11]

創傷性移情作用不僅反映出患者的恐怖經驗，也反映出患者的無助經驗。創傷受害者當時是完全無助的，她無法保護自己，所以呼喊求救，但無人幫她。她感覺完全被拋棄了，這個經驗所構成的記憶會蔓延到往後所有的人際關係中。患者在情感上愈深信自己被拋棄、無人能幫她，就愈渴望能得到一位全能的救助者。通常她會選擇治療師來扮演這個角色，因而對他發展出強烈及過度理想的期待。患者將治療師理想化，就能產生受保護的幻覺，用以對付創傷的恐怖感再現。在一個成功的案例中，患者和治療師都意識到，在患者發出求救要求的底下，藏著另一種恐懼感：「治療師說：『對某人有如此強烈的需求，卻不能控制他，實在令人害怕。』患者之後轉診予其他醫師，但持續有那樣的想法：『可怕的是，透過你的話語……或漠不關心，或棄我而去，就能殺了我。』治療師後來補充說：『我們能明白為什麼你需要我是完美無缺的。』」[12]

當治療師未能符合這些理想與期待時（不消說，那當然做不到），病患通常會怒不可遏。患者一感到自己的生活好似取決於救助者，就無法寬容、無法原諒任何人為的錯誤。透過越戰退伍軍人歐布萊恩的個案，我們清楚看到受創者對救助者所產生無助感以及絕望的憤怒，即使對方的過失極小。歐布萊恩如此描述在戰場上受傷後的感受：

> 復仇的渴望一再啃噬著我。晚上有時喝多了，我會想起，被砲彈打中後，我喊叫軍醫，但之後只有等待、等待，無窮無盡的等待。我昏了過去，醒來後再呼叫軍醫，這呼喊似乎令我更痛；我身上散發出可怕的惡臭，汗水和恐懼緊緊包圍著我，巴比軍醫那笨拙的手終於來幫我了。這些細節不斷地在我腦海裡打轉……我想大喊：「你這個笨蛋，我受傷了，我**要死**了。」但是我能做的，僅是悲鳴和哀號。這些我都記住了，醫院的景象和護士的樣子我也記住了，

甚至當時的憤怒感受也記得一清二楚。但後來卻沒感覺了。最後，我只能感到那在自己胸口深處的冰冷。第一，那傢伙幾乎殺了我。第二，他一定會有報應。[13]

透過以上證言，我們看到受害者在死亡恐懼下的無助與憤怒感，而且憤怒的對象已從加害者轉移至照護人員。他認為，差點害死他的是那個軍醫，而不是敵人。委屈和羞辱難堪的感覺更加深他的憤怒，雖然他渴望得到救助者的幫助，但自己汙損的身體狀況被看見，也令他感到羞愧。當他在醫院療傷時，心中盤算著復仇大計，目標不是敵人，而是那無能的救助者。許多受創者對於設法幫助他們的照護人員都懷有相似的憤怒，並擘畫著類似的報復幻想。在這些幻想裡，他們希望將同樣難堪的處境、那種恐懼、無助和羞辱感，都加諸於令人失望、沒有經歷苦難的治療師身上。

的確，受創患者有一股強烈的渴望要依靠治療師的正直和能力，但她卻做不到，因為信任能力被創傷經驗損壞了。在其他治療關係中，也許從一開始彼此就可假定有某種程度的信任，可是這個假設在受創患者的治療關係裡不見得能成立。[14]患者進入治療關係後容易對治療師產生各式各樣的猜忌和懷疑，她常會認為治療師根本沒能力、或完全不願幫助她。除非治療師可以證明自己的能力和意願，否則患者會認定對方無法承受其創傷的真實面貌。直到確信治療師能夠忍受戰爭故事的細節，參戰退伍軍人不會與治療師形成彼此信任的聯盟關係。[15]同樣地，強暴倖存者、人質、政治犯、受暴婦女和大屠殺倖存者，都對治療師的傾聽能力感到類似的不信任。有位亂倫倖存者表示：「這些治療師表現得像是能醫治所有的疑難雜症，但遇到真正的難搞問題時就退縮了。」

然而，若治療師沒有退縮，患者也同樣會懷疑對方如此積極的動機。她也許認為，治療師的許多動機和加害者是一樣的，所以經常懷疑治療師有剝削或窺隱的意圖。[16] 如果創傷不幸再度發生或延長，患者就更證明自己的猜測沒錯，治療師的態度不合情理，必定有惡意，一定要對抗到底。遭受長期創傷而產生複雜型創傷後症候群的病患，亦呈現複雜的移情反應。長期與加害者相處徹底改變了患者與人相處的關係模式，以致她不只恐懼再度受害，也似乎無法保護自己免於受害，甚至看來想再次受傷。支配與順從這兩股動力會重現於患者所有往後的人際關係裡，包括與治療師的關係。

長期創傷患者非常敏感，能即時察覺無意識和非語言的人際交流。倖存者這麼長的一段時間裡，早就習慣解讀關押者的情緒和認知狀態，亦將此能力帶入治療關係裡。康柏格發現，邊緣性人格疾患的患者擁有「令人不太自在的」能力，可揣測治療師的心思，專攻他的弱點。[17] 艾曼紐．泰內指出，納粹大屠殺的倖存者有「強烈的敏感性和感知能力」，還提到：「治療師注意力只要有些微波動，這些患者都能迅速、幾乎是病態地敏感覺察到。」[18]

患者一一檢查治療師的每句話和肢體語言，以保護自己免於遭受預期中的敵對態度。由於不相信治療師心懷善意，她會頑固地曲解治療師的動機和反應。治療師或許最終會以非常規的方式回應患者的敵對態度。被引入這種支配與順從的拉扯中，治療師只要一時疏忽，就會重現虐待關係中的一些面向。我們觀察邊緣性人格疾患患者時，有廣泛研究這類拉扯關係，發現那源於患者一種自我防衛方式，稱之為「投射性認同」(projective identification)；在這類型互動關係中，加害者再次以影子的樣貌出場。找到創傷源頭之後，治療師會發現，原始創傷和它在治療關係中的再現，兩者相似到令人害怕。法蘭克．普特南如此描述一名多重人格疾患患者的病例：「患者於童年時一再地被綑綁，還被迫吮吸父親的陰莖。在最近的住院治療期間，她患有嚴重的厭食，而且有自殺傾向。工作人員設法透過胃管餵食，但她一直抗拒，並拔掉它。結果，他們被迫將她的四肢綁起來。患者被拴在她的床上，有一根管子強插在她的喉嚨裡，這一切都說是為了救她。最後有人指出，這些『治療性』的介入手段與她早期被虐經歷非常相似，強迫餵食才有機會中止。」[19]

童年受過長期性虐待的倖存者，有時會對治療者產生情欲上的移情作用，從這一點我們最能看出受害者會重演與加害者的關係。患者會認為，自己在他人心目中，特別是在權威者的眼裡，唯一的價值只是個性對象。舉例來說，有位亂倫倖存者被診斷為邊緣性人格疾患，在病歷報告中，治療師提到最後一次冗長但成功的治療會談過程：「她現在終於感覺自己是個成年女孩了。儘管如此，她還是會覺得，沒有與我發生性關係，是因為自己不夠性感。在最後的治療會談中，她好奇地想知道，除了口頭上感謝，她什麼都沒做，那我是否能夠體會到她對整個療程的感激之情。走到門口時她才理解到，或許光說聲謝謝就夠了。這是在我們首次診療會談後的第七年。」[20]

有些患者會直接表達自己想與治療師發生性關係的欲望，甚至將這樣的關係要求當作唯一證明，才願意相信治療師是真心要照顧自己。但即便是這樣的患者，也畏懼在治療中重演性關係，那簡直就是證實患者的信念，即所有的人際關係都是腐敗的。

至於多重人格疾患的患者，其創傷性移情作用也展現極端的複雜性。他們的移情作用高度分裂，每一部分都分屬於不同的人格。普特南建議，面對這些患者前，治療師須做好妥善的準備，把對方的強烈敵意和情欲上的移情作用當作常態。[21]即使是沒有這類極端解離能力的患者，移情作用也可能毫無章法又片斷破碎，而且經常擺盪不定，那也是創傷症候群最顯著的特徵。因此，對患者和治療師雙方而言，復原關係的情感變化發展，勢必都是變化莫測、混淆不清。

創傷性反移情作用

精神創傷是具傳染性的。治療師在為災難或暴行做見證時，有時情感上會顯得無法負荷。她體驗到和患者一樣的恐怖、憤怒和絕望感，只是程度稍低。這種治療師對病患的移情現象，就是所謂的「創傷性反移情作用」(traumatic countertransference)，或稱為「替代性創傷」(vicarious traumatization)。[22]治療師可能會開始出現創傷後壓力症的症狀。治療師聽了患者的創傷故事，重新勾起自己過往的創傷回憶。她也會發現，與患者故事相關的影像會闖入自己的幻想或睡夢中。在一個案例裡，三十五歲的病患亞瑟，童年時被父親殘暴地虐待過，他的治療師也開始作和患者一樣怪誕的惡夢：

> 亞瑟告訴他的治療師，他仍然畏懼父親，即使已過世十年之久。他覺得父親能從墳墓內盯著他、控制他。他相信，唯一能戰勝他父親惡魔力量的方式，是把他的屍體挖出來，然後將

> 一根木樁直直地插入他的心臟。自此之後，治療師開始有鮮明逼真的夢魘，在其中亞瑟的父親走入她房間，出場時的樣子就是被掘出的腐爛屍體。

因此，從事這類醫護工作的治療師也暴露在風險中，恐危及本身心理健康。治療師若無法理解並克制這些不良反應，可想而知，她與患者的治療同盟會因此崩壞，也會與自己的專業夥伴起衝突。照顧受創者的治療師必須有堅定長久的支持系統，足以幫助她應付這些強烈的反應。正如倖存者無法在孤立的情況下康復，治療師也無法單獨面對創傷。

創傷性反移情作用，包含治療師對於倖存者和創傷事件本身所有的情緒反應。丹尼耶利觀察到，與納粹大屠殺倖存者一起工作的治療師，每一個幾乎都有共同一致的情緒反應。她認為大屠殺本身就是引起這些反應的主要來源，而非治療師或患者各自的個性。[23] 這樣的解釋足以說明，加害者的陰影的確存在於患者和治療師之間，有助於找出反移情作用的來源，就像移情作用一般，並非始於簡單的對偶關係。

除了受創傷後壓力症的替代性症狀所苦，治療師還必須努力維持自己的人際關係，以免如患者一般崩壞。重複不斷暴露在人類貪婪和殘暴的故事下，治療師的基本信念勢必會面臨考驗，加深她個人的脆弱感。一般而言，她會變得更害怕、更不信任他人，甚至在親密關係中亦會如此。她會發現自己愈來愈懷疑他人的動機，對人類的現況也變得更加悲觀。[24]

治療師因同理心而分擔了患者的無助經驗，可能造成她低估自己的知識及會談技巧的價值，或忽略患者本身的力量和資源。反移情作用下產生的無助感會動搖治療師，甚至讓她對心理治療關係的力量都喪失信心。經驗豐富的治療師在受創患者面前，突然感到無能和絕望的情況並非罕見。根據普特南的描述，就算是經驗豐富的治療師，面對多重人格病患時也會感受到強烈的壓迫感和「功力全失」。[25]治療遭受極端政治暴力及壓迫的倖存者時也會出現類似的感覺。[26]艾琳是性恐怖主義（sexual terrorism）的受害者，從此案例我們看到治療師如何喪失信心，導致治療暫時陷入僵局：

> 二十五歲的婦女艾琳在接受心理治療時，訴說了許多創傷後症候群的症狀，包括明顯的過度警醒、記憶侵擾，和嚴重的封閉退縮。早先很外向的她，現已退出多數社交活動，自我封閉於家中。一年前的一個約會裡，她被強暴未遂；從那以後，加害者不斷在夜晚打淫穢、威脅的電話騷擾她。他悄悄地跟蹤她，並且在她的房子外監視她，她甚至懷疑她的貓是他殺害的。她曾經求助於警察，但感覺他們很冷漠，因為警察認為「什麼都沒發生過」。
>
> 對於艾琳的沮喪和絕望，治療師感同身受。他也開始懷疑心理治療有什麼用，於是改為艾琳提供實用的意見。失望的艾琳拒絕他所有的建議……正如同她不接受所有來自朋友、家庭和警察的忠告。她感到加害者無所不在，不論她做任何事，加害者都會擊垮她。心理治療也無法幫助她，她的症狀持續惡化，開始提及她有自殺的念頭。
>
> 在回顧這個案例時，治療師意識到他和艾琳一樣，被無助感淹沒了。結果他對自己基本能力的效用都失去信心，例如傾聽。在下一次會談，他問艾琳是否曾對任何人敘述事件的始末。艾琳說，沒人真正願意傾聽，每個人都要她趕緊振作起來，恢復正常。治療師表示，他明瞭

艾琳內心的孤單寂寞，也在猜想，她是否也覺得自己無法相信治療師。艾琳聽後突然痛哭流涕，她的確認為治療師不願傾聽她的故事。

在後續的會談中，隨著艾琳傾訴故事，她的症狀逐漸消退。她開始採取更積極的行動保護自己，動員朋友和家庭，並找到向警方求助更加迅速有效的方法。她開始與治療師一起探討她的新策略，但基本上都是她自己主動規畫的。

在治療關係中，治療師可能會嘗試擔任救助者的角色，以阻擋那陣難以承受的無助感襲來。治療師會扮演患者的代言人，而且愈演愈入戲。這麼一來，等同暗示患者是無法獨立自主的。愈是認為患者無依無助，治療師愈會延續創傷性的移情作用，並剝奪患者的自主權。

許多老練且經驗豐富的治療師，通常會一絲不苟地維持治療關係的界限，但一面對創傷性移情及反移情作用的強大壓力，卻發現自己也會違反治療關係的分際，擔任起救助者的角色。治療師會感到有義務擴大在非約定時間的治療服務，容許患者在非約定時間緊急聯絡。她會發現自己在晚上、週末，甚至度假時，都會接到患者的電話。然而這些額外的服務很少能改善病況；相反地，患者愈會感到無助、依賴或無能，症狀通常也會日漸惡化。

一旦這種情況循環下去、發展到極致，治療師為對抗無助感而產生的防衛心態會逐漸發展成自我膨脹或全知的姿態。除非治療師能分析並克制這個傾向，否則治療關係就可能受到嚴重破壞。各式各樣極端的界限侵犯，大到發生性關係，大多是治療師自找的合理藉口，包括患者有迫切需要，或是治療師自認有天賦的獨特能力要解救眾生。研究納粹大屠殺倖存者後，亨利·

克里斯托發現：「治療師扮演上帝的衝動是如此地普遍，亦是如此地病態。」[27] 精神分析師約翰·莫茲伯格和丹·布依都提出類似的警告：「三種最常見的自戀陷阱，就是立志要醫治所有病患、知道所有答案和熱愛所有人。正如浮士德的渴望，現代心理治療師也得不到這三樣天賦。除非找到方式克制這股傾向……否則治療師就很容易感受到浮士德的無助和挫折感，還會想藉用巫術和破壞手段解決他的困境。」[28]

治療師不但認同受害者的無助感，也會跟受害者一起同仇敵愾。他會體驗到各種生氣的極限，從難以言喻的怒不可遏，到中度的挫折煩躁，最後是對不公不義的不平之鳴。這些憤怒的矛頭也許不只是針對加害者，並且是針對沒有介入調解的旁觀者、不了解體諒的同儕，甚至是針對一般的社會大眾。基於同理心與認同，治療師慢慢能意識到患者的憤怒深度，於是愈來愈害怕患者本人。再次強調，如果治療師不能自己分析這類反移情作用，就會做出剝奪患者權能的事情。在極端的情況下，治療師會比患者還生氣，甚至喧賓奪主；但在另一極端，則是太遷就發怒的患者。從童年受虐倖存者凱莉的案例，就能看出治療師的錯誤，也就是對患者採取過分安撫的態度：

> 在經歷長期暴烈的人際關係和失敗的心理治療之後，四十歲的凱莉開始新的治療關係，目標是「將憤怒趕出去」。她說服治療師，唯有無條件地接納她的憤怒，才能夠幫助她產生信賴感。一次又一次的會談後，治療師覺得有脅迫感，也無法有效對她設下界限。凱莉指責治療師不但無法使她產生信賴感，而且既愚蠢又無能。她埋怨治療師就像她的母親一樣，終其一

生懦弱地容忍她父親的家庭暴力。

另外，治療師也會認同患者的沉痛悲傷經歷，感到自己彷彿也處於哀悼的心情。李歐納·西安格引用「苦路」(via dolorosa）來形容倖存者心理治療的過程。[29] 幫助過納粹大屠殺倖存者的治療師，也表達了自己「被悲痛吞噬」或「陷入絕望」的感受。[30] 除非治療師有充分的支持系統承受這種哀痛，否則將無法實現承諾為患者做見證，並且會感情用事地從治療同盟裡退卻。心理醫師理查·莫里克成立了中南半島難民診所，也發現工作人員幾乎被患者的絕望擊垮：「在頭一年，治療的首要任務是處理患者的絕望感。我們知道絕望的感覺是極具傳染性的。」當工作人員開始意識到自己只是被太多患者的悲哀故事所淹沒時，情況就改善了：「隨著治療經驗增加，幽默感和情誼自然地開始瀰漫在我們和患者之間。工作人員了解到自己的絕望感是受到患者影響，也看到一些患者病情有改善，那宛如葬禮般的氛圍終於煙消雲散了。」[31]

治療師所產生的創傷性反移情作用，並不僅限於對受害者經驗的情感認同。在扮演見證人的角色時，治療師更易被捲入受害者和加害者的衝突裡。因此她不僅能認同受害者的心情，甚至會認同加害者的心態。對治療師而言，認同受害者的情感已是極端痛苦了，要認同加害者的情感，更是恐怖異常，那等於徹底挑戰治療師作為關懷者的自我認同。社會工作者莎拉·海利與參戰退伍軍人會談後，她觀察到：「治療工作的首要任務，是使治療師能面對自己內心的施虐傾向，那不僅是對患者的反應，亦是自己潛在的劣根性。治療師必須能夠想像，當身體和精神處於極端壓迫下，或在公然許可和鼓勵的氛圍下，自己也極可能做出殺人行為。」[32]

治療師對加害者的認同會以許多不同的方式表達出來。她也許會變得高度懷疑，不相信患者的故事，或開始淡化或合理化凌虐的事實。治療師可能會對患者的行為感到反感和憎惡。當患者的表現未達理想標準，沒有表現「好」受害者應有的樣子，治療師也會變得特愛批判和吹毛求疵。她可能開始鄙視患者無助的樣子，或偏執地害怕患者的復仇渴望。她有時對患者有毫不掩飾地憎恨，甚至希望能擺脫對方。最後，治療師會感到窺隱的快感，開始著迷，甚而有性衝動。與性欲有關的反移情作用普遍存在，尤其容易發生在男性治療師與被性暴力攻擊女性患者的照顧關係上。[33]根據克里斯托的觀察，與創傷患者相處，迫使治療師要面對自己的劣根性：「既然我們自己都無法坦承面對，那應該也不用承認別人的負面情緒。因此，憤怒、憎惡、輕蔑、哀憐或羞辱，取代了我們認為最有助益的友善、慈悲態度。將憤怒發洩出來的治療師……其實是顯示出自己內心障礙的症狀，有憂鬱症、沉溺於治療關係，或是勾引患者的治療師更是如此。這些問題當然眾所皆知，但當我們在面對遭受巨大創傷的患者時，必須特別警覺……因為他們的人生經歷，會對我們造成無比的衝擊與影響。」[34]

最後，治療師的情緒反應，除了對受害者和加害者的認同之外，還有一些完全只是身為無辜旁觀者的感受。在這類反應中，最深刻和普遍的是，類似患者「倖存者罪惡感」（survivor guilt）的「見證人罪惡感」（witness guilt）。例如，對納粹大屠殺倖存者的治療師而言，罪惡感是最普遍的反移情反應。[35]或許治療師只是單純感到愧疚，因為沒有遭受患者所經歷的苦難。她可能無法放鬆自己，去盡情享受生活中基本的舒適和樂趣。另外，她還會認為自己的行為不完善又不恰當，苛責自己沒有充足的治療熱忱與社會使命感。最終她感到，只有毫無保留的奉獻才足以彌補她的缺失。

若治療師無法了解並克制自己的旁觀者罪惡感，就有可能冒險行事而不顧己身的合理權益。在治療關係裡，她會對患者的人生擔負過多道義責任，再度擺出施恩者的姿態，奪走患者的權能。同樣地，在工作環境裡，治療師亦可能承擔過多責任，連帶賠上生活，最終心力交瘁。

在治療過程中，治療師也可能因為再度引起患者經歷受創痛苦而感到歉疚。精神科醫師尤金．布理士描述：醫治多重人格疾患的患者就像是「沒有施打麻醉劑就開刀」。[36]結果，即使患者準備好要敞開心門，治療師也會避免去探索其創傷。

面對複雜型創傷後症候群的病患，治療師也可能產生複雜的反移情作用。尤其是遇到童年長期重複受虐的倖存者，比起其創傷本身，治療師一開始更關注對方受損的關係模式。遙遠的童年受虐經歷是患者往後困擾的源頭，它確實可能在患者的意識裡消失，但也很常在治療師的意識裡消失。再一次地，我們從邊緣性人格疾患的傳統研究文獻中，找到一些最敏銳的分析去了解複雜的反移情作用。

患者症狀出現，提醒人們注意背後有個難以啟齒的祕密，卻也使人把注意力從那個祕密移開。開始領悟到患者背後有創傷歷史存在，是治療師眾多的反移情反應之一。根據患者的症狀，治療師體驗到受虐兒童的內在混亂。患者認知狀態波動頻繁，或許會帶給治療師不真實的感覺。在治療童年重度受虐倖存者時，古德溫描述了一種反向移情感覺，稱為「實存的恐慌」（existential panic）。[37]治療這樣的患者時，許多治療師回報自己出現離奇、怪誕、詭異的影像、夢境或幻想。他們也會經歷異乎尋常的解離症狀，包括麻木和感知的扭曲，還有自我感喪失（depersonalization）、現實感喪失（derealization），以及受人操控的感覺。有時治療師甚至會同時與患者一起解離，這種情況發生在翠莎的案例中。離家出走的翠莎當時十六歲，治療師懷疑她有尚未被揭露的漫長童年受虐史：

> 在第一次與翠莎的面談裡，治療師突然有飄出自己體外的感覺。她感到好像是從天花板往下看著自己和翠莎，這是前所未有的感覺。她暗中將指甲戳入自己的掌心，並將腳重重地踏在地板上，這樣才有「著陸」的感覺。

患者的心情或關係模式迅速波動變化，治療師也會感到十分困惑。精神分析師哈羅德・塞爾斯注意到，治療師可能對患者產生奇特和不一致的混合情緒反應，還會沉重感受到一股持續的懸念。[38] 由於加害者反覆無常、變化莫測，這股懸念正是反映出受害者長年的恐懼狀態。重現當初受害者和加害者的互動發展，治療關係會變得極端複雜，有時治療師最後感覺自己好像變成患者的受害者。治療師經常抱怨有被患者威脅、操弄、利用或欺騙的感覺。有位治療師談到，面對患者不斷要自殺的威脅時，感覺就像「有把上了膛的槍頂著頭」。[39]

根據康柏格的研究，治療師的任務，是在邊緣性患者的內在世界「辨認角色」，並利用反移情作用幫助自己了解患者的經驗。在患者的內心世界裡，可能會找到的一些具代表性的成對角色，包括：「愛破壞、搗蛋的嬰兒」與「好懲罰、愛施虐的父母」、「沒人要的孩子」與「冷漠無情，自我中心的父母」、「有缺陷、沒用的孩子」與「傲慢輕蔑的父母」、「被虐的受害者」與「愛施虐的攻擊者」，和「性侵害的犧牲品」與「強暴者」。[40] 康柏格了解，這些扭曲、幻想出來的「角色」是患者痛苦經驗的表徵，更有可能的情況是，它們正確反映出受創兒童早期的人際環境。治療師的反移情作用又快又混亂，即是對比患者移情作用的波動；兩者皆顯示出創傷經驗造成的衝擊。

創傷性移情和反移情反應是難以避免的。同樣難以避免的，是這些反應將干擾到良好治療關係的發展。為維護雙方的安全，某些保護措施是必要的。兩個確保安全的最重要守則，其一是列明目標、規則和界限的治療契約；其二是治療師的支持系統。

治療契約

患者和治療師的同盟關係，要經由分工合作來發展。治療是耗費心力的工作，彼此得付出愛心、承諾合作。雖然治療同盟部分牽涉到日常的契約協商，但它並非單純地商業條件交換。此外，即使它會喚起人類依附關係的種種熱情，但也不是戀愛或親子關係。這是深層存在的約定關係（existential engagement），雙方在其中彼此承諾，一起完成創傷復原的任務。

我們透過治療契約呈現這個承諾，相關條款都是為了促進工作同盟所需而訂。雙方都必須對這個關係負責，某些任務雙方都一樣要達成，譬如確實遵守約定的會談時間。某些任務彼此不同但互補：治療師貢獻知識和談話技巧，患者則支付診療費；治療師保證守密，患者則須同意自我表露；治療師承諾傾聽和見證，患者則須承諾說出真相。治療師應該明確和詳細地對患者解釋治療契約的細節。

從一開始，治療師就應強調說實話和完全表露的重要性，畢竟患者內心藏有許多、可能連她自己都不知道的祕密。治療師應該明確地告知，揭露真相是雙方共同的努力目標，剛開始固然很難，但隨著治療過程發展，雙方會漸漸達到這個目標。患者通常也很清楚，承諾闡述事實有其根本的重要性。為了促進治療成果，有個倖存者如此勸告治療師：「揭發真相，不要幫我隱藏。當真相開始顯現時，你千萬不能鬆懈。你得像個好教練，催促真相跑出來、愈快愈好。當然，在適當的時候放鬆一下是可以的，但讓人們了解到他們的潛力何在，絕對是好事。」[41]

除了說實話的基本原則外，我們也得強調，治療工作的合作本質很重要。心理學家潔西卡·沃爾夫與參戰退伍軍人的治療契約是這樣訂立的：「我詳加說明我們的夥伴關係，以避免再現患者受創時經歷的失控感。我們治療師雖然有一些心理創傷的知識，但其實當事人了解得更多，所以實質上這是一個分享計畫。有些事情我們會給建議，但僅是作為引導。」對於治療關係的基本原則和目標，泰倫斯·基恩如此描述比喻：「一旦展開治療，我就感覺自己像個教練。我喜歡打籃球，所以就想像：我是個教練，這是一場球賽；我引導你打這場比賽，照我們的方式推進，最終目標就是贏球。我不會跟患者說這些話，但那是我真正的感受。」[42]

進入治療關係時，患者一般的信任能力已嚴重受損。既然信任在治療初期並不存在，治療師和患者都應準備好承擔治療關係中連串的考驗、崩解和重建。患者一旦漸漸投入，勢必再現被解救的強烈渴望，就如受創當時的感受。治療師也可能有意或無意地希望填補患者承受駭人經歷的傷痛。這種無法實現的期許會自然地湧現，也必然讓人失望。隨著失望而來的憤怒掙扎，也許會導致雙方重演最初的受虐情境，加深惡化原始的傷害。[43]

要避免發生過度及失控的移情和反移情反應，最好的防護措施，就是謹遵治療關係的界限。[44]有了穩固的界限，我們就能創造安全領域，在其中進行復原工作。只要在清楚、合理和雙方都能接受的範圍內，治療師便可以同意患者求助約談。治療關係界限的存在，是為了雙方的利益和安全，並且是基於治療師和患者都認同彼此的合理需求。這些界限包括：雙方清楚理解，治療契約不包含任何其他模式的社交關係；明白定義治療會談的頻率和長度；要有明確的基本原則，才可以在既有的會談時間以外緊急聯繫。

我們對治療關係界限的種種決定，是依據它們能否對患者賦權增能，以及促成良好的治療工作關係，而不是取決於我們應該討好或打擊患者。治療師堅持要有明確界限，並非為了掌控、限制或剝奪患者的權能。相反地，治療師從一開始就承認自己能力有限、也會犯錯，治療關係會消耗許多情感，所以設下某些條件才能持續投入。資深的創傷領域治療師派翠西亞・齊格勒同樣表示：「患者必須同意，不要惹我抓狂。我告訴他們，我也怕被拋棄，這就是人性。我說，我在這個治療關係裡投入很多，我不會拋棄你，所以也不希望你離開我。我告訴他們要尊重我，別老是把我嚇得肝膽俱裂。」[45]

儘管治療師會盡最大努力設立明確的界限，患者還是很可能發現模稜兩可的不明確地帶。通常，治療師會領悟到某種程度的彈性是必要的。雙方可接受的界限並非命令式地訂定，而是從商議的過程裡產生，並可能隨著時間而有若干程度的演變。有名患者如此描述自己對治療過程的看法：「我的精神科醫師有他所謂的『規矩』，我詮釋為『會移動的靶標』。他在我們之間設置的界限似乎很有彈性，我也經常故意去挑戰模糊地帶。有時這些界限也令他很掙扎，他得試圖在自己的規定與對我的尊重間找到平衡，至少是以人的角度看待我。當我看著他掙扎時，我學會如何設定自己的界限，不僅是我與他之間的界限，也包括我和現實世界每一個人的界限。」[46]

治療雙方稍許違反心理治療中嚴格的基本規則，在實務上是很普遍的現象，有時對患者也很有幫助。[47]列斯特是三十二歲男性，童年受到重度虐待和忽視，他違反象徵性的界限時，反而提高了照顧自己的能力，並深化了治療關係：

列斯特治療時帶了一台照相機，並要求拍攝治療師。治療師感到左右為難，雖然她想不出拒絕列斯特的理由，但有一種被人控制和侵犯的荒謬感，好像照相機會「攝走她的靈魂」。最後，她允許列斯特拍照，但必須同意討論拍這張照片對他的意義。

之後的幾個月，照片成了深入理解患者移情作用的焦點。列斯特的確希望能夠控制和侵犯治療師，以對抗他害怕自己被拋棄的恐懼。有照片在手裡，讓他可以想像被保護，而且也沒有實際侵犯治療師的生活。治療師不在他身邊時，列斯特經常用照片想起兩人的關係，藉此安撫自己的情緒。

在這個案例中，治療師允許患者拍照，這個決定是出於同理心而理解照片的重要性，那對患者而言像是「過渡性客體」。對這名成人患者而言，這物品的作用就像在幼年時常用的物品一樣，用來喚起記憶，以加強安全的依附感。監獄裡的囚犯經常會利用這樣的過渡性客體鞏固與所愛的人之間的連結感。而那些童年時有如囚犯般生活的人，成年後首次建立安定的依附感時，也會訴諸相同的方法。

根據心理治療的基本原則，治療雙方得用言詞而不是以行動表達感覺，因此允許患者拍照算是違反規定。但因為雙方有充分探討照片的意義，它反而成為治療中的輔助措施，而不是誘惑性的界限侵犯。治療師確實有審慎考量過，她自己和患者有哪些幻想、拍照行為對治療同盟的衝擊，以及照片在患者整體復原過程中的作用。議定雙方都能接受的合理和公平界限，是建立治療同盟不可或缺的步驟。在協議界限的過程中，稍微偏離傳統精神動力取向治療（psychodynamic psychotherapy）的嚴格成規，有時能收到成效，只要過程有嚴密監督，且充分理解其意涵。

界限與彈性之間總是免不了衝突，想必治療師會不斷處於兩難的心情。判斷何時該剛、何時該柔，永遠都是一項挑戰。不論是新手或經驗豐富的治療師，經常覺得自己只是憑直覺前進，或是「以現有的資源且戰且走」。只要有不確定感時，治療師就應毫不猶豫地尋求諮詢輔導。

治療師的支持系統

創傷所引起的矛盾衝突，不斷挑戰著治療師本身情緒的平衡。像患者一樣，治療師亦可能以退縮或以衝動的侵犯行為保護自己，以免被極端的情感壓倒。最常見的行動有企圖拯救或控制患者，以及違反治療關係的界限。治療師最普遍的封閉退縮反應，則包括懷疑或否定患者創傷的真實性，對於與創傷有關的事物產生解離、麻木、看輕或逃避的反應，對患者保持專業上的距離，或乾脆徹底離棄對方。若干程度的侵犯或麻木大概是難以避免的。[48] 治療師應該能預料到，這些患者有時會令自己失去平衡。她不是不會犯錯，但確保她能維持自己的健全，關鍵不在於她能力多高多好，而在於能信任他人。要完成任務、幫助患者復原，治療師需要安全可靠的支持系統。[49]

治療師理想的支持系統應包括安全、有組織的定期討論會，以便能回顧檢討其臨床工作。在這個討論團體中，同儕彼此可以有督導關係，或是有支持關係，最好兩者皆有。在討論過程中，我們不只從知識與實務層面去討論如何治療有創傷歷程的患者，也一定得容許彼此表達情緒性反應。

不幸的是，由於心理衛生界長期否認這個事實，許多治療師發現自己必須在沒有支持的情況下面對受創患者。治療受創者的過程中，治療師也得努力克服自我否定的傾向。當他們遭到同儕否定時，也常會覺得丟臉並保持沉默，就如受害者的反應。如同古德溫形容的：「我的病患不太相信自己的存在，也有些懷疑我的存在……當我的精神科同僚視我們如同不存在時，情況就更糟了，即使他們表現得很微妙，也沒有公然的不敬……如果只是單一事件，我還不至於擔心被排擠；但他們卻是以百遍千遍萬遍的小動作抹煞我們的存在。」[50]

照護倖存者的治療師，難免會和同僚起衝突。一些治療師會被捲入學術界的謾罵爭論中，有些是普遍性問題，如質疑創傷症候群的真確性，也有個別問題，如懷疑患者故事的可信度。

至於對受創患者的反移情作用，各個治療師的反應也是分裂和兩極化的。舉例來說，有的治療師會當起患者的救星，有的則是懷疑、批評或懲罰患者。在醫療機構中，醫護人員經常也會「分派別」，激烈討論怎麼治療複雜的患者。不管爭執的焦點是什麼，最後都會演變成一段創傷歷程；不難看出，同僚在爭執中不知不覺地重演患者創傷的矛盾對立。

在這種衝突的威逼或激怒下，許多照護倖存者的治療師選擇撤離，而不願被捲入那徒勞的辯論中。他們開始走向非正規的治療方式。如他們的患者般，治療師也掙扎於專業領域的正規訓練與實務經驗之間，但他們選擇尊重事實而犧牲正規方法。這些治療師開始有祕密生活，正如他們的患者一樣。有位治療師表示：「我們相信病患，只是不告訴我們的上司。」這些非正規技巧有些是良性的，在三十歲婦女莎玲的案例中，我們找到證明。莎玲有嚴重的童年受虐經驗，還多次被照顧者拋棄：

> 治療師一不在身邊，莎玲就變得混亂無序。有一次治療師度假之前，她要求借走治療師辦公室裡的俄羅斯娃娃。她認為這能幫助提醒自己，她與治療師有持續的連結感。治療師同意了，但她告訴莎玲：「不要告訴任何人我開玩偶處方給你；我會成為別人的笑柄。」

在此案例中，治療師的治療技巧不會被指責非難，問題出在她孤立無援。除非治療師能找到其他了解和支持她的工作的人，不然最終將發現自己的世界縮小了，僅剩下她一人孤單地面對患者。治療師可能漸漸認為，她是唯一能真正明白患者的人；於是對於同儕慣常的懷疑，開始變得傲慢和敵對。當她感到愈來愈孤立和無助的時候，就更難抗拒誘惑，採取自大的行動或逕自逃走，遲早犯下嚴重的錯誤。這句話說再多次都不夠：**沒有人能單獨面對創傷**。在專業實務中，治療師一發現自己被外界隔離，就應該停止治療受創患者，直到獲得妥當的支持系統。

除了專業的支持，治療師還必須小心平衡她的工作和私人生活，尊重並留意自己的需求。日復一日地面對患者渴求關心，治療師會一直陷入過度投入工作的危險。專業支持系統所扮演的角色不只關注於治療工作，還要提醒治療師本身實際的極限，以及確保治療師會如同照顧他人般地悉心照顧自己。

投身於倖存者治療工作的治療師，等於是將自己投入無休無止的內心交戰，所以必須依靠他人的幫助，並仰賴自己最圓熟的應變能力。昇華（sublimation）、利他主義和幽默感，是三種能確切幫助治療師的特質。有名救災工作者表示：「說真的，讓我和朋友保持神志正常的唯一方式，就是不斷地說笑及保持愉悅，愈粗俗的笑話愈有效。」[51]

生活的豐富感是投身治療工作的無形報酬。照顧倖存者的治療師回報說：他們更能體會生活價值，更認真看待人生，對他人和自己有更廣泛的理解，建立新友誼和培養更深刻的親密關係；患者每日展現的勇氣、決心和希望也激勵了治療師。[52] 尤其是治療師因這份工作而涉入社會行動時，這種感受更是特別真實。這些治療師描述，體認到生活中有更高的目標與同志情誼，面對恐怖就還能保持喜樂的心。[53]

不斷促進自己以及患者的人格整合，讓參與的治療師更深化了自己的人格統整（integrity）。基本的信任感是童年時期的發展成就，統整的人格就是成熟期的發展成就。精神分析學家艾瑞克・艾瑞克森借助《韋氏字典》去闡明健全人格與基本信任感的內在連結：「信任……這裡定義為『能安心依賴他人的健全人格』……我猜想，韋氏想的是做生意而不是嬰孩的性格，是信譽（credit）而不是信念。不過，這條解釋仍有道理。我們還可以延伸解釋成年健全人格和嬰兒期信任感的關係：如果長輩們有統整的人格而不畏死亡，那麼孩子們也會以健康而勇敢的態度面對人生。」54

擁有統整的人格，我們就能在死亡的陰影下肯定人生的價值，認清自己生命是有限的，體會到人類境況有難以避免的悲苦，最後接受這些現實而不絕望。健全的人格亦是基礎，人與人最初的信任感由此形成，被粉碎的信任感也可以由此復原。在照顧關係中，健全人格和信任感緊密結合，不只能完成世代週期循環，還能重建被創傷所摧毀的人類社群感。

第 8 章

安全感
Safety

復原的過程可分為三個階段，各別的主要任務如下：第一個階段是安全感的建立；第二個階段是回顧與哀悼；第三個階段是重建與正常生活的連結。就像其他抽象概念，復原階段只是方便討論的想像過程，不可完全從字面上去理解。我們只是嘗試用它來簡化及排列本質上就極其混亂複雜的復原過程，但在歷來的研究中，類似的基本復原階段觀念不斷出現：從賈內對歇斯底里症的經典研究，到最近對戰鬥創傷症（combat trauma）、解離症（dissociative disorder）及多重人格疾患等研究。[1]並不是每個研究者都將復原過程分為三個階段，有的分為五個，有的多達八個。[2]不論如何，這些歸納排列都有概略的一致性。透過創傷症候群的光譜，我們可以看到類似的復原進程。（參見下頁表2）不過，沒有任何復原過程是按部就班、一路線性發展完成的。因為創傷症候群在本質上是搖擺不定和矛盾對立的，若有人天真地硬要套用這些復原階段，都會失敗。實際上，當患者和治療師認為已經解決的問題卻頑強地再現時，雙方都會感到氣餒無奈。有位治療師認為復原階段是以螺旋方式發展，在一層一層的整合下，早期的問題會一再出現。[3]雖然如此，在成功的復原過程中，我們應該

表2：復原的階段

症候群	第一階段	第二階段	第三階段
歇斯底里症 （賈內於1889年提出）	穩定病況 施以症狀導向之治療	探索創傷記憶	人格重整、復健
戰鬥創傷症 （史卡菲爾德於1985年提出）	建立信任感 學習壓力管理 教育相關知識	再度體驗創傷	整合創傷
複雜型創傷後壓力症 （丹尼爾・布朗結合佛洛姆的理論於1986年提出）	穩定病況	整合記憶	發展自我感、導向整合
多重人格疾患 （普特南於1989年提出）	確立診斷 穩定病況 溝通合作	創傷的新陳代謝	化解並整合創傷經歷 發展創傷化解後的適應技能
創傷症 （本書作者於1992年提出）	建立安全感	回顧與哀悼	重建連結

可以看到漸進式的改變，從變化莫測的危險人物到可靠的安全狀態、從解離的創傷到勇於面對自己的記憶，從被汙名化隔離到重建社會連結。

創傷症候群是複雜的疾病，也必須透過複雜的方式治療。創傷會影響到人類機能的每個層面，從生物層次到社會層次，所以治療必須是全面的。[4]而且，復原過程是階段性的，所以治療也一定得分階段因時制宜。對同一名患者而言，在某個階段有用的療法，在其他階段或許只有微不足道的作用，甚至可能有害。此外，只要每個治療階段缺少必要成分，縱使有適時的介入療法也會失敗。在復原的各個階段裡，全面療法必須涵蓋此病症特有的生物、心理和社會要素，絕沒有單一、有神效的「靈丹妙藥」可以治癒創傷症候群。

為病症命名

創傷症候群若沒有被診斷出來，創傷患者就無法得到適當治療。治療師的首要任務是多收集資訊、進行詳盡的診斷評估，她必須充分了解，創傷症可能以許多偽裝形式出現。對於近期遭受急性精神創傷的患者，醫師通常能直截了當地下診斷。在這些情況下，提供明確、詳細的資訊，說明創傷後有哪些反應，對患者和家人、朋友都是非常珍貴的。如果患者有心理準備，知道要面對過度警醒、記憶侵擾和麻木等症狀，當它們真的發生時，就比較不害怕。如果患者和最親近的人已經做好心理準備，知道經歷創傷後人際關係可能會崩裂，就比較能容忍並跨過這個障礙。此外，如果患者獲得忠告，知曉有哪些適應策略可以面對創傷，並得到警告，了解會有哪些常見的錯誤，她就能很快感到能力和效率大大提升。對治療師來說，治療近期的急性創傷倖存者也是絕佳的機會教育，能知道如何更有效預防創傷症狀。

不過患者若遭受長期、重複的創傷，要診斷出來就沒那麼簡單了。複雜型創傷後壓力症有許多常見的表面偽裝症狀。最初患者只是抱怨有生理症狀、長期失眠或焦慮、揮之不去的憂鬱，或人際關係出問題。我們當然得明確詢問，以確定患者是否仍生活在某人的暴力陰影下，或過去某段時期曾活在恐懼中。這些不是傳統上治療師會問的問題，但其實應該是每個診斷評估中必要的例行工作。

若患者是童年時長期受虐，診斷工作就會變得更加複雜。患者可能已失去完整的創傷歷史記憶，即使我們直接地仔細詢問，她也可能一開始就否認這些經歷。更常見的是，患者記得某部分的創傷經歷，但對於過往的受虐經歷與當下的心理問題，她無法建立任何連結。在所有的案例中，最難明確診斷出來的就是嚴重的解離症。從患者首次接觸精神醫療體系，到多重人格疾患的診斷確立，平均延誤時間是六年。[5]問題在於，治療關係中的雙方可能都有心要避開這個診斷；治療師是因為無知或不想面對，患者是因為恥辱或恐懼。極少數的多重人格疾患患者沉浸於那些症狀的戲劇性表現，也樂於向人誇耀，但多數患者會設法隱瞞。臨床醫師推定診斷為多重人格疾患後，患者不願意接受，那也不是什麼怪事。[6]

如果治療師認為患者有創傷症候群的症狀，她應該毫無保留地告訴患者這個資訊。知識就是力量，通常，受創者光是知道她真正的病名，壓力就減輕了。確認診斷後，她開始掌控病程。她發現有理論可以訴說自己的經歷，不再禁錮於無以名之的創傷中。她發現自己並不孤單，其他人也遭受著類似的痛苦。她進一步發現自己沒有發瘋，創傷症候群是人類處於極端情況下的正常反應。並且她終於發現，自己不是命中注定要一生受這種折磨；她可以期待復原，就像戰勝病魔的那些人。

挪威心理學家團隊在一次海難後參與救災的經驗足以說明，創傷後即時分享資訊非常重要。近海鑽油平台倒塌、倖存者獲救後，心理團隊馬上提供諮詢，並給他們單張文宣，說明何謂創傷後壓力症。除了列出最常見的症狀外，文宣上還有兩個實用建議：第一，不意外地，倖存者會很想要自我封閉，但我們仍建議他們多與旁人談論自己的經歷；其次，避免使用酒精控制症狀。災難事件發生一年後，心理學家追蹤訪談倖存者，發現許多人仍然隨身攜帶著獲救當天拿到的單張文宣；它們在一再反覆閱讀下變得破爛不堪。[7]

對長期重複的創傷倖存者來說，特別重要的是，確定自己有複雜型創傷後壓力症的診斷，並解釋發生在關押時的人格扭曲。單純的創傷後壓力症患者害怕自己可能會失去理智，複雜型創傷症患者則經常認為早已失去自我。「那些人到底怎麼了？」不幸的是，這個問題通常會混雜著眾人的道德批判而變得更加無解。我們得找出一個觀念架構，幫助患者去了解，她的狀況是出自於創傷經歷造成的認同與人際關係問題；此架構也能成為治療同盟的有效形成基礎。[8]透過它，我們確認虐待關係的傷害本質，並為患者的持續困擾找出合理解釋。

許多患者在獲悉自己的痛苦是已知的病症後，壓力減輕許多，但還是有些患者始終抗拒創傷後疾患的診斷。當中有的人認為，任何一項精神病診斷都會將他汙名化，有些人則是出於自尊心而否認病情。還有些人認為，一旦承認心理上受傷害，就等於讓加害者取得精神上的勝利，但承認肉體的傷害卻不會；承認有求助的需要，也可能加重倖存者的挫敗感。輔導政治難民的兩位治療師英格．艾格和索倫．詹森提到某案例：K是酷刑的倖存者，有嚴重的創傷後症狀，但堅持自己沒有任何心理問題：「K不了解為什麼要他與治療師談話。他的狀況是一般醫療問題，晚上失眠的原因是腿和腳在痛。治療師問到他的政治背景，K說他是馬克思主義者，也讀了一點佛洛伊德，但一點都不相信那些玩意兒：與治療師談話如何能去除他的疼痛？」

這名患者最後終於同意將他的故事告訴治療師，但不是為了幫助自己，而是為了推廣他的政治理念。治療過程中，症狀大幅減輕，但他從未認可醫師給的診斷，亦不肯承認他需要心理治療：「K說，他願意坦白說出經歷，但想先知道為什麼治療師願意幫他。治療師回答說，蒐集相關資料，得知他在自己國家監獄裡的遭遇，是她工作中重要的一環。接著解釋，以她的經驗來看，被酷刑折磨、連在惡夢中都被毒打的人，若能把苦難告訴別人，對自己會有極大的幫助。之後K改變心態：『很好，如果我能利用治療師達到我的目的，那也無妨，但這跟心理治療可是一點關係都沒有。』」[9]

治療師通常必須重新讓患者理解到，接受幫助是勇敢的行為。面對自己的病況、採取行動改變它，這不是認輸、而是展現力量；這不是消極，而是主動出擊。採取行動幫助復原，絕對不是向加害者認輸，而是對倖存者賦權增能。治療師需要明確並詳細地陳述此觀念，以對抗倖存者自己的恥辱和挫敗感，避免他不願意接受診斷和治療。

恢復主控權

創傷奪走了受害者的力量和主控感，復原的指導原則在於恢復倖存者的力量和主控權。復原的首要任務，是建立倖存者的安全感。這是最優先任務，因為若沒有充分的安全感，其他治療工作即無法順利進行；在達到合理程度的安全前，任何治療工作都不應輕易嘗試。對急性受創者而言，這個階段會持續數天到數星期；但對長期受虐的倖存者而言，可能會維持數月甚至數年。此復原工作的第一階段會因受虐的程度愈嚴重、持續的時間愈長和開始得愈早，而愈見錯綜複雜。

倖存者會覺得自己的身體不安全，情感和思想均失控，對人際關係也沒有安全感。設定治療策略時，我們必須在所有層面上注意到患者對安全的顧慮。創傷後壓力症中的生理性精神官能症，可以用生理治療策略加以緩和，包括使用藥物，以減輕患者的反應和過度警醒，以及使用行為療法如放鬆技巧或激烈運動來調節壓力。要釐清患者本身的困惑，可以考慮使用認知和行為療法，包括：認識並知道症狀名稱、在日誌裡以圖表記錄症狀和適應性反應、明確定義可行的「家庭作業」，和發展具體的安全感計畫。在壓力症裡受到破壞的依附感，必須透過人際關係策略來恢復，包括在心理治療中逐漸發展信任關係。最後，壓力症患者疏遠社群的狀態，則須透過社交策略加以改善，包括動員倖存者原有的支持系統，像是家人、戀人和朋友；介紹她去志願性的自助團體；通常，也是最後的方法，求助於心理衛生、社會福利和司法等機構。

安全感的建立，從專注於掌控身體開始，再逐漸向外擴展到掌控環境。要重建身體的健全感，我們應注意下列事項：基本健康的需求；身體機能的調節，如睡眠、飲食和運動；創傷後症狀的處理；以及自毀行為的控制。掌控環境的課題，包括建立安全生活環境、財務上安全、能自由移動，此外還要有自我保護計畫，範圍遍及患者日常生活的每一個層面。由於無人可獨力建立安全的環境，因此患者要發展安全感，必須仰賴社會的支持。

在單純的近期創傷案例裡，要讓倖存者恢復對身體的掌控，一開始就是先確認她身體是否遭受傷害並加以治療。尊重患者的自主性，這個原則從一開始就極重要，即使只是做例行檢查和治療身體傷害。有位急診室醫師提到，治療強暴受害者的要素如下：

在診查性攻擊受害者時，最重要的就是不要讓受害者感到被二度強暴。醫療的第一準則就是：無論要如何處置，絕不可傷害到病人……強暴受害者通常會體驗到強烈的無助和失控感。大體來說，受害者遭到性侵後不久，對醫師的要求只能以被動、非常勉強的方式回應。想想看，剛剛才有陌生人與她有短暫但極親密的接觸，現在又有一根儀器插入她的陰道內。在這個過程裡，受害者自己幾乎沒有任何控制或決定權，等於象徵性地造成精神上的二度強暴。因此，做診查時，我會花很長的時間幫受害者做準備工作；每個步驟我都儘量讓受害者感到有主控權。我通常會說：「我們要完成這項目，可是怎麼做由妳來決定。」然後我會提供受害者很多資料，雖然我確定大部分都用不上，但這仍是我表示關心的做法。我會設法讓受害者積極參與診治，讓她儘量發揮主動性。[10]

提供基本醫療照顧之後，下個掌控身體的步驟，將集中於恢復飲食和睡眠的生理時鐘，以及減輕過度警醒和記憶侵擾的症狀。如果倖存者的症狀很嚴重，就該考慮用藥物治療。雖然針對創傷後壓力症的藥物研究仍然不成熟，但數種不同類別的藥品已顯示足夠療效而獲准臨床使用。在參戰退伍軍人的研究報告中，專家指出，一些抗憂鬱劑明顯有中度療效，不僅有減輕憂鬱的效果，還能緩和記憶侵擾和過度警醒的症狀。此外，較新類型的抗憂鬱劑，主要作用為影響大腦神經系統中的血清素濃度，亦顯示極可觀的療效。[11] 有些臨床醫師推薦使用阻斷交感神經系統功能的藥品，如心得安（propranolol）；或降低情緒反應的藥品，如鋰鹽，以減輕興奮和易怒的症狀。但對創傷後壓力症及許多其他的病症，最常見的處方可能是輕微的鎮定劑，如苯二氮平類（benzodiazepenes）。這些藥物在創傷事件後短期內使用頗具療效，但恐怕會讓患者習慣，甚至上癮。[12]

患者的知情同意對治療成果有很大的影響，絕不亞於治療其病症的處方藥物。如果患者只是單純聽令行事，服用藥物抑制症狀等於是再度被奪走權能。反之，若能讓患者了解藥物只是工具，她有權根據自己的最佳判斷使用，就會大幅提升治療的效能感和掌控感。我們秉持這樣的精神提供藥物給患者亦有助於建立合作性的治療同盟。

建立安全環境

掌控了身體後，建立安全感的下一個階段，重點是對環境的掌控。急性受創者需要安全的避難所，而尋找和鞏固這個避難所，就是危機處理的首要任務。在急性創傷後的頭幾天或幾星期內，倖存者會只想要自我隔離於家中，但也可能根本不能回家。如果創傷的加害者是家庭成員，那麼家可能是她可選擇的處所中最不安全的地方，危機處理計畫中一定要有馬上可以投靠的收容處。一旦受創者找到安全的避難所，便能逐漸打開心門，積極參與這個世界。她可能需要幾個星期的時間，慢慢恢復一些普通的活動，例如開車、購物、探訪朋友或重返工作崗位。每個新環境都必須經過細察，以評估是安全無虞或潛藏危險。

嘗試重建安全感時，倖存者的人際關係很容易在極端之間擺盪。她或許無時無刻都想有人在身邊，或想完全地隔離自己。一般而言，應該鼓勵她向他人尋求支持，但必須小心謹慎以確保她選擇的人值得信任。家人、戀人和親密的朋友能給予無限量的支持，但也可能阻礙復原或危及他們自己。我們初步評估受創者時，應詳細審視她人生中的重要關係，藉此評估他們是否能成為潛在資源，提供保護、情感支持或實質幫助；當然他們也可能是潛在的危險源。

在近期急性創傷的案例中，危機處理通常包括與支持患者的家庭成員會談。至於是否要有這樣的會議、邀請何人，以及何種資訊可以公開等問題，最終仍應由倖存者決定。會議的目的很明確，是為了促進倖存者的復原，而不是為了安撫家人。無論如何，提供些許有關創傷後疾患的預防教育，對大家都有益處。家庭成員不僅可以更了解如何支持倖存者，並能學會如何應付自己的替代性創傷反應。[13]

參與倖存者安全支持網絡的親友必須做好心理準備，自己的生活將被打亂一段時間。他們可能會被找去照顧倖存者日常基本的生活起居，可能還需要日夜待命。強暴倖存者南西・齊根梅爾在丈夫史蒂夫的支持下，重建被性侵害摧毀的安全感：「有一名男子在狄蒙市的停車場裡衝入她的汽車內、強暴她。六個星期緩緩過去了。這人現關在監獄裡，但每當她閉上眼睛，他的面孔就會浮現腦海，她時時刻刻都心驚膽戰。當朋友擁抱或觸碰她時，她都會忍不住退縮。只有少數人知道她的苦難……夜晚是最難捱的，有時她一入睡開始做惡夢，史帝夫就得把她搖醒，因為她會一次又一次不停捶打他。她在黑暗中不敢起來上廁所，所以會要求史蒂夫陪她去。他成為她的力量，她的支柱。」[14]

家庭關係中潛藏的緊張狀態，往往會在這類危機期間清楚地浮現。進行危機處理時，我們必須集中焦點，先幫助倖存者及其家庭處理當下的精神創傷，但有時危機卻會迫使他們面對原先被否認或受到忽略的家庭問題。二十三歲的同性戀者丹遭遇創傷事件後，家中的平衡關係也改變了：

在一樁「霸凌同性戀」的事件中，丹被幫派分子狠狠毒打了一頓，就在一個酒吧外面。當他住院療傷時，父母飛來探訪他，丹非常害怕他們會發現他從未吐露的祕密。最初他告訴他們，他是在搶劫中被打。母親很同情他，父親很憤慨，想去報警。兩人不斷地問丹被襲擊的過程，丹陷入困境，覺得很無助，因為他發現自己愈來愈難繼續編故事。他的症狀惡化了，愈來愈焦躁不安，最後變得不與醫師合作。這時，醫師建議他去做心理諮商。

負責諮商的治療師了解丹的困境，並探討了他保密的原因。丹很害怕，父親對同性戀偏見很深，脾氣又暴躁。他深信如果自己出櫃，父親會斷絕父子關係。治療師與丹更仔細探討後，發現丹的母親幾乎可確認是知情的，只是默認接受兒子是同性戀的事實。無論如何，更令丹害怕的是，若對父親攤牌，母親必將一如以往地聽從丈夫的話。

治療師居中安排了一次母子會談。在這次會談中，丹確認了之前的猜測：母親早已知道他是同性戀，也欣然接受兒子跟她出櫃。她知道丹的父親無法接受這個事實。她也承認，遇到不愉快的事情時，她習慣取悅或安撫丈夫，而不是正面交鋒。但她告訴丹，自己絕不會斷絕親子關係，也不允許她的丈夫如此做。丈夫若認為她會照做，就太低估她了。此外，她也認為丹低估了父親，他或許有偏見，但他和毆打丹的暴徒絕非同類。她表示，希望這次攻擊事件會讓他們的家庭更緊密，也希望丹能考慮在適當的時機將祕密告訴父親。這次會談以後，丹的父母停止詢問他被襲擊的情況，改把心思都放在實際的治療問題，以幫助他復原。

建立安全的環境，不僅需要動員所有關心的人，而且需要發展一套未來的保護計畫。創傷後，倖存者必須評估威脅持續的程度，決定何種必要的防範措施。她也必須決定，她希望採取什麼行動應對加害者。最佳計畫很難一下就研擬出來，所以對倖存者及關心她的人而言，在這些事情上做決定特別有壓力。她可能會感到迷惑和矛盾，並發現自己的矛盾心理會反映在朋友、戀人或家人的相左意見裡。在這方面，我們經常會違反復原的最高原則，試圖支配倖存者的決定，或在未得到她的同意前採取行動，也就是沒有讓她賦權增能。十五歲的珍妮特是強暴倖存者，她的案例說明家庭反應如何加重創傷的衝擊：

珍妮特在無成人監督的派對中被一群人輪暴了，攻擊者是她高中裡的學長。在強暴以後，家人為了是否提出告訴而爭吵不休。她的父母堅決反對報案，因為害怕公開曝光會損壞他們在小社區中的身分地位。他們迫使珍妮特忘記這次事件，還要儘快地「恢復正常」。然而，珍妮特居住在另一個城市已結婚的姊姊，堅持認為這些強暴犯應「繩之以法」。她邀請珍妮特同住，卻要珍妮特先同意提出告訴才行。陷入這種衝突之間，珍妮特持續地縮小她的生活圈子。她停止與朋友交往、頻頻逃學，以及浪費愈來愈多的時間躺在床上抱怨胃痛，晚上她常常跑去和母親同睡。在她企圖過量服用阿斯匹靈自殺之後，家人終於決定要為珍妮特尋求援助。

治療師首先會見珍妮特。她確定珍妮特畏懼去學校是因為名譽受損，且必須面對強暴者持續的威脅和嘲笑。她同樣渴望看到強暴者得到懲罰，但一想到要面對警察或在法庭上訴說她的經歷時，就感到極度的恐懼和羞愧。之後，治療師會見珍妮特的家人，並解釋把選擇權歸還給受害者有多重要。最後，父母允許珍妮特搬去與姊姊同住，姊姊亦同意不再逼迫珍妮特報案。一旦可以撤退到有安全感的環境裡，珍妮特的症狀就逐漸得到改善。

像所有其他的問題一樣，報案這件事要讓倖存者自己選擇。在理想的情況下，下定決心報案等於是打開通往恢復社會生活之門。然而實際上，這個決定會讓倖存者捲入一個待她冷漠、甚至敵對的司法體系中。縱使在最好的情況下，倖存者也必須有心理準備，她自己復原的時間表和司法體系的時間表會有明顯的差距。她重建安全感的努力，很可能因法律訴訟的介入而中斷；當她的生活趨向穩定時，一份出庭日期通知就足以使記憶侵擾的創傷症狀重現。因此，是否要從司法制度索償，一定要三思而後行。倖存者必須在充分了解利弊的情況下做決定，否則只會再度受創。

只要能找到充分的社會支持，單純急性創傷的倖存者一般會在幾個星期內恢復初步的安全感。此外，患者的症狀通常可預期在三個月內趨向穩定。[15] 短期治療的焦點放在對倖存者賦權增能，就可加速症狀減輕。[16] 但是，如果倖存者面對的是敵對或不安全的環境，建立安全感的過程或許會受到阻礙，甚或完全陷入困境。這個過程也許會因倖存者控制範圍外的侵擾而中斷，譬如法律訴訟。無論如何，我們只要有危機處理或短期心理治療的一般架構，就可以完成第一個復原階段的治療任務。[17]

對參戰退伍軍人或強暴倖存者等急性創傷的標準治療，幾乎完全集中於危機處理。在醫療文獻中，我們看到許多軍用的短期治療方案，目的是為了讓軍人迅速回歸正常執勤。舉例來說，軍方設計了相當典型的治療計畫，讓有作戰壓力反應的士兵七十二小時內重新執勤。[18]在這些案例中，一旦患者最明顯的急性症狀消退，負責單位就認為他們完全康復了。然而，我們在危機處理中所完成的，僅僅是復原過程第一階段的工作，隨後階段的任務需要更長的時間。雖然倖存者會迅速且戲劇性地回歸正常運作，但我們不應該把症狀穩定錯認為完全復原，因為創傷的整合尚未完成。[19]

對長期重複創傷的倖存者來說，最初復原階段不容易完成，時間也會拖很長，從某個程度來說，受創者自己都會成為危險源了，包括主動性的自我傷害、被動性的無法保護自己，和病態地倚賴施虐者。為了能負責照顧自己，倖存者必須刻苦地重建自我機能運作，這是囚禁下損壞最嚴重的功能。她必須重新培養能力，發揮主動性和執行計畫，並能行使獨立判斷。危機處理或短期療法很少能充分地建立安全感，因此一般而言，時間較長的心理治療是必須的。

對長期童年受虐的倖存者而言，建立安全感更是極端複雜和耗時的任務。她們自我照顧的能力幾乎嚴重受損，此外還會有許多形式的自我危害行為，包括慢性自殺、自殘、飲食失調、物質濫用、冒險衝動，以及反覆捲入被剝削或危險的情感關係中。許多自毀舉動可以理解為象徵性的行為，或是如實重演當初受虐的情形。由於缺乏更有適應性、更能自我安慰的方法，他們只好用自毀的行為調節難以承受的心情。自我照顧和自我安慰的能力，是不可能在受虐的童年環境中形成的，必須在往後的生活中費心才能建立起來。

就連如何達成目標、建立確實的自我照顧，一剛開始患者和治療師也會爭執不下。患者滿心幻想被拯救，所以憎恨這項工作，希望治療師去執行就好；有的患者充滿自我厭惡，覺得自己根本不值得被好好治療。在這兩種情況下，治療師常常覺得，關於患者的安全保障，自己好像比患者投入得更多。精神科醫師約翰・岡德森就表示，邊緣性患者早期治療的焦點都在於「與安全感有關的問題」，以及「誰來負責解決」。[20]可想而知，患者和治療師會花很長的時間在這些問題上奮鬥不休。

從單純急性創傷的案例，我們看到，安全感的建立開始於對身體的掌控，然後向外發展至自我保護及設立安全環境。掌控身體這第一項工作看似簡易，但也是複雜的任務，因為倖存者在某種程度上視自己的身體是屬於別人的。二十七歲女性的瑪莉蓮曾受父親性虐待，在她的案例裡，建立安全感的首要焦點，是如何照顧她的身體：

瑪莉蓮因為慢性嚴重背痛，在逼不得已的情況下決定求助心理治療，她認為或許她的疼痛和壓力有關，所以想嘗試心理治療。如果症狀沒有迅速地減輕，她計畫做全面的背部手術，雖然這會有永久殘廢的極大風險。先前動的兩次手術並未成功。她的父親是醫師，會開止痛藥給她，並參與她的醫療計畫；她的外科醫師也是父親很親近的同事。

心理治療的焦點最初集中於幫助瑪莉蓮建立對身體的支配感，治療師堅決地建議她，除非充分探索了所有可能的方法，不然不要輕易做背部手術。治療師也建議瑪莉蓮每天寫日誌，記錄自己的活動、精神狀態和身體的疼痛。情況迅速明朗化，她的背痛與精神狀態有緊密的關連。事實上，瑪莉蓮發現，一感到被忽略或惱怒的時候，自己經常會從事一些讓背痛更惡化的活動。

在六個月的治療過程中，瑪莉蓮學會處理疼痛的行為控制技巧，並逐漸在療程中與治療師形成信任的關係。一年後，她的生理症狀消退了，不再吃父親開給她的藥，也不再考慮動手術的可能性了。雖然如此，她仍發現，在治療師度假期間和回家探視家人時，她的背痛會復發。

在建立基本安全感和自我照顧的過程中，治療師會要求患者擬計畫、主動出擊，以及做最明智的判斷。這些能力被不斷重複的受虐經歷系統化地破壞了；當她重新發揮這些能力時，就能感到自己的能力、自尊和自由皆有所提升。此外，由於治療師勞心勞力確保她的安全，她開始建立起對治療師的信任。

如果倖存者無法穩定照顧自己，治療師常考慮是否要讓支持她的家人參與治療過程。與患者家人、戀人或好友會談也許有幫助。不過，和所有其他的問題一樣，決策過程必須由患者主控。如果不謹遵這項原則，倖存者最後會覺得欠人恩情，或感到被輕視與貶低。而且，她會覺得治療師不是和她，而是和她的家人結盟，因此，她會以為是這些人得肩負她復原的責任，而不是自己。四十八歲的已婚婦女佛羅倫斯有六個孩子，當她認知到並改變自己讓丈夫操控的習慣後，復原就開始有了進展：

佛羅倫斯接受心理治療已經十年了，她的診斷包括重度憂鬱症、恐慌症和邊緣性人格疾患。雖然我們知道她有嚴重的童年受虐經歷，但從未在心理治療過程中拿出來討論。當佛羅倫斯記憶閃現或恐慌發作時，丈夫通常會打電話給她的精神科醫師，然後醫師會建議她服用鎮定劑。佛羅倫斯在參加亂倫倖存者的團體聚會時說，丈夫和精神科醫師是她的「救生索」，如果沒有他們就不知該如何是好。她全然接受任何決定，只要他們負責照料就好，因為她覺得自己「病入膏肓」，以致不能積極參與治療過程。然而，當她對團體產生安全的依附感後，卻開始感到厭惡，覺得丈夫待她「如同嬰孩」。團體成員指出，如果她能照顧六個孩子，她大概比自己想像中要能幹得多。轉捩點終於來臨，當佛羅倫斯在家中又發作症狀時，她不准丈夫通知精神科醫師，她說，她自己能決定何時有必要打電話。

當患者仍與過去對她施虐的人有牽扯時，建立安全感的工作會特別複雜困難。我們一定要考慮到暴力事件可能再度發生，即使患者起先堅持她不再害怕。舉例而言，我們很常看到，家暴發生後沒多久，受暴婦女和加害者一起求助於伴侶諮商。通常，加害者會允諾不再訴諸暴力，同意尋求諮商以證明他的悔改意願。受暴婦女滿意於這個承諾，為了挽救關係，也會熱切地參與心理治療。因此，她經常否認或低估危險再次出現的可能性。

雖然雙方都希望和解，但他們未言明的目標卻是尖刻對立。施虐者通常會想要恢復過去的相處模式，也就是他強制掌控一切，可是受害者卻很抗拒。雖然施虐者發自內心承諾會放棄使用暴力，但其實有設下隱晦的條件；為了換取非暴力的環境，受害者要放棄她的自由意志。因此，只要施虐者未放棄主宰的欲望，暴力的威脅就仍然存在。受害者會無法在伴侶諮商時自由傾吐，如果一談論到兩人關係裡的衝突問題，即有可能再次引發暴力事件。因此，除非暴力傾向真的得到控制，以及支配和高壓的關係模式被打破，否則伴侶一起接受治療是一大禁忌。[21]

在施暴關係中，要建立安全保障，絕不能只憑加害者的一句諾言，不論對方講得多麼由衷；相反地，它必須基於受害者自我防衛的能力。在受害者完成詳細和實際的應變計畫、並展現她實踐的能力前，她仍有重複受虐的危險。有暴力衝突而尋求協助的伴侶，應該建議他們先分別接受治療。若情況許可，我們應把加害者轉介到專門輔導施暴者的特殊機構，除了抑制當事人的暴力傾向，並治療高壓掌控欲等根本問題。[22]

二十四歲的單親母親薇拉有三個幼兒，她曾被男友毆打虐待。在為期一年的心理治療中，薇拉漸進地發展出可靠的自我防衛能力。要能成功建立安全感，薇拉不只要留意照顧自己，也要把心力放在孩子身上。我們在她的治療中用了全方位的介入措施，包括生物性方法（藥物），認知和行為手段（教導創傷症候群的知識、讓患者寫日誌、完成其他家庭作業），人際方法（建立治療同盟）和社會措施（家庭支持和法庭的保護令）：

> 男友當著孩子的面毆打她之後，薇拉取得法庭命令禁止男友來到她家。但他離開後，她吃不下、睡不著，連白天都很難起床。惡夢和暴力記憶的侵擾，與他們美好時光的溫馨回憶，錯綜複雜地交替著。她常常情不自禁地哭泣，並屢次有自殺的念頭。為了「永遠擺脫他」，她求助於心理治療。然而，在詳問下她承認，她無法想像沒有他的生活。其實她已開始再度見他，

她覺得自己「愛到成癮」了。

雖然治療師個人希望薇拉最好永遠離開男友，但不贊成將此當作治療目標。她建議薇拉不要制訂遙不可及的目標，因為她人生裡已有太多失敗的經驗。她建議薇拉，是否與男友分手，不用太快做最後決定，因為她必須先讓自己堅強起來，才能做出明智的選擇，同時須集中心力，先增進自己的安全感和對生活的掌控感。她們雙方都同意，在治療的初期階段，薇拉可以偶爾見見她的男友，但不能讓男友搬回她家，也不能讓孩子單獨與他在一起。這些都是薇拉覺得自己做得到的承諾。

起初薇拉很不穩定，無法遵守約好的時間前來會談。治療師沒有嚴厲指責，但有提醒，若薇拉能夠遵循自己制訂的計畫，對自尊心的重建是相當重要的。後來薇拉答應，只會預約她可以遵守的時間，會談因此規律地進行。每一次會談，治療雙方都集中心力，找出一些正面、薇拉自己確定能承擔的行為，不論多微小。最初她會翻遍皮包找張廢紙來記錄每週指定的「家庭作業」；終於，薇拉有個重大的轉變，她買了記事本記錄每週作業，並開始用紅色簽字筆刪除已完成的任務。

薇拉最常抱怨的症狀就是憂鬱情緒。她唯一感到心情好的時候是偶爾與男友在一起的浪漫時光。有時，他會給薇拉古柯鹼，這帶給她短暫的力量和幸福感；可是藥效過後，那種「瞬間打回原形」的感覺更加重她的憂鬱情緒。治療師建議薇拉可以嘗試一種藥品，以抑制憂鬱及創傷後的侵擾症狀，但薇拉必須先放棄毒品。薇拉選擇吃藥，也拒絕男友給她古柯鹼，她的自豪感和自信心因此慢慢上升。她對抗憂鬱藥的反應非常良好。

薇拉的症狀減輕之後，治療的焦點則轉移到孩子身上。孩子過去是安靜而順服的，自從男友離開後，就像是脫韁的野馬，完全不聽指揮。她抱怨他們很黏人，老是要東要西，舉止又很沒有規矩。薇拉感到挫敗，覺得一個人照顧不過來，渴望男友能回來「好好教訓他們一頓」。治療師聽後，提供薇拉一些相關資料，指出暴力對孩童影響多深遠，並鼓勵她也帶孩子來接受心理治療，還列出一些實際方案，以幫助薇拉照管孩童。和家人疏遠很久的薇拉，邀請一位姊妹來家中小住，情況便得到改善。在姊妹的幫助下，她得以重新建立合理的規矩、以非暴力的原則來管教孩子。

回到心理治療層面，雙方繼續集中心力以設定具體的目標，例如，薇拉答應一個星期內都要在孩子睡前說故事給他們聽。這個活動逐漸演變成令人放鬆的習慣，母子雙方都很享受，而且她發現自己不再需要花費很大的力氣將孩子弄上床。還有一個轉捩點。在這個甜蜜的親子時間，若男友來電要求馬上見面時，薇拉會拒絕，表示不想被打擾。她告訴男友，她不想再看他的心情隨傳隨到，以後要見她，必須事先預約。在下次會談時，她很驚訝但亦有一些感傷地說，她發現自己已不再那麼強烈地需要他；實際上，她是真正感覺到，沒有他，自己也能活得很好。

就像受暴婦女那樣，長期童年受虐的倖存者，經常在成年後仍陷於與施虐者糾纏不清的關係中。他們或許會因這些關係中持續不斷的衝突而求助於心理治療，並希望治療的最初階段家人能一起參與。但同樣地，我們也不該太早安排這樣的會談，直到倖存者建立安全的自我防護。

即使倖存者長大了，加害者對她還是有若干程度的高壓控制，甚至時不時會再次出現虐待行為。治療師絕不能假設患者安全無虞，而應仔細探索，倖存者目前家庭關係中有什麼不尋常的地方。之後，患者和治療師則應該一起圈出範圍，看看哪些問題要特別注意。擴大倖存者的自主領域、限縮原生家庭的涉入，是復原最初階段的重要任務之一。如此，在往後的階段裡，患者比較能順利對其他家人吐露實情，也比較敢與加害者攤牌。[23]

要鞏固倖存者的環境安全，不僅要注意她自我保護的心理能力，也要注意在她的社會處境下，她有哪些確實的力量。即使已建立可靠的自我照顧模式，患者或許仍缺乏充分安全的環境，無法進行復原的下一階段，也就沒機會進一步深入探究創傷事件。從二十一歲大學生卡門的案例，我們就能看到，過早向家庭吐露實情如何危及她的安全感：

> 卡門在家裡引起一場軒然大波。她指控父親對她虐待，那可是一位富裕的知名商人。她的父母威脅要讓她退學，並將她送入精神病院。起初，她求助心理治療的目的是為了證明她沒發瘋，免得父親真的把她送去關。院方的評估顯示，她有許多複雜型創傷後症候群的症狀，但沒有強烈的自殺或殺人傾向，也非無法照料自己，所以家人沒有立場送她非自願地去接受住院治療。
>
> 一開始，治療師即很明確地告訴卡門，自己相信她的故事，但也勸告卡門要慎重考慮，在她的處境下沒有太多現實資源，所以得避免打一場贏不了的仗。後來卡門妥協了，她撤回指控，並同意接受精神科的門診治療，但可自由選擇自己想見的治療師。在卡門撤回控告後，

她的父母平靜下來，並同意她繼續上學，她的父親也答應支付她的醫療費用。

在治療過程中，卡門喚起更多的回憶，也更加確定：亂倫事件確實發生過。但她恐懼父親會切斷金援，以致無法接受治療或上學，她不得不保持緘默。況且，她早已過慣富裕的生活方式，也覺得無法養活自己。因此，她感到自己完全是在靠父親的施捨度日。最後她意識到，這是死路一條：只要父親控制她的經濟，任何治療都不能讓她進步。因此，在結束大三的課業後，卡門辦理休學，找了一份工作，自己搬去公寓住，並根據她的收入與院方協商，降低醫療費用。這樣的安排，讓她終於踏上復原之路。

在這個案例中，安全環境的建立，有賴於患者在生活中做出巨大的變動，也就是說，她得做出艱困的決定與犧牲。如同其他許多患者一樣，卡門發現，如果不能掌控生活的物質條件，自己就不可能康復。沒有自由，就沒有安全，更沒有復原，但自由的代價通常很高。為了獲取自由，倖存者或許必須放棄原有的一切：受暴婦女也許會失去原有的住處、朋友和生計；童年受虐的倖存者會失去家庭；政治難民會失去家園，甚至自己的祖國家鄉。這樣的犧牲層面有多廣，我們現在還不能完全了解。

第一階段完成

復原第一階段的任務既艱鉅又嚴苛，患者或治療師都經常設法要避開。因此，他們往往輕易地忽視安全感的必要性，而草率地進行較後階段的治療工作。治療雙方最大的通病是逃避創傷的事實，第二大通病，則是在尚未充分建立患者的安全感和鞏固治療同盟前，就貿然探究創傷的細節。

有時患者會過分投入，生動逼真、鉅細靡遺地描述創傷經驗，以為這樣簡單地傾訴就能解決自己所有問題。這種信念基本上出於一種幻想，以為猛烈的宣洩療法（cathartic cure）即可一勞永逸地擺脫創傷。在患者的想像中，大概有個施虐與受虐的神祕狂歡儀式，她尖叫、哭號、嘔吐、流血、然後死亡，在創傷完全被洗滌後，浴火重生。在這種令人不安的場景重現裡，治療師的身分幾近於加害者，她之所以出現在這裡，就是要施加痛苦以解救患者。患者渴求這類迅速神奇的療法，一方面是受到啟發，早年治療師都用宣洩療法來治療創傷症候群，這種印象現在也散見於普羅文化中；另一方面則是受到古老驅魔儀式的隱喻影響。三十五歲的離婚男子凱文有多年酒癮，他的案例闡明，治療師過早揭露創傷細節會造成哪些問題：

凱文差點死於飲酒過量引起的併發症，現在終於戒酒了。他酒醒未醉時，幼年嚴重受虐的景象在腦海裡盤旋，痛苦地折磨他。他求助於心理治療，希望能將他的問題「追根究柢」一番。他認為，創傷記憶是他飲酒的起因，所以倘若他能將這些記憶「完全抹除」，應該不會再沉溺於酒精。他拒絕參與任何正式的戒酒療程，亦不參加匿名戒酒會。他視這些活動都是「拐杖」，專門給那些意志薄弱、依賴性高的人使用，他認為自己不需要這樣的協助支持。

治療師贊成將治療重心放在凱文的童年史上。在心理治療會談時，凱文詳盡敘述其經歷，細節令人毛骨悚然。他更常做惡夢，更常有回憶閃現腦海。在會談時間外，他愈來愈常緊急撥電話給治療師，但到了預定的會談時間，卻又無故缺席。在一些電話中，凱文聽起來像是醉酒了，但他堅決否認又開始喝酒。直到有一次凱文帶著酒氣來會談時，治療師才恍然大悟自己犯的錯誤。

在這個案例中，治療師並不熟悉物質濫用的問題，也沒有留意到，建立自制力非常重要。患者有一套說法，自認毋須社會支持，治療師也接受了，因此忽略這項建立安全感的基本要素。她也沒有領悟到，深入探索創傷記憶可能會刺激患者，引發更多創傷後壓力症的記憶侵擾症狀，並因此危害了患者脆弱的自制力。

凱文的案例說明，在雙方對心理治療的焦點達成共識前，治療師必須詳盡評估患者的當前處境，包括評量支持架構得多穩固，才能保障患者安全。對於無法妥善自我照顧或自我防衛的患者，門診治療顯然不足，甚至完全不適當。這些患者一開始會需要在白天接受治療，或是暫居中途之家，或轉介到酒癮或毒癮的戒治機構。若要戒毒、控制飲食失調或是抑制自殺傾向，患者一定要接受住院治療。此外還有必要的社會介入手段，包括通報兒少保護機構、取得民事法庭的保護令，或是儘快即時把患者送到庇護處。

當治療師無法確定最佳治療方案時，寧願選擇保守的辦法以減低錯誤，如此才能讓患者有機會展現能力，證明她實際上能把自己照顧好；治療師也以此表現她對治療的嚴謹態度。相反地，如果治療師輕忽危險，患者就會被迫以激烈的方式表達內心缺乏安全感。

只要把復原的過程比喻為馬拉松，治療師就可以說服患者，不要對快速宣洩療法過度幻想與著迷。倖存者應該都可立刻領會這個類比所呈現的複雜關係。他們會了解，復原工作好比跑馬拉松，那要考驗耐力，需要長期準備和反覆訓練。透過馬拉松的隱喻，我們清楚看到，倖存者得全神貫注於調節身體狀態，也要培養心理層面的決心和勇氣。雖然馬拉松的意象缺乏廣大的社會意涵，但它精確呈現出倖存者最初的孤立感，也賦予治療師訓練員和教練的角色。儘管治療師的專業知識、熟練判斷以及精神支持對整個治療進程極其重要，但最終，復原還是得取決於倖存者自己的行動。

患者自己通常也不太清楚如何判斷是否準備好進行下個階段的復原工作。第一階段的休止符絕不是由任何單一、劇烈的事件所劃下，這個轉折是緩緩漸進、斷斷續續地發展起來的。受創者會慢慢恢復一些初步的安全感，或至少感到人生並非全然不可測。她會再度發現，自己仍能依靠自己和信任他人。雖然她比創傷之前更加警惕和多疑，或許仍會避免親密關係，但不再感覺完全脆弱或孤立。她對於保護自己的能力有點信心了，知道如何控制最困擾她的症狀，也清楚有誰可以倚靠。長期創傷的倖存者開始相信，她不僅有能力照顧自己，也值得好好對待自己。在與他人的關係中，她學會如何在適度信任和自我保護間找到平衡。她與治療師建立了相當穩固的治療同盟，同時保存了連結感與自主性。

到這個階段，特別是在單純的急性創傷後，倖存者會希望將自己痛苦的經歷暫時拋諸腦後，開始新生活。這樣做也許暫時會成功，畢竟也沒有研究指出，復原過程必須沿著線性而不間斷的模式進行。但最終，創傷事件本身可不情願被置之不理。在人生某一時間點，創傷記憶一定會復返，逼我們去正視它。觸發點通常是讓人想起創傷、有特殊意涵的事物（如某個紀念日），或是生活處境發生變化時。這時倖存者得面對未完成的復原工作，繼續整合創傷經驗。這時她已準備就緒，要踏上復原的第二個階段了。

第 9 章

回顧與哀悼

Remembrance and Mourning

在復原的第二個階段，倖存者開始訴說她的創傷故事，說得完整、深入又詳盡。這份重建工作實際上是轉換（transform）創傷記憶，把它整合進倖存者的生命。賈內描述正常記憶為「說故事的行動」。相反地，創傷記憶是沉默和靜態的。起初，倖存者的敘述方式反覆瑣碎、陳規老套，且不具情感。研究人員表示，沒有被轉換的創傷故事可稱為「前敘事」（prenarrative），它不會隨著時間的流逝發展或演進，也不會洩露敘述者的情感，或她對創傷事件的詮釋。[1] 另一位治療師表示，創傷記憶好似一系列寂靜的快照，或像一部默片；心理治療的作用，則在於提供它音樂和對白。[2]

在復原的第二階段中，治療師亦須謹守賦權增能的基本原則，所以是否要面對恐怖的過去，應完全取決於倖存者。治療師應扮演見證人和盟友的角色，讓倖存者可對她傾吐難以啟齒的故事。在創傷事件的重建過程中，患者和治療師的勇氣缺一不可，雙方且須明瞭他們的共同目的，並鞏固這個同盟。在心理治療中，患者要如何揭露內心，佛洛伊德有個精妙的描述：「患者必須鼓起勇氣，將注意力集中在病症呈現的現象上。他不能再以輕蔑的態度看待自己的病症，必須視為值得尊敬的勁敵，和自己人格的一部分；它的存在有確確實實的根基，在患者往後的人生裡，許多事物的價值亦會由此衍生。所以路已鋪好……為了與被壓抑的事物達成和解，患者會慢慢用症狀表達出來；同時他也找到喘息處，多少能寬待自己處於生病的狀態。」[3]

在倖存者喚起回憶的過程中，我們也得不斷維持平衡，面對過去是必要的，但保障安全也很重要。患者和治療師必須協商，以便能在封閉畏縮和記憶侵擾的雙重危險下，尋找一條通往復原的安全大道。逃避創傷記憶，會導致復原的進程原地踏步；但太急躁地接近它，就會造成創傷重演的傷害，對復原工作沒有幫助。至於治療的進度和時機，患者和治療師得同心協力一起決定，小心翼翼前進和頻繁檢討。針對這些事務，患者和治療師間應該要保留討論空間，誠實面對彼此的歧異，有不同意見的話，應自由地提出來討論；在重建工作進行前，雙方得先取得共識。

在揭露創傷記憶的過程中，治療師應仔細追蹤記錄記憶侵擾的症狀，以確保患者能承受隨之而來的痛苦。若在積極探討創傷的期間，症狀顯著惡化，治療的腳步就應該放緩，療程也須檢討修正。同時患者應該明白，此刻她可能無法發揮自己最大的能力，甚至無法發揮自己一般的能力。重建創傷故事是極費心力的工作，患者須降低對生活的要求，並「寬待自己處於生病的狀態」。通常，我們可以在患者生活中的一般社交環境下進行揭露工作；但有時，治療工作需要安全有防護的環境，比如請患者暫時住院觀察。一旦患者生活出現立即性的危機，她必須全心應付，或是生活中出現其他更重要的目標，我們就不該進行積極的揭露工作。

重建創傷故事

重建創傷故事應始於回顧患者在創傷事件之前的生活，以及導向事件發生的情境。丹尼耶利強調，發掘患者早期生命史，重要性在於讓患者的生活「重新開始流動」，再次感到現實與過往的連續性。[4]治療師應鼓勵患者談論重要的情感關係、她的理想和夢想，以及在創傷事件發生之前，她所有的奮鬥和衝突。這類探索有助於了解創傷事件的來龍去脈，進而認識它的特殊意義。

接下來的步驟是重述事實，藉此重建創傷事件。從凍結的影像片段和破碎的感覺中，患者和治療師慢慢拼湊成有組織、有細節的口述紀錄，輔以時間定位與歷史脈絡。在這整個敘事紀錄中，除了事件本身，也應包括倖存者的反應，及她生命中重要人物的反應。當創傷敘事進行到最不堪忍受的階段時，患者會發現自己愈來愈難用言語表述經歷。有時患者會自然轉換，改用非語言的方式表達，譬如素描或繪畫。基於創傷記憶「圖像式」的視覺特性，創作圖像在一開始也許最能表達這些「難以磨滅的影像」。在完整的創傷敘事中，倖存者也必須能全面而鮮明地描述創傷畫面。針對參戰退伍軍人的精神創傷，潔西卡．沃爾夫的方法是：「我要他們將創傷鉅細靡遺地『放映』出來，就好像帶著所有的知覺感官，仔細地觀看一部電影。我問他們看見什麼、聽見什麼、嗅到什麼，並且問他們有什麼感覺，及有什麼看法。」泰倫斯．基恩則強調身體感官對重建完整記憶的重要性：「如果你沒有具體地問到，是否有嗅覺改變、心跳加快、肌肉緊張和雙腿無力等症狀，他們就會避重就輕，因為那些感覺太令人厭惡了。」[5]

缺乏創傷畫面和身體感官的敘事是貧乏而不完整的。[6] 畢竟治療的最終目標，是要將創傷的故事用言語表達出來，包括畫面。患者在一開始嘗試敘事時，可能會呈現某種程度的解離現象；或許會在意識改變的狀態中寫下她的故事，然後又加以否定；或許會拋棄、掩藏，甚至忘記她寫過這個故事；又或者，她會將它交給治療師，請求她在會談以外的時間閱讀。這時，治療師應該謹慎，以防發展出一種遮遮掩掩、「開後門」的溝通管道；她必須提醒患者，他們的共同目標是將患者的故事帶進這個房間，讓它能被說出來，能被聽見；任何書信應在雙方皆在場的情況下一起閱讀。

治療師若只是讓患者不帶感情地重述事實，那就只是枯燥的說故事練習，也不會有絲毫療效。一個世紀前，布魯爾和佛洛伊德即注意到，「不帶情感地回顧幾乎沒有任何效果」。[7] 因此，在創傷敘事的每個段落，患者不僅須重建事實，且須重建自身的感受。就像回顧事實一樣，描述情緒狀態一定要費盡心力，愈詳細愈好。當患者探索自己的感覺時，也許會變得焦躁或退縮，因為她不是單純描述從前的感覺，而是在此刻重新體驗那些感覺。治療師必須幫助患者在時光中穿梭，從她當下安全的避風港回到痛苦不堪的過去；如此一來，當她再度全心強烈體驗那些感覺時，還能抓住在創傷時被破壞的安全連結感。[8]

重建創傷故事，還包括有系統地回顧事件的意義，此意義不僅是對患者，也包括她生命中的重要人物。創傷事件給人的挑戰，會激發普通人成為神學家、哲學家或法學家。倖存者一定得再次明確地表達出，過去堅守但遭創傷破壞的價值和信念。但是，她站在罪惡的虛無前啞口無言，感到任何已知的知識架構都無法解釋她的遭遇。不同年齡層和不同文化背景的暴行倖存者都有同樣的癥結，在她們的證詞裡，所有疑問都可簡化為一個問題：為什麼？她們心中的困惑多於憤怒。但這個答案已超出人類的理解能力。

除了這個深奧難測的問題，倖存者必須面對另一個同樣難以理解的問題：為什麼是我？人的命運如此偶然而無常，撼動了我們以為世間有正義、有可預測秩序的基本信念。為了充分理解自己的創傷故事，倖存者必須思考罪惡感和責任感等道德問題，並重建一個新的信念體系，才能解釋為何自己得承受不該受的痛苦。最後，倖存者無法光用思考練習來重建創傷的意義。不公不義的補救之道在於行動，倖存者必須決定下一步還可以做什麼。

倖存者嘗試解決這些問題時，常會與生命中的重要人物起衝突。她覺得失落，不再有歸屬感，不屬於她們共享的信念體系。因此，她面對一項雙重任務：不僅要重建自己「被粉碎的世界觀」，包括意義、秩序和正義，還必須找到方法解消自己與旁人的差異，因為她不再與她們擁有共同信念。[9]換言之，她不僅要恢復自己的價值感，還必須做好準備，在他人的批評下守護它。

因此，治療師的道德立場極其重要，僅僅「中立」或「不加評斷」是不夠的。患者提出挑戰，要求治療師陪她一起探索這些無邊的哲學問題。治療師的作用，不在於提供任何現成的答案，這在任何情況下都是不可能的，而在於堅定道德立場，與倖存者站在同一邊。

創傷故事的探索過程中，治療師必須協助患者，為她提供認知、情感及道德方面的脈絡。她必須把患者的反應常態化，幫助她找出適當的說法與名稱，並分擔創傷的情感重負。治療師還必須幫助患者建構新的詮釋去理解創傷經驗，從中肯定她的尊嚴和價值。每次我們問到，倖存者對治療師有何建議，她們總是強調，治療師最重要的功能就是「確認」。有位亂倫倖存者如此忠告所有的治療師：「繼續鼓勵患者談話，即使看著她們妳也很痛苦。得花很長的時間，妳才會相信一切都是真的。我愈談論，就愈有信心那些事真的發生過，也就更能整合到我的生命中。不斷有人肯定是非常重要的。任何幫助都好，只要不再讓自己是個被孤立、討人厭的小女孩。」10

傾聽時，治療師必須經常提醒自己，不能有任何預設，去設想創傷事實或創傷對患者的意義。如果治療師不去問細節問題，就很容易犯錯，在患者的故事中強加自己的感覺和解讀。治療師認為無關緊要的小細節，對患者而言或許是創傷故事中最重要的層面；相反地，治療師認為難以容忍的部分，患者或許覺得無關緊要。澄清這些分歧看法，有助於雙方理解創傷故事。十八歲的大學新鮮人史蒂芬妮在學校的兄弟會派對中慘遭輪暴，她的案例說明，釐清創傷故事的各個細節有多重要：

當史蒂芬妮第一次訴說她的故事時，治療師被那持續兩小時、慘無人道的強暴過程嚇得毛骨悚然。然而對史蒂芬妮而言，最痛苦不堪的折磨，是性侵害結束後，強暴者強迫她說，這是「她有過最棒的」性交。在麻木和無意識的情況下，她順服地說了，但隨後感到極度羞愧，也非常憎恨自己。

治療師稱此為精神強暴。她向史蒂芬妮解釋，人類面對恐怖脅迫會出現麻木反應，並問她當時是否意識到恐懼的感覺。之後，史蒂芬妮漸漸想起更多的細節：強暴者威脅她，如果她

不說自己被「完全地滿足了」，他們只好「再給她爽一次」。有了這些補充訊息，她開始了解到，

當時的服從其實只是幫助自己逃命的策略，而不是自我貶低的表現。

患者和治療師都必須容許若干程度的不確定性，即使是關於事件的根本事實。在重建過程中，只要找回失落的片段，故事本身就會有所改變，尤其是患者感到有一大片明顯的記憶斷層時，更是如此。因此，患者和治療師雙方都要先接受現實：彼此都沒有掌握事件全貌，得學著包容不確定的事項，以溫和的節奏逐步探索。

有時，患者為了解除自己懷疑或矛盾的感覺，會試著做出倉促的結論，不再探索故事的事實。有時還沒開始深入探討，她就堅持治療師得確認其故事版本為真，即使那只是片段不完整的事實；有時她還沒有處理已知事實對她造成的情感衝擊，就強迫自己積極找出更多回憶。二十三歲的保羅曾有一段童年受虐史，他的案例說明，當患者太早要求確認故事時，治療師會怎麼回應：

保羅逐漸透露自己曾經參加過戀童性交團體的事實之後，又突然宣稱整個故事都是他憑空捏造的。他威脅要立刻放棄治療，除非治療師也正式同意保羅一直都在說謊。當然，在此以前，他不斷要求治療師相信自己所說的全是事實。治療師承認，事件大逆轉令她非常困擾，她說：「你童年的時候，我沒在你身邊，因此無法假裝我確知發生了什麼事。但我知道，徹底地了解你的故事很重要，可是我們還沒完全弄懂。所以，我認為我們應該開誠布公，直到真相大白。」

保羅勉強接受這個提議，在治療的第二年，真相逐漸顯明。他之所以大翻供，是想奮力一搏，以保持對施虐者的忠誠。

有時治療師也會渴望追求確定的結論，因而蒙蔽自己。人類開放的探索精神很容易被狂熱的頑固信念取代。以前的治療師太渴望追求確定性，以致經常忽略或輕視患者的創傷經歷，目前這仍是治療師最常犯的一種錯誤。不過，心理創傷近期再次回到研究主流後，則是出現反向的錯誤。僅根據患者一段不直接相關的背景歷史，或是「症狀評量表」，治療師就斬釘截鐵地判斷對方有創傷經歷。尤有甚之，某些治療師自稱專家，專門「診斷」特殊類型的創傷事件，譬如虐待儀式。患者提出的任何疑問都被駁回，當成是「否認」事實。在某些案例中，患者只有一些不明確、不特定的症狀，但經過一次會談諮商後，治療師就宣告對方毋庸置疑是撒旦邪教的受害者。治療師必須記得，她的目的不是發掘事實真相，重建創傷故事也不是辦案，她的角色應是毫無偏見、具有同情心的見證人，而不是偵探。

事件的真相如此令人難以面對，倖存者經常在重建故事的過程中躊躇搖擺。否定現實讓他們感到抓狂，但毫無保留地接受現實似乎不是常人所能負荷的。另外，倖存者在敘述真相時呈現的猶豫心態，亦反映在對創傷故事相互矛盾的治療方法上。賈內在醫治歇斯底里症患者時，有時試圖讓他們忘卻創傷記憶，甚至利用催眠修改創傷內容。[11] 對早期參戰退伍軍人所使用的「發洩式」(abreactive) 療法也與此類似，基本上是希望完全抹去患者創傷的記憶。這類淨化治療或是驅邪儀式，也是許多受創患者求診時心中幻想的治療方法。

患者和治療師都希望在治療過程中有迅速神奇的轉變，將創傷的邪惡連根拔除。[12] 這種心態是可以理解的，然而，心理治療不能讓你擺脫創傷，敘事的目的是要整合創傷經驗，而不是「驅邪」。在重建過程中，創傷故事會自然地產生轉變，然而是變得更真實、更完整。心理治療工作的基本前提，是我們要有信念，相信說出事實就能帶來復原力量。

創傷故事講出來之後，就成為受創者的證詞。艾格和詹森在輔導受迫害政治難民時發現，所有的證詞都有個普遍特徵，即彷彿是患者的療癒儀式。從私領域來看，證詞具有告白與精神上的意義；但從公領域來看，就有政治和司法上的意義。因此，我們以「證詞」來代表創傷敘事，無形中就連接了私領域與公領域，賦予患者個人經驗一層更嶄新、更廣大的意義。[13] 理查・莫里克形容，轉變後的創傷故事，根本就是「全新」的故事，其中不再有「羞愧和屈辱」，而是有「尊嚴和美德」，講出創傷故事後，莫里克的難民患者終於「找回他們失落的世界」。[14]

轉變創傷記憶

針對不同族群的受創者，專家各自發展出不同治療技巧來轉變創傷故事。有兩種技術發展得很純熟，一是用於參戰退伍軍人治療的「暴露療法」（direct exposure）或「洪水法」（flooding），二是治療酷刑倖存者所使用的有正式程序的「見證療法」（testimony）。

為了治療創傷後壓力症，美國退伍軍人署研擬一套密集治療方案，洪水法也因此發展起來。這算是一種行為治療的方法，讓患者暴露於控制環境中，再次體驗創傷經驗，以幫助他克服對創傷事件的恐懼。在洪水法的準備工作中，治療師先教導患者，運用放鬆技巧和想像有安慰作用的畫面，就能安撫焦慮的心情。然後，患者和治療師會仔細地準備一套「劇本」，當中詳述創傷事件的細節。這套劇本須包括四個要素：脈絡、事實、情感和意義。若患者經歷過許多創傷事件，我們就要針對每一段創傷，準備不同的劇本。劇本完成後，患者可選擇自己在洪水法療程中的起始點，從最容易到最困難各階段都有。在洪水法中，患者可對治療師用現在進行式大聲地朗讀劇本；同時，治療師也可以鼓勵他盡其所能地表達自己的感覺。這種治療通常每週一次，平均進行十二到十四週，多數患者接受門診治療便可，但有些患者由於在治療期間症狀嚴重，有住院治療的必要。[15]

洪水法與治療政治迫害倖存者的見證療法有許多相似處。見證療法是兩位智利心理學家發展出來的，為了保護自身的安全，他們的研究報告以假名發表。治療的主要工作，是為患者的創傷經歷編寫一份詳細、深入的紀錄。首先，會談過程會錄音下來，並為患者做一份逐字稿。之後，治療師與患者一起修改這份稿子。在修正期間，患者可以整理這些片段回憶，變成首尾連貫的證詞。心理學家發現：「矛盾的是，這篇證詞正是施虐者一直想要的受虐者告白……不過一旦成為證詞，告白就成了控訴，而不是背叛。」[16]之後，丹麥的艾格和詹森進一步改良這項技巧。在他們的方法中，最後的書面證詞是要朗讀出來的，並且在正式的「移交儀式」中，患者以原告的身分簽署移交文件，治療師則是以見證人的身分簽署，以此畫下見證療法的句點。若要完成見證療法的療程，就得進行每週一次、平均十二至二十次的會談。[17]

行為洪水法牽涉的範圍較狹窄，見證療法涵蓋的社會和政治成分更明確、更成熟。這毫不令人詫異，因為見證療法是人權行動組織發展出來的，而洪水法是美國的政府機構開發的。但令人稱奇的是，兩種療法有若干程度的相似處。不管是哪個模式，患者和治療師都得積極合作，建構一份詳盡的創傷敘事。治療雙方都要以正規和認真的態度看待這篇敘事。最後，在安全的人際環境下，透過敘事架構，促使患者再度體驗強烈的創傷經歷。

兩種療法的效果也非常相似。上述兩位智利心理學家在三十九個治療案例中發現，大多數遭酷刑或曾被模擬處決（mock execution）的倖存者，在接受見證療法後，創傷後症狀皆獲得有效緩解。對於恐怖事件後遺症，見證療法尤見療效。若是親人失蹤或是「被消失」，這些患者雖然沒有受創傷後壓力症所苦，但遲遲無法走出悲傷，見證療法就不能提供足夠的慰藉。[18]

讓參戰退伍軍人接受洪水法治療後，我們發現許多明顯的證據，證明這個技巧非常有效。患者完成治療後，回報說，創傷後壓力症的記憶侵擾和過度警醒症狀都驟然減少。夢魘和記憶閃現的困擾變少了，一些其他的症狀如焦慮、憂鬱、注意力問題和心身症狀等，都有普遍的改善。此外，在完成洪水法的六個月之後，患者回報說，記憶侵擾和過度警醒的症狀持續有在改善。洪水法的療效只限於單一、特定的創傷事件。減低某一記憶的敏感度，並不會降低其他記憶的敏感度；各個創傷事件得分別處理，而且全部都要顧到，以求症狀得到最大緩解。[19]

由此可見，患者原先以異常的方式處理創傷記憶，但處於安全有保障關係中，透過「說故事行動」就能改變處理記憶的方式。在此記憶轉變過程中，許多創傷後壓力症的主要症狀都隨之減輕。因恐怖而引發的生理性精神官能症，顯然也可以經由語言文字的表達而得到改善。[20]

然而，這些強烈的治療技巧還是有其限制，當記憶侵擾和過度警醒的症狀明顯好轉時，麻木無感和社交退縮等封閉退縮症狀，並沒有什麼改變。除此以外，患者婚姻、社會和工作方面的問題，未必都能得到改善。重建創傷記憶很重要，但這項工作無法處理創傷經歷帶來的社會層面或人際關係問題。因此，雖然它是復原過程的必要步驟，但不足以完全解決問題。

除非創傷帶來的人際關係問題得到處理，否則連範圍不大的治療目標也很難達成，比如緩和患者的侵擾性症狀。有些症狀已對患者產生重要的意義，如夢魘和記憶閃現，所以患者會抗拒，不願讓這些症狀消失。它們也許是一種象徵手段，以顯示患者心中還守著已逝之人，也許是一種代替哀悼的方式，又或許是要表達尚未化解的罪惡感。假如作證過程沒有任何社會意涵，許多受創者會選擇繼續維持症狀。戰爭詩人威爾佛瑞・歐文如此描述：「我承認，常有的那幾段戰爭之夢是我自己帶進去的。我整個晚上有意識地想著戰爭。對於戰爭，我有自己該盡的義務。」[21]

對於長期反覆受虐的倖存者而言，將創傷故事逐一拼湊起來是更複雜的工作。有些治療技巧能有效處理範圍有限的創傷事件，但不適用於長期受虐，尤其是當倖存者的記憶中有一大片斷層的時候。重建完整故事需要很長的時間，十二至二十次的治療會談通常遠遠不足。患者總忍不住想嘗試各式各樣強而有力的治療方法，包括傳統或非傳統的，以加快復原的腳步。有些治療師會立下不切實際的承諾，端出保證有效的「閃電式」療法，比如馬拉松式的大團體治療，或是「全套組合」的住院療程。倖存者往往會受到這些花招吸引。在這些方案中，治療師會迅速地揭露患者的創傷記憶，卻沒有提供充分脈絡去整合，這是不負責任的治療行為，而且非常危險，因為患者沒有得到足夠的資源去處理被揭露的記憶。

事實上，幫助患者穿越失憶的屏障，不是重建創傷最困難的部分，許多治療技巧都能恢復記憶。重建任務最困難的部分，是跨越失憶的障礙後，如何幫助患者直視面對這些恐怖經歷，整合成一篇高度成熟的生命敘事。這緩慢、艱苦，經常令人沮喪的工作，類似高難度的拼圖遊戲：首先要拼好外框，接著每一片新資訊都必須由許多不同的觀點角度檢查，看看如何嵌入整片拼圖中。一百年前，佛洛伊德就是使用拼圖的意象來比喻童年性創傷的揭露過程。[22] 偶然有關鍵性突破時，一些片段突然就位，而組成一塊清晰的圖案時，即是對患者最佳的獎勵。

幫助患者恢復記憶，最簡單的方法是從她已有的記憶裡仔細探索。在大部分的案例中，這種簡單、平凡的方法就足夠了，因為當患者感受到已知事實對她所造成的情感衝擊時，新的回憶拼圖會自然地浮現。這種情況發生在丹妮絲身上，她是三十二歲的亂倫倖存者：

丹妮絲因內心的折磨而求助心理治療，因為她懷疑自己是否曾被父親虐待。有一股強烈的「身體感覺」告訴她，自己真的受虐過，卻沒有明確的相關記憶，她猜想她必須利用催眠幫助自己恢復記憶。治療師請丹妮絲描述她與父親目前的關係狀況；事實上，丹妮絲對於即將來臨的家庭聚會感到無比畏懼，因為她知道父親一喝醉就很聒噪、會對在場每個人留下猥褻的評語，還會調戲現場女性。她感到無處抱怨，因為家人都認為父親的行為是逗趣而無傷大雅的。

起初丹妮絲不覺得這份擔憂透漏什麼重要訊息，她在尋找更激烈、更能得到家人關注的事件。治療師問及，被父親公然調戲有什麼感覺，丹妮絲描述說，她感到厭惡、羞辱和無助。這使她回想起在治療一開始時提到的「身體感覺」。在探索自己目前的感覺時，她開始想起許多童年往事。好幾次，她跟人抱怨、尋求保護以免受父親侵犯時，換來的只有嘲笑和輕視。最終，她恢復了記憶，父親在夜晚確實曾爬到她的床上。

在患者的日常經驗中，我們通常可以找出豐富的線索，去解開解離的過往記憶。節日和特別時日的儀式活動，通常可以作為觸發關鍵，讓患者想起過去的種種。除了追蹤日常生活的一般線索外，藉由回顧相片、描繪家族樹或參觀童年足跡所及的地方，患者也可以挖掘過去。創傷後症狀，如夢魘和記憶閃現，對通往記憶之路是很寶貴的。莎朗提到，那早已遺忘的童年亂倫經歷，如何經由一次性交時觸發的記憶閃現露出線索：「有次我與丈夫做愛到一半，我感覺自己到了一個地方，好像回到三歲時的自己。丈夫繼續做愛，但我感覺很哀傷。我記得我看著四周，心裡想著：『艾米莉（治療師的名字）快來，這個人壓著我，快把我拉出來。』我知道『這個人』不是我丈夫，但無法說出那就是我『爸爸』。」[23]

在多數的案例中，無需誘發患者改變意識狀態，治療雙方就可以建構適當的創傷敘事。但有時，即使治療雙方仔細費心探索，患者的記憶依然有斷層，在這種情況下，大膽使用激烈的方法，譬如催眠療法，比較能發揮效果。但是，經由催眠解析創傷記憶需要高度技巧。[24]每次投入揭露工作前，雙方都要有仔細的事前準備，結束後也要有充分時間進行整合。患者首先要學著進入出神狀態，以幫助自己舒緩和放鬆，在充分地預想、計畫和練習後，展開揭露記憶的工作。雪莉．摩爾是精神科護士，也是催眠治療師，她提到如何使用催眠來揭露受創者的記憶：

我們可以用一種年齡回溯（age regression）的技巧，好似抓著一條絲帶或一根繩索般地回到過去。不過，對於某些倖存者就不能使用繩索的譬喻，還是有很多標準技巧可以使用，只是必須改變描述方式。有一個想像技巧對許多人都有效：讓他們想像自己在觀看手提電視。使用這個技巧時，他們會慣性地將電視轉到「安全」的頻道，這也大多是我們治療前要先切入的頻道。開始治療後，我們就要把頻道轉到「錄影帶」模式，它在播放創傷經驗影片，我們可以用慢動作觀看，可以快速前轉，也可以倒帶。患者也知道如何使用音量控制去調節他們的感覺強度。有些人僅喜歡做夢，會選擇在得到保護的地方，做關於精神創傷的夢。以上所述，都是催眠的投射技巧。

接著，我會暗示患者，錄影帶或夢即將透露精神創傷的實情。我會計數，然後他們開始向我報告，我會非常仔細地觀察患者所有面部表情和肢體動作的變化。當下這個片刻，就是記憶能被喚回的時機，任何一舉一動都要加以處理。比如他會看到一個極幼小孩童被虐的影像，我會加以核對，以確認治療可以繼續進行。人在出神狀態時，可以清楚地知道自己是分裂的：有一個在觀察的成人和一個在體驗的兒童。這毫無疑問是很強烈的經驗，但最重要的是，要將情況維持在患者可以承受的範圍內。

從出神狀態回來的人會有許多的情感反應，也會有些許疏離感。情感反應有悲傷、驚恐及對殘酷事實的震驚。回神後，他們通常會開始為自己建立連結感。有許多暗示技巧可以幫助他們想起過去，而且只記起那些預備好要想起的事物，他們的許多想法、畫面、感覺和夢境，都能漸進地幫助他們了解過去。最後，他們就能夠在治療過程中開始談論它。當你與這些記

> 憶同處一室時，是多麼地不可思議。有時你得再三說服自己，這是有效果的。事實上，人們在重獲記憶後，真的感覺比較好。[25]

除催眠技巧之外，還有其他許多技巧可以喚起意識改變的狀態，在這樣的狀態中，我們可以比較容易找到被解離的創傷記憶。這些技巧的範圍很廣，從社交式方法（譬如密集的團體治療或心理劇）到生物療法（譬如利用安米妥鈉製劑）都有。只要治療師訓練得當，任何一種技巧皆能見效。無論使用什麼技巧，都要遵守同樣的基本原則：主控權永遠屬於患者；會談的時間、快慢和進行方式，都必須經過仔細策畫，這樣一來，揭露記憶的技巧才能獲得整合，成為心理治療架構的一部分。

這種仔細的組織結構，除了應用於揭露記憶的技巧上，甚至須應用在策畫面談的流程上。理查·克隆夫特治療過多重人格的患者，他表示，他的原則是所謂的「三分法定律」：如果有「令人難堪」的療程，應該在會談前頭三分之一時間內完成，否則就該延期；深入的探索應在第二個三分之一的時間內完成；最後三分之一的時間，則留給患者做自我調整和平復心情用。[26]

針對長期重複創傷的倖存者，把每一段記憶都當成個別的單位，那是不切實際的做法。患者身上發生的事件著實太多，相似的記憶經常重疊混淆。然而，少數獨特或有特殊意義的事件，通常會比較突出。重建精神創傷敘事時，我們常得仰賴這些代表性事件，也必須了解，每一個片段皆代表許多章節。

以單一事件代表其他許多事件是有效的技巧，能重新理解患者創傷的意義。但是，這不能有效減低患者的生理敏感度。雖然研究證實，洪水法這一類的行為療法，確實有助緩解單一創傷事件回憶所引發的強烈反應，但對長期重複創傷經歷就沒那麼有效了。這個對比明顯地出現在某一案例中。精神科醫師亞瑞．沙立夫報告，有名女性患者於一次車禍後，因為此單一創傷後壓力症帶來的症狀而求助於心理治療；此外，她在童年時也曾反覆受到虐待。某種標準的行為療法成功地解決她與車禍有關的症狀，但卻不大能緩和患者童年受虐的感覺。在這種情況下，長期的心理治療是必要的。[27]

長期受創者的生理變化，範圍通常相當廣泛。童年反覆受虐的人身體許多方面無法正常運作，包括睡眠、飲食、內分泌週期，同時亦會出現廣泛的身體型症狀，和異常的疼痛知覺。因此，有些長期受虐者很可能在創傷敘事完整重建後，仍飽受生理運作紊亂所苦。這些倖存者得分別留意這些生理症狀，系統性的生理重建或長期的藥物治療是必要的。迄今，這個領域的治療幾乎都還在實驗階段。[28]

哀悼創傷後的失落

創傷必然帶來失落。有些人幸運地躲過身體傷害，自我的內在心理結構還是少了一塊，不再能有安全感地依賴他人。身體受到傷害的那些人也會失去身體的完整感（bodily integrity）。另外，若失去生命裡重要的人，她在朋友、家庭或社群等關係中，會出現前所未有的空虛感。創傷帶來的失落，阻斷了生命的正常世代傳承，也挑戰我們立下的喪親哀慟習俗。訴說創傷故事，不可避免地會將倖存者推入悲痛的深淵。許多失落是無形的，或沒有被認出，所以傳統的哀悼儀式根本無法提供足夠的撫慰。[29]

走入哀悼，是第二個復原階段中最必須、也是令人害怕的工作。患者經常擔心無法順利地完成這階段的任務，擔心一旦允許自己開始悲傷，就會停不下來。丹尼耶利引述了一段話，有位經歷過納粹大屠殺的七十四歲寡婦說：「假設每一位親人得花上一年的時間哀悼，縱使我活到一百零七歲，能哀悼過所有家人，但後面還有六百萬受難者，我該怎麼辦？」[30]

許多倖存者會抗拒哀悼，不僅是出於恐懼，且是出於自尊心。她有意識地拒絕哀慟，以此拒絕向加害者認輸。在這種情況下，重要的是，我們要重新定位哀悼的意義：那是勇敢而不是屈辱的行為。若患者到了根本無法哀悼的地步，就等於是切掉自己的一部分，亦剝奪了自己復原的關鍵部分。患者必須了解，全面喚回情感能力，完全感受到情緒，包括哀慟，並不是屈服於加害者的意志，反而更像是反抗行動。她必須哀悼所有的失落，才能發掘到自己堅不可摧的內在生命。有位童年遭受嚴重虐待的倖存者，如此描述她第一次感受哀痛的情形：

> 十五歲的時候，我就知道自己受夠了。我是個冷漠無情、反覆無常的婊子。沒有任何安慰和關愛，對我沒什麼差別，我依然活下來了。沒人能使我哭泣！有時我媽把我趕出去，我就縮成一團，睡在走廊的紙箱裡就好。即使那女人打我，也沒辦法讓我哭泣。我的丈夫打我時，我也沒留過一滴淚。若他把我打倒在地，我就爬起來再讓他打。我沒被打死也真是個奇蹟。但是做心理治療時我哭了好多次，比一輩子加起來的次數還多。我從未如此相信過任何人，

絕不願意讓他們看見我哭。一開始我也不相信你，直到幾個月前才放鬆。你看，我都說出來了！這肯定是本年度最坦白的話了！[31]

哀悼過程如此艱難，在復原的第二個階段，患者抗拒哀悼，通常就是治療停滯的主因。患者會用許多偽裝的方式抗拒哀悼，最常見的就是幻想有個神奇的解法，透過復仇、寬恕或補償（compensation），創傷就此煙消雲散。

復仇幻想經常是創傷記憶的翻版，只是加害者和受害者的角色對調罷了。而且幻想內容通常和創傷記憶一樣，有著怪誕、畫面凍結和靜默的特質。復仇幻想其實是一種期望，患者希望能以此宣洩情緒。受害者以為，透過報復加害者的想像，就能擺脫創傷的恐怖、羞辱和痛苦。復仇的渴望亦是源自過去完全無助的經驗。受害者受辱又憤怒，於是想像復仇是唯一恢復力量感的方式。她也會想像這是唯一方法，能迫使加害者承認對她的傷害。

受創者以為，復仇能夠幫她緩解痛苦，然而反覆地幻想復仇，只是更折磨自己。殘暴且逼真的復仇幻想，正如當初的創傷畫面一樣，會喚醒感官、帶來恐懼、隨時侵擾她的心靈。它們加劇受害者恐怖的感覺，貶低她的自我觀感，讓她覺得自己是個禽獸。最後倖存者會十分沮喪，因為復仇永遠不可能改變或補償她受過的傷害。那些真正採取復仇行動的人，譬如犯下暴行的參戰退伍軍人，從未能成功地擺脫創傷後症候群；相反地，他們所承受的精神困擾應該是最嚴重、最難解的。[32]

在哀悼的過程中，倖存者終究一定會了解，報復不可能有盡頭的。當她在安全的環境裡發洩憤怒時，那無能為力的怒火會逐漸改變，成為有力而令人滿足的怒氣：義憤填膺（righteous indignation）。[33] 怒氣轉型後，倖存者就得以從復仇幻想的禁錮中解放出來，否則在裡面面對加害者的只有她自己。此外，她也才有機會在不犯罪的情形下，重新獲得力量感。放棄復仇幻想並不意味放棄追求正義。正好相反，放棄幻想就能開啟新歷程，邀請他人加入一起對抗加害者，讓他為犯下的罪行負責。

有些倖存者極度厭惡復仇的念頭，所以試圖運用寬恕的幻想，想要一筆勾銷自己所受的不公不義。寬恕與復仇是兩個極端的幻想，但作用都一樣，倖存者想以此再次得到力量。倖存者想像，透過意志展現愛的反抗行動，就能超越自己的盛怒，並抹去創傷的衝擊。但不論是恨是愛，都無法徹底驅除創傷。像復仇一樣，寬恕的幻想也經常成為殘忍的酷刑，因為對多數的普通人而言，那太遙不可及了！常言道，寬恕是神聖的美德。然而在多數的宗教體系內，神明也不會無條件地寬恕罪人。除非加害者前來懇求原諒，願意認罪、悔改和補償，否則我們不應輕易給予真正的寬恕。

加害者痛改前非絕對是罕見的奇蹟，幸好倖存者並不需要等待它出現。要走完治癒之路，有賴於倖存者持續發掘自己生命中的復原之愛，而且不需要把它延伸到加害者身上。一旦倖存者走過創傷事件的哀悼之路，就會突然發現，自己對加害者一點也不感興趣，亦不再在乎對方的下場如何。她甚至為他感到哀傷和同情，但這種掙脫的感覺是不同於寬恕的。

除了復仇與寬恕，補償的幻想同樣會成為強大的阻礙，使倖存者無法走完哀悼之路。但問題在於，受害者渴望得到補償，也是正當合理的。她遭到不公平的對待，自然感到有權要求某種形式的補償。追求公正補償通常也是復原成功的重要關鍵。然而，它也可能是無形的陷阱。長期、無效地抗爭，要從加害者或從其他人身上爭取補償，也代表倖存者還在抗拒面對殘酷現實，因為失去的已無法挽回。只有透過哀悼，我們才能給失落的人事物應得的光彩；沒有任何補償能夠做到這一點。

對許多倖存者而言，打敗加害者、抹去創傷屈辱的渴望，會更加激起她補償的幻想。一一解析補償的幻想後，我們會發現，它通常包含許多心理元素，意義遠超過任何倖存者的實質收穫。對倖存者而言，補償也許代表承認加害者所造成的傷害、表示歉意，或對加害者的公開羞辱。雖然幻想是為了找回力量，但實際上，苦苦爭取賠償，只會讓倖存者和加害者的命運更緊密連結，能不能復原完全受制於加害者，還得看他的臉色。矛盾的是，患者一放棄希望，不想再從加害者身上得到賠償，她就解脫了。隨著哀慟的進程發展，患者會慢慢發現更具有社會意義、普遍意義以及抽象意義的賠償方式，在其中，她得以追求並伸張正義，但不會再把力量過渡給加害者，讓對方掌控自己現下的人生。二十八歲的琳恩是的亂倫倖存者，從她的案例就能看到補償幻想如何阻礙復原進程：

> 琳恩在未接受心理治療前，多次因自殺未遂、不斷自殘及厭食症而住院治療。我們發現其自殘行為和童年受虐經歷有關後，她的症狀便逐漸穩定下來。然而，經過兩年穩定的進步，她忽然「陷入泥淖」，開始稱病不工作、取消會談預約、逃避朋友、終日賴床不起。
>
> 探索這個僵局時，我們發現，琳恩根本上是因為反抗父親而進行全面「罷工」。即使不再為

亂倫的事件自責，她仍深深痛恨自己的父親未負起應擔負的責任。她認為，讓自己的心理繼續失能，是讓父親為其罪行付出代價，唯一的手段。她表示，在她的想像中，如果她的心理問題嚴重到影響工作，父親勢必要照顧她，久而久之，終會為他的所做所為感到懊悔。

治療師問琳恩打算花多少時間等待這個夢想實現。此刻，琳恩突然痛哭流涕，她為自己浪費的時光流淚，一心只想等待並期望父親認錯。在哀慟的同時，她決定不再將寶貴的光陰浪費在無解的纏鬥上，並重新振作，更積極地參與自己的心理治療、工作和社交生活。

還有一種賠償幻想不是針對加害者，而是向實際的或象徵性的旁觀者索討。倖存者求償的對象，可能是整個社會，也或許是個人。表面上可能完全只要求經濟上的賠償，譬如傷殘賠償，但不可避免地，亦涵蓋許多重要的心理因素。

在心理治療過程中，治療師將成為患者求償的重要對象。她會怨恨治療契約裡規定的界限和義務，要求某種特殊形式的豁免權。在這些要求背後，其實是患者想像，唯有當治療師或某個神奇人物給她無盡的愛時，才能化解她的精神創傷。三十六歲的奧莉維亞是童年嚴重受虐的倖存者，她的案例顯示，求償的幻想如何轉型為身體接觸的要求：

奧莉維亞在接受心理治療期間，可怕的記憶一點一滴地被揭露出來。她堅稱無法容忍這樣的感受，除非治療師允許她坐在大腿上，並像擁抱孩子似地摟著她。這樣的接觸會混淆工作關係的界限，治療師一口拒絕了。奧莉維亞感到憤憤不平，她指責治療師藏著能讓她康復的方法。雙方僵持不下，治療師建議奧莉維亞另請高明。

奧莉維亞渴求被擁抱與依偎，治療師肯定這個欲望，卻提出質疑：為何她認為是治療師是適當的執行人選，而不是戀人或朋友。奧莉維亞開始哭泣，她害怕自己是如此地脆弱，以致再也無法擁有互動的人際關係。她感覺自己像個「無底洞」般索求無度，害怕自己遲早會讓所有人精疲力竭。她不敢冒險在同儕關係找尋身體的親密接觸，因為她堅信自己失去愛與被愛的能力，所以唯有像治療師般的「再造父母」，才可以完全付出，幫助她痊癒。

治療師建議，治療的焦點應該放在哀悼患者被破壞的能力，因為她再也無法付出愛。奧莉維亞完成這個哀慟過程後，驚喜地發現，她終究不是一個「無底洞」。奧莉維亞領悟到自己仍保有許多與生俱來的社交本能，而且開始懷抱希望，期待生命中能出現親密關係。奧莉維亞發現自己可以擁抱朋友，也能接受朋友的擁抱，不再向治療師索求任何的擁抱接觸。

不幸地，治療師有時會與患者一起自欺欺人，產生不切實際的復原幻想。旁人會賦予治療師偉大的治癒力量，那不僅是迷人的恭維，治療師也會忍不住想尋求按手禱告那樣的神奇治療法。然而，一旦跨越這個界限，治療師就無法保持無私的治療立場，認為自己能做到更是有勇無謀。治療雙方沒有維持界限，即使一開始只是出於良好的動機，但最終還是會導致患者被剝削。

治療師想對患者負起全責，最好的方式，即是忠實地為她的故事做見證，不把對方當成嗷嗷待哺的孩子，亦不給予任何特殊待遇。雖然倖存者不須對自己所受的傷負責，卻得扛起復原的責任。矛盾的是，一旦倖存者接受這不公平的狀態，就會開始得到力量。倖存者在復原過程中，能取得完全掌控的唯一方式，就是負起全責。她究竟還有多少力量未被破壞，唯一能發掘的方式，則是竭盡所能地把它們發揮出來。

在絕望的片刻，或是被關押時逐漸腐化之際，倖存者也會傷害他人，此時讓他們承擔復原的責任就有另一層意義。曾犯下暴行的參戰退伍軍人，感到他們不再屬於文明社會。被迫出賣他人的政治犯，或是未能保護子女的受暴婦女，都感到自己犯了比加害者還嚴重的罪。雖然倖存者漸漸了解，這些人際關係的侵犯都是在極端情境下發生的，但領悟了以後也不能充分化解倖存者深刻的自責和羞辱感。倖存者必須哀悼她喪失的道德操守，並且找到自己的方法彌補覆水難收的傷害。這種補償絕不代表赦免加害者的罪行，更恰當地說，倖存者以此重申、強調現下的道德選擇。黎妮的事例說明，倖存者如何彌補她認為自己應該負責的傷害：

> 四十歲的黎妮是離婚婦女，在二十年的婚姻當中，丈夫不斷在孩子面前毆打她。在逃脫此受虐關係後，她旋即求助心理治療，過程中，她才有辦法表達對自己失婚的哀慟。當她領悟到，這多年來的暴力現場對青春期的兒子造成的影響，就變得消沉抑鬱。孩子們愈來愈有侵略性，並公然違抗她。黎妮無法管好他們，覺得自己的確應該被他們瞧不起。她認為自己沒有扮好為人母的角色，現在想彌補傷害也太遲了。
>
> 治療師承認，黎妮確實有理由感到內疚和羞愧，但強調，允許兒子行為不端，只會加深傷害。如果黎妮真正想補償兒子，就沒有權利放棄自己或他們，她必須學會如何贏得他們的尊

敬，並使用非暴力的方式培養他們的紀律。黎妮同意去上一門親職課程，作為補償兒子的方式。

在黎妮的案例裡我們看到，光是告訴患者她是家暴受害者、一切都要怪到她丈夫身上，並不足改善現況。當她只把自己當作受害者，就會對自己的處境感到無能為力，也無法承擔現況。一旦能承認自己對孩子有應負的責任，她就能找回掌控局勢的力量。展開補償行動之後，黎妮才有辦法再展現親職角色的權威。

長期童年創傷的倖存者需要面對的哀慟除了已失落的人事物，還有那些從未擁有過的人生。他們的童年被偷走了，任何事物皆無法取代。他們也得哀悼自己失去基本的信任感，不再相信世上有好父母。當理解到毋須對自己過去的命運負責時，他們面臨到一股存在的絕望感，那是童年時無法面對的。關於這段哀悼時期，李歐納．西安格提出一個中心問題：「若內心缺乏父母關懷的畫面，人如何生存下去……每個靈魂被謀殺的受害者，都會被這個問題折磨：『沒有父母而存在的生命是否可能？』」[34]

倖存者在深陷絕望時，就會連帶升起自殺的念頭，至少會瞬間出現一下。在復原的第一階段，患者會出現衝動的自殘行為。相對地，在第二階段，她的自殺傾向是慢慢發展出來的，一開始是出於看似合理、不起眼的冷靜決定，然後她開始討厭這個世界，它竟然容許如此恐怖事件發生。患者或許會參與一些無傷大雅的哲學討論，辯論選擇自殺的權利。我們要再三強調，患者得清楚這只是知性上的攻防戰，一定要克制自己的感覺與幻想，以免強化絕望感。通常患者會幻想自己已是行屍走肉，因為她愛的能力早就被破壞殆盡。不過，當患者陷入絕望困境時，只要能找到一點小小證據，證明自己還有能力可以形成愛的連結，她就可以撐過來。

只要有能喚起安慰人心的畫面，我們就能從中找到線索，發現還沒被摧毀的愛的能力。每一個人幾乎都能找到一些依附畫面，從苦難的殘骸中打撈出一些安慰。他們會記得一個曾給予自己關懷、安慰的人，這種正面的回憶，是在患者陷入哀悼時的「生命線」。不管是不是近距離接觸，當患者能對動物或孩子擁有憐憫的感覺，也許就能開始對自己產生微弱的同情心。倖存者若能擺脫罪惡感、去除汙名化的自我認同、勇於憧憬新的人際關係，不需要再遮遮掩掩，那麼哀悼任務就完成了。

K夫人是納粹大屠殺的倖存者，從她的治療過程，可以清楚看到哀悼所產生的復原力量，以及人類經歷最沉痛的失落後，仍然具有非凡的再生能力：

> K夫人心理治療的轉捩點，在於她開始「坦承經歷」：她結過婚，並在猶太隔離區生過一個小孩，後來還「給了納粹」。解放後，那些「好心好意的人」不斷警告她，如果將這些事告訴未婚夫，對方絕不會娶她。之後她內疚、羞辱和「骯髒」的感覺就愈來愈惡化。在惡劣至極、非人道的環境下，她想辦法讓那個嬰孩活到兩歲半。她總是把寶寶藏在大衣裡，但啜泣聲驚動了納粹軍官。對方一把搶去，然後冷血地殺了寶寶……
>
> 戰後，K夫人的家人開始聯繫，分享彼此的經歷。大約六個月時間裡，家人不斷耐心地請求她重複上述事件的經過……直到有一天，她終於能夠講完這段隔離區的故事，而且結尾是「他們從我懷裡奪走孩子」。之後，她那如一灘死水的自我認同終於開始流動，體驗到那失落

的……苦痛和哀傷……

在治癒過程中，K夫人運用許多心理資源為後盾，如美德和勇氣，那是戰前與戰時培養起來的。她在童年時就有過人的膽識。在集中營幾乎要放棄時，她還能想起祖父安慰她的樣子。她還有熱情、智慧、絕妙的幽默感，還能隨時打起精神保持愉快心情……現在不再需要正式的心理治療了，K夫人說：「我找回了自己，一切從頭再來……我以前不覺得自己了不起，但現在我真感到自豪。雖然人生總有不喜歡的事，但至少充滿希望。」[35]

復原第二階段有一種無時間感的特質，令人害怕。要完成創傷重建，患者就得沉浸在過去那早已凍結的時間中；走入哀悼的深谷，會覺得自己像是個失敗者，有永遠流不盡的淚水。患者經常問道，這個痛苦的過程究竟會持續多久。但這個問題沒有標準答案，唯一能肯定的是，這個過程絕對必要，不能繞道而行，亦無法一蹴可幾。哀悼過程幾乎比患者預期的還要久，但不會永遠持續下去。

患者得一再地反覆訴說創傷故事，直到有一天，她開口時不再喚起先前那些強烈的感覺，就是時候到了。這些故事成為倖存者的人生經歷，而且只是其中一部分而已。這些故事不過是眾多回憶之一，而且就像其他回憶一樣，也會漸漸淡去。同樣地，她的哀慟會開始失去原有的激情。倖存者驀然發現，創傷並不是她生命中最重要的篇章，也不是最引人注意的段落。

一開始對倖存者而言，這些想法好似異端邪說。她不禁會懷疑，若不再投入生命去回顧與哀悼，那過去承受過的恐怖磨難，就不會得到應有的重視。然而她終究會發現，注意力已飄回平凡的生活中。其實不需要擔心，她永遠也忘不了。只要活著，她每天都會想到那些創傷，每天都會感到哀慟。但那個時刻終究會來臨，創傷不再占據她生活的中心。強暴倖存者索海拉．阿布杜拉利記得，有次在課堂上，她提到對強暴要提高警覺，但現場出現意外插曲：「有人問我，什麼是被強暴最糟糕的部分，我看著他們愣了一下，然後說，我最痛恨的是，它是如此『無聊』。他們看來都很震驚，然後我說，不要會錯意，強暴本身是可怕的事！我不是指發生這種事真無聊，而是指這麼多年都過去了，我不再對它有任何關注了。當你還處在那種驚恐與害怕中，不管講了五十遍、甚至是五百遍，自己都會積極投入。但我現在已經無法再那麼激動了。」[36]

創傷重建工作絕不可能百分之百地完成。在生命週期的各個階段，新的衝突和挑戰必然都會喚起創傷回憶，讓我們看到這段經歷的新面向。然而，當患者重組自己的個人史，感受到投入生命的新希望和新能量時，第二階段的主要工作算是圓滿達成了。時間的齒輪亦恢復運行。「說故事的行動」總算畫下句點，創傷經驗真正屬於過去了。這時，倖存者接下來的任務就是重建當前的生活，以及追求未來的志向。

第10章

重建連結
Reconnection

處理了創傷的過去後，倖存者現在面對的任務是開創未來：她哀悼過被創傷毀壞的舊我，現在必須發展出全新的自我。她的人際關係受到創傷的考驗後，永遠地改變了，現在必須發展新的人際關係。從前給予生命意義的固有信念受到創傷的挑戰，必須尋找新信念。此乃復原第三階段的任務，當完成這些工作，倖存者也重新找回自己的世界。

在這個復原階段，人格被創傷環境形塑的倖存者，常常覺得自己好似逃入新國度的難民。對於政治流放者，這種比喻很貼切，但對於其他人，譬如受暴婦女或童年受虐的倖存者，她們的心理歷程比較像是移民，也就是遠離原本的環境，必須在全然不同的文化中建立新生活。走出完全受操控的環境，她們一方面感到不可思議，一方面又有不確定的自由感。她們談論失去的世界，又重獲世界。精神科醫師麥可・史東輔導過亂倫倖存者，他提到重新的適應過程有多艱難：「從本質上來說，所有的亂倫受害者都被灌輸同樣的觀念：強者可以為所欲為、蔑視成規……我們往往得對患者進行『再教育』，讓她們認識一般人的親密生活中，有哪些典型、一般、健全和『正常』的相處模式。亂倫的受害者早年一直生活在扭曲、神祕封閉的環境裡，所以對一般人如何親密互動，無知到令人不敢置信。受害者居住在原生家庭裡，感覺卻像身在國外的陌生人，一旦離開家，他們就『安全』了。」[1]

復原第一階段的問題經常在第三階段又出現。再次地，倖存者得投注能量於照顧自己的身體、隨時留意周遭環境、關心自己的物質需求和人際關係。不同的是，第一階段的目標很單純，僅止於確保自己處於基本的安全防護環境，到了第三階段，倖存者準備好要更積極地參與這個世界了。從新建造的安全基地，她可大膽地邁向未來，她有能力制定目標計畫，重新發掘創傷前的展望抱負，甚或第一次發現自己的雄心壯志。

無助感和孤立感是精神創傷的核心經驗，重獲權能和重建連結則是復原的核心經驗。在復原的第三階段中，受創者了解自己曾是受害者的事實，並明白受害對自己的影響。現在她準備就緒，要將創傷經歷所學到的一切嵌入自己的生活中。她得採取具體的行動，以增進力量和控制感，保護自己、提防危險再臨，加深與信任盟友的感情。有位童年性虐待倖存者提到自己在復原階段的情況：「我下定決心：『好，我受夠了一直原地打轉，彷彿想去虐待那些看我不順眼的人。我不必再有那種感覺。』然後我想：『我喜歡怎樣的感覺？』我要活在一個有安全感的世界裡，我要感到堅強有力。所以我把焦點轉到人生中辦得到的事情，從真實的人生處境中，找出獲得力量的方法。」[2]

學習戰鬥

在真實的人生處境中獲取力量，倖存者須有意識地選擇面對危險。到這個復原階段，倖存者已理解，創傷後症狀也是面對危險的正常反應，只是病態地過度放大了。他們經常敏銳地意識到，自己依舊容易對於創傷的威脅和相關的人事物感到受傷。與其被動地接受這些體驗一再襲來，倖存者也可選擇積極與恐懼交戰。從某個層面來說，選擇使自己暴露於危險中，也可理解為一種重演創傷的方式。正如重演的作用，透過這個選擇，倖存者嘗試要管控創傷經驗。然而不同之處在於，她有意識地開啟這行動，有計畫、有步驟，因此更可能成功。

對於從未學過基本身體自我防衛的人，這套運作計畫也能幫助倖存者掌握心理狀況和調節生理狀態。這也是一種反抗，否則社會總是要求女性應扮演傳統角色，得唯命是從、討人歡心。梅麗莎．沙爾特是女性防身領域的治療師與教練，她的訓練計畫包含漸進式的鍛鍊，教練會模擬不同程度的猛烈攻擊，而學生學習如何防禦反擊。她的訓練成功地重塑學生面對威脅的反應，以下是她的描述：

> 我們的目標是讓她們經歷恐懼，但知道自己有能力還擊，無論用哪一種方法。在第一堂課結束前，擁有力量的感覺漸漸戰勝恐懼，至少能與恐懼感並駕齊驅。她們開始發展對腎上腺素的耐受性，慢慢習慣心臟砰砰敲擊的感覺。我們教她們如何呼吸，及如何在壓力下安定情緒……

第四堂課通常是最激烈的……包括一次長時間的肉搏戰，模擬的搶劫犯會持續不斷地攻擊她們。遇襲時，她們達到一個臨界點，覺得自己再也**無法**撐得住，但又**必須**堅持下去。於是她們意識到自己的潛能比原先以為的還大，即使在戰鬥結束時會精疲力竭或是戰慄哭泣。這是非常重要的突破！[3]

倖存者決定要在這些防身課程中「品嘗恐懼」，從鍛鍊中重建對危險的正常生理反應，重造被創傷粉碎和拆解的「行動系統」。因此她們將更有自信面對世界：「她們抬頭挺胸、呼吸自如、大方地與人目光交會、也更腳踏實地……旁人也都說，她們走在街上時，更敢看著街上行人，而不會目光朝地或畏畏縮縮。」[4]

在這個復原階段中，還有許多其他同樣重要的方式，可以幫助倖存者在環境控制下訓練挑戰恐懼。例如，有些治療機構或自助組織會籌辦荒野之旅，在謹慎規畫下，讓倖存者面對危險情境。經由這些設計過的體驗，她們就有機會重新調整自己適應不良的社會反應，以及重塑生理和心理方面對恐懼的反應。珍．古德溫以治療師的身分參加過荒野之旅，與童年受虐倖存者同行，她說：「倖存者發現，在這種情境下要確保安全，任何神奇或神經質的方法都派不上用場。舉凡『裝可愛』、變得好相處、『搞失蹤』、提出過分或自戀的要求、只想等待救兵；不管你耍什麼花招，早餐都不會自動出現在餐桌上。相反地，若能實際面對問題，得到的成果一定會讓她們喜出望外。事實上，她們都能學會垂降岩壁。她們擁有的成人技巧……遠勝過內心的恐懼與低度的自我評價，雖然一開始她們都判斷那是不可能的任務。」[5]

如同防身訓練的過程，在荒野體驗中，倖存者讓自己處於危險片刻，喚起「戰或逃」的反射動作，但事前已清楚知道她將選擇戰鬥。這麼一來，對於自己的身體和情緒反應，她就能發展一定程度的控制力，並有重獲力量的感覺。她開始明白：不是每種危險都會讓人崩潰，不是每種害怕都會令人膽寒。透過自願接觸、身歷其境，倖存者重新學習恐懼的不同層次。目標不是消除恐懼，而是學習如何與它共存，甚至把它當成能量和啟蒙的源頭。

除了面對身體的危險，倖存者經常要重新評估自己獨特的社交方式，特別是有些社交情境沒有明顯的威脅，但當中仍有敵意或微妙的強制性。她們開始思考，社會都譴責暴力與剝削，但當初有哪些前提條件，致使去她們會默許順從？女性會懷疑，自己為何要遵循傳統、扮演附屬角色。男性則質疑，自己為何遵循傳統，成為權力支配階層的共犯。這些前提和舉止大多根深蒂固，我們不知不覺就在運用它們。馬帝・霍洛維茨的研究顯示，在心理治療的第三階段，強暴倖存者逐漸意識到，她們那刻板的女性心態和作為，如何把自己推向險境：「她們總覺得自己不值得受人重視，所以面臨壓力事件時，就會下意識出現一種心態，認為只有祭出誘惑的手段才能引起注意……在解析強暴的意義時，她開始發現，這種自我概念大有問題，還會連帶出現救援幻想。她改正自己的態度，包括慣有的不切實際的期望。她以前總認為，掌控者會因剝削她而感到內疚，出於這份罪惡感，就會關懷、善待她。」[6]

這裡要再三強調，只有當倖存者徹底了解，唯一需要為罪行負責的只有加害者，她才能放下重擔，去檢視她的個性或行為有哪些面向，導致她容易陷入剝削關係。不過，只有在能避免傷人且苛刻評斷的安全環境底下，我們才能正式探索受創者的弱點和錯誤，否則只會淪為責備受害者的討論。輔導越戰退伍軍人時，羅伯・立夫頓做出明確的區別，男人原本的自責傾向具有破壞性，後來加入「交談團體」後發展出的自我檢視與肯定，才具有建設性：

> 這群男人如此注重責任感和意志力，令我驚訝不已。他們會隨意評論軍事和政治領袖，討論哪些制度促成軍國主義，最後導致戰爭。但終究，他們會回頭開始自我批判，因為他們是自願投入戰場……他們強調，如此做是為了那最愚不可及的理由。言外之意是，是他們選擇加入軍隊和戰爭，而不是被迫投入。然而，這種自我批判不可完全歸因於軍人內心殘存的罪惡感。反之，那也是一種奮鬥歷程，他們要深入並拓展自我的邊際，朝自主性的極限不斷推進。[7]

倖存者明白，過去自己就是被社會安排好既定角色，才那麼容易陷入剝削關係，也發現，持續不斷的社會壓力才是根源，使她們迄今仍然困於框架之中，繼續扮演受害者角色。她們必須克服自己的恐懼和內在衝突，同樣必須克服外在的社會壓力，否則，創傷事件會象徵性地在日常生活中不斷重演。在復原的第一階段，倖存者先撤退到被保護的環境中，以避開社會的敵意；到第三階段，倖存者則希望積極主動地面對社會。此刻，倖存者已準備好要透露自己的祕密，質疑旁觀者的冷漠或責難，並指控那曾虐待她們的加害者。

在受虐家庭中生長的倖存者，通常會遵循家庭的沉默法則以保守家中祕密，於是背負太多不屬於自己的重擔。到了復原第三階段，倖存者可以做主，向家人宣告，自己不再保持緘默，永不再遵守這個法則。宣告之後，他們便卸下羞辱、內疚和責任的重擔，物歸原主，通通還給加害者。

倖存者若有完善的計畫並在適當時機下與家人正面交鋒、揭開祕密，就能高度增進自己的權能。不過，除非倖存者心理準備踏實，毋須他人首肯、也不害怕有任何後果，才能說出她所知的真相。揭開祕密的目的在於，說實話這個動作能帶來力量，家人有什麼回應其實無關緊要。如果家人也認同那段經歷，當然會令人感到安慰，但即使家人死不認錯甚至惱羞成怒，這段揭露的療程也是成功的。因為在這種情況下，倖存者才有機會觀察家人的行為，並更近距離理解自己童年遭受的壓力。

在實務上，我們需要非常完整、細心的準備工作，才能開啟行動，與家人正面交鋒及揭開祕密。許多的家人相處模式都是出於慣性，被視為理所當然，所以雙方經常重演主宰與順服的姿態，就連最細微的互動也表露無遺。治療師應鼓勵患者主動出擊，負責計畫會談，制定明確的遊戲規則。對某些倖存者來說，這是前所未有的經驗，她變成制定規則、而不是自動順服的人。

倖存者心裡要很清楚會談策略是什麼，要以哪些步驟揭露祕密。想透露哪些訊息、想跟哪些家人透露，她都得預先準備。雖然有些倖存者希望直接面對加害者，更多人卻只願意對無侵犯意圖的家人透露祕密。治療師應鼓勵倖存者，先考慮面對較具同情心的家人，之後再接觸毫不寬容、充滿敵意的家人。就像上述的防身訓練一樣，與家人正面交鋒，需要一系列漸進式的鍛鍊，倖存者要能掌控某種程度的恐懼，才能進一步將自己暴露於更高等的恐懼中。

最後，揭開祕密後會有哪些後果，倖存者也應該做好完善的計畫和心理準備。她很清楚自己想要什麼結果，但必須準備就緒，以接受其他可能的發展。成功表白後，總有隨之而來的輕鬆感和失望感。一方面，倖存者對自己表現的勇氣和膽識感到驚喜，她不再感到被家人威脅壓迫，也不用再被迫參與具破壞性的家庭關係。她的內心不再被祕密綑綁，毋須隱藏任何事物。另一方面，她更清楚地體會到家人的侷限。有位亂倫倖存者談到，對家人揭開祕密以後，自己有如此的感受：

一開始我感到滿意，有不可思議的輕鬆，任務成功！然後，我開始感覺非常傷心，深深地哀慟起來。痛苦萬分，沒有任何言語能形容我的感受。我不斷哭泣，卻不知道為什麼。我從來不曾如此。我通常能找到一些話語來描述、解釋自己的感覺。但現在的感覺太直接了：失落、哀慟、哀悼，好像他們都死了。我感到絕望，對他們再也沒有任何期望……我知道我沒有任何保留。我沒有遺憾：「噢，但願我說了這個或提到那個。」想說的我全都說了，而且還是用我預想的方式說出來。我感到非常滿意，也很感謝自己做了完善的計畫、排練、沙盤推演等等……

從那以後我覺得自由了……覺得有希望！我覺得我有未來！我有踏實感，再也沒有瘋狂或恍惚的感覺。當我哀傷時，我是哀傷的；當我憤怒時，我是憤怒的。我清楚地知道即將面對的困難和不好過的日子，但我也知道已尋回自我。現在的感覺大不相同，這是我以往想像不到的、完全不曾有過的心情。我一直想追求這種自由，也一直努力奮鬥。現在戰爭已經結束了，沒有侵略者了，只有我個人的奮鬥。[8]

與自己和解

「我知道我擁有自己」，這個簡單的聲明可以說是第三個、也是最後復原階段的標誌。倖存者不再覺得內心被創傷的過去占有，現在她擁有自己。她稍微了解自己過去是個什麼樣的人，也明白創傷事件是如何傷害她。她現在的任務是致力於成為她想要成為的人。在這個過程中，她會善用過去自己最珍貴的經驗與不同面向，包括創傷之前、創傷事件以及復原階段的經驗。整合這些重要的元素，她可在理想中與生活中創造全新的自我。

倖存者須積極地訓練現在才被釋放出來的想像力和幻想力，才能重塑理想的自我。在早期的復原階段中，倖存者的幻想世界被反覆的創傷畫面所占據，想像力受到無助和無用感所侷限。但現在，她有能力找出失落的希望和夢想。倖存者也許最初會抗拒，害怕面對失望的痛苦。走出受害者封閉退縮的原點需要勇氣。倖存者必須勇於面對恐懼，同樣地，也必須勇敢畫出希望的藍圖。受暴女性準備重建生活時，該如何恢復失去的抱負？有本自助指南的作者提出指引：

> 現在時候到了，你應該跨過那千篇一律的日子，展開冒險，測試你的能力。那充實的感覺來自於……成長。以前總有人說，每個人都想要超越自己，但不要看得太認真，那只是青澀的幻想。或許你相信，成熟的人會安於枯燥的現狀，什麼都湊合著過日子。的確，有時重拾少女時代的夢想，真的不切實際。不管有沒有小孩，現在要你拋下一切、跑到好萊塢當明星，應該不是好時機。不過，除非想到什麼好理由，否則也毋須完全放棄……如果你「一直想實

現它」，就不要等進了棺材再懊悔。去參加一個小小的劇團吧！[9]

在這個階段，治療工作的焦點大多是培養欲望和主動性。透過治療環境，我們提供患者受保護的空間，允許她天馬行空、自由幻想。同時它也是實驗場，讓患者將幻想轉化為具體行動。患者現在可以將早期復原階段學到的紀律與想像力和遊戲能力連結。這個階段可盡情嘗試不怕犯錯，倖存者可學會容忍失誤，享受意想不到的成功。

許多人認為，若要重獲自我，倖存者一定要棄絕被創傷汙染的一些自我面向。她蛻去受害者的身分時，也選擇放棄部分的自己，但那對她來說幾乎是自己與生俱來的存在面向。倖存者幻想和自律的能力都會在這個棄絕過程中再次受到挑戰。有位亂倫倖存者談到，她投入意識訓練計畫，改變自己對性虐待場景的固有反應：「訓練到一個階段時，我終於真正了解，那些並不是我的幻想。被虐待期間，我是真的受到性虐待。漸漸地，我開始又能感受到性高潮，而且不用再幻想性虐待場景，腦中也不再有父親那樣對我的畫面。我先把原先的幻想從感覺中抽離，接著有意識地把其他強效畫面加強到那個感覺上去，比如看見一道瀑布。既然他們能灌輸你性虐待的畫面，那你一定也可把它改成瀑布的畫面。我重新設定了自己。」[10]

在這個階段，當倖存者更敢於在這個世界冒險時，她的人生也就更加接近常人。當她與自我再連結時，不只感到平靜，也更有把握能沉著面對人生。有時，對於這種日復一日平和的存在感，倖存者會覺得不太習慣。尤其，她們有些人在創傷環境裡成長，這是他們第一次體驗到正常生活。以前，她們總想像一般人的生活是非常無趣的，但現在對受害者的生活厭倦了，準備去發現一般生活的趣味。有位童年性虐待的倖存者證實了這種心態轉變：「我總是需要強烈的衝擊、癮頭很大。但每次強度週期要結束時，就開始沮喪。難道要我痛哭流涕還是大吵大鬧？……我想這跟毒品上癮沒什麼兩樣。我深深著迷於戲劇化的心情起伏跟腎上腺素爆發。要擺脫這種強烈的刺激需求，就得循序漸進地戒除這種快感。直到有一天，我終於對平凡生活產生些許的滿足感。」[11]

一旦倖存者發現，自己某些面向是在創傷環境下形成的，並願意放下它們，就比較容易原諒自己。一旦不再以為創傷的影響是永久的，她們就比較願意承認，創傷事件確實傷害了自己的人格。倖存者愈是積極參與自己的人生重建，就愈普遍能接納受創自我的記憶。例如，拉芙蕾絲曾被迫成為色情影片演員，對這苦難她有此省思：「這些日子以來，我不再苛求自己，或許是因為忙於照顧三歲的兒子、丈夫、房子和兩隻貓。回首看過去的那個琳達．拉芙蕾絲，我了解她，知道她為什麼做那樣的事。那是因為她感到好死不如賴活。」[12]

到這個階段，倖存者有時能接受，某部分正面的自我是由創傷經驗淬鍊而成，雖然她們也了解，當中任何一項收穫，都是付出過高的代價達成的。倖存者現在處於人生中力量增強的階段，更能深刻體會當初在創傷環境中的無力感，也更了解自己身上有什麼適應這個環境的資源。例如，她曾利用解離作用去應付恐怖情境和無助感，而現在的她很驚訝自己曾擁有這種非凡的心智能力。這項能力是她在被關押時發展出來的，也同樣會限制她的生活。一旦自由了，她可以學會使用出神能力豐富生命，而不是利用它來逃避。

同情和尊敬受創的自我之後，受害的自我就要慶幸，還能結合倖存的自我繼續生活。到達這個復原階段，倖存者通常會有一種全新的自豪感。這種自我讚賞是一種健康的心態，而不是像有些受害者會自我膨脹，自以為獨一無二。受害者的自以為獨特，雖然能補償自我憎惡和無價值的感覺，但總是很脆弱，無法容忍不完美。此外，受害者若感覺自己獨特，免不了也會覺得自己與眾不同，與他人有隔閡。相反地，倖存者若能一直告訴自己，我很平凡、我有弱點、我也有侷限，就能保持與他人的連結，感謝身邊的人。當倖存者為自己重獲的力量慶幸時，這種意識讓她維持心態平衡。有位童年受虐、成年受暴的女性提到，自己對婦女庇護中心的同仁有多感激：「我現在也會謝謝自己。你能帶牛到河邊，可是若牛不低頭，你也不能逼牠喝水。我當時真的渴得要命，你指引我水源的方向。從內到外，生命的活水源源不絕流出。姊妹們，我喝了又喝，而且還沒喝夠。我感到很幸運，得到這麼多的愛和治療。我現在也學著把這一切傳遞給他人……嘿！瞧瞧！我現在了不起吧！」[13]

重新與人產生連結

到了復原第三階段，倖存者恢復了適當的信任能力。只要對方是可靠的人，她可以再次對人產生信任感，對於存疑的人她能夠持保留立場；她現在知道如何明確區分兩者。她也恢復自主能力，所以與他人保持連結時不會受到影響；她能堅持自己觀點，在尊重他人的前提下保持界限。她開始在自己的人生主動出擊，持續創造全新的自我認同。在人際關係方面，她願意嘗試與人發展更深的情誼。在同儕關係中，她現在要追求對等的友誼，不是基於她虛假自我所展現的形象、行為與條件；至於戀人和家庭，她現在要發展更親密的關係。

深刻的連結同樣也體現在治療關係上。治療同盟的氣氛不再劍拔弩張，更輕鬆而鞏固，有更多空間即興交談和表現幽默。療程進行時，愈來愈少出現危機或中斷，每次會談的連貫感更強烈。患者能更有能力自我觀察，更包容自己的內在衝突。在改變對自我的觀感後，患者也改變對治療師的觀感。治療師的理想化形象愈來愈少，但患者愈來愈喜愛她，更能原諒她的侷限，畢竟患者自己也不是完美的。兩人的相處愈來愈像一般的心理治療模式。

由於倖存者此刻專注於發展自我認同和親密關係，這個階段讓她感覺好似第二次的青春期。事實上，生長在受虐環境裡的倖存者已經錯過第一次青春期了，原本在這個時期應發展的社會技巧都十分欠缺。青黃不接的感覺與自我意識的提升，連一般成年人都會感到焦躁與痛苦，對於成年倖存者更是難以招架。她們覺得很羞愧，一般人看來理所當然的社會技巧，自己卻「遲鈍落伍」。她們在這個階段也會顯著使用青少年應對外界的方式。青少年會咯咯笑遮掩窘態，成年倖存者則發現，開懷大笑最能減輕羞愧感。青少年會結成情感相繫的友情小隊，去探索更寬廣的世界，成年倖存者在此重建人生的時刻，更會發展強烈、忠貞的情誼。有位兩個孩子的母親在逃離毆打她的丈夫後，與一個老友重建深刻的情感聯繫：「這位女性朋友從猶他州搬來這裡，現在就不只有一個辣媽了！……有時我們像是兩個少女，有人說我們就像兩隻互相幫對方抓跳蚤的猴子。我們還真的是！我們對彼此付出親密的關懷。她是我唯一不能失去的朋友。」14

當創傷漸漸褪色變成回憶時，就不再是建立親密關係的絆腳石了，此時倖存者準備就緒，要投注更多的能量全心經營情感關係。如果未曾有過任何親密關係，她會開始考慮去嘗試，但不會恐懼不安或感到異常渴望。如果復原的過程中有伴侶相隨，她能更深刻地體會到，在她為受創傷所苦時，伴侶也同樣經歷了痛苦。這時她能更直接地表達謝意，並做必要的生活調整。

對於性侵害的倖存者而言，親密的性關係會成為特殊的障礙。興奮和性高潮的生理過程都會因創傷記憶的侵擾而大受影響。與創傷有關的事物也會侵襲性感覺和性幻想。找回性愉悅的能力是非常複雜的工作，與伴侶一同處理這個問題更是複雜。創傷後性功能失調的治療目標，全都放在強化倖存者對性生活各方面的掌控力。一開始，在沒有伴侶的情況下，比較容易找回性活動的愉悅。[15] 一旦有了性伴侶，雙方就必須高度配合、專注和自律。在一本為童年性侵害倖存者編寫的自助手冊中，作者如此建議：「探索親密的性關係時，雙方須遵循『安全的性交指南』。為了自己和對方，性伴侶應先判定有哪些活動極可能會勾起創傷記憶。從事性行為時，雙方漸進式地擴大探索範圍，慢慢進入他們認為的『安全』領域。」[16]

最後，倖存者要加深的親密關係，也包括發展與下一代的連結。我們之所以要關心下一代，主要還是為了防患未然，而倖存者最大的恐懼是創傷事件再現，她會不計一切代價防止悲劇發生。「永遠不要再讓悲劇重演！」是倖存者最普遍的呼求。在早期的復原階段中，倖存者一想到創傷會重演就難以承受，因而會避免與孩童親近。如果倖存者身為人母，就會一下子對孩子冷漠、一下子又過分保護；她在其他的人際關係中也會如此擺盪不定。

到了第三階段，當倖存者終於了解創傷在自己生命中的意義時，就會更開放地找到新方式與孩子相處。身為人母的倖存者開始體會到，創傷經驗會間接影響孩子，並且會採取行動改善這個情況。沒有孩子的倖存者也開始對孩童有更新更廣泛的關注，甚至在人生中第一次會想擁有自己的孩子。

另外，倖存者也首次去思考，什麼是對孩子講自己創傷故事最好的方式？不要遮遮掩掩、也不要給孩子壓力，還要從中得到教訓，保護孩子免於危險發生。創傷故事是倖存者對社會的貢獻之一，只有經過完全整合後，倖存者才能告訴他人。在這種情況下，倖存者才能確信，這些故事會成為力量與啟發的源頭，不會在下一代的內心投下陰影。在自己孩子的受洗禮上，麥可·諾門邀請越戰的作戰夥伴克雷格擔任孩子的教父。諾門談到此事時，充分展現倖存者的傳承意義：「站在熱鬧的屋子裡，看著克雷格懷中抱著寶寶，我突然了解到，這個時刻的意義比我以為的還多。在場進行的一切……超越任何宗教典禮或個人締結儀式。在孩子的受洗過程中，我整個人籠罩在『勝利』的感覺裡……終於在這一刻，當兒子依偎在戰友的懷抱裡時，勝利才真的有意義。」[17]

追尋倖存者的使命

倖存者大多是在個人的生活領域內尋求從創傷解脫的方法，但也有許多人在歷經創傷的刺激後受到感召，進而投身到更寬廣的世界裡。這些倖存者體會到，在自己的不幸中，有著政治或宗教的層面，並發現，只要讓它成為社會行動，個人悲劇的意義是可以改變的。雖然沒有任何形式可以彌補暴行造成的傷害，卻有方法可以超越：將之變成禮物呈獻給他人。唯有讓創傷成為倖存者使命的來源，才能將自己從創傷中拯救出來。

社會行動可作為倖存者的管道，不單使她得以運用自己的主動性、精力和機智來吸取力量，也幫助她將這些特性發揮得淋漓盡致，超出原本的預想。在協同合作與共同目標的基礎下，社會行動也使她得以與人聯盟。參與組織化的社會行動要付出許多心力，倖存者勢必要發揮最圓熟、最具適應性的社交策略，包括耐心、準備就緒、利他和幽默感。這些態度能幫助她展現自己最好的一面，相對地，她也能感受到對方最好的一面，進而產生連結感。在這種良好互動的連結感中，倖存者能超越自身的時空限制。有時，倖存者甚至感到自己超越了一般的現實環境，加入了創造的行列。良心犯夏仁斯基談到自己身為倖存者的使命以及當中含括的精神層面：

> 關在列夫托沃監獄時，蘇格拉底和唐吉訶德、尤利西斯和高康大（Gargantua）、伊底帕斯和哈姆雷特，都給我很大的助益。我與這些人物在精神上產生強烈的連結感，他們的奮鬥反映了我的掙扎，我與他們一同苦中作樂。他們陪伴我度過這一段甘苦歲月，從監獄到勞改營、從一個牢房轉移至另一牢房。不知從何時起，我感覺到一種奇異的反向連結開始成形。這些人物在各種情況下的表現對我非常重要，不僅如此，**對這些誕生於幾百年前的人物來說**，知道我今日會如何表現也很重要。他們影響了世界各地人們的處事態度，我個人與我的決定和選擇也有同樣的力量，啟發並警醒過往、現在和未來的人。這種靈魂相互連結的神祕感，是從陰沉的監獄勞改營中鍛鍊出來的。在裡面，唯一對抗這個罪惡世界的武器，只有獄友間的團結意志。[18]

倖存者可以採取不同形式的社會行動，包括實際上參與幫助他人，或是知性上投入研究工作。倖存者可以集中能量、幫助有類似遭遇的倖存者，或專注於教育、法律、政治方面的工作，以預防未來還有他人受害；她也可致力於將加害者繩之以法。不管哪一種活動都有同樣的目的，也就是提高公眾意識。倖存者非常清楚，人類對於可怕事件的自然反應就是眼不見為淨，她們自己從前就是如此。倖存者也了解，不記取教訓的人注定會再受苦。基於這個理由，對公眾坦白真相，是所有社會行動的基本要素。

倖存者願意公開訴說「難以啟齒」之經歷，是因為深信那樣可以造福他人，同時，她也感覺自己連結到一股超越自我的力量。有位亂倫倖存者加入團體治療，與成員一起向兒少保護工作者提出反制性侵害的教育計畫，任務完成後，她如此描述自己的感受：「我們能走到這一步，甚至做這件事，簡直就是個奇蹟，彷彿要引領我們走向更大的安排。我們四十人同時感受到這股力量，每個成員又會影響四十個孩子的人生。這股力量真是振奮人心，幾乎克服了所有恐懼！」[19] 莎拉．布爾曾是受暴婦女，現是地方檢察官，專門負責家庭暴力訴訟。她認為，講出自己的故事，最核心的意義在於，它可以作為一份獻禮：「我要女性朋友們有一些希望的感覺，因為我仍然牢牢記得，失去希望是多麼恐怖的事，特別是那些日子，我以為永遠無法走出生路了。我覺得這好似我使命的一部分，上帝為什麼沒有允許我死在那段婚姻裡，也許那就是原因之一。這樣，我才能公開向大眾述說自己受暴的事實，雖然其實我花了很多年才能辦到。」[20]

付出是倖存者使命的精髓所在，但只有真正實踐的人才會了解，如此做其實是為了幫助自已癒合創傷。在照顧其他人的時候，倖存者感受到自己被認可、被愛和被關心。越戰退伍軍人肯．史密斯目前負責管理一個模範關懷之家，除了收容無家可歸的老兵，也提供復原計畫協助他們重返社會。他提到，「靈魂的相互連結感」支持並啟發他完成這項工作：

> 有時我完全不知道自己在這裡做什麼，因為我橫看豎看都不是個領導人才。當責任加重時，我會向弟兄們求援，無論手邊有什麼難解的大問題，某種解決方法總是會奇蹟般地出現，而且通常都不是我想出來的。如果你找尋線索，會發現解決問題的人，通常受越戰經驗影響很深。我現在很確定，工作幾乎全靠它了。這是一種經驗的共通性，數以千計、萬計，甚至上百萬的人都受它影響。無論你是越戰老兵或是反戰主義者，都無所謂，真正重要的，是你身為美國人，你知道小學四年級公民老師教了什麼，你知道要照顧自己人，你知道他們是你的弟兄。這些是我最深處的感覺，至於孤立感，已經煙消雲散了。我與這份使命感緊密連結，它也治好了我。[21]

倖存者也可能用這種方式完成追求正義的使命。在復原的第三階段，倖存者終於明白，原則上重要的是，她得超越個人對加害者的憤憤不平。她發現，創傷不可能煙消雲散，求償或復仇的希望不可能真正實現。她也了解到，堅持加害者要對自己的罪行負責，不僅是為了她個人的福祉，也是為了整個社會的健全。她重新發現，有個抽象的社會正義原則，能夠說明自己與他人的命運緊密連結。當有人犯罪時，漢娜．鄂蘭曾說：「作惡者必須繩之以法，因為他的行動不但擾亂、甚至嚴重地危及整體社群……政治體因此落入待修補的狀態，公共秩序脫軌，亦須還原……換言之，這一切是為了彰顯法律，而非讓原告復仇。」[22]

一旦明白法律是屬於公眾而非個人，倖存者在某種程度上便卸下重擔，不須再與加害者戰鬥。最後的勝利者應該是法律，而不是她個人。不管是公開控訴或透過法律途徑，倖存者不緘默、也不與社會隔絕，使加害者的企圖落空。同時她開闢了找到新盟友的機會，眾人分擔不同的責任，有些人為罪行做見證，有些人力求恢復正義。此外，倖存者逐漸領悟，在她個人的法律行動背後有一個更大的戰場，所以她的行動不但利己，也能利人。莎朗．西蒙那與她的三個姊妹控告父親性侵她們、因此犯下亂倫罪。她發現自己與另一童年受害者有連結感，這份感覺也激勵她採取行動：

我在報紙上獲悉這個案件，有個人承認兩度強暴一個小女孩。治療師把孩子帶到法庭上聆聽宣判，因為她認為，讓孩子親眼看到加害者被定罪帶走是有益的，如此她可目睹罪行得到應有的懲罰。可是，法官反而允許一群品格證人出席，還說在這個法庭上其實有兩個受害者。這不公義的行徑讓我快要爆炸了……這是轉捩點！我很憤怒，感覺有人該為此負責。我看出這是勢在必行的事。我不需要對方認罪懺悔，只想做些什麼，一定要他為此負責。我要拆穿那些否認、虛偽的假話！所以我說，我**一定要**告上法院。這是為那個小女孩做的，也是為我的兄弟姊妹做的。而且我彷彿聽見一個小小的聲音說：「妳也應該為妳自己挺身而出。」[23]

加入意義深遠的社會行動能為倖存者帶來參與感，也會讓她處於有能量的狀態，得以採取法律行動去反擊加害者。前面我們談到，倖存者在私人空間與家人正面交鋒有助於復原，同樣地，在大眾前挺身而出、無懼後果闡述真相，也能為她帶來力量。她知道，加害者最害怕的就是真相。而且，為自己和他人服務，在大眾面前展現力量，也可以獲得滿足感。莎拉．布爾談到為受暴婦女伸張正義時的成就感：「我愛法庭！當中有一些事物讓我腎上腺素飆高。擁有足夠的法律知識，對這名婦女付出足夠的關心，我就能全盤掌握實情，這真是美妙。更神奇的是，走上法庭，法官就必須聽我說話。十四年來我夢寐以求的事，就是要求司法體系更尊重、善待女性。這個體系曾使許多女性受苦……現在它得為我們工作，不刻意刁難、不徇私舞弊，而是遵循他們自己的規定，依法行事。這就是有力量的感覺！」[24]

採取公開行動的倖存者必須明白，並非每一場仗都會得勝。在她個人戰場的背後，還有一場更大的戰事持續在進行，我們一定要讓那些強勢、恣意妄為的暴君臣服於法治之下。有時，參與感是唯一能支撐她的力量。有盟友相信、支持她的理念，她就能得到安慰，即使失敗也不會太痛苦。有位強暴倖存者提到，勇敢走上法庭有哪些好處：「一個鄰居以幫助我為藉口，進入我的房子強暴我。我去報警，而後決定提出告訴，並兩度走上法庭。我接受強暴危機處理顧問的輔導，地方檢察官是個好人，有能力又樂於助人，而且他們全都相信我的故事。第一次陪審團未能作出裁決，第二次他竟然被判無罪。我對這個判決由衷感到失望，但決定權並不在我，我的人生也沒有因此而遭到破壞。走過這個法律過程本身就是一種精神宣洩，我已盡力而為，做了一切能保護自己和為自己出頭的事。它沒有擊垮我，我不會為此痛苦怨恨。」[25]

倖存者決定公開向加害者宣戰後，絕對不能自欺欺人，以為勝利非她莫屬。她必須確實明白，光是有意願跟加害者針鋒相對，就已經克服創傷給她帶來的最嚴重後果。她先讓加害者知道，對方無法再利用恐懼來控制她，再來還要把他的罪行公諸於世。倖存者能復原絕不是基於幻想，以為惡人已被制伏，而是充分領悟到，自己還沒有被邪惡完全打敗；要懷抱希望，世上一定還找得到愛，能修復自己的創傷。

化解創傷

化解創傷是沒有盡頭的任務，復原的工作也是永無止境的。創傷事件的衝擊不斷地迴盪在倖存者人生的運轉中。某個復原階段充分得到解決的問題，也許會在倖存者到達新的人生里程碑時再度出現。結婚或離婚、家庭成員的誕生或死亡、生病或退休，都是經常勾起創傷回憶的事件。例如，二戰的退伍軍人和難民面臨年老喪親的問題時，常會再現創傷後症狀。[26]童年受虐倖存者在化解創傷後有能力工作、去愛人，不過在結婚、有第一個孩子，或孩子成長到她當初被虐的年齡時，症狀就可能復發。有位童年嚴重受虐的倖存者曾完成一次成功的心理治療，數年後症狀復發，於是重返治療。她提到，小兒子開始違逆她時，那些症狀就重新出現：「一切都是如此美好，直到孩子長大到『可怕的兩歲』。一直以來他都很好照顧，可是突然變得讓我難以應付。他發脾氣時，我無法妥善地處理，我好想打到他閉嘴為止。我的腦海裡常浮現一個清晰的畫面：用枕頭壓到他一動也不動。現在我終於知道母親對我做了些什麼事，也知道如果不求助的話，我會對孩子做出什麼事。」[27]

對必須返回心理治療，這位媽媽感到很羞愧。她擔心症狀復發意味著早期的治療失敗了，證明她「無可救藥」。為了避免出現這種無謂的失望和羞辱感，治療師應在患者完成一個療程時，說明在壓力的情況下創傷後症狀復發的可能性。在治療接近尾聲時，治療師與患者若能一起回顧賦權增能和治療同盟等基本原則，對於復原就有很大的助益。這些原則也可用於防患未然，除了避免症狀復發，若真的復發，也有助於患者妥善應對。患者不應受到誤導，去期望任何一種治療一定有效或一勞永逸。一個療程自然地畫下句點時，患者也要保留空間，接受自己有天可能會再回來接受治療。

雖然不可能完全化解，不過只要倖存者能將注意力從復原工作轉移到日常生活，就算康復一大半了。創傷化解的最佳指標，就是倖存者恢復能力，能享受生活的樂趣，還能完全投入人際關係。她對現在和未來比對過去更感興趣，更能用讚賞和敬畏的態度面對世界，而不是恐懼。童年嚴重受虐的倖存者理查·羅德斯如此描述數十年後終於解開心結的感覺：「終於是時候了，該提筆寫書了。如同所有孤兒一樣，我也陳述自己的孤雛淚，介紹你認識我的內在小孩。這個孩子走出來了，在那些歲月裡，他一直隱藏在地下室內。戰爭已結束，我的孩子從地下室出來，在陽光下眨眼睛，在外面玩耍。令我驚奇又感動的是，他還沒忘記如何玩耍。」[28]

心理學家瑪麗·哈維為化解創傷定義了七個準則。首先，創傷後壓力症的生理症狀得到控制，不會失控到無法處理。其次，患者可以負荷與創傷記憶相關的感覺。第三，患者可以對自己的記憶有主控權，能選擇記住創傷或拋諸腦後。第四，回顧創傷事件時，能完整呈現為前後一致、有感覺的敘事。第五，被摧毀的自尊得到修復。第六，患者重建重要的人際關係。第七項亦是最重要的，患者重建內在的整合系統，含括創傷故事之意義和信念。[29] 實際上，這七個準則是相互連結的，而且在復原的各個階段都有處理到。復原之路並非循直線進程，經常迂迴前進、甚至突然大退步，治療雙方得回顧一再處理的問題，以便能深化、拓展倖存者整合過的經驗與其意義。

完成復原工作後，倖存者面對人生時還是會有些幻想，但更多的是感謝。她也許還是會悲觀地看待人生，但也因此更學會珍惜與歡笑。她能明確感受到，什麼是重要的、什麼不重要。以前要面對惡境，現在知道要與良善緊緊相依。以前終日要面對死亡威脅，如今更懂得擁抱生命。經過多年努力，希維亞．佛瑞找回童年遭亂倫的記憶，她如此回顧這段復原之路：

> 回首前塵，我對人生的感覺好似有些人對戰爭的感覺一樣。如果你幸運存活，那就是一場有意義的戰爭。危險使你更有主動性，讓你警覺，迫使你體驗不安全的情境，並學習面對。我現在知道自己生命的價值，和已付出的代價。接觸到內心的痛點後，我對更大的傷害就免疫了。我仍有豐足的希望，但只有少量的需求。過去我自豪的聰明才智已遭粉碎。
>
> 如果對人生的了解還不及一半，又有什麼知識值得依靠呢？即便如此，最後我還是得到禮物。本來我的世界只有狹隘、現實的因果關係……但現在跳入一個無限、充滿驚奇的世界中。[30]

第11章

共同性
Commonality

創傷事件毀壞了個人和社群之間聯繫的恆久基礎。倖存者領會到，自我感、價值觀和人性，都取決於與他人所產生的連結。群體的團結是對抗恐怖和絕望最有力的防衛機制，也最能減輕創傷經驗的毒害。創傷使人產生疏離感，群體則使人重獲歸屬感；創傷為人帶來羞辱和汙名，群體則能做見證和給予肯定；創傷貶低受害者，群體則提昇她；創傷摧毀受害者的人性，群體則可以恢復她的人性。

在倖存者的證詞裡，總是一再談到某個重要時刻：受到他人無私寬厚的對待時，連結感會再度出現。受害者以為自己已永遠被摧毀一些德行，如信心、正直和勇氣，都會被利他的無私行為再次喚醒。倖存者以他人的行動為典範，開始理解並尋回一部分自我。從那一刻起，倖存者開始與人類的共同性再度產生連結。普里莫．李維提到，盟軍解放納粹集中營後，他如何遇上那個時刻：

> 殘破的窗戶修理完畢，爐台上燃燒的火開始傳出熱度。每個人似乎都鬆了一口氣。有個囚犯當下提議，每個人都貢獻一小片麵包給我們這三個工作者。大家都同意了。在一天前，

絕對沒人想到這種事會發生，因為集中營的法則是：「吃你自己的麵包，如果有辦法，把鄰座的麵包也吃掉。」而且絕不感激言謝。這件事意味著集中營已滅亡，第一次，我們有人開始展現人性。我相信，那個時刻是一個改變的開端，從此，還未死透的我們漸漸由囚犯變回人類。[1]

恢復社會聯繫的起點，就是發現自己並不孤單。除了在群體裡，沒有別處可以體驗到比這個更直接、更有力或更具說服力的經歷。團體心理療法的權威歐文．亞隆稱它為「普同感」（universality）經驗。普同感在心理治療上有深刻的效果，特別是對那些有不堪祕密、覺得自己與他人格格不入的倖存者。[2]受創者因為自己的經驗而感到疏離，因此在復原過程中，倖存者團體所擔任的角色特別重要。受創者在一般社會環境中很難獲得關照，但這類團體可提供一定程度的支持與了解。[3]遇見與自己有類似遭遇的人，就能解消倖存者疏離、羞愧和被汙名的感覺。

對於曾經陷入極端情境的倖存者而言，團體確實有無價的意義，那些情境包括戰爭、強暴、政治迫害、家暴和童年受虐。[4]參與者一再提到，僅僅是和經歷相似苦難的人同在一起，就覺得很安慰。在參與越戰退伍軍人聯誼團體後，肯．史密斯如此描述他第一個反應：「從越戰歸來後，我再也沒有朋友。我認識很多人，也結交很多異性，但從未擁有真正的朋友。那種朋友是我可以在清晨四點打電話告訴他，一想到在春祿（Xuan Loc）發生的那件事，我就想飲彈自盡，或是今天是什麼週年紀念之類的……越戰老兵受到的誤解，只有其他的越戰老兵才能了解。當我開始談論某些事情，這些人完全都懂，當中有一種難以言喻的解脫感。彷彿我從未告訴任何人這些深刻又黑暗的祕密。」[5]

有位亂倫倖存者也是以差不多的口吻，談到自己如何經由參與團體重拾人際的連結感：「我終於衝破那層糾纏了我一輩子的樊籬。我參加一個由六名婦女組成的團體，在她們之間，**我沒有任何祕密**。我第一次在人生中真正享有**歸屬感**。我感到她們接納的是真實的我，而不是戴了假面具的我。」[6]

當團體產生凝聚力和親密感時，接下來上場的就是複雜的相互映照過程。當成員打開心房、把自己伸向他人時，就變得更能接收到他人給予的幫助。她對他人展現的寬容、憐憫和愛心開始產生作用，反射到她自己身上。雖然這類彼此提升的互動關係可以發生在任何關係中，但在團體脈絡下更能發揮得淋漓盡致。亞隆稱這個過程為「適應性循環」(adaptive spiral)。團體的接納提升了成員的自尊，所以彼此變得更能接納他人。[7]三位亂倫倖存者團體的成員如此描述這個適應性循環的過程：

> 在我看來，參與此團體的種種經驗，是我人生的轉捩點。在受過侵害的女性中，我們很常看到一股力量。發現自身也有那股力量時，我非常震驚。我永遠記得覺醒的那一刻。[8]
>
> 我變得更能保護自己，我似乎更「柔軟」了，也允許自己（偶爾）快樂一下。「團體」是一面鏡子，我看到自己的鏡像才有這些改變。[9]
>
> 我更能接受別人的愛，這是一種良性循環，我因此更能愛自己，然後愛別人。[10]

有位參戰退伍軍人在榮民團體中也體驗到類似的互動：「這是互惠的，我有付出，也有收穫。這感覺真好。這麼久以來，我第一次感到：『太棒了！』。我開始對自己有良好的感覺。」[11]

團體不僅提供機會，讓成員建立互惠的人際關係，還能全體一起賦權增能。成員把彼此當成地位平等的同儕。雖然每個人都遭遇過苦難並需要幫助，但也都對團體有某些貢獻。團體徵用每個成員的力量，用來充實彼此的生命。結果是，團體比個別成員更有力量擔負和整合創傷經驗，成員可利用團體的共享資源，促進個人經驗的整合。

不管是哪一種背景的倖存者團體，我們都能看到其中的治療潛力。有份社群調查顯示，訪談過逃離受暴關係的婦女後，她們皆一致評價，婦女團體是最有效、提供最多協助的管道。[12]精神科醫師約翰·渥克和詹姆斯·納許在參戰退伍軍人的心理治療中發現，許多個人治療效果不彰的患者，在團體治療後卻有極佳的成果。老兵心中強烈的不信任和疏離感，被「同志情誼」和「團隊精神」化解了。[13]丹尼耶利也證實，當主要的治療形式是團體而不是個人時，納粹大屠殺倖存者的預後情況比較好。[14]同樣地，輔導東南亞難民後，莫里克也發現，把倖存者支持團體納入治療計畫，復原的希望即從悲觀轉向樂觀。[15]

原則上，為倖存者設立團體是極佳的提議，但我們很快會發現，組織成功的團體並非易事。一開始成員充滿期待和希望，也有可能產生衝突、不歡而散，反倒帶來痛苦和失望。團體所帶來的破壞力和治癒力不相上下，領導者也有可能濫用職權、不負責任。在爆發衝突的過程中，成員很容易再次創造原來創傷事件中的各種動力，分別扮演加害者、共犯、旁觀者、受害者和救助者的角色。這種衝突不但會傷害各個成員，還可能導致團體解散。要成功完成團體治療，成員必須找到重心、清楚治療的核心任務，團體也要有完善的結構以保護成員，避免創傷事件重現。雖然不同團體的組成和結構大不相同，但一定要具備以上基本條件，不能有例外。

準備組織團體時，我們很快會發現，沒有適用於所有倖存者的「一般性」團體。每個團體有各自的規模與樣貌，沒有任何團體可以完全照顧每個人的不同需求。不同復原階段的患者也需要不同類型的團體。此外，團體與個人的主要治療任務必須相符合。患者在復原某個階段中適合某團體，帶到另一個階段或許就無效，甚至有害。

治療團體有各種特性，一開始令人眼花撩亂，但只要對照復原過程三大階段的治療任務，就知道作用在哪。（參見下頁表3）在第一階段，團體的主要任務在於建立安全感，焦點放在基本的自我照顧，目標是過一天算一天。在第二階段的團體任務中，焦點是創傷事件本身，重心放在處理過去的創傷。到了第三階段，團體治療的目的是讓倖存者重新融入一般社群，所以重點放在當前的人際關係。不同類型的團體有其特定的結構，以配合各自專屬的治療任務。

建立安全感的團體

在創傷事件後的初期，團體很少被優先考慮當作首要資源。近期急性創傷的倖存者通常處於極度的恐懼中，並有潮湧般記憶侵擾的症狀，譬如夢魘和記憶閃現。此時，危機介入的重點在於如何動員倖存者周遭可以支援的人，因為此刻她寧願選擇與熟悉的人而不是陌生人相處。這不是參加團體的時機。理論上，倖存者會從團體中發現不只有自己有類似遭遇而稍感安慰，但實際上，團體經歷也會令她無法招架。聆聽別人經歷的細節會觸發她記憶侵擾的症狀，病況

表3：三種團體的模式

團體	復原的階段		
	第一階段	第二階段	第三階段
治療任務	建立安全感	回顧與哀悼	重建連結
時間定位	現在	過去	現在和未來
焦點	自我照顧	創傷	人際關係
成員特性	同質性高	同質性高	異質性高
團體界限	具彈性與開放性	封閉性	穩定、流動性低
凝聚力	中度	超高度	高度
對衝突的忍受度	低度	低度	高度
時限	無限制或可重複	有規定時間	無限制
結構	教誨式	目標導向式	無結構
實例	十二步驟	倖存者團體	人際取向治療團體

會嚴重到她無法帶著同理心傾聽，也無法接受他人的情感支持。因此，對於急性創傷倖存者，我們的一般建議是，在創傷事件後數星期或數月才可參加團體。例如，在波士頓地區強暴危機中心，危機介入的措施包括個人和家庭輔導，但不會包括參與團體。危機中心建議，倖存者在考慮參加任何團體前，最好等候六個月到一年。[16]

針對單一創傷事件的倖存者，譬如大規模事故、自然災害或犯罪行為，團體危機介入有時可以即時提供協助。在這些情況下，成員的共同經驗是復原的重要資源。我們也可以舉辦大型團體會議，提供防治教育，提醒眾人創傷的後續效應。人們也意識到大規模創傷事件經常發生，以「危機事件會報」（critical incident debriefing）或「創傷壓力會報」（traumatic stress debriefing）為名的團體會談，已愈見普遍；在一些高風險的行業裡，更是例行舉辦這類會談。[17]

無論如何，舉行會報時，我們也必須遵循基本原則，不可危及成員的安全。有些人認為受創者必定會受到家庭的支持，這種想法非常危險。有些人則以為，遭遇同一件可怕事件的人聚集在一起，就能重新振作、團結一致，這也是相當危險的想法。事實上，倖存者檯面下的利益衝突，比較容易會因為該事件而擴大，而不是被當成小事不理。例如，職災發生後，管理階層和基層勞工對事件會出現兩極化的看法。如果事件是源於人為疏忽或蓄意的犯罪，創傷會報反而會干擾、抵觸司法程序進行。因此，辦理大型團體會報的工作者，愈來愈強調這類活動得添加若干限制。警政心理學家克麗絲汀·鄧寧建議，舉行創傷會報時，主辦者得讓流程與形式符合教育功能。因此，在大型公開會議上，參與者應避免講述事件的過程與細節，不發洩強烈情緒，但可以選擇是否接受後續追蹤輔導。[18]

長期、重複性創傷的倖存者處於復原第一階段時，團體能提供強而有力支持，認可她受過的經歷。但再次強調，團體的首要任務是建立安全感。這個條件沒有滿足的話，成員很容易嚇到彼此，因為她們都受過恐怖經驗，現實生活也充滿危險。有位亂倫倖存者談到，其他成員的故事令她更加難受：「我原先寄望，參與團體、認識一些有類似經驗的婦女，心情就能輕鬆點。然而，在團體中，最令人痛苦難受的，是領悟到我不但沒有放鬆，恐懼還倍增。」[19]

因此，第一階段的團體工作應該具有高度的認知意義和教育意義，而不是探索事件和個人本身。團體應該要成為討論的場域，成員可以交換創傷症候群的資訊，找出症狀的共同模式，分享自我照顧和自我保護的策略。組織團體時，基本出發點是要幫助倖存者發展力量和適應能力，我們也要提供成員適當的保護，避免她們被排山倒海的回憶和感覺淹沒。

許多不同類型的自助團體都採用匿名戒酒會的模式，以此結構來保護成員。這些團體沒有將焦點放在探索創傷，相反地，它們提供認知的架構，以幫助成員理解創傷的後續併發症狀，譬如物質濫用、飲食失調和其他自毀行為。團體並且提供一套指引，幫助倖存者賦權增能，恢復與他人的連結，這套指引一般稱之為「十二步驟」（twelve steps）。[20]

這些自助方案都具有濃厚的教化意味。會談過程中，成員也許能體驗到強烈的情感，但團體不鼓勵宣洩感覺和敘述故事細節，那不一定對他們有幫助。工作重點在於，經由各個成員的證詞去歸納出普遍原則，從同一套指引流程中成長。成員間強烈的凝聚力並非創造安全氛圍的必要條件，基本上還是得靠匿名和保密規則，以及教育方式。成員間不會正面衝突，但也無法彼此提供高度的個人情感支持。在這類團體中，倖存者分享日常經驗，有助於減低羞辱感和疏離感，加速解決實務的問題，並逐漸建立新希望。

為了保護成員的安全，以防被領導幹部剝削，這些自助團體有一套稱為「十二傳統」(twelve traditions)的規則。權力屬於組織與全體成員，而不是領導者，領導工作則由成員志願輪流擔任。成員同質性要高，也就是說所有參與者都有明確的共同問題。然而，多數團體並沒有設定明確的資格或出席率；團體範圍有彈性又有包容力。它們不會指定參與者必須定期出席或發言。在這種彈性安排下，成員可以自己調整投入參與的程度。如果你只想看看其他有類似經驗的人，可以自由地只來一次，默默觀察，然後隨意離開。

十二傳統中所設立結構性的防護措施，至今一直運作良好，許多團體也爭相複製。然而，某些自助團體仍然容易被領導者把持剝削，或是發展出具壓迫性、怪異的會議流程。在新近設立的團體中，這些問題尤其明顯。它們缺乏豐富的實務經驗，也沒有成熟的十二步驟計畫，無法提供多樣化選擇。參與自助團體的倖存者要切記，必須採納對自己有益的指引方針，其餘不用理會。

在復原第一階段中，還有一種團體稱為「短期壓力管理團體」(short-term stress-management group)，對進入早期復原階段的長期創傷倖存者有極大的幫助。[21] 再次強調，這類團體的重心也是要建立當前的安全感。團體結構也是以教化為主，重點目標是緩解症狀、解決問題，讓成員學習在日常生活中自我照顧。至於成員的選擇上，這類團體包容性也很廣，任何人都可以參加。當期的數次會談結束後，就可以加入新成員，或是成立新的會談團體。成員不需要強烈積極投入團體，所以不會形成強烈的團體凝聚力。團體幹部採取主動、教誨式的領導風格，當前的任務也有具體的走向，所以成員都得到妥善保護。成員不會揭露過多的自我，也不會針鋒相對、正面衝突。

類似的心理教育團體可以用來處理各式各樣的社會情況。不管是哪種環境，只要當下的首要任務是建立基本安全感，這些團體就能派上用場，比如精神病院、戒毒、戒酒機構、受暴婦女的收容中心等等。

回顧與哀悼的團體

對復原第一階段的倖存者來說，在團體中探索創傷，會令她感到非常混亂而沒有方向，但到了第二階段，她卻可以從中得到豐富的成果。倖存者重建創傷故事時，組織完善的團體能提供強力的激發效果，並在哀悼期間持續提供情感支持。倖存者分享的是她獨特的故事，團體則提供深刻的普遍經驗。團體為倖存者的證詞做見證，給予它社會和個人層面雙重意義。若倖存者只對一個人陳述故事，那這份證詞就比較偏向自白、主要面向是私人領域。同樣的故事，如果她講給團體聽，就會轉化成具有法律或社會意義的證詞。在團體的幫助下，倖存者讓她的故事涵義更廣，將她從隔離中釋放出來，心中不再只有加害者，重新迎向久違的、遼闊的大千世界。

一個創傷焦點團體應該具有高度的結構，以及明確的工作方向，也就是揭露創傷。這種團體需要積極的領導者、準備充分和高度投入的成員，所有人對任務也要有清楚的概念。心理學家艾文．帕森領導參戰退伍軍人團體時，援引軍隊單位「排」來比喻團體的緊密結構：「領導者必須能建立有意義的結構，設立團體的目標（使命），並訂定要橫跨的作戰領域（情感）。」[22]這個比喻對有共同從軍經驗的成員確實恰到好處。對其他類型的倖存者，則須用另外的語言和意向引起共鳴。無論如何，不論是要照顧那一個族群受創者的創傷焦點團體，基本結構都大同小異。

我和艾蜜莉．莎佐為亂倫倖存者設立一個團體，可作為範例，說明何謂以創傷為核心主題的團體。[23]這個團體運作上有內在邏輯和一致性，其他團體都爭相效尤。它的基礎結構有兩個重要特質：「設時限」以及「專注於個人目標」。設下時限有許多目的。首先，工作仔細規畫後，執行時就要立下界限。第二，有時間限制，會談時才能創造高情緒張力的氣氛，並確保這種張力不會永遠持續下去。第三，有時間限制，就能促使倖存者儘快與其他成員產生連結，避免她發展出狹隘、排他性高的倖存者認同。時間限制要多長，其實不重要，重要的是有時限就好，它的存在本身就有意義。多數的亂倫倖存者至少要花十二週，四、六或九個月，才能進入狀況。團體的進程以較從容的步調發展，但還是一樣，會朝向可預測的結果發展，也就是增加個別成員的權能以及互動分享。之後，無論會談時限的長短，多數參加者都會抱怨為何有時間限制；但也有很多成員說，他們不見得願意參與或接受結論永無止境的會談。

當我們在進行揭露創傷的工作時，將焦點放在個人目標上，會談的脈絡也就會沿著整合經驗及賦權增能發展。參加者要自我設定具體的目標，明確地定義他們在團體的時限內希望完成的創傷探討工作。至於如何設定有意義的目標，採取何種必要的行動，我們應該鼓勵倖存者從團體中尋求幫助。他們設定的目標通常不外乎恢復記憶，或將故事的某一段告訴其他人。因此，分享創傷故事除了單純的抒發或宣洩，還能培養主動、掌控的能力。在團體的支持下，個人願意在情感上冒險，去探索能力極限外的境界。儘管整個團體依然沉浸在恐懼和哀慟中，但個人勇敢和成功的範例仍可啟發團體，帶來樂觀和希望。

團體工作的重心，是放在過去共同的創傷經驗，而不是目前人際關係的困難。在團體中，成員間的衝突和差異並非重點；實際上，這些反而會分散成員的注意力，無法集中於當前的任務。因此，領導者必須積極介入，促進分享和減低衝突。例如，在一個創傷焦點團體裡，領導者要確保每位成員都有發言的機會，而不是為了發言時間你爭我奪。

創傷焦點團體的領導者得有主動性、能夠積極投入工作。[24]她要負責設定團體任務，營造安全氛圍，確保成員得到妥善的保護。要扮演好領導者的角色，情感上要很自制，因為她必須樹立榜樣，為創傷故事做見證。她要能展現風範，一方面能傾聽故事，又不會在情緒上無法負荷。多數領導者發現，他們在這個任務上和一般人一樣無法獨力勝任。因此，領導者的工作若能平均分攤，也是可行的辦法。[25]

合作的好處從領導者的角色延伸到整個團體，因為共同領導可樹立典範，告訴成員如何彼此互補。領導者若能處理勢必會出現的分歧，就能提升成員對衝突和差異的容忍度。然而，如果領導者沒有表現出同儕精神，反而讓掌控和臣服的動力在團體中重現，就無法營造出安全的氛圍。舉例來說，傳統團體中男尊女卑的權力分配，絕對不適用於創傷倖存者的團體，但不幸地，這樣的做法仍很普遍。[26]

在第一階段，會談團體的特性是有彈性、開放，不過創傷焦點團體就有許多嚴格限制。創傷成員會迅速相互依附、依賴彼此的存在，一位成員的離開，甚至只是短暫缺席，都會對團體產生高度的破壞性。若是團體有時間限制，成員應該規畫好自己時間，出席每次的會議，而且一旦團體成型後，就不應允許新成員的加入。

在創傷焦點團體中，由於任務牽涉到強烈的情感，成員必須經過仔細篩選。團體也要求成員得準備就緒、積極主動。若允許尚未預備就緒的成員加入、參與密集的創傷揭露工作，不但會拉低全體士氣，還可能傷害那名成員。因此，有些團體未過濾成員、也不提供保護，宛如大規模「馬拉松」活動，就絕對不適合進行創傷揭露會談。

倖存者加入創傷焦點團體前，要先做好許多準備。首先，她要建立安全感和自我照顧能力；症狀在合理的控制範圍內；有可靠的社會支持；生活境況允許她投入這種吃力的活動。除此之外，她必須保證，一定會全程參與團體所有的活動，而且必須有明確的感覺，她有意願想接觸他人，遠勝於對團體活動的擔心、害怕。

參與團體的收穫與付出是成正比的。通常成員間會迅速產生一股強大的凝聚力，雖然很多參與者在活動開始的時候症狀會惡化，但同時，幸福感會因尋獲彼此而油然滋生。在創傷事件發生後，他們第一次產生一種被肯定和被了解的感覺。在短期、成員同質性高的團體裡通常有一特性：成員間勢必發展出直接而強烈的緊密關係。[27]

產生於創傷焦點團體的凝聚力，給予參加者力量進行回顧和哀悼的任務。團體可以有效地刺激創傷記憶的重建。[28]在團體中，當成員重建自己的創傷敘事時，故事的細節勢必喚起在場聽眾的某段記憶。在亂倫倖存者的團體裡，幾乎每位有明確目標想重建記憶的成員都做到了。

因失憶而陷入困境的婦女，團體會鼓勵她們儘量敘述記得的片段，並提供她們全新的情感角度去連結新舊記憶。其實，喚起的記憶經常來得太快，有時在記憶重建的過程中，成員還需放緩步伐，以免超出個人和團體所能容忍的極限。

在莎佐和我所帶領的亂倫倖存者團體中，有一次經驗可以說明，團體如何幫助一名成員喚起並整合她的記憶，而後這名成員的進展，又如何啟發其他的成員。接近這波會談的尾聲時，一名三十二歲的婦女羅蘋，希望能用幾分鐘談論她的「小小」問題：

羅蘋：我這個星期蠻難過的。我不知道其他人是否有這種經歷，有許多影像出現在我的腦海裡，非常恐怖。它們不像回憶，卻更像是：「噢！天哪！這個畫面太恐怖了。」然後我好像將它推開，說：「沒有，這不可能發生過。」但我很想告訴大家這些畫面，因為我真是被嚇壞了。

我提過我父親是個酒鬼，他喝醉的時候很暴力。過去母親常留下我姊妹和我與他獨處，我那時大約是十歲。我清楚地記得我們的房子，但忽略掉的是，在那兒有一個房間，是我不想知道太多的地方。在我的腦海裡有一個畫面，就是父親在這個房間內追著我，我設法躲藏在床下，但還是被他捉到。我沒有任何被強暴的記憶，只記得他說過一些可怕、猥褻的髒話，例如「我要的只是一塊小肉屄」，諸如此類說個不停。

然後第二天晚上我做了一個可怕的惡夢，我的父親與我在性交，那對我是極端痛苦的。在夢中我設法呼喚母親，我扯著喉嚨拚命叫，可是她聽不見，我叫得還是不夠大聲。所以在夢裡我決定將身體和思想分開。那真的很詭異。當我醒來時，我全身顫慄不止。

我在這裡提起這件事情的原因是：那些畫面真的很恐怖，但同時我不確定到底發生了什麼事。我希望有人能告訴我，這些畫面會不會變好，或不能說變好，是否會變得更清楚，還是怎麼著？

羅蘋敘述完畢後，全場先是鴉雀無聲，然後成員和兩位領導者做出回應。首先，成員之一的琳賽建議大家給予羅蘋肯定和支持；然後一位領導者問了羅蘋一些問題，以決定她需要補充的意見。其他的聽眾亦加入，並提出她們的問題和看法。然後羅蘋自告奮勇地描述更詳細的記憶，同時也表示她對自己故事的可信度感到困惑和懷疑：

琳賽：畫面應該會變得更清楚，因為妳起初似乎是先有在房間裡奔跑的幻象……可以如此稱呼嗎？卻沒有真正**感覺**到什麼。但另一方面，夢中妳感到**痛苦**，而且在呼救。我本身也有這個問題。我有一種感覺，可是卻無法辨認它，也不知道它來自何處。所以我猜妳的情況已比我進步很多，因為妳知道妳的感覺是什麼，也知道它來自何方。另外，當妳的身體和思想分開時，那真的很可怕。我也有過那種感覺，當時我感到很奇怪：「這是誰的身體？」但我會告訴自己，這是過渡性的，我可以處理，它不會永遠持續下去，只是妳必須經歷的過程。

莎佐：妳的問題是否為：在記憶重建的過程中，我們是先有畫面？

羅蘋：正是。

萊拉：我很確定我有，我會有一些小片段、一個夢，然後一種感覺。

羅蘋：呀，我懂了，我的經歷也是一整篇故事，那像是故事所欠缺的片段。我和我的姊妹最後被送去寄養家庭，但從不知道為什麼會那樣收場。我當時以為是我父親無法繼續照顧我們，因此他雖然不願意，還是得將我們送走。但現在我尋回更多的畫面，雖然還不確定內容代表什麼。

琳賽：事件。

赫曼：經歷。

羅蘋：謝謝。現在看來我們是從他身邊被帶走的。在我腦海裡有一個畫面：我從家裡跑出來，走到街上，然後就到寄養家庭。我有所有的片段，甚至跑掉的部分，但仍然沒有關於那個房間的片段。這些片段都是這星期想起的，我仍舊很難相信這事曾發生在一個小女孩的身上，我大約只有十歲。

萊拉：我也是那個年紀。

貝兒：天哪！

羅蘋：但我可以相信它嗎？

琳賽：呀，妳現在**相信**它嗎？

羅蘋：我仍然難以置信這真的發生在**我**的身上。我希望我能說我信，而且是毋庸置疑地相信，但我辦不到。

柯琳：妳知道有那些畫面就足夠了。我的意思是，妳不必太執著，毋須在一堆聖經上發誓。

此時，羅蘋開始笑。當對話繼續時，其他人也笑了。

羅蘋：啊呀，我多高興妳說這事！

柯琳：這一直在妳腦海裡，妳知道，現在妳一定要對付它。

羅蘋：別告訴我這個！

柯琳：好啦，我們全體都在做。

現在是結束會議的時刻，領導者之一給予羅蘋下述意見作為總結：

赫曼：妳在團體裡的反應和許多人一樣，我認為妳已建立足夠的安全感，允許自己回去體驗到底發生過什麼事，這是妳以前做不到的，因為那太可怕了。而且，我認為妳非常勇敢，能面對妳的經歷，而且妳在場的表達方式也很好，妳保護了我們，也保護妳自己。妳只有在會談結束前要求簡單講幾分鐘，而且開頭是：「噢，對了，我想起了一個恐怖經歷。」但我們要妳知道，我們了解妳經歷了什麼。妳也有資格花更多時間在團體裡分享它，我們可以傾聽，妳不需要保護我們。

羅蘋：哎呀！那太棒了。

在會議就要結束之前，一名保持沉默的成員開口，說出她的總結：

貝兒：剛才當你提到要保護我們。我坐在這裡想，**我們**表現得很堅強，因為在經歷這種遭遇後，我們竟然沒有被擊垮，好好活到現在。但是，周遭的人好像都很脆弱，我們還必須保護**他們**。為什麼是這樣，為什麼不是反過來要他們保護我們？

我們在這次會談中清楚看到創傷記憶轉變的片刻——從解離畫面到變成感情敘事。透過各種回應，成員確認了羅蘋的經歷，更鼓勵她注意自己的感覺，並承諾她們有足夠的能力接受且幫助她承受那些感覺。

在下次的會談中，羅蘋表示，她現已恢復所有的記憶，並將故事與感受告訴她的戀人。她不再受疑惑的折磨。之後成員開始思索，在整體復原過程中，重溯記憶有怎樣的功用：

柯琳：我能認同妳的崩潰和哭泣，因為兩、三個月前，我自己也是如此。當與性有關的記憶第一次出現時，我整整兩天不斷說：「我好害怕，我好害怕。」回到自己的恐懼中，真的是件很可怕的事！

羅蘋：真的。如果不是這個團體，我不認為我能做到，我絕不可能單獨辦到的。

萊拉：關於回到過去我有個問題。想問在場女士，是否曾探索到一個階段，感覺知道夠多過去、任務完成了？

琳賽：我認為妳必須不斷地回顧。

柯琳：可是，那效力是會流失的。當妳第一次想起、第一次在腦海裡尖叫的時候，真的是很震驚，所有的感官都打開了。但一次又一次，妳回顧夠多次了，就只會一直覺得「對，真的有這件事」、「那個該死的壞蛋」。這就是現在的情況。妳知道，妳可以一陣子不理會它，或一直離不開它，但妳一定可以走出悲傷和憤怒的。

赫曼：我的經驗告訴我，妳永遠擺脫不了它，但不知怎的，它捆綁的力道越來越輕，不再能擋住妳的去路、讓妳覺得一事無成。它失去力量了。

萊拉：妳覺得它在妳身上的力量消除了嗎？

羅蘋：沒有消除很多！但的確是有的，稍微有一點，因為一旦了解發生了什麼事，我就覺得自己多了一些掌控感。因為真正讓我害怕的，是那不可思議的恐懼和未知，了解過去並不是容易的事，但知道至少是比較好的，因為現在我能與別人一起分擔，而且我能說：「嘿！它沒有擊垮我，也沒有把我弄得**太**糟。」

潔西卡：聽見妳能走過那些痛苦，真的帶給我很多希望。

這段對話說明成員間如何互助，一起擔負隨創傷記憶被喚起而來的恐怖和混亂。同樣地，成員可以互助，一起承受哀悼的痛苦。有其他成員在場為創傷經歷做見證，每位成員才得以盡情表達哀慟，否則那排山倒海的情緒一個人很難承受。當成員分擔彼此的哀悼時，也對人際關係產生新的希望。對於個人的哀慟，團體會談等於提供一種正式和莊嚴的儀式。它們當下幫助倖存者向從前的失落致意，並幫她重新填滿現在的人生。

團體的創造力經常在建構哀悼的紀念儀式與活動時顯現。例如，有位成員在團體會談上提到，她揭露亂倫的祕密後，即被自己龐大且顯赫的家族驅逐。這位倖存者決心不收回證言，團體成員都支持她，但也明白她與家人分裂是何等痛苦的事。最後，在團體的支持下，她能夠哀悼家庭中她最珍惜的事物：歸屬感、驕傲和忠誠。結束哀悼後她決定更名改姓，也簽署了相關法律文件，之後團體成員舉辦儀式，歡迎她加入倖存者的「新家庭」。

雖然成員一同分擔哀慟，卻不一定要以沉重、嚴肅的態度去面對。實際上，團體提供許多輕鬆、釋放的片刻，成員間亦可激發出彼此的潛力，包括幽默感。最痛苦的感覺有時會因共同的笑聲而淡化。例如，當人們領悟到，復仇的幻想是多麼愚蠢時，它就不再具有恐怖的感染力。在另一個亂倫倖存者團體中，也出現一段對話，足以說明，復仇幻想轉化成團體娛樂後，如何變得易於處理。這段對話是發生在最後一波團體會談，此時成員已建立了穩固的信任感。儘管如此，二十四歲的婦女梅莉莎第一次開啟復仇的話題時，還是小心翼翼、遲疑了一下：

梅莉莎：想到那個強暴我的男孩。我很憤怒，他竟然逃掉了。他那洋洋得意的面孔深深印在我的腦海裡，我想抓傷他的臉，留下一道大大的傷痕。我希望你們給我一些意見，人們會因為我如此狂暴而覺得我可怕嗎？

全體同聲回答：「不會！」其他成員也提出他們的復仇幻想，鼓勵梅莉莎繼續說下去：

瑪歌：光是抓臉似乎太便宜他了。

梅莉莎：嗯，我有更多的想法，其實……我想用球棒打爛他的膝蓋。

蘿拉：這是他罪有應得，我也有過那種幻想。

瑪歌：繼續，不要停下來！

梅莉莎：我想循序漸進，先從一個膝蓋開始，然後再對付另一個。我選擇這麼做是因為這會使他感到真正地無助，這樣他才會明白我的感覺。妳們認為我很可怕嗎？

再次地，大家異口同聲地回答：「不會！」一些成員已經開始咯咯笑。復仇的幻想變得愈來愈粗暴殘忍的時候，整個團體溶在一片爆笑聲中：

蘿拉：妳確定妳只想毀了他的膝蓋嗎？

瑪歌：是呀，我朋友被花心男纏上了，她們說修理他一頓後就比較不麻煩了。

梅莉莎：下次如果有人敢在街上找我麻煩的話，他最好小心一點，我會打得他滿地找牙！

瑪歌：這時最好來輛公車！

梅莉莎：我不想做太噁心的事，例如把他的眼睛挖出來，因為我要他**看著他的膝蓋受苦**！

這最後一句掀起哄堂大笑，一會兒笑聲漸漸消退，幾名婦女擦拭淚水後，現場氣氛再次嚴肅起來：

梅莉莎：我希望讓強暴我的那個男孩看看，他也許侵犯了我的身體，但他沒有毀滅我的靈魂。他不可能粉碎得了！

一位加入笑聲但尚未講話的女士，在此刻回應。

凱拉：妳聽起來很堅強，真好。說實在的，不論他對妳做了什麼，他都無法靠近妳的靈魂。

婦女在這個團體裡可以自由地沉浸在幻想中，也都明白，最沉默和最壓抑的成員都不害怕，能加入大家的歡笑聲中。當幻想公開後，它們失去原有的震撼力，婦女也領悟到自己復仇的渴求其實並不如想像中強烈。

創傷焦點團體設有時限，所以大多數的整合工作是在任務即將終結時完成的。亂倫倖存者團體的結業儀式有許多步驟與規定，所有成員對它均付出許多心血和努力。團體要求成員寫一份評估報告，談論自己在團體的收穫，還要預估未來復原工作的進程。此外，針對其他每位成員，倖存者也要準備類似的評估報告，並且對團體領導的表現提出意見。最後，團體要求每人準備一份想像的禮物，贈與其他的成員。[29] 回應他人時，成員也充分顯示她們的同理心、想像力和活潑頑皮的一面。成員的收穫不僅是達成目標、充實個人經驗，還有對團體的明確記憶。想像的禮物經常反映出成員想與人分享的那一部分。例如在某個告別儀式中，有名大膽、坦率的成員送給寡言的成員喬海娜以下的臨別贈言：「喬海娜，我要祝福妳許多事情。我希望妳把握住那個堅強的喬海娜，永不再放棄自己。我祝福妳有力量為在這地球上的生存而奮鬥。祝福妳有決心為妳的信念作戰：妳的獨立、自由、幸福的婚姻、教育、事業，和性高潮——滿滿的性高潮！還有，我祝福妳長更多的肉在妳的骨頭上，和永遠沒有火柴可以點燃妳的香菸！但最重要的，喬海娜，我希望妳了解自己的價值，珍視妳是怎樣的人，尊重妳自己是誰。」[30]

許多其他創傷焦點團體也會設計高度結構化、形式化和儀式化的任務，讓成員彼此參照。心理學家耶爾．費雪曼和潔米．羅斯提到，在某個為流亡酷刑倖存者所設立的團體中，成員得透過書寫留下「證言」，還得互相敘述彼此的經驗：「傾聽他人陳述自己的私人感覺，參與者就能獲得新的觀點，能夠稍微控制自己的情感。傾聽一系列這樣的描述後，他們能獲得一種同感的經驗。」[31] 還有類似的方法。丹尼耶利帶領過納粹大屠殺倖存者的團體會談。過程中，他指派每個家庭重建自己完整的家族樹，列舉每位家人是生還或已遭殺害，然後與更廣大的成員分享這個家族樹。[32] 同樣地，在這種情況下，會談的任務有清楚的結構，也就能保護團體成員，即使在他們沉浸於排山倒海的記憶中。分享的儀式能作為明確的記憶點，提醒自己與當下的連結，甚至倖存者憶及自己最孤獨的片刻時，身邊也有人。

創傷焦點團體的任務結束後，成員通常會這樣珍重道別：「珍視你是誰，是怎樣的人。」團體會談結束六個月後，亂倫倖存者團體的參與者受邀填寫一份追蹤問卷調查。這些女性一致地回報說，她們感到更有自信了。大多數人（超過百分之八十）指出，羞愧、隔離和汙名化的感覺減少了，也更覺得能夠保護自己。然而，這些女性的生活並未得到全面改善。還原自我感不見得能改善人際關係。的確，許多倖存者回報說，她們的家庭關係和性生活其實變得更糟，甚或更易與人發生衝突，因為她們不再習慣忽視自己的願望和需求。有位倖存者清楚解釋這個改變：「在這種情況下，我認為『關係變壞』反而是一件『好事』。我設法保持距離，以策安全！我比較願意打開心門談論我的感受和需要。我發現，現在自己比較不願意忍受被人利用或虐待。」[33]

一項針對參戰退伍軍人所做的追蹤研究報告亦顯示類似的結果。這些軍人患有創傷後壓力症，也完整參與有時限、密集的住院團體治療計畫。這些老兵最常提到，他們感到自尊心提升，孤立感減低了。在團體有保護的情況下，老兵能面對自己的歷史，之後老兵精神麻痺的症狀也消退了；當他們擺脫羞愧感並走出麻痺的封閉退縮後，人際關係也普遍得到改善。治療之後，這些參戰退伍軍人所回報的情況，幾乎和亂倫倖存者的證詞雷同；老兵一再提到，團體最重要的作用是幫助他們重獲信任、關心和自我接納的能力。有位退伍軍人如是說：「最重要的是，我在那裡獲得了歸屬感，我是這個好人團體的一員。」[34]

但是，退伍軍人的追蹤研究亦顯示，團體治療也有一些侷限。雖然老兵一般感到較有自信，人際的連結也有提升，可是記憶侵擾的症狀幾乎沒有任何改善，許多人仍然抱怨有記憶閃現、睡眠干擾和做惡夢等狀況。同樣地，亂倫倖存者完成團體治療後，也有許多人抱怨仍被記憶閃現的徵狀困擾，尤其是有性生活的期間。由此可見，在探索創傷經歷時，團體治療可以補充密集、個人治療之不足，但不一定能取代它。創傷症候群中社會和人際關係方面的症狀，在團體裡能處理得更好；然而，創傷後的生理性精神官能症，就需要專門、個人化的治療方式，以減低患者對創傷記憶的敏感度。若要走向完全康復，這兩種治療方式應該缺一不可。

有時間限制、目標導向的團體治療模式，顯然是可以廣泛應用的，只要稍做變化，即可用來幫助許多不同創傷類型的倖存者。相對地，無固定時限、結構寬鬆的團體治療模式，似乎較不適用於倖存者的揭露工作。一般而言，後者在進行時，無法提供必要的安全保障與討論焦點。只有在少數個案中，我們才看到這種模式對創傷倖存者的具體成效。例如，有一個多重人格疾患的婦女互助團體，在兩年多的會談期間逐漸朝著復原的三個階段發展。第一年，她們慢慢建立信任感，並專注於症狀管理。第二年的初期，她們開始討論創傷的過往；到第二年中期，她們才開始解決成員間的衝突。[35]無論如何，這些令人印象深刻的成果是否可以廣泛地應用，尚有待觀察。

再創連結的團體

一旦倖存者進步到復原的第三階段，她的選擇就更廣了。各種不同類型的團體都有助益，就看她如何評斷當前的優先次序。如果她想要處理的是與創傷有關的具體問題，特別是會阻礙她發展更緊密的人際關係的那些問題，那麼，創傷焦點團體也許仍是最適當的選擇。例如，童年受虐的倖存者，或許最希望化解的是殘餘未公開的祕密，因為這會阻擾她與家人發展出更真誠的關係。對家人透露經歷前，倖存者最適合到有時間限制的創傷焦點團體做心理建設。團體成員有種詭異的能力，一下就能理解彼此家庭的相處模式；雖然遇上自己的親人時，她會感到無助和無力感，不過對象是別人的家庭的話，就沒有這層阻礙。倖存者想嘗試解開糾結很深的家庭關係，其他成員的機智、想像力和幽默感所提供的幫助，真是無價之寶。

同樣地，若要化解創傷後性功能異常的問題，顯然也該尋求有焦點、有時限的團體療法。在這個領域，少數的研究是在嚴格的條件控制下進行的，其中一個就是由心理學家茱蒂絲·貝克與同僚所主持。她們比較了十次個人諮商與十次團體治療的結果，當中焦點都是與創傷有關的性問題。兩種治療均偏重行為療法，並有明確的技巧和目標，目的是幫助每位參與者能掌控自己的性欲：「有些情況、行為和互動會造成她的性恐懼，透過漸進式暴露法，就能慢慢化解。」[36] 若要控制創傷相關的症狀，如強暴的記憶閃現，個人或團體的療法都能展現高度成效。然而三個月後再觀察，比起個人療法，團體治療明顯地在各方面的療效都高出許多。參加團體治療的婦女回報說，治療效果不但更廣泛，而且更持久。

同樣地，尚未化解的殘餘問題，譬如過度警醒和長期恐懼，在團體環境中也能有效地處理，譬如參加防身課。但再次強調，那不是團體療法，而是有任務焦點、有時限的團體活動。資深的防身教練了解他們的工作性質帶有強烈的情感色彩，並明白他們有責任提供心理安全環境，也不會宣稱課程與心理治療有關。在團體的支持下，倖存者受到鼓勵，願意克服恐懼，去嘗試、學習新的事物，他人勇敢的事例也提供倖存者希望和啟發。在指導女性防身課程時，梅麗莎·沙爾特強調，團體的重要性在於它能成為力量的源泉：「有十五個人在這裡支持妳、為妳的成功喝采，光是那種感覺……在西方文化裡，對女人而言這是很不尋常的經驗。這種連結幫助她們減低恐懼或木然的反應。學會這些防身技巧之後，有些人還真的用上了。她們說，在危險的當下，還真的聽見有人對自己說話——是團體成員上課時的加油聲。」[37]

復原的第三階段，創傷焦點團體在處理殘餘、具體的問題時頗具成效，但是倖存者更廣泛人際關係難題，最好交給人際關係取向的心理治療團體。許多倖存者（特別是忍受長期重複創傷的人）都發現，創傷限制並扭曲了與他人產生連結的能力。希維亞・佛瑞瑟經歷過亂倫創傷後，一輩子都有與人建立互動關係的困難，她有幾許感觸：「我最大的遺憾就是過度活在自己的世界中。每次我都如遊魂般走進別人的生活中，但眼神只看向自己的內心，不知不覺，雙手就沾滿了鮮血。我最困難的功課，就是得學著放下那獨一無二的感覺，讓內在的公主隨著那滿心罪惡感的孩子死在衣櫥裡。這樣，我才能欣賞周圍世界的獨特之處。」[38]

不過，意識覺醒本身並不足以改善根深蒂固的相處模式。反覆的演練是必須的。無時限、人際取向的心理治療團體，可提供受保護的練習空間，成員能帶著同理心理解她，也會提出直接的挑戰。在團體的支持下，每位參與者就能承認自己適應不良的行為，而且不會有太重的羞愧感。她也願意冒險付出情感，嘗試用新的方式與他人產生連結。

在結構上，人際取向團體與創傷焦點團體完全不同。它們在結構上的差異，反映出治療任務上的區別。人際取向團體的時間焦點是現在而不是過去，領導者會鼓勵成員多把注意力放在當下與當前的人際互動。人際取向團體致力於發現成員的多元性，而不是同質性，所以沒有理由去限定會員得是有某種共同創傷經驗的人。因為團體的目的，是擴大每個成員的歸屬感，在當下感覺到人類的共同性。

創傷焦點團體通常是有時限的，人際取向團體則無此限制，而且成員穩定而緩慢地成長。創傷焦點團體有高度的結構，領導者活躍積極；相形之下，以人際取向團體較無特定結構，領導風格更寬容。至於成員的分享時間多長，在創傷焦點團體中是由領導者設定安排；但是在人際取向團體內，是由成員協商討論出來。最後，創傷焦點團體會勸阻成員不要起衝突；人際關係的團體不但允許、還會鼓勵成員慢慢有衝突，前提是在安全的範圍內。事實上，人際衝突對治療任務不可或缺，因為唯有了解和化解衝突，成員才會有所領悟與改變。每個成員從他人那裡得到的回饋，不論是支持或批評，都是有力的治療能量。[39]

有些倖存者會覺得，自己完全被摒除在人類社會契約（human social compact）之外。還有一些倖存者會不斷努力，只為了確認其他倖存者應該能理解她的處境。對這兩類倖存者而言，參加人際取向團體無疑是極大的挑戰。之後她們就得面對現實，自己應該會再度投入這個遼闊的世界，並且與各種不同類型的人產生連結。很明顯地，這是復原最後階段的任務，也就是倖存者必須做好準備，放棄她「獨一無二」的自我認同。到了此刻，她才能深刻理解到，自己的故事只是世人眾多經歷中的一段。於是，她就能用更廣的視野看待自己的獨特故事，接受那是眾多人類境況之一。對於這種轉變，童年嚴重受虐的倖存者羅德斯形容得最貼切：「我終於明白，這世界到處都有人在受苦。比起來，我童年那小小的煩擾像是落在汪洋中的一顆雨滴。」[40]

進入人際取向的治療團體時，倖存者會有很重的心裡負擔，因為她知道自己的創傷在日常人際關係中仍有影響力。到了要離開團體時她才理解，主動參與人際關係就能戰勝創傷，於是就有能力與人有完整的互動。雖然過往印記依然無法消褪，但她能用更大的角度去理解，自己的侷限只是所有人類境況的一種。她發現，原來每個人多多少少都受到過去經歷所困。於是她更深刻理解到，所有人際關係都有困難之處，也就會更珍惜當下得來不易的親密關係。

與他人的「共同性」（commonality），這個概念包含了所有跟普遍（common）相關的意思，也就是擁有社會歸屬感、公共角色。只要是舉世皆然的事物，自己就是其中的一分子。有熟悉感、為人所知、與他人有交流，也是共同性的意思。過著約定成俗的平凡生活、每天進行日常的活動，也是擁有共同性。它帶著一種渺小、無足輕重的感覺，好似自己的苦惱只是「汪洋中的一顆雨滴」。與人產生共同性後，倖存者總算可以喘口氣，不用再勞心探索創傷。她總算走到復原的目的地了，接下來要面對的，就只有自己當下與未來的人生。

後記　創傷的辯證不停歇（二〇一五）

Afterword: The Dialectic of Trauma Continues (2015)

撰寫本書時，我的企圖是想整合許多臨床工作者、研究人員和政治行動者的智慧結晶；她們見證暴行造成的心理影響。然後，透過這部全面性的專題論著提出一套知識架構，那是在十九世紀時而被遺忘、又再度被發掘的研究領域。我認為，心理創傷的研究原本就屬於政治事務，因為它會引起人們關注被壓迫者的種種經歷。但我預測，無論實證基礎多麼穩固，這個研究領域將繼續飽受爭議，因為過去那股致使世人遺忘重大發現的歷史力量，至今仍持續在這個世界上運作。我強調，我們得持續與全球人權政治運動保持連結，才能維持能量，去談論那些「難以啟齒」的事件。

《創傷與復原》首次出版那個年代的美國如今看來充滿了逝去的純真。當時冷戰結束，美國獲勝。有些無限上綱的保密舉動受到抑制。甚至有人討論起「和平紅利」（peace dividend），也就是原本為軍事情勢陷入緊張時所準備的專款已經不需要了，這筆錢可以投入衛生、教育、造橋鋪路——進行各種可以創造繁榮、社群和公民社會的計畫。一九九五年，在北京舉行的第四次世界婦女大會上，當時的第一夫人希拉蕊・柯林頓宣示：「女權是人權。」毫無疑問，我們美國是全力擁護人權的。或者說我們這樣相信著。

然而，實際上存在著一些不好的跡象。在美國境內，監獄逐漸成為種族迫害的新象徵；遭關押的數百萬人多為年輕的有色人種男性。他們大多陷入了一場看似永不停歇的「毒品戰爭」所形成的圈套裡，不斷地在逮捕、起訴及判決的過程中受到差別待遇。[1] 心理衛生照護與其他為我們最脆弱的公民所提供的服務品質惡化，監獄及街頭成為許多重度精神病患最後的棲身之處。[2]

此外，二〇〇一年發生的九一一事件重創全美，粉碎了美國無懈可擊的集體幻想。為了反制，美國在境外展開一連串新的戰爭，在我撰寫本文之際，這些戰爭顯然是沒完沒了。「恐怖主義」取代「共產主義」，成了我們走到哪都要對抗的邪惡敵人。國家安全體系悄悄發展到以前無法想像的規模，關塔納摩及阿布格萊布這兩座惡名昭彰的監獄則遮蔽了自由女神像的光芒，成為美國在國際間的象徵。[3]

如果還需要更多證據來證實「恐懼會蒙蔽判斷力」的心理學假設，入侵與九一一攻擊事件完全無關的伊拉克或許是最好的實例。為了將美國的軍事行動從阿富汗這個規模相對有限的目標拓展及轉移開來，布希總統及其黨羽勾結國會與媒體，煽動民眾熱烈支持在伊拉克發動戰爭，儘管當時大量有效情資與官方說法有所牴觸，而且世界各地都有反對此舉的示威抗議。我們的軍隊很快就占領了兩個國家——阿富汗與伊拉克，但是完全不了解這兩國的人民和語言，無法明確解釋原本清楚易懂的任務，也無法區別戰鬥人員與平民。顯然政府並未從越戰的潰敗中學到教訓，只知道這一點：自由公民會反對殘酷且顯然無益的反暴亂戰爭（counterinsurgency war）；如果收到徵召令，他們反而會加入反戰運動並走上街頭。於是我們的統治階層認為，廢除徵兵制，轉而依賴志願軍人比較好。

在伊拉克與阿富汗的作戰行動，變得和中央情報局的「黑牢」及美國國安局的監控一樣，幾乎完全在暗中進行：外包、隱瞞、沒有紀錄。以國家與人民安全之名，美軍或大批不穿制服的「祕密傭兵」（contractor）犯下暴行，順從的人民在進行日常事務的同時，對此可能毫不知情，或者漠不關心。法律專業人士積極合謀，讓政府得以假裝自己沒有犯下戰爭罪。治療專業人士（尤其是心理學家）主動參與殘酷、軍方慣用的「加強偵訊」（enhanced interrogation），則讓政府得以假裝自己沒有刑求犯人。[4] 就這樣，國務逐漸崩壞。

歸國士兵帶著無法抹滅的戰場經歷回來卻無人聞問，只能盡他們所能自行克服知與不知、軍人與平民生活之間的巨大分歧。在作家暨退伍海軍陸戰隊成員菲爾・克雷的短篇故事〈重新部署〉中，一名海軍陸戰隊中士以譏諷的語氣，描述他在伊拉克服役七個月後歸國所感受到的嚴重疏離：「我們領了我的戰鬥津貼，買了一大堆東西。美國就是這樣反擊恐怖分子的。」

克雷筆下的中士與平民疏遠，有一部分原因在於，其他人沒有和他一樣犧牲這點令他義憤填膺。除此之外，他的疏離感還有另一個因素，他罹患了創傷後壓力症。

> 我來說個經驗。你老婆帶你在威明頓逛街購物。你上一次走在城市街道上時，你最優秀的海軍陸戰隊員走在路邊，一面檢視前方，一面掃視對街的屋頂。他後面的隊員檢視建築物頂樓的窗戶……諸如此類，直到你手下的人確定整條街都安全無虞。在一座城市裡，那些人能

> 下手殺你的地方多得是……
>
> 在威明頓，你沒有自己的小隊，沒有跟你搭擋的戰鬥夥伴，連武器都沒有。你會因為檢查武器卻發現武器不在而驚嚇連連。你很安全，所以你的警覺心應該要處於放鬆狀態，但它並沒有放鬆……
>
> 外面有很多人在窗前走來走去，好像那樣做沒什麼大不了似的。那些人不知道費盧傑在哪裡，你的排裡有三個人死在那個地方。那些人一向都活得輕鬆愉快。[5]

戰爭一年拖過一年，大量的歸國退伍軍人令公眾不得不對戰爭的代價付出一些關注。這時已正式列入診斷規範中的「創傷後壓力症」一詞，也成了慣用語的一部分。美國陸軍少校戴蒙・亞梅尼在給《紐約時報》的投書中如此描述他的經歷：

> 想像你有一半的心智對你說，你身處戰區，遭到攻擊，需要採取行動保護自己，而另一半的心智告訴你說，你需要的只是冷靜下來，好好呼吸。你不知道哪一個說法是真的，哪一個不是。

亞梅尼坦承，強烈的羞愧感導致他隱瞞自己的症狀多年，並說明他為何決定將其公諸於世：

我覺得我有義務把自己的經歷說出來，因為還有很多人承受著同樣的黑暗與痛苦。美國人必須知道創傷後壓力症留下的傷疤很真實，而且從許多方面來說，比槍砲造成的傷疤更痛。我懂。兩種傷疤我都有。[6]

與此同時，研究人員也堅持不懈地對戰爭造成的精神科傷患進行記錄。自二〇〇四年至今，美國陸軍的自殺率不斷升高，有幾年的自殺死亡人數甚至多於戰死的人數。[7]不久前有一項調查，對象是結束伊拉克與阿富汗戰鬥勤務的歸國退伍軍人；研究人員發現，幾乎每四人當中就有一人（百分之二十三）出現創傷後壓力症的症狀。[8]

悲哀的是，最需要心理衛生服務的人，尋求幫助的可能性卻最低。研究人員請歸國退伍軍人列舉出可能阻止他們尋求諮商的原因，其中百分之六十五的人說擔心自己「會被視為軟弱」。這些軍人認為，如果自己找諮商師的事被人知道了，會降低上級或同袍對他們的信心。他們沒能實踐無懈可擊的戰士典範，這種羞愧感令他們沉默，也宣告了他們只能獨自承受一切。[9]就這方面情況而言，越戰至今都沒有什麼改變。

同樣在這段期間，對越戰退伍軍人所做的後續研究也讓我們對戰爭造成的嚴重長期影響有了更深入的了解。一九八〇年代開始進行一項名為「全國越戰退伍軍人復原研究」（NVVRS）的大規模深入調查（請見第二章與第三章）。[10]研究人員檢視這項研究的資料後更加確定，投入戰鬥的慘烈程度是決定個別軍人會不會出現創傷後壓力症症狀的最重要因素。

然而，那些產生創傷後壓力症症狀的軍人，即便經歷過最激烈的戰鬥，多數仍能隨著時間逐漸復原。在戰鬥經歷發生十到十五年後，曾經罹患過創傷後壓力症的軍人，無論有沒有接受過治療，在接受NVVRS的研究訪談時大部分都說自己的症狀減輕了。於是問題變成：那些復原的軍人與長期罹患慢性創傷後壓力症的軍人之間，有什麼差異？

毫不意外地，心智較成熟，或在教育、社會支持上最占優勢的人，被證實復原力是最強的。反之，幼年時期因為遭遇過不幸而留下創傷的軍人，因戰鬥而留下的創傷也持續最久。童年受虐史會讓人特別容易罹患慢性創傷後壓力症。入伍時年紀太輕、教育程度低、家人有毒品或酗酒問題、家裡有人在獄中服刑，都是戰前額外的「風險因素」，可以預見軍人自戰爭返鄉後會長期遭遇難題。那些有兒童期不良經歷、又參與過激烈戰鬥的軍人，絕大多數在從越南返美十到十五年後仍符合創傷後壓力症的診斷標準。

除了參與戰鬥的程度與幼年時期的不幸遭遇，還有一件事情也是創傷壓力的有效預測因子：犯下戰爭罪。研究中，退伍軍人被問到是否目睹或參與過傷害平民或戰俘的行為，大約十分之一承認有過這種經驗。我們並不清楚，「加害者」（harmer）與從未違反戰爭公約的士兵到底有什麼不同。這顯然和參與戰鬥的程度有關，但即便是參與最慘烈戰役的人，也大都說自己未曾傷害過平民或戰俘。

確實犯下戰爭罪行的軍人體認到，那樣做是有後果的。這些「加害者」當中有將近三分之二（百分之六十三）罹患創傷後壓力症，從未傷害非戰鬥人員的軍人則只有百分之十五患病。此外在研究進行時，百分之四十的加害者仍患有創傷後壓力症，從未傷害平民或戰俘的人則只有百分之六。針對反暴亂戰爭中的軍人所面臨的道德與倫理問題，這份研究報告的作者提出了警告。[11]三十多年前，精神病學家羅伯．立夫頓就曾形容，占領軍發動的反暴亂戰爭根本就是「專門生產暴行」，並且告誡說，參與這種戰爭的軍人會出現極深的道德創傷（moral injury）。[12]立夫頓的預測在這些加害者的經歷中得到了驗證。

不久前，美國退伍軍人事務部資助了一項新的後續研究，對象同樣是那群在一九八〇年代接受過詳盡訪談的退伍軍人。當年罹患慢性創傷後壓力症的人當中，大多數仍患有這種病。更引人注目的是，這些人的死亡率比沒有罹患過創傷後壓力症，或在一九八〇年代時已經復原的人高了一倍。早死的因素包括受傷、意外事故、他殺及自殺。「這些是戰爭的代價，要承受一輩子。」研究報告的其中一名作者威廉．施倫格博士說。[13]這些代價如今將由自阿富汗與伊拉克返國的軍人來承擔。

在針對越戰時期的研究中，退伍軍人幾乎全數為男性。然而在兩次戰爭之間的這段時期，為了回應各個組織的女性平權訴求，軍方開始招募大量女性入伍。二〇一一年，美軍現役的女性軍人約有二十萬三千人，占軍中總人數的百分之十四點五。[14]一如過去對女性的發現，當她們嘗試融入原本完全只有男性的堡壘時，並不一定會受到親切歡迎。因為至高地位受到挑戰而感到憤恨的男性可能會透過許多不同的方式來表現敵意，從最輕微到最極端的手段都有。在最極端的方面，性暴力是讓女性知道自己本分的終極手段。性騷擾及性侵害在軍中已經成了很嚴重的問題，甚至因此產生了一個全新的縮寫：MST，意思是「軍中性創傷」（military sexual trauma）。

這種創傷的複雜之處包括加害者與受害者可能隸屬於同一個小單位，在遇到生命危險時必須依賴對方。受害者如果膽敢指控自己的同袍，便很有可能會在單位內受到排擠與報復。如果她們想要在指揮體系下越級申訴，很快就會發現自己有多被輕視。以下是黛博拉．狄克森的證詞，她是一名獲頒勳章的空軍軍官：

> 我被強暴了，而強暴是錯的。我從沒思考過接下來會遇到什麼事。我和那個強暴犯都知道他確實強暴了我，我除了追究責任，還能怎麼辦？他除了去坐牢，還能做什麼？我們的同袍除了支持我，還能怎麼做？
>
> 單位跟我做了切割……裡面沒有幾個人願意跟我說話。因為強暴犯認罪了，所以審判程序非常短。他被判在軍事監獄服刑六個月……哪怕他只是竄改支出單據，從政府那裡盜取了幾百美元……哪怕他只是在十五年輝煌的軍旅生涯中抽了一根大麻菸，都會被判十年，而不是幾個月，還會被關進真正的監獄。但是強暴同袍反而沒那麼嚴重。[15]

在狄克森的證詞中，我們又看到羞愧及孤立等心理歷程，那正是創傷的特徵。然而，男性退伍軍人感到羞愧是因為無法實踐無所不能的男性典範，受到性創傷的女性退伍軍人感到羞愧卻僅僅是因為她們身為女性。性侵是一個強烈的提醒，讓她們記住自己的地位卑微，也讓她們知道在男人堆中，自己永遠不會被接納成為與男人地位平等的一分子。指揮體系打算縱容或寬恕性侵時，更是傾盡其體制的勢力強化這個訊息。任何已知的敵人，無論殺傷力有多強，其毀滅力道都無法和來自內部的攻擊相提並論；這種攻擊會毀棄由信任與歸屬感建立起來的深厚連結。心理學家珍妮佛．弗雷提到：「備受信任且影響力強大的體制……其運作令依賴它們的人受到侵害，這種情況稱為體制背叛（institutional betrayal）。」[16]

多虧了美國參議院對女權的立法支持，退伍軍人事務部現在被明令必須對受害者進行性創傷篩檢並提供幫助。在一項近期的研究裡，完成篩檢問卷的退伍軍人中有百分之二十二的女性及百分之一的男性顯示有MST。[17]這些數字或許令人憂心，但是我們並不清楚，這是不是仍遠遠低於美國女性民眾回報的案例。儘管民眾仍然傾向認為，創傷主要與從軍服役有關，但實際上，人際間的暴力行為大多發生在民間，受害者多為婦孺，而加害者多數是與受害者熟識的男性。

美國疾病控制與預防中心所進行的最新全國調查中，大約五分之一（百分之十九）的女性表示自己曾遭人強暴，百分之二十二說自己曾遭親密伴侶嚴重施暴，還有百分之十五說自己曾被人跟蹤。這些女性大多是在青春期或剛成年時首次受害：大約五分之四的強暴受害者未滿二十五歲，未滿十八歲的則又占了其中的五分之二。[18]過去十五年來，這些比例並沒有多大的改變。[19]看來，被強暴仍是美國年輕女性最典型的初次性行為經驗，無論是在軍中還是民間。

近年來，層出不窮的大學校園強暴事件特別受矚目，甚至引起白宮關注與擔憂。[20]剛進大學的年輕女性首次離家生活，總是會去試探她們新得到的自由，所以這一年在校園受害的風險似乎特別高。無論男女，大學生組織「還我平安夜」（Take Back the Night）這類的校園遊行已有多年，目的是喚起世人對女性受暴現象的關注。

如同軍隊的情況，問題不在於外在環境，因此對年輕女性來說，大學校園不算是特別危險的地方。事實上，比起有幸能上大學的女性同胞，沒能念大學的女孩更容易成為強暴受害者。[21]但也如同MST的複雜情況，體制背叛會加重校園性侵造成的傷害，因為受害者會遭到羞辱、「被貶為蕩婦」，還經常被逼得休學，但加害者卻不用遭到懲處，因為他們的行為受到默許，只有極少數例外。校園是屬於加害者的。[22]

許多不同類型的創傷倖存者慢慢意識到，體制背叛是問題的焦點。最常見的狀況是，受害者的信任感完完全全被掌權者摧毀了，畢竟上位者的忽視與縱容，實際上就等於站在加害者那一邊，成為共犯。在這種情況下，體制的健全性愈容易受到波及，高層為了保護體制的聲譽，似乎就會愈想試圖掩蓋問題，而不是協助被虐的受害者。

過去二十年被揭發的體制背叛案例中，最惡名昭彰的一例是天主教神職人員對兒童的大規模性侵事件。《波士頓鳳凰報》與《波士頓環球報》的記者在二〇〇二年率先揭露內幕，《波士頓環球報》焦點小組所做的深度報導還為他們贏得一座當年的普立茲獎。[23]醜聞範圍先是延伸到美國其他城市，再擴及歐洲及南美洲，世人才明白，原來天主教會包庇、縱容戀童癖神職人員達數十年之久。

許多曾經受害的人挺身而出，掙脫羞愧與隱瞞的束縛，組織起來尋求改變，並向天主教會高層追究責任；支持他們的虔誠教徒則勇敢質疑這個最專制的階級組織。在波士頓，社運人士每週日都在聖十字主教座堂前示威，要求長期對掠食者負有監督責任的樞機主教羅賓納辭職。此舉令樞機主教難堪不已，因此他每週都只能偷偷溜出自己的教堂，以避開示威者。醜聞爆發後不到一年，他提出辭呈並被悄悄調任到羅馬。有幾個因素增加了這些神父性侵倖存者說詞的可信度。最引人注目的是，《波士頓環球報》透過法庭命令迫使教會公開內部文件，當中清楚顯示教會屢次刻意包庇加害者。

還有倖存者的確切人數——其中許多人是遭到同一批加害者侵害，因為主教在管理自己的主教轄區時，會把戀童癖神父在自己轄下的教區調來調去。此外，站出來的倖存者當中有很多、甚至幾乎都是中年白人男性，他們提到，自己被神父性侵時，都還是可愛的小男童。年幼時遭性侵的女性倖存者也相當多，但媒體不認為她們「具有報導價值」。這些倖存者的經驗有一個可怕的相似之處：許多人都來自虔誠的家庭，將神父看作上帝的代理人，對其獻出最高的尊崇。顯而易見的是，他們都對自己的信任感遭到背叛感到痛苦不已。很多倖存者曾經要求教會內部做出糾正，卻屢次遭受冷漠對待，最後只能求助於媒體或法律。

訴諸於法律的個別倖存者自然要忍受外界嚴苛質疑他們的可信度。那些描述自己曾經暫時失憶、過了一段時間才想起事發經過的倖存者更是如此，而這樣的倖存者相當多。二十年前的那批專家證人（expert witness）有好幾位依然在公開放話，聲稱「心理科學」（跟以前一樣）已經證明「被抑的記憶」不可信。然而這些大談「虛假記憶」的專家愈來愈難以說服法官與陪審團，因為，科學家對於創傷倖存者所遇到的記憶障礙了解得更多、也愈來愈有共識。[24] 隨著神經生物學的進展，科學家已能觀察到，在創傷對大腦造成的影響中，有哪些會「壓抑記憶」（repressed memory），這種狀態的正式名稱為解離型失憶症（dissociative amnesia）。其他研究也顯示，恢復的創傷記憶與連貫的創傷記憶一樣準確可信。[25]

我的同事丹・布朗是位心理學家，曾在許多這類案件中以專家證人身分出庭作證。他表示，功能性大腦造影的研究報告在法庭上特別有用，因為它們能當作具體而易於理解的圖示，說明大腦中與創傷記憶障礙有關的變化。他不久前為一本現在很受歡迎的科普讀物寫了一則簡介：「神經造影研究不斷證實，在解離型失憶狀態下，有一個右腦迴路會停止活動。而這個迴路平常的作用是喚起帶有情感的自傳式記憶。」[26]若要說服法官及陪審團，一張大腦的圖片顯然可以抵過千言萬語。

除了「記憶戰爭」引起的討論，現在已有大量證據證實，解離對創傷後壓力症來說十分重要，實驗室研究也開始釐清解離的神經生物學。例如，在一項嚴謹的實驗中我們發現，透過服用一種減弱中樞神經系統內神經傳導物質麩胺酸的藥物「氯胺酮」（ketamine）可以在藥理學上產生類似的精神狀態。與受創者不同，服用氯胺酮的志願受試者並沒有任何主觀的恐怖經驗，但是，他們仍體驗到典型的解離現象，包括注意力、知覺和記憶的改變，因此痛覺不敏感、時間感變慢、自我感與現實感喪失、失憶。[27]一般認為，氯胺酮的作用乃是抑制神經元在大腦皮質的活動。這些神經元組成複雜的「聯想」路徑（associative pathway）網絡，連接大腦內有關感覺、記憶、語言、抽象思考和社會溝通的區域。在實驗中，暫時抑制這些路徑的作用，就可以引發受試者進入解離狀態。因此，「解離」這個來自於臨床工作上的觀察、用了數百年之久的描述性字眼，現在成了精準的名詞，用來指稱神經生物學上的特定現象。我的老友及合作夥伴貝塞爾・范德寇不久前完成了一個艱鉅的任務，用一般人可以理解的淺顯語言，將關於創傷的神經生物學文獻統整起來，在他的劃時代著作《心靈的傷，身體會記住》中做了精采的概述。

面對危險時，大腦系統中有一些擾動會組織出逃跑、反擊或僵住（flight, fight or freeze）的反應，這些擾動最早是在創傷倖存者身上被記錄到的，許多現有的療法依然在概念上把創傷後壓力症解釋成僅僅是一種由恐懼引起的疾病。然而我們已經可以明顯看到，創傷對大腦的影響範圍遠超過大腦系統本身；如果創傷發生在兒童期，這種情況會特別嚴重。[28] 幼年時的創傷會影響「情緒腦」（emotional brain），也就是右腦；這部分的大腦在幼年時期迅速發育，作用是形成人類社交性的基礎。[29] 這個廣義的創傷概念得到確認後，創傷後壓力症在美國精神醫學學會出版的最新《精神疾病診斷與統計手冊》（DSM-5）與即將出版的最新《國際疾病分類手冊》（ICD-11）中，就不再被歸類為焦慮症了。更確切地說，根據這兩個分類系統，專家都認定創傷疾病自成一個類別。DSM5擴大了基本心理疾病的定義，納入了我所謂的複雜型創傷後壓力症（請見第六章），也承認了一種解離性的亞型。相較之下，就ICD11目前的草稿來看，它窄化了創傷後壓力症的基本定義，但也明確認定複雜型創傷後壓力症是獨立的分類，由長期重複的創傷所造成，特別是源自兒童期的創傷。[30]

一項劃時代的流行病學研究揭露了兒童期受虐對健康造成的長期後果，該研究名為「兒童期不良經驗」（ACE）研究。研究由凱薩醫療機構及美國疾病控制與預防中心共同執行。他們找來一萬七千多名患者填寫問卷，回顧自己的兒童期經歷，作為個人日常病史的一部分。這些病患要回答的問題包括是否曾遭到身體虐待或性虐待，是否曾忽視或目睹家暴。此外他們也被問到，父母當中是否有人曾經染上毒癮、酒癮、精神疾病或坐過牢，以及父母是否在兒童時期過世。每一個類別的不良經驗都算一分，病患最終得到的分數，可以連結到其醫療紀錄所透露的大量訊息。

問卷調查的結果很驚人：患者ACE分數愈高，與美國十大死因的關聯性就會高，這些死因包含心臟病、肺病及肝病。兩者連結的因素並不難看出：ACE分數與吸菸、肥胖、酗酒、危險性行為、注射毒品都強烈相關。[31] ACE分數也是目前臨床憂鬱症及自殺行為最準確的預測因子。舉一個例子就好，有過一種兒童期不良經驗（ACE分數為一分）的病患，曾經意圖自殺的比例是兒童期無不良經驗者的兩倍，而這個比例在ACE分數為五分的病患身上，更是高達十倍。[32]

其中一名主要研究員文森．費里提在反思ACE研究的重要性時寫道：「為什麼只有部分的人會自殺、物質成癮、肥胖、犯罪？為什麼有些人會早逝，有些人會長壽？在沉默的另一頭吶喊，它的本質為何？有些回憶不能說出來、遭到忘卻，或者因失憶而消逝，這意味著什麼，真的重要嗎？因為保持無感而得到慰藉，有沒有潛藏的代價？」[33] 精明的讀者一定會注意到，這段發自內心的呼喊，與前述退伍軍人返鄉後浮現的問題有相似之處。

ACE研究所仰賴的資料，是出於成年病患對兒童期不良經驗的回顧描述。雖然研究結果可以證明，兒童期的經歷與成年後的病狀有強烈關聯，但這些不良經驗何以導致這麼嚴重的後果，卻還無法下定論。而這只有透過多項前瞻性研究才能得到結論，研究人員得長年追蹤接受研究的孩子，直到他們長大成人並孕育出下一代。前瞻性縱向研究的工程浩大，需要過人的決策處理能力、巧思，以及心力投入。這種研究產出的科學資料豐富，無與倫比。

一九八七年，當時隸屬於美國國家心理衛生研究院的精神病學家法蘭克．普特南及心理學家潘妮洛普．崔克特展開了一項前瞻性研究，對象是華盛頓特區遭遇過性侵害的女孩。確認遭家人性侵的女孩，由兒童保護機構轉介給研究團隊。此外，普特南透過地方廣告招募，找來一群年齡、種族、家庭組成及社經地位與受害者相符的女孩，作為這項研究的控制組。

女孩轉介過來後便接受全面性研究，當時她們的年齡中位數是十一歲；其後每隔一段時間進行一次追蹤調查，總共進行了五次。最近一次追蹤調查進行時，她們的年齡中位數是二十五歲，許多人已經有了自己的小孩，也讓孩子接受研究。這項研究的受試者總留存率高達百分之九十六，這個數字相當驚人，也證明研究員與研究對象建立了很親密的關係。

研究員也成功設法讓研究持續進行，儘管美國國家心理衛生研究院在一九九〇年代換了新的領導階層後，變得反對研究虐童。這批在研究院內取得大權的科學家尤其厭惡解離的概念；他們「不相信」解離存在，當然也不認為正派的研究人員應該繼續鑽研這個概念。普特南原本有一群資深工作夥伴跟研究網絡，也從中建立起自己的卓越事業，後來卻發現自己在圈子中遭到排擠，便離開了國家心理衛生研究院。「我因為那次經驗得到了解放，」他說，「最後去了一個我可以奉獻更多心力的地方。」普特南在辛辛那提兒童醫院醫學中心尋得的支持不但讓他得以繼續進行研究，也讓他開發出一種產後憂鬱療程，而這種療程現在獲得六個州的採用。[34]

在每一次追蹤調查中，普特南和他的研究夥伴都發現，與未受虐女孩的生命歷程相比，受虐女孩的生命歷程會往不幸的方向分岐發展下去（當然每個組別內部各自有明顯的差異）。從生理上來看，受虐女孩的問題包括：壓力荷爾蒙分泌異常、自律神經系統過度警醒、肥胖比例高、青春期提早開始。從教育上來看，她們學習上的障礙較多。從心理上來看，她們比較憂鬱，許多人還會進入高度解離狀態。這些女孩當中，有非常高比例的人在青少年期、甚至更早就出現物質濫用及自殘行為。她們容易適應不良，無法完成社會化發展，很早就發生危險性行為，遭到不固定情人或親密愛人二度傷害的比例很高。她們比較常輟學、在青少年期懷孕，以及生下早產的嬰兒。

最後，有受虐經驗的女孩成為母親後，雖然沒有虐待自己的孩子，對孩子的忽視卻比同輩嚴重得多，結果就是得再度跟兒童保護單位打照面。這個現象就是臨床工作者長期觀察創傷的「代間傳承」(intergenerational transmission)；研究人員也證實，那是虐待所造成最嚴重的長期後果，曾經受虐的母親中約有五分之一（百分之十八）受到影響。沒有受虐經驗的對照組女孩成為母親後，因忽視孩子而遭通報給兒童保護單位的比例不到百分之二。

過了二十三年，研究人員總結他們的發現，做出了如下的結論：「總體來說，這些遭受過性侵害的女性所走的生命軌跡，都與慢性疾病和國內重大死因有關聯。從許多方面來看，在知名的兒童期不良經驗研究中，兒童期有許多不良經驗的族群也有類似的發展。此外，從臨床檔案來看，複雜且包含多種症狀的疾患……也類似於包含兒童『發展型創傷障礙症』及成人『複雜型創傷後壓力症』概念的疾患。」[35]

這項研究發現，遭到性侵害的女孩接受過的任何治療都極少；那些成功避免走入病態人生的，是藉助了自己的內在資源，以及能爭取到的所有社會支持。與此同時，許多卓越的前瞻性研究分別證明，若及早介入、協助高風險的母親及兒童，就可以順利避免她們走上這條極度有害的發展路徑。[36]

這類研究中有一項是由我在劍橋醫院的同事、心理學家卡倫・利昂斯－魯斯主持，目前正朝第三十年邁進。這項研究稱為「家庭路徑計畫」(Family Pathways Project)，當中所追蹤的個案，都是社區機構擔憂育兒情況而轉介來的嬰兒及其母親。這些母親大部分很貧窮，很多人是單身，很多人是青少女，也有很多人陷入憂鬱心情。起初參與研究時，嬰兒年齡從剛出生到九個月不等。參與的母親每週都接受家訪服務，對照組也是由高風險的母親及嬰兒組成，但只接受一般常見的醫療與小兒科照護。

家訪人員都是持有證照的社工，或是與受訪對象來自相同社區、口耳相傳是好媽媽的成年女性。所有家訪人員每週都會接受團體督導。她們的任務多樣化且有彈性。她們為那些有立即需求的年輕媽媽提供協助，例如徵求食物券或尋找適合的住宅。她們也花時間跟那些母親及嬰兒一起相處，教育母親兒童有哪些正常發展階段，示範體貼、無微不至的照料方式。每週的家訪一直持續到嬰兒十八個月大為止。在那之後，這些家庭會定期接受追蹤調查。

先前的研究人員都聚焦在身體虐待或性虐待等明確的兒童期不良經驗。相較於此，利昂斯－魯斯和同事關注的主要是關係變數(relational variable)。他們尤其注重製作圖表，以說明嬰兒的依附安全感。依附理論是由英國心理分析學家約翰・鮑比及其門生所發展。他們試圖建構出一種理論去解釋人類社交力的基礎就在複雜的神經生物系統中；在其作用下，嬰兒在懼怕或處於壓力下時，會想要尋求照護者的緊密陪伴。[37]另一方面，成人的互惠系統則會形塑照護行為的基礎，並與嬰兒產生情感上的共鳴。[38]

人類與許多其他物種都有依附系統，主要功能是保護幼小者免於危險。但是在人類身上，依附系統也是兒童情緒調節能力的發展基礎。兒童在憂傷時若得到可靠的撫慰，就能逐漸學會只要喚起腦中對照護者的印象，就足以安撫自己。他們會發展出飽比所謂照顧關係的「內在運作模式」（internal working model）。[39] 安全的依附關係也可以作為安全基地，發展中的兒童由此就能自信地探索環境。歸根結柢，安全的依附關係可以讓人認同自己，相信自己值得被愛、被關懷，也讓人有能力愛別人、關懷別人。[40]

家庭路徑計畫研究中的孩子到了約十八個月大時，研究人員會拍攝母親和嬰兒在家中和實驗室的互動情形。在實驗室中，他們運用一種稱為「陌生情境」（strange situation）的標準化短暫互動情境來評估嬰兒對母親的依附品質。[41] 在陌生情境實驗裡，母親及孩子進入房間後會看到很多玩具，並見到一個陌生人（實驗室助理）。玩過一小段時間後，母親離開房間。這時大多數的孩子都很焦躁，但終究會停止哭泣，甚或遲疑地接受實驗室助理的引誘而去玩玩具。然而母親回到房間時，安全依附型的孩子會停下手上的事，急切地呼喊母親並朝她奔去。接下來就是歡樂的團聚；多數時候母親會跟孩子打招呼，把孩子抱起來，緊擁著孩子，並以如樂音般具安撫效果的聲音對孩子說話。在這之後，孩子便會迅速平靜下來，而且很快就開始重新探索及玩耍。在常態母體研究中，全美大約有百分之六十五到七十的兒童被評定為「安全依附型」。

不安全依附行為有很多種。最不好的那種稱為「紊亂型依附」（disorganized attachment）。在陌生情境中，紊亂型依附的嬰兒與母親團聚的景象令人不忍目睹。這些嬰兒似乎無法決定要接近媽媽、還是要避開她們，彷彿他們對母親既需要又畏懼。他們不會直接靠近母親，而是可能會呆住不動，或者開始接近後轉向離開，又或者看起來像在水中游泳般地以慢動作移動。團聚時雙方完全沒有互相打招呼。母親可能不會抱起嬰兒，也可能將他們抱起來，但與自己的身體保持一段距離，然後很快放下。我的學生觀看這些影片時，會對著那些母親大喊，懇求她們緊抱自己的孩子；這些紊亂的互動強烈喚起了我們自身的依附系統。

在孩子長到十八個月大時，家庭路徑計畫的家訪介入成效就已經很明顯。在接受一年以上家訪服務的高風險家庭中，大約三分之一的孩子（百分之三十二）顯現出不安全依附的徵兆，比例與一般的標準接近。然而，在沒有接受任何家訪服務的家庭中，則有幾近兩倍（百分之六十）的孩子屬於不安全依附型。

到了五歲時，沒有接受過任何家訪服務的孩子似乎已經走上了惡性的道路。據他們的老師所說，其中多數孩子（百分之七十一）在幼兒園就表現出惡意行為。到了七歲，這些孩子**全都會**在班上表現出適應不良行為。相反地，在孩子十八個月大前曾經接受過至少一年家訪的組別裡，家訪介入的正面效果多年後依然顯著：只有大約三分之一的孩子在幼兒園（百分之二十九）與小學二年級（百分之三十三）時表現出紊亂行為。[42] 重要的是，無論是社工或社區婦女，家訪工作都做得一樣好。接受家訪的母親提到，社工家訪員既熱情又貼心。「她人很好」是很常聽到的一句評論。相較之下，這些母親則經常以「我從未有過的姊姊」等稱呼來形容做家訪的社區婦女。[43]

等到參與家庭路徑計畫的孩子進入青春期後期，研究人員便可追蹤觀察，沒有接受早期介入並從中受益的孩子，是否呈現出邊緣型人格及解離性身分疾患。在十九到二十歲受訪時，大約半數的受試者提到，自己在兒童期有一段時間遭受過身體虐待或性虐待。但光是受虐還不足以說明為何他們患有我所謂的複雜型創傷後壓力症。這些孩子非常小的時候**沒有**發生的事，就和後來發生的虐待一樣重要。在嬰兒十八個月大時觀察到的紊亂型依附，是青春期後期出現解離現象的一個強大預測因子。[44]同樣地，透過錄影畫面觀察，在嬰兒十八個月大時，母親對其做出的退縮行為，則是這個孩子之後意圖自殺與自殘的強大預測因子。[45]母親在嬰兒期的退縮與後來在兒童期的虐待，分別促成了孩子之後邊緣型人格症狀的發展。

這些發現已經獲得其他研究證實，據此，我們有需要重新界定兒童期的複雜型創傷概念。[46]現在情況已經很清楚，幼年時失去關係連結所造成的影響，就跟實際創傷造成的影響一樣深刻。兒童期受過虐待與忽視的人在認同、自律及自我關懷方面的紊亂情形令他們痛苦不已，而針對早期依附及其變遷的研究，則讓我們對這樣的紊亂有了更深入與細緻的了解。

在一項關係理論中，學者也提出了依據，解釋家庭路徑計畫中的早期介入何以會成果斐然。無論是否具專業資格，家訪人員都提供了能維持關係的環境，給予沒有經驗的年輕媽媽一個安全的基礎，讓她們得以和自己的寶寶更加契合，並且開始發展安全依附。較為良性的早期母嬰關係模式一旦確立，安全依附型的孩子及其母親就會走上一條發展較正常的途徑，進而創造出自身的良性循環，就不需要更多介入。相反地，沒有接受家訪服務的母親和孩子無法修正他們早期失去的關係連結，後來便導致一連串愈來愈惡化的發展病狀。

兒童期創傷讓醫界、精神醫學界與社會付出了巨大成本，而目前有一些可行性高且證實有效的預防計畫，光用常識去想，就知道應該立刻實施於所有的小媽媽及她們的寶寶，至少用於風險最高的族群。但是正如在創傷領域一再重演的歷史，科學知識提升與公眾意識抬頭只是結束暴力的第一步。從意識覺醒進展到社會行動，我們需要一場政治運動，而且影響力必須夠大，足以擊敗普遍存在的否定聲浪、制度惰性（institutional inertia）產生的消極抵抗，以及既得利益者的積極抵抗。可惜過去二十年來，沒有一個群眾運動展現出這樣的影響力，無論是針對公領域的戰爭與戰爭罪行，還是私領域中對婦孺犯下的罪行。

在戰爭領域，退伍軍人的聲音已經促使公眾加強關注受創戰士承受的痛苦，但是儘管偶有醜聞曝光、退伍軍人事務部也承諾改革，退伍軍人組織起來的力量卻不足以為我們自己的戰爭傷兵爭取到可靠且容易取得的健康與心理衛生照護，更遑論改變戰爭的行為本身了。即便公眾因為厭倦戰爭而選出了一位承諾終止無意義戰爭的總統，戰爭機器依舊繼續運作，因為沒有夠強勢的反戰運動。勇敢的調查記者與吹哨者揭發了國安體系的一些惡行，但是沒有群眾運動要求政府負起責任，於是美國政府在違反憲法的狀況下，持續對公民進行大規模監控。那些動用刑求而令國家蒙羞的政府高層官員，仍在嗆聲說還會有下次，而關塔納摩監獄中的戰俘也繼續被無限期拘留。

私領域方面，美國及世界各地的女性持續提高對性暴力及家暴的意識。在美國，政府機構現在有進行結構嚴謹的研究，以確定對女性施暴行為的普遍程度。在國際上，聯合國現已認定，對女性施暴是全世界最普遍的人權侵犯行為，並且指派一名特別報告員蒐集每一個會員國婦女受暴力侵害的資料。二〇〇九年，時任特別報告員亞琴．厄圖克為她看到的進展做出總結：「在世界各地，傳統父權制度正以不同的速度、緩慢但逐步地遭到瓦解。從人權觀點看暴力，我們就能創造動能，以打破暴力周圍的沉默，連結全球各地的諸多抗爭。」[47]

然而，僅管大眾對性暴力的意識提高，女性卻還是無法讓罪犯及縱容他們的人負起責任，進而確實降低性侵的發生率。多數性侵罪行仍然不會被通報，因為受害者一旦站出來就幾乎必定會遭到群眾羞辱，於是她們選擇退縮。鼓起勇氣報案的受害者則必須禁得起漫長的程序，與加害者在民事及刑事法庭上對抗，這經常被形容為「二次強暴」（請見第三章）。因此，性侵害實際上依然是免於責罰的罪行，並不令人意外。[48]

即便倖存者有勇氣面對法律程序的嚴苛折磨，也可能遭到勸阻，因為我們的法院體系裡找不到她們要的責任歸屬。法院判決的金錢賠償與刑事懲處通常與倖存者眼中的正義相距甚遠。對大多數倖存者而言，最重要的似乎是社會的認同——也就是公眾正視性侵的事實與傷害。除此之外，倖存者最盼望的是證明自己沒有錯；她們希望自己的社群採取明確立場，譴責性侵罪行，讓恥辱的重擔得以從她們肩上卸除並加諸在罪犯身上，那才是正義得到伸張。[49]

近來，在美國層出不窮的大學校園性侵案中，有了一條尋求正義的新途徑；學生、家長與積極的教職員提出指責，表示「體制背叛」導致性侵免責的氛圍不斷蔓延。控訴者舉出大量例子指出，除了不作為、掩蓋事實，官方還加入檢討受害者的行列。他們強烈控訴說，縱容大學校園的「強暴文化」，就是侵犯女性平等受教的機會與權利。[50]他們已經向美國教育部提出權利申訴，指出此事違反美國《教育法》第九條修正案（Title IX）；根據這條一九七二年通過的聯邦法令，接受聯邦經費補助的教育機構禁止有任何性別歧視之舉。

這些法律行動確實產生了效果。撰寫本文時，我任教的哈佛法學院才甫被判定違反第九條修正案，並與美國教育部民權處達成協議。這種協議以及改變性騷擾文化的行動計畫，可以作為許多其他現正因違反第九條修正案而遭調查的教育機構的改革範本。如此一來，這些補救措施或許能為倖存者提供一些社會認同的管道，而得到認同才是她們最在乎的。[51]

已成年的童年受虐倖存者，通常比新近的性侵倖存者更難取得法律上的補償。正因如此，成年倖存者為了要求天主教會為長期包庇戀童者的行為負起責任而發起一項有組織、有熱情的運動並大獲成功一事，更顯得成就非凡。天主教美國主教團表示，截至二〇一四年三月為止，他們共收到對六千四百二十七名神父與其他神職人員的可靠性侵指控，這些指控來自一萬七千兩百五十九名倖存者。教會已經付出超過三十億美元，與數千名要求賠償的倖存者達成和解。

然而，多數案例來不及尋求刑事制裁，因為追訴時效早在倖存者勇敢站出來之前就已經過期。於是在六千多名遭到可靠指控的神父與其他神職人員中，面對刑事起訴的不到六百人，而且大約只有三百人被判入獄服刑。[52]此外，雖然有一些行為最過分的加害者身分曝光且遭到懲罰，教會卻從未公開點名須為此事負責的主教，因為教會秉持的原則是保護這個相當於犯罪網路的集團。更不用說，即便是讓天主教會這麼具有影響力的團體為其神職人員犯下的性侵罪行負起責任，也無法解決虐待及忽視兒童這個更為廣泛的社會問題。

兒童在公眾場域中沒有發言權，在選舉政治中沒有投票團體（voting bloc）支持，也沒有財大勢大的利益集團為他們代言。小媽媽也幾乎和兒童一樣無聲。雖然對高風險母親及兒童實行預防性介入措施的花費相對低廉，而且長期下來會得到好幾倍的回報，但多數政治人物對預算的展望不會延續到下一個選舉週期之後。於是我們只能等，等到之後倖存者向心理衛生專家求助時，再慢慢彌補。

一如往常，復原的進程還是從建立安全感開始。本書提出的復原階段模式已經屹立不搖二十幾年，現在也被廣泛認定為創傷治療的基礎。過去十年出版的複雜型創傷後障礙與多重人格疾患的基本治療教科書，同樣使用本書的三階段模式。[53]

誠如精神病學家艾瑞克森多年前所述，自主性、積極性、勤奮進取、自我認同及友愛親密是相繼發展出來的，首先是從基本信任感開始，那是在人生頭幾年養成的。[54]如果基本信任感遭到破壞，後來的所有發展階段都會受影響。由此看來，矯正介入措施實行得愈早，成效自然愈好。若等到兒童期創傷倖存者成年，復原就會成為既複雜又費力的工程。好消息是復原是有可能的。壞消息則是復原之路很漫長，有時也很艱辛。

根據新近關於早期依附情形的重大發現，我們可以把復原的第一階段任務，化成為那些在兒童期從未有機會建立安全基地的倖存者「建立安全基地」的概念，而且是在基本信任已經遭到摧毀的狀況下重建。這個關係的根基一旦扎下，我們便能處理令兒童期創傷倖存者痛苦不堪的無數心理傷痕。創傷倖存者的心理治療有一個矛盾與挑戰，那就是這樣的治療需要以充滿信任的關係為基礎；但我們所面對的是信任遭到全然摧毀的人，建立信任關係必須被當成目標，而不是進行治療的先決條件。這個目標得透過反覆摸索、失敗、修補的艱苦歷程來逐漸達成。顯然大家都想要短暫、簡單、花費低廉且成效卓著的治療方法，只可惜光想是沒有用的。

然而過去二十年間，我們進入「實證」（evidence-based）醫學的時代，發展出許多治療方法或「派別」，也進行了無數的研究，想要找出那個短暫又簡單的創傷治療方法。臨床研究在科學上的「黃金標準」是隨機對照試驗（randomized controlled trial），在其中將標準化療法與安慰劑或該病症的其他療法進行對照比較。隨機對照試驗法在藥物研究方面成效很好，但是並不適合用在心理治療研究，因為心理治療不是藥。

心理治療很難標準化；事實上，許多人主張，心理治療是由一對一的兩人關係所創造出來的想像產物，不能、也不應標準化。然而，隨機對照試驗法的設定是，我們研究某個療法時，要遵照詳細的操作手冊進行，也盡可能忽視治療師與患者的個性所造成的變異，以確保每一名患者接受到一模一樣的治療。隨機對照試驗法還需要搭配高度標準化的成效評量方式，因而導致試驗僅僅聚焦於減輕症狀。在創傷治療的研究中，成效往往是以創傷後壓力症的症狀減輕程度來衡量。儘管多數人都會贊同這個標準是必要的成效評量方式，但這樣並不夠。心理治療的目標更廣大，要達到的結果更深遠，也就是恢復值得活下去的人生。

最容易標準化的認知行為療法（Cognitive-behavioral therapy），是目前為止最廣泛受到研究的治療方法。尤其有一種稱為「延長暴露法」（Prolonged Exposure）的創傷後壓力症治療，被美國國家醫學院認定為具有充分「實證」基礎。[55] 延長暴露法與認知處理治療（Cognitive Processing Therapy）這兩種認知行為療法都得到了美國退伍軍人事務部的認可；該部門投入大量心力，嘗試在他們的心理衛生機構「推廣」這些形式的療法，特別是延長暴露法。

暴露治療的概念基礎是巴夫洛夫的制約作用。一般認為，大腦中的恐懼迴路已經受到制約，會對和過去創傷有關的刺激做出反應，彷彿那層危險依然存在。根據這個理論，患者若在安全的環境中反覆暴露於這種恐懼刺激之下，產生不當恐懼反應的制約就會解除。然而現在有件事已經很清楚：創傷造成的衝擊，遠比一個簡單的恐懼制約模型所能做出的解釋還要深遠得多。而創傷後壓力症也出於這個原因不再被歸類為焦慮症。因此暴露治療的結果非常混亂，這點毫無意外。雖然這種療法看起來對減輕部分創傷後壓力症患者的症狀很有效，但許多患者沒有反應，而且中斷治療的比例很高。[56] 最近有一項研究，對象是退伍軍人事務部所輔導的罹患創傷後壓力症的確診患者；研究中的大多數患者都沒有做完建議的治療。[57]

以下是其中一名退出者的說法，他名叫大衛・莫利斯，是前海軍陸戰隊軍官。他與自己被分派到的心理治療師初次會面時，對方告訴他延長暴露法是對他最有益的療法，接著便指示他開始鉅細靡遺地談論自己最可怕的回憶。經過一個月的延長暴露治療後，莫利斯表示自己的症狀惡化了許多。治療師持續為這種療法辯護，莫利斯於是中斷治療：

> 做過延長暴露治療後，我查了一些資料，發現有些人對此提出警訊……等了三個月，填了無數的資料表，最後我得到的是一種過譽的治療，而這種療法是奠基於「要擺脫走過地獄的後續效應，最好的方法是再下地獄一次」的假設之上。[58]

本書的讀者會看得出來，事先沒有投入第一階段的復原工作（建立治療同盟並獲得當下的安全感），就直接進入第二階段（探索創傷回憶），可能只會帶來傷害。因此，合理來看，不管對患者或心理治療師，選擇首要療法時先處理第一階段的問題，才比較容易進入狀況。事實上，這一類療法有些儘管目前尚未獲得許可，成效卻很穩當。這些療法的焦點集中於當下的創傷問題，而不是關於創傷的回憶。

安全感向來從身體開始。如果一個人覺得自己的人身不安全，那麼走到哪裡都不會覺得安全。因此，以身體為導向的療法在早期復原階段很有助益。舉例來說，兩份在二〇一四年發表的研究報告指出，瑜伽對創傷後壓力症的患者有益，對減輕驚嚇反應、過度警醒、心理麻木等現象幫助尤其大。[59]貝塞爾·范德寇是其中一項研究的首席研究員，他表示，瑜伽經證實能恢復兩個自律神經系統分支間的平衡，其中交感神經負責組織身體行動，包括反抗或逃離；副交感神經負責組織身體的消化、休息與修復。當這兩個系統形成平衡，人就會感到安好。他寫道：「人做瑜伽時，注意力集中在自身的呼吸與每一刻的感知上……我經常告訴我的學生，瑜伽中最重要的兩句話是『關注』和『接下來會怎樣？』一旦你開始抱著好奇而非恐懼的心態探索自己的身體，一切都會改變。」[60]

在幾項隨機對照試驗中，也有研究者把一種稱為「當下關注療法」（Present-Centered Therapy）的模式拿來與延長暴露治療及其他行之有年的認知行為療法做比較，並發現它對創傷後壓力症的效果和其他療法相同，但中斷治療的人較少。[61]這些結果無疑讓人開始質疑，暴露是有效治療創傷後壓力症之必要手段嗎？

心理學家瑪莉琳·克羅伊特和同事看出，最能滿足患者的或許是階段式治療，便為複雜型創傷開發出一種兩階段的認知行為療法，稱為STAIR／NST。這個縮寫的全名是「情感及人際關係中的技能訓練與敘事」（Skills Training in Affective and Interpersonal Relations and Narrative Story Telling）。在此模式下，治療師在著手進行回憶創傷的工作前，會優先處理自我關懷、情緒調節，以及目前的關係問題。一項隨機對照試驗初步結果的資料顯示，對於緩解創傷後壓力症，此療法兩個部分各別都有幾分效果，但把兩者結合起來分階段實行，成效更好。而且二個階段中斷治療的比例比較低，症狀更趨惡化（而非好轉）的患者也比較少。[62]

雖然心理動力療法遠比認知行為療法更耗時、更複雜、更難以標準化，但過去十年的研究成果已經開始跟上了，這都是一些歐洲研究者的功勞。[63]最值得注意的是，心理學家安東尼・貝特曼與彼得・佛納吉在倫敦為診斷出有邊緣性人格疾患的患者開發出一套非常有效的療程，當中所使用的心理動力療法，則聚焦在他們所謂的心智化過程（process of mentalization）。按照他們的定義：「心智化讓我們能從主觀狀態與心智歷程中，對自己與他人產生間接或直接的意義。了解其他人的行為，知道他們可能的想法、感受、願望及欲望，是重大的心理發展成就。我們相信，這個發展在生物學上是源自於有依附關係的環境。」[64]

在一項隨機對照試驗中，讓被診斷出患有邊緣性人格疾患的患者分別接受常見慣用療法或心智化療程，時間為三年，前半段先進行十八個月的日間留院治療，然後是十八個月的每週個人或團體心理治療。所有患者從研究一開始就受到定期追蹤，追蹤時間長達八年。接受心智化療法那組的患者基本上不再嘗試自殺、不再自殘，也不再住院治療，而對照組則沒什麼變化。[65]隨著其效果愈來愈明顯，這種治療方式也被設計為一種僅用於門診的療法，成效相當卓著。[66]

心智化又叫作「將心護持在心中」（holding mind in mind），這個構想提供患者及心理治療師一種方式來解釋複雜的關係概念。在一份梅寧格療養院給患者的工作說明中，心理學家強・艾倫簡化了這個概念，他說：「心智化代表察覺到自己和別人的思緒及感受……這不只包含對別人的同理心，還有對自己的同理心。」[67]他接著形容：「強調心智化概念的心理治療，特色就是重視交談、非正式的氣氛、做法合乎常理，而且吸引人參與。」[68] 他還提議以心智化為基礎的療法可以另取一個名字，就叫「純粹老派治療」(plain old therapy)。

一發現有人為「純粹老派治療」做出如此明瞭且具有科學論據的辯護，各位可以想像我有多開心。這套療法正如我們這些年來在暴力受害者專案中的做法。我一直提到的建立安全感，亦即「第一階段」，與艾倫所謂的「恢復依附關係中的心智化作用」非常類似。一旦建立起足夠的安全感，就可以進行以創傷為重點的「第二階段」，也就是回顧與哀悼。然而正如艾倫的告誡，我們不能忘記最終的目標，那就是「把現在和未來活得更好」。[69] 這也是我所說的「第三階段」——重建連結。

這種合乎常理、「純粹老派」的做法，實際上是一種精緻的治療形式，它建構在廣大的證據基礎之上，同時也證明，治療成功最有效的預測因子，就是患者與心理治療師之間的關係好壞。多年前，心理學家卡爾．羅哲斯與他的學生證明，心理治療師在關係方面的特質，如準確的同理心、非批判性的關懷、真誠的態度，都是良好治療成果的強烈預測因子。[70] 相較之下，治療中使用的療法或技巧就不是很重要。在嚴謹的研究下，我們比較相互衝突的不同療法，結果發現，沒有一種療法顯現明確的優勢。[71] 心理學家布魯斯．瓦帕德在比較各種心理治療方式時，引用了《愛麗絲漫遊奇境》中渡渡鳥的判決原則：「人人皆贏，所以人人有獎。」[72]

包括我在內，許多人都強調，比起科學，心理治療其實更像一門技藝，但絕對可以從科學的角度來研究。[73] 然而我們需要不同於以往的全新科學研究方法。目前為止，治療同盟是各界公認在心理治療中最重要的「活性成分」之一。[74] 所以，與其透過隨機對照試驗除掉心理治療師與患者的個體性，不如從頭開始，去研究各個方法學派中有哪些才華過人的心理治療師，看看他們有哪些共同特質，足以成為我們專業領域中技藝最純熟的大師與女性工作者。[75]若要這麼做，自然也就要拋棄傳統科學的「黃金標準」。但是話說回來，有位經濟學家朋友最近才對我說：「我們不是老早就拋棄黃金標準了嗎？」

至於心理治療在現實世界的成效如何，有一些新的研究路徑比較偏向自然觀察，其中一個例子是一項針對解離障礙患者所做的前瞻研究。解離普遍被認為是最極端的創傷後症候群症狀，需要費時多年的長期心理治療。研究人員徵求到兩百多對同意接受定期評估的患者與心理治療師。治療過程不參照治療手冊，而是遵循一套專家共識指南（expert consensus guildelines）。一開始施行的治療先聚焦於穩定內外情況（類似於復原第一階段），三十個月之後，參與研究的患者在解離、創傷後壓力症、憂鬱及自殘等方面，都顯示出改善跡象。有些治療虛無主義者認為，解離障礙根本無法治療，更甚者，暗示這些狀況都是治療師太相信患者才會產生；現在他們應該樂於看到有研究能解開這些疑慮。[76]本文撰寫之際，該研究仍在進行中。

目前為止的治療成果研究，主要聚焦於個人心理治療。然而我們已經證明，團體治療對創傷復原的成效極為可靠，愧疚感與社會孤立令創傷倖存者痛苦不堪，團體能帶來強大的緩解力。團體為同儕關係提供安全且較為結構化的環境，讓倖存者覺得自己被接納，有歸屬感。團體也提供機會，讓成員生出健康的自豪感，因為她們會發現，自己能給予彼此的東西非常多。團體成員接受其他人的慈愛對待時，也會逐漸發展出對自我的慈愛心。在暴力受害者專案中，我們把團體定義成「通往新社群的橋梁」，能幫助倖存者與曾經令他們覺得極度疏離的社會重新連結。[77]

我對於團體在臨床研究中向來比較受到忽略這一點並不感到訝異。經營團體並不簡單，研究團體也不容易。個人治療走向標準化會遇上各種難題，再乘上團體成員的人數，光想就知道有多複雜了。不過現在已有足夠的研究結果能證實，許多不同種類的團體似乎對治療創傷後壓力症都很有效。[78]

研究者在十個隸屬於退伍軍人事務部體系的醫療院所中，針對患有創傷有壓力症的退伍軍人，分別比較創傷焦點與當下關注團體療法的成效；這是目前最大規模的幾項研究之一。研究結果支持「渡渡鳥原則」：兩種療法同樣有效。[79] 然而在我看來，這些研究者錯過了一個大好機會，因為他們把研究對象隨機分配給其中一種團體，而沒有考慮到每一種療法都要配合研究對象的復原階段，才能收到最好的效果。就我的推測，處在早期復原階段的人適合當下關注的團體，而不是創傷焦點團體。反之，準備好進行第二階段復原工作的人，在創傷焦點團體中的表現會好得多。

團體治療是許多心理衛生體系提供的主要治療方式，所以充分了解哪一種團體對哪些患者最好會特別有用。醫界推廣團體治療的原因很單純，無關乎治療成效，是團體治療被認為成本效益很高，因為一名心理治療師可以同時治療多名患者。但實際上，要妥善經營一個治療團體，成本並不低；事前準備要充足，還要嚴格篩選成員，在理想的情況下，一個團體應該要有兩名共同領導者，並固定接受督導。團體的規模也要夠小，如此一來所有成員才能有充分的參與機會。若真要推廣團體治療，更好的理由是，一個妥善管理的團體能為創傷倖存者帶來強大的解放體驗。

在暴力受害者專案中，我們自己提供的治療團體發展出一些運作模式。所有的團體都有時限，從十週到數個月不等，大多數的團體治療都不是單一的治療模式，而是附屬於一套個人心理治療。團體的時限有臨床因素，也有實作因素。實作上來說，在一段設定好的時間內固定出席，對心理治療師及患者來說都簡單得多。臨床上來說，團體中的情感強度在一段有限的時間內比較容易維持。在第一階段與第二階段，團體成員是以同樣身為創傷倖存者而產生情感連結，但長期而言，我們並不想助長這種觀念，以為只有創傷倖存者才能互相了解。在這個世界上，受苦有很多種形式，對於其他生命經歷與自己不同的人，創傷倖存者可以給予的很多，能學到的也很多。

在暴力倖存者專案中心，第一階段的團體都會取一些一目瞭然的稱號，像是「創傷資訊社」、「創傷與身體」、「靜坐與壓力管理」、「健康人際關係」，以及「創傷倖存者的瑜伽課」。這些團體專注於建立安全感與自我關懷。團體成員不分享他們過去創傷的細節，而是相互依靠、討論現在持續受創傷所苦的情形。透過了解彼此的症狀，他們找到共同性，即便後來在團體治療過程中學到更具適應性的新方法來控制症狀，這點也不會改變。其他醫療院所也發展出了一些適用於早期復原階段的團體模式。其中最知名的大概要屬「尋求安全感」（Seeking Safety），這個模式專門設計給為創傷及物質濫用所苦的患者，包含二十五次具有教育性的團體活動，也可以因時制宜，彈性地調整為個人治療模式。[80]已有多項對照研究證實，「尋求安全感」對減輕創傷後壓力症及物質濫用的症狀很有效。[81]

在暴力受害者專案，我們也有一種為第二階段團體設計且經過時間考驗的模式。它的前身是我和老友兼同事艾蜜莉．莎佐在一九八〇年代為亂倫倖存者團體開發的治療模式，我先前已對舊模式的部分細節做了詳細描述（請見第十一章）。劍橋醫院的患者種類較多，團體也跟著調整，多年來已經成為我們「歷久不衰」的招牌治療團體，我們現在稱它為「創傷復原團體」（Trauma Recovery Group）。參與這個團體的患者多是從兒童期就開始經歷多種人際暴力的倖存者，而他們的憂鬱情況、創傷後壓力症、解離症狀、人際問題跡象都顯著減輕，情緒管理及自尊也有所改善。

幾年前有一筆來自私人基金會的補助金，讓我們得以為這個團體編撰並出版一本實作指南。曾經在暴力受害者專案擔任博士後研究員、後來主管研究團隊的心理學家麥凱拉．門德森以審慎的態度負責規畫及引導工作流程，將大量珍貴的臨床技藝從傳統口述教學轉變成書面指南。[82]身為專案的元老之一，這本書出版時我不禁感到洋洋得意（kvell）。「Kvell」是意第緒語，字面上的意思是有如人造噴泉或天然湧泉般地滿溢，也被用來比喻為下一代的成就感到喜悅。就我所知，「創傷復原團體」是少數出版成書的第二階段團體模式。

復原帶來的解脫讓人覺得既平凡又神奇。看著倖存者走過復原階段的我們，都被激勵、得到了堅持下去的勇氣，儘管我們聽到的故事是那麼殘酷，一次又一次超越我們的想像、令人驚呼不已。參與治療團體的患者則能從彼此身上得到激勵與勇氣。最後，我要引述「莉諾兒」的證言作結，她是參與我們「創傷復原團體」的患者：

> 對我來說，最棒的地方是不需守住祕密，可以談論這些事情——我原本還以為如果我談論它們，我就會融化並消失到地底，要不然就是別人會像老鼠一樣急忙跑走。結果我發現，對我或對其他人都不是那麼回事。現在我幾乎可以從別人的角度看我自己的情況了，因為我知道，如果有人對我描述和我一樣的經歷，我會有什麼反應。我會為那個人感到非常難過。我希望自己可以保有那樣的視角。83

在這段簡短的陳述裡，「莉諾兒」碰觸到本書中的好幾個主題：跨越障礙，不再感到羞愧、不用再保守祕密；與他人產生連結，原本難以承受的感覺就不再那麼沉重；為過去的經歷感到哀慟；擁有新視角、以更慈愛的眼光來看待現在的自己。親眼目睹生命在這個復原過程中的轉變，就是讓我們這些實踐「純粹老派治療」的老傢伙繼續堅持下去的動力。

結語（二〇二二）

Epilogue (2022)

《創傷與復原》出版三十年來，在本書中首次提出的主要觀點似乎已獲得非常好的應用。我們需要一場正視且尊敬倖存者的社會正義運動來促成一般民眾與專業人士對創傷的認知及了解（第一章），這一點比以往更加毋庸置疑。最令人振奮的消息是，此刻我們正目睹著這類運動在世界上許多地區復興——為了婦女、黑人的生命，以及其他遭到邊緣化與貶低的族群發聲，甚至是勞工運動的興起。最讓人洩氣的消息則是，全球各地的公共衛生、民主，還有支持人類生命的自然生態系經歷了非常嚴重的退化，才把我們帶到今日這一步。我為我的兒女和孫兒們擔憂，只略感欣慰的是，自古以來常有長者預言，《以西結書》中的天啟四騎士，即刀劍、饑荒、野獸與瘟疫，很快便會將這個世界毀滅。在我們這個時代已經見識到不少刀劍（戰爭）、饑荒與瘟疫，而野獸的「消失」更預示了將會有更大的災難發生。

要了解創傷是無權力者的一種痛苦來源（第二章），要正視從相對單純的突發事件衝擊到比較深刻的長期反覆人為暴行、一系列的創傷症候群（第三到五章）——這些我三十年前提出的基本觀念，現在已經得到多種形式的研究證實，也包括以三十年的時間記錄下虐待與忽視對兒童發展的每個面向所產生的影響。[1] 為了展現出創傷光譜更激烈的那端，我在本書第六章首次提出「複雜型創傷後壓力症」這個新的診斷類別，現在終於得到世界衛生組織的正式承認，列入《國際疾病分類手冊》（ICD-11, 2018）。此外越來越多的研究也支持對兒童進行相應的診斷，即發展型創傷障礙症（Developmental Trauma Disorder）。[2]

遺憾的是，儘管我自己和創傷領域的許多同事極力爭取，美國目前在正式承認複雜型創傷後壓力症方面還是落後於全世界。美國精神醫學學會決定不在其最新版的診斷手冊（DSM-5, 2013）中，將複雜型創傷後壓力症指定為一種獨立的疾病。學會中負責做這類決策的委員會似乎不滿一項事實，那就是對這種疾病的描述中，有些症狀與其他幾個診斷類別重疊，例如憂鬱症、焦慮症、身體型疾患、邊緣性人格疾患、解離性障礙。顯然，那些想要將精神疾病歸類的人有時候太執著於自己的粗略分類，如果觀察結果未能精準歸入這些類別，那麼必須被捨棄的就是觀察結果。唉，所有人類志業的缺點，科學與醫學全都有了。

事實上，臨床醫師要能識破複雜型創傷後壓力症的諸多偽裝這件事之所以重要，正是因為這種疾病無法精準歸入既有的診斷類別。潛在創傷在複雜型創傷後壓力症患者的診斷中太常被遺漏，患者只因外顯症狀接受治療（往往會使用一大堆沒用的藥），而沒有得到促進他們復原所需的創傷治療。

正視複雜型創傷後壓力症的概念很重要，不僅有助於為受創者做出正確的診斷與治療，也有助於進行新的研究來探索最好的治療方式。目前為止，治療結果的研究在很大程度上支持我在第七至十章所描述的復原基本原則。如果權能喪失和失去連結是創傷的特徵，那麼復原便需要獲得權能以及與人連結。我提出那套始終以安全感為起始的三階段治療模式，現在已被廣泛（儘管並非統一）視為處理複雜型創傷的標準。[3]對反覆遭人破壞信任的人來說，任何創傷治療的第一個步驟必定是在患者和治療師之間建立信任關係（第七章）。就已經學會在持續威脅下生活的人而言，復原首先要做的是在當下建立起安全感（第八章）。統計發現，試圖簡化這些步驟的短期治療計畫，患者中斷治療的比例很高，而原因很合理。[4]倖存者需要一個安全的治療關係基礎，讓他們覺得被照顧、被尊重、被理解，如此才能將創傷記憶整合成一段人生經歷（第九章），並且擺脫禁錮，走出停格的過往，擁抱現在與未來的人生（第十章）。

複雜型創傷後壓力症的診斷已在世界大部分地區獲得正式承認，針對這種狀況的心理治療研究也因此逐漸開展，尤其是在歐洲。不久前有一項出色的研究比較了兩種創傷治療模型。第一種模型納入了復原階段的概念，第二種模型則沒有。研究對象是兩百名婦女，她們都是童年受虐的倖存者，患有創傷後壓力症，也有邊緣性人格疾患的症狀；該研究作者將其稱為複雜型創傷後壓力症。

經過一年每週一次的心理治療後，接受復原階段治療的婦女在創傷後壓力症、解離症、自殘、高風險行為方面，都比接受對照治療的婦女表現出更明顯的改善。她們的創傷後壓力症症狀得到確實改善與完全緩解的比例也比較高，而且中斷治療的比例比較低。這項多地隨機對照試驗是遵照臨床研究的最高標準實行，試驗結果強烈支持「複雜型創傷的心理治療最好分階段進行，從建立安全感開始」的論點。[5]

創傷會令人羞愧並將人孤立，所以復原的基礎在於修復關係連結。因此，心理治療關係的品質便是對治療結果成功與否最具影響力的預測因素。[6]這也是團體支持可以產生極大療效的原因（第十一章）。很可惜的是，團體心理治療在創傷領域仍未得到充分利用，不過現在為難民和其他政治迫害倖存者所設立的支持團體越來越多，還是讓我受到非常大的鼓舞。[7]許多創傷倖存者為疏離感所苦，而運作良好的團體是破解這種疏離感的一帖良藥。看著倖存者彼此建立起密切關係，有的人最終還能將他們對其他倖存者的憐惜延伸到自己身上，總是令人振奮不已。

「暴力受害者專案」在過去十年中為我們最成功的兩個團體模式發行了從業人員指南：一種是復原第一階段的模式，我們稱之為「創傷資訊團體」，[8]另一種是第二階段的模式，稱為「創傷復原團體」。[9]這兩種都是有時限的模式，用意在於強化個別心理治療，不過創傷資訊團體尤其適合視情況修改而自成一種療法。這是一種高度結構化的教育團體，每次聚會都有一個討論主題和工作單。十個主題分別是創傷的影響、安全感與自我照護、信任、記憶、羞愧與自責、同理心、憤怒、自我與身體意象、關係，最後一個則是在復原中創造意義。團體成員以目前生活中共有的創傷影響為中心建立連結，處於復原早期的人比較適合這樣做，而不是太過深入探討他們創傷記憶的細節。至於處理過往記憶的緊張工作就留給第二階段的團體（見第十一章表3）。

過去十年以來，我和經常合作的夥伴兼老友艾蜜莉・莎佐每個月都共同發起視訊會議，支援在歐洲、加拿大及美國帶領創傷倖存者團體的同事，擴展我們創建的模式，也因應許多不同的文化背景做出別具創意的調整。很高興能看到這些團體治療模式被新一代的臨床醫師接受，並加以推廣。

即使我一開始在本書中提出的基本概念並未改變，創傷治療領域的一些令人欣喜的新發展也有可能讓受害者更容易獲得治療，並且加速復原的進程。在我準備撰寫創傷治療近期的革新時，我和老友兼同事貝塞爾・范德寇談過；他向來都是一股推動革新的主力。以前我都會調侃他，說大家談起創傷治療時，我總是「平凡無奇」，而他則是「話題人物」。也就是說，我忠實擁護「談話治療」的深度及影響力，而他一直在熱切地尋找更好的方法。在辯證心物問題時，我主要是研究意識改變大腦及身體的力量，而他則大多在探索大腦和身體改變意識的力量。

當然，我們都是對的，但是到頭來，我認為他提出了一個很有力的論點。雖然個別與團體心理治療對創傷（以及人類經歷的許多其他痛苦）來說，是很有效的修復性療法，卻也有一個嚴重的限制：這些療法無法被大規模地使用，而這種大規模治療對於全世界創傷倖存者來說是必要的。需要創傷治療的人，大多永遠得不到治療。如果我們能發展出一種快速、廉價且易於傳播的療法，豈不是美好至極？

心理治療很花錢。它進程緩慢、耗費精力，而且需要技巧純熟且全心投入的從業人員。這種治療在世上很多地方根本做不到，因為根本沒有受過訓練的人能提供治療；就算是在有望取得治療的國家，醫療保險公司通常也不願給付，所以多數人負擔不起。美國大部分的精神科醫師甚至已經不再進行心理治療，因為保險公司就連審查僅僅數次的諮商都會設下重重障礙，而醫師沒有時間和精力去應付；況且他們看十五分鐘的保險給付門診，再寫寫處方箋，賺的錢還比較多，保險公司也不會問任何問題。

劍橋醫院這家附屬於哈佛大學醫學院的公立教學醫院或許能當作一個例證，用來說明美國目前心理治療實施情形退化的現象。劍橋醫院精神科肩負著為貧窮及邊緣人士提供最佳照護的使命，是我將近四十年來的研究基地。我們的暴力受害者專案在這裡設下了一套創傷治療的照護標準，依照我們患者的需求無條件給予個別及團體心理治療，並且訓練新世代的創傷治療人員。

情況已經不同了。過去幾年，企業顧問和精算人員接手專案運作，而他們的所做所為，必定會摧毀這個多年來一直是全美社區精神醫學標竿之一的單位。心理治療現在必須根據電腦演算做嚴格配給，而不是根據臨床醫師的判斷；如果這導致我們的患者無法得到充分照護，只能算他們倒楣。上面的人很清楚，我們的患者大多沒有能力發起抗爭。

感謝科裡的醫師，他們表示抗議並積極組織，但是目前還沒有成效。團隊中有許多資深成員並未屈從於違反道德的指令去提供不符標準的照護，而是選擇辭職，形成了一波前所未有的優秀專業人員出走潮。很多創新的特殊專案（為愛滋病毒陽性患者、語言少數族群、性少數族群而設）都已經終止了。暴力受害者專案還在，但已失去太多成員，所以我想我們恐怕頂多只能再撐一年。最終的結果就是最脆弱的族群越來越難獲得心理治療，而他們可能正是最需要心理治療的人。

除了耗費時間、金錢，而且經常無法獲得以外，談話治療還受到以下這個事實限制，即這種療法是以一種特殊的合作關係為基礎；在這種關係中，患者與治療師攜手合作去了解他們自身並改變自己的生活。這對我們在暴力受害者專案中治療過的成年門診患者非常好；他們也許有自殺傾向、偶爾需要住院治療，或者會在日常生活中遭遇嚴重障礙，但是多半能在社群中生活，並且具有逐漸對心裡治療師產生依賴感的能力。對於這樣的人而言，本書介紹的療法可以解放他們的心靈，甚至救他們一命。

然而，那些受創嚴重到無法建立關係、或者對自己和他人極度危險而無法在社群中安全生活的人該怎麼辦？有些受虐兒不停轉換寄養家庭，從未體驗過信任或安全感，根本就無法透過一段關係去了解自己，因為他們不曾發展出對關係或自我的認知。這些受虐兒又該怎麼辦？要怎樣才能讓他們得到創傷治療？

在我尋找這些問題的解答時，范德寇醫師建議我參考絲貝恩．費雪的研究；這位才華洋溢的心理治療師多年來致力於一個為重度心理失常兒童與青少年而設的住院患者專案。這些孩子遭受虐待及忽視的歷史大多很悲慘。費雪女士在她的網站上描述自己是「一名心理動力治療師，主要研究安全依戀自人生開始至結束的重要性」。她在依附這門發展科學領域中受過良好的訓練，深知人最初的安全感建立在嬰兒與一名可靠照護者（通常是父母）的關係上。被擁抱、輕搖、安慰的經驗可以減輕恐懼、傷痛、羞愧與憤怒，最終讓發展中的兒童有能力撫慰自己，並且自行緩和強烈的情緒。與關愛者眼神交流、得到了解、持續受到認可的經驗，最終也會讓發展中的兒童有能力了解並認可自己和他人。這就是安全型依附關係的基礎。

從未經歷過安全型依附的兒童基本上很野，治療這種兒童是一大挑戰，而費雪女士面對這種挑戰時，覺得相當挫敗。在她編著的出色教科書《發展型創傷治療中的神經回饋：讓受到恐懼驅使的大腦平靜下來》中，她解釋道：「沒有建立關係的兒童就像活在一個獵物的中樞神經系統裡，他的周圍盡是捕食者，真實存在的和想像中的都有。」描述一名對治療中心的治療環境毫無反應的患者時，她寫道：「我基本上是在對他的杏仁核說話，而杏仁核無法理解話語。」[10]（杏仁核是大腦系統裡的一個中樞，負責組織對危險的快速反應：反擊、逃跑，或僵住。）

於是費雪女士開始尋找方法，想用一種杏仁核可以理解的語言來對它說話。在這方面她很幸運，能夠利用新近的神經生物學及電腦科學發展成果。神經科學家在了解大腦結構方面有了很大的進展，也對發展出具體自我意識和產生心智能力來緩解恐懼、調節情緒並建立安全關係的基礎，有了更深的認識。腦波圖技術與電腦科學的進步讓一種稱為神經回饋（neurofeedback）的大腦–電腦互動治療得以問世。職業運動員與音樂家都曾利用這種技術來誘發一種「流暢」、平靜、全神貫注的狀態。同樣的技術似乎也可以用來重新訓練杏仁核及許多其他的大腦部位，並且促使那些因為缺少安全型依附而沒能在嬰幼兒關鍵時期正常發展的大腦功能重新發育。[11]

透過將這種新的治療模式整合進她的住院治療專案，費雪女士得以和先前毫無反應的兒童溝通。她提及一名患者時寫道：「開始使用神經回饋療法之前，我們無法形成一種人際互動的節奏。我們之間沒有火花、沒有共鳴，而成功的治療不能沒有這種共鳴。」據她描述，這名患者和許多人在經過一段時間的神經回饋訓練之後，已經有能力充分調節自己的情緒來產生依附行為、進行學習，以及使用談話治療。

費雪女士治療兒童的成果引起了范德寇醫師的興趣，於是他著手進行一項臨床試驗，把這種治療模式應用於患有複雜型創傷後壓力症、而且每週進行創傷聚焦心理治療至少六個月後仍未好轉的成年人。這些患者大多是童年時期曾經遭受虐待或家暴、或兩者皆有的倖存者。

在經過十二週共計二十四次、每次為時半小時的訓練後，隨機分配到接受神經回饋療法的受試者中有超過七成感受到他們的創傷後壓力症症狀得到緩解；被分配到控制組的患者繼續接受之前慣用的療法，其中多數人依然和先前一樣為創傷後壓力症所苦。此外，接受神經回饋訓練的受試者在情緒調節、認同障礙，以及擔憂自己會被拋棄的程度方面，評量結果都有顯著的改善。試驗過程非常安全且耐受性良好，僅有極少數受試者中斷治療。范德寇醫師在一份二〇一六年發表的報告中指出，這樣的成功率「可以和最優秀的實證療法所發表的試驗結果媲美……也比任何發表過的以藥物治療創傷後壓力症的結果還要好。」[12]

范德寇醫師的創傷研究基金會現在會定期舉辦神經回饋療法的培訓，他認為這種療法若是受到廣泛採用，可望對公共衛生造成重大影響。相較於心理治療，神經回饋療法很快就有效果，而且花費比較低廉。它也能整合進既有的心理治療以促進其成效，還能讓原先無法建立信任治療關係的成人及兒童更加容易獲得心理治療。「它能幫助非常苦惱、害怕的孩子，」范德寇醫師告訴我，「治療之後，他們就能夠集中注意力，不搞破壞，還能到交朋友。」他又說：「我的夢想是把神經回饋療法引進美國的每一所學校。」[13] 真是太了不起了！

那麼藥物方面呢？到目前為止，儘管一試再試，還是沒找到能治好創傷後壓力症的仙丹妙藥。臨床試驗研究過許多類型的藥物，但是結果大致上並不理想。然而，近年來科學界對所謂的迷幻藥，也就是所謂的意識擴張類藥物的治療潛力重新燃起了興趣。藉由這方面的研究，我們回到了一段被遺忘的過去，重拾一項十九世紀和二十世紀初期的發現：意識狀態改變，可以促進創傷經驗的情緒處理及整合（第一章）。[14]

由於持有迷幻藥在美國被判定為非法，所以在過去半個世紀的大部分時間裡，無法針對迷幻藥在醫療上可能具有的好處進行科學研究。不過近來隨著「毒品戰爭」的公信力逐漸降低，迷幻藥的治療潛力也成了一個值得重視的話題，備受公眾與科學界關注，[15]非營利組織跨領域迷幻藥研究協會更完成了一項壯舉——獲得聯邦政府核准進行正式研究，探索對數種精神疾患使用迷幻藥的效果。

二〇一八年，在前期的臨床試驗得出安全參數與疑似療效的發現之後，跨領域迷幻藥研究協會開始安排受試者參加一項美國食品藥物管理局核可的第三期臨床試驗，在治療重度創傷後壓力症時，使用俗稱「搖頭丸」的亞甲基雙氧甲基安非他命（MDMA）。參與者是九十名男女，大部分從童年時期開始就有多重創傷歷史。許多人有憂鬱症、解離症，以及／或者藥物濫用的病史，也患有創傷後壓力症（換句話說就是患有複雜型創傷後壓力症）。治療是由訓練有素的心理治療師在數個不同的地點進行，總計四十二小時的心理治療；其中有三次全天的治療，受試者被隨機安排服用MDMA或安慰劑。

二〇二一年，跨領域迷幻藥研究協會在一本重要醫學期刊中發表了這項試驗的成果。研究結果非常出色。相較於服用安慰劑的人，服用MDMA的受試者不僅在創傷後壓力症方面感受到大幅度的好轉，在憂鬱症與解離症方面也有顯著改善。過程中沒有出現嚴重的副作用，也僅有極少數人中斷治療。報告的作者群推斷，「ＭＤＭＡ輔助治療的結果意味著這可能是一種突破性的療法，值得接受緊急臨床評估。」[16]

研究報告的作者之一，也是跨領域迷幻藥研究協會培訓計畫的主持人，精神科醫師麥可·米霍佛提出警示，人必須「慎防簡化思考」。ＭＤＭＡ是一種非常強效的藥物，但它本身並不是一種治療。更確切地說，ＭＤＭＡ的使用必須透過技巧高明且訓練有素的心理治療師，妥善地融入心理治療當中。心理治療師所接受的培訓裡，有一部分就是要親自進行這樣的治療，好讓他們對ＭＤＭＡ的效力與潛能有全面的評價。米霍佛醫師把這種療法形容成一種「內在導向」的治療方式，可以促使人懷著「初心」去「進入內在」。心理治療師沒有既定流程，但是會在一旁擔任關懷患者的夥伴，以及令患者安心的存在。[17]

一如迷幻藥的娛樂性使用者早就知道的，與世間萬物合而為一的絕妙體驗和極其惡劣的經驗，兩者間的差別，就在於有沒有一個安全且提供支持的社會背景。跨領域迷幻藥研究協會創始人兼會長瑞克·多布林很清楚商業開發的風險，所以致力於在未來取得美國食品藥物管理局的有限核准，核准內容不是針對藥物本身，而是由接受過專業培訓的心理治療師、在經過認證的治療中心進行ＭＤＭＡ輔助心理治療。

所以到頭來，我們又回到了這樣的理解——從創傷中痊癒必須整合身體、大腦與心靈：感到安全、回想、悲傷，然後和社群的重新連結。要從人為暴行所留下的影響中痊癒，必須有一個由對人的忠誠與善意所構成的人際環境。心理治療與社會支持是復原的基礎。絕對沒有任何新的方法或藥物能夠改變這些基本原則。

在我即將迎來八十歲生日的這個時刻，我想這會是我最後一次修訂本書了。我希望這本書能清楚表達一件事，那就是沒有一個人能獨自見證「難以啟齒」的事情。所以容我再度由衷感謝這一路上陪伴我的諸多親愛的朋友及同事，感謝在暴力受害者專案和我一起接受培訓的諸多同業及住院醫師，還有，最重要的是感謝那些信任我的創傷倖存者。謝謝他們在復原的過程中，讓我當他們的見證人和盟友。

致謝

Acknowledgments

這本書之所以會存在，應該感謝婦女解放運動。這項運動在思想上的主要動力是一個集體計畫，其目的是重新創造發展心理學及變態心理學的基本概念，男性與女性皆然。在這個大規模計畫中指導我的是珍・貝克・密勒（Jean Baker Miller）與她在衛斯理學院史東諮商中心的同事，還有我的母親海倫・布洛克・路易斯（Helen Block Lewis）。促成這本書誕生的日常訓練，是一九七〇年代女性心理衛生輔導中心（Women's Mental Health Collective，這是由第二波激進女權主義者創立的眾多草根服務組織之一）於麻州薩莫維爾成立時開始的。輔導中心是一個受到保護的空間，女性可以在這裡提出自己的想法並得到認可。中心的成員艾蜜莉・莎佐（Emily Schatzow）一直是我最親密的合作對象與夥伴。

一九八〇年代我有幸在麻州劍橋醫院結識瑪麗・哈維（Mary Harvey）；我們的合作催生了「暴力受害者專案」（Victims of Violence Program），這是醫院精神科為創傷倖存者提供的服務。瑪麗多年來都是這個專案的主任。她的學識廣博且清晰，不斷拓展我的思想。波士頓地區強暴危機中心的珍妮特・葉森（Janet Yassen）是我和艾蜜莉・莎佐的督導，早期與我們一起在亂倫受害者團體工作，後期也成了暴力受害者專案的合作夥伴。艾蜜莉、瑪麗與珍妮特盡她們所能，讓我在面對女性的現實境況中保持理智。

一九八〇和九〇年代我也很榮幸能與貝塞爾．范德寇（Bessel van der Kolk）及克里斯多夫．派瑞（J. Christopher Perry）這兩位男性近距離共事，他們都是我在哈佛醫學院精神科的同事。貝塞爾和我一起教授過創傷課程，並且共同寫作與研究。他對波士頓地區創傷研究團隊的創立也很有貢獻；這個非正式的研究會聚集了專門輔導難民、退伍戰鬥軍人及犯罪受害人的臨床工作者與研究人員。他的想法極富創造力，能夠廣泛延伸，總是給我很多啟發，而我們對性別議題的不同觀點也經常導致激烈爭論。我們兩人對辯論的喜好都不亞於達成共識，所以一同共事向來很愉快。

克里斯．派瑞以他身為研究員的慷慨與正直激勵了我。他在一項針對人格障礙患者持續進行的研究中擔任首席研究員，起初對童年創傷的重要性持懷疑態度，但他釋出手上的所有資源，讓那些創傷假設接受嚴苛的檢驗。雖然一開始完全不像合作夥伴，但我們一起成長，並以出乎意料的方式對彼此產生了影響。與他搭檔，深化並豐富了我的思考方式。

最後我要感謝曾與我分享自身經驗的許多學生、同事、患者及研究對象。由於保密因素，我無法指名道姓地謝謝其中大多數的人。只有同意特別為這本書接受訪談的人例外，他們是：創傷倖存者索海拉．阿布杜拉利（Sohaila Abdulali）、莎拉．布爾（Sarah Buel）、莎朗．西蒙那（Sharon Simone）、肯．史密斯（Ken Smith）、防身術教練梅梅麗莎．沙爾特（Melissa Soalt），以及心理治療師泰倫斯．基恩（Terence Keane）、雪莉．摩爾（Shirley Moore）、赫伯．史皮格（Herbert Spiegel）、潔西卡．

沃爾夫（Jessica Wolfe）和派特・齊格勒（Pat Ziegler）。

這本書的構想完成於古根漢基金會贊助我在拉德克利夫學院邦亭研究中心（Mary Ingraham Bunting Institute of Radcliffe College）進行研究的一年期間。貝塞爾・范德寇、蘇珊・舍赫特（Susan Schechter）與班尼特・賽門（Bennett Simon）對某些章節的初稿提出了至關重要的意見。艾蜜莉・莎佐與珊卓・巴特勒（Sandra Butler）則專心將整份原稿讀完。他們的評論對提升這本書的品質有非常大的幫助。在出版這本書的過程中，我有幸與兩位編輯態度及能力上的典範人物共事：喬・安・米勒（Jo Ann Miller）和維吉妮亞・拉普蘭提（Virginia LaPlante）。喬・安從書從一開始就顧好進度，並適時地輕推一把督促我按時交件。維吉妮亞則是對於我們應該做哪些調整來讓這本書淺顯易懂立刻就有了想法，以及決定書的最終體裁。

我最感謝的是我的家人。我著手進行這個計畫時，外子傑瑞・伯恩特（Jerry Berndt）深知自己面臨的是什麼狀況，因為他已經有了我寫第一本書時的經驗。由於他對自己的藝術理想奉獻許多心力，所以他很尊重我的理想——說不定比我還要重視。他在心理及思想上給我的支持歷久不衰，而他的幽默感幫助我們撐過了寫書那段時間。

我得到諸多眷顧，只有一個願望沒能實現。我原本很希望我母親能活著看到這本書。她在心理學上的見解、她在思想上的大膽與真誠、她的政治願景都是我傳承的至寶。這本書謹獻給她。

譯名對照

2畫

丁斯戴爾，喬爾 Dimsdale, Joel

3畫

女性心理衛生輔導中心 Women's Mental Health Collective
《女權》*Women's Rights*
《女權辯護》*A Vindication of the Rights of Women*

4畫

中南半島難民診所 Indochinese Refugee Clinic
丹尼耶利，葉爾 Danieli, Yael
厄圖克，亞琴 Erturk, Yakin
《心靈的傷，身體會記住》*The body Keeps the Score: Brain, Minch and Body in the Healing of Trauma*

5畫

世界婦女大會 World Conference on Women
卡丁納，阿布蘭 Kardiner, Abram
卡門，伊蘭 Carmen, Elaine
卡德，喬瑟菲那 Card, Josefina
古德溫，珍 Goodwin, Jean
史卡菲爾德 Scurfield, Raymond
史皮格，大衛 Spiegel, David
史皮格，約翰 Spiegel, John
史皮格，赫伯 Spiegel, Herbert
史東，麥可 Stone, Michael
史密斯，肯 Smith, Ken
史達克，伊凡 Stark, Evan
尼德蘭，威廉 Niederland, William
布伯，馬丁 Buber, Martin
布里克，保羅 Briquet, Paul
布里爾，約翰 Briere, John
布依，丹 Buie, Dan
布朗，丹 Brown, Dan
布朗，丹尼爾 Brown, Daniel
布朗米勒，蘇珊 Brownmiller, Susan
布理士，尤金 Bliss, Eugene
布萊爾，傑佛瑞 Bryer, Jeffrey
布爾，莎拉 Buel, Sarah
布魯爾，約瑟夫 Breuer, Joseph
弗里克里福，安妮 Flitcraft, Anne
弗萊斯，威廉 Fliess, Wilhelm

弗雷，珍妮佛 Freyd, Jennifer
瓦帕德，布魯斯 Wampold, Bruce
皮特曼，羅傑 Pitman, Roger
立夫頓，羅伯 Lifton, Robert Jay

6畫

全國越戰退伍軍人復原研究 National Vietnam Veterans Readjustment Study
共生解放軍 Symbionese Liberation Army, SLA
多布林，瑞克 Doblin, Rick
安娜歐 Anna O
朵拉 Dora
米霍佛，麥可 Mithoefer, Michael
艾丁格，李奧 Eitinger, Leo
艾倫，強 Allen, Jon
艾格，英格 Agger, Inger
艾斯崔契，蘇珊 Estrich, Susan
艾瑞克森，艾瑞克 Erikson, Erik
西安格，李歐納 Shengold, Leonard
西蒙那，莎朗 Simone, Sharon

7畫

伯曼，琳達 Boreman, Linda
佛納吉，彼得 Fonagy, Peter
佛瑞瑟，希維亞 Fraser, Sylvia
佛麗登，貝蒂 Friedan, Betty
克里斯托，亨利 Krystal, Henry
克隆夫特，理查 Kluft, Richard
克雷，菲爾 Klay, Phil
克羅伊特，瑪莉琳 Cloitre, Marylene
利昂斯－魯斯，卡倫 Lyons-Ruth, Karlen
希伯曼，伊蓮 Hilberman, Elaine
希爾，伊蓮諾 Hill, Eleanore
希爾加德，厄尼斯特 Hilgard, Ernest
李佛斯 Rivers, W. H. R.
李維，普里莫 Levi, Primo
杜波依斯，科拉 du Bois, Cora
沃斯東克拉芙特，瑪麗 Wollstonecraft, Mary
沃爾夫，潔西卡 Wolfe, Jessica
沙立夫，亞瑞 Shalev, Arieh
沙拉喬德，凱西 Sarachild, Kathie
沙爾特，梅麗莎 Soalt, Melissa
狄克森，黛博拉 Dickerson, Debra
貝克，茱蒂絲 Becker, Judith
貝特曼，安東尼 Bateman, Anthony
貝爾托特，保羅 Berthold, Paul
辛辛那提兒童醫院醫學中心 Cincinnati Children's Hospital Medical Center
邦訥維爾，戴季黑－馬葛洛爾 Bonnevile, Désiré-Magloire
里斯特，艾瑞克 Lister, Eric

8畫

亞梅尼，戴蒙 Armeni, Damon
亞隆，歐文 Yalom, Irvin
「兒童期不良經驗」Adverse Childhood Experiences, ACE
受虐婦女症候群 Battered Woman Syndrome
岡德森，約翰 Gunderson, John
帕朋海姆，珀莎 Pappenheim, Bertha
帕森，艾文 Parson, Erwin
帕森達勒 Passchendaele
帕諾伊，阿莉西亞 Partnoy, Alicia
延長暴露法 Prolonged Exposure
拉芙蕾絲，琳達 Lovelace, Linda
拉圖辛史卡亞，愛琳娜 Ratushinskaya, Irina
拉德克利夫學院邦亭研究中心 Mary Ingraham Bunting Institute of Radcliffe College
波士頓地區強暴危機中心 Boston Area Rape

9畫

10畫

11畫

莫茲伯格，約翰 Maltsberger, John
麥金儂，凱薩琳 MacKinnon, Catharine

12畫

凱薩醫療機構 Kaiser Permanente
創傷後壓力症 Post-traumatic Dtress Disorder
創傷復原團體 Trauma Recovery Group
創傷資訊團體 Trauma Information Group
提默曼，雅可布 Timerman, Jacobo
普特南，法蘭克 Putnam, Frank
渥克，約翰 Walker, John
渥克，莉諾 Walker, Lenore
《發展型創傷治療中的神經回饋：讓受到恐懼驅使的大腦平靜下來》*Neurofeedback in the Treatment of Developmental Trauma: Calming the Fear-Driven Brain*
發展型創傷障礙症 Developmental Trauma Disorder, DTD
萊可，派翠西亞 Rieker, Patricia
萊辛，多麗絲 Lessing, Doris
費里提，文森 Felitti, Vincent
費倫齊，山德 Ferenczi, Sandor
費雪，絲貝恩 Fisher, Sebern
費雪曼，耶爾 Fischman, Yael
費瑞，朱列斯 Ferry, Jules
費盧傑 Fallujah
越戰退伍軍人反戰聯盟 Vietnam Veterans Against the War

13畫

塞門茲，馬丁 Symonds, Martin
塞爾斯，哈羅德 Searles, Harold
奧許維茲－比克瑙 Auschwitz-Birkenau
「歇斯底里症的病源學」Aetiology of Hysteria
聖十字主教座堂 Holy Cross Cathedral
葉仁德，路易斯 Yealland, Lewis
葛林克，洛伊 Grinker, Roy
詹姆斯，威廉 James, William
詹森，索倫 Jensen, Soren
詹森，戴夫 Jensen, Dave
賈內，皮耶 Janet, Pierre
跨領域迷幻藥研究協會 Multidisciplinary Association for Psychedelic Studies, MAPS
達維多維奇，露西 Dawidowicz, Lucy

14畫

漢丁，赫伯 Hendin, Herbert
《精神病學通論》*Comprehensive Textbook of Psychiatry*
維瑟爾，埃利 Wiesel, Elie
聚焦現時治療 Present-Centered Therapy, PCT
認知行為療法 Cognitive-behavioral therapy, CBT
認知處理治療 Cognitive Processing Therapy
赫希蒙，麗莎 Hirschman, Lisa
赫斯特，派翠西亞 Hearst, Patricia
齊根梅爾，南西 Ziegenmayer, Nancy
齊格勒，派翠西亞 Ziegler, Patricia

15畫

彈震症 Shell Shock
摩爾，雪莉 Moore, Shirley
暴力受害者專案 Victims of Violence Program
歐文，威爾佛瑞 Owen, Wilfred
歐布萊恩，提姆 O'Brien, Tim
複雜型創傷後壓力症 Complex Post-Traumatic Stress Disorder, CPTSD
鄧寧，克麗絲汀 Dunning, Christine
黎歇，查爾斯 Richet, Charles

16畫

17畫

18畫

19畫

21畫

註釋

Notes

1　被遺忘的歷史 A Forgotten History

1 L.Eitinger, "The Concentration Camp Syndrome and Its Late Sequelae," in *Survivors, Victims and Perpetrators*, ed. J. E. Dimsdale (New York: Hemisphere, 1980), 127-62.

2 目擊者之所以容易轉向攻擊受害者，深度的分析可見M. J. Lerner, *The Belief in a Just World* (New York: Plenum, 1980).

3 H. Ellenberger, *The Discovery of the Unconscious* (New York: Basic Books, 1970), 142.

4 M. Micale, "Hysteria and Its Historiography: A Review of Past and Present Writings," *History of Science* 27 (1989): 223-67 and 319-51, quote on 319.

5 更完整討論夏爾科的影響，請見Ellenberger, *Discovery of the Unconscious*; G. F. Drinka, *The Birth of Neurosis: Myth Malady and the Victorians* (New York: Simon & Schuster, 1984); E. Showalter, *The Female Malady:Women, Madness, and English Culture, 1830-1980* (New York: Pantheon, 1985); J. Goldstein, *Console and Classify: The French Psychiatric Profession in the Nineteenth Century* (New York: Cambridge University Press, 1987).

6 A. Munthe, 引述自Drinka, *Birth of Neurosis*, 88.

7 S. Freud, "Chatcot," [1893] in *Standard Edition of the Complete Psychological Works of Sigmund Freud* (hereafter, Standard Edition), vol. 3, trans. J. Strachey (London:Hogarth Press, 1962), 19.

8 C. Goetz, ed. and trans., *Charcot the Clinician: The Tuesday Lessons. Excerpts from Nine Case Presentations on General Neurology Delivered at the Salpetriere Hospital in 1887-88* (New York: Raven Press, 1987), 104-5.

9 這場學術競爭最後惡化成對彼此終身的恨意。每個人都宣稱自己是頭號發現者，還指責對方的研究沒價值，只是瓢竊自己的成果，詳見C. Perry and J. R. Laurence, "Mental Processing Outside of Awareness: The Contributions of Freud and Janet," in *The Unconscious Reconsidered*, ed. K. S. Bowers and D. Meichenbaum (New York: Wiley, 1984).

10 P. Janet, *L'automatisme psychologique: essai de psychologie experimentale sur les formes inferieures de l'activite*

humaine (Paris: Felix Alcan, 1889; Paris: Societe Pierre Janet/Payot, 1973).

11 J. Breuer and S. Freud, "Studies on Hysteria," [1893-95] in *Standard Edition*, vol. 2, trans. J. Strachey (London: Hogarth Press, 1955).

12 Ibid., 13.

13 Ellenberger認為，潛意識（subconscious）這個詞是賈內發明的。詳見 Ellenberger, *Discovery of the Unconscious*, 413, n. 82.

14 Breuer and Freud, *Studies on Hysteria*, 7.

15 Ibid., 30.

16 P. Janet, "Etude sur un cas d'aboulie et d'idées fixes," *Revue Philosophique* 31 (1891) trans. and cited in Ellenberger, *Discovery of the Unconscious*, 365-66.

17 Breuer and Freud, *Studies on Hysteria*, 35.

18 Ibid., 259-60.

19 S. Freud, "The Aetiology of Hysteria," [1896] in *Standard Edition*, vol. 3, trans. J. Strachey (London: Hogarth Press, 1962), 203.

20 M. Bonaparte, A. Freud, and E. Kris, eds., *The Origins of Psychoanalysis: Letters to Wilhelm Fliess, Drafts and Notes by Sigmund Freud* (New York: Basic Books, 1954), 215-16.

21 S. Freud, *Dora: An Analysis of a Case of Hysteria*, ed. P. Rieff (New York: Collier, 1963), 13. 女性主義者對朵拉一案的批判，請見 H. B. Lewis, *Psychic War in Men and Women* (New York: New York University Press, 1976); C. Bernheimer, and C. Kahane, eds., In *Dora's Case: Freud-Hysteria-Feminism* (New York: Columbia University Press, 1985).

22 F. Deutsch, "A Footnote to Freud's 'Fragment of an Analysis of a Case of Hysteria,'" *Psychoanalytic Quarterly* 26 (1957): 159-67.

23 F. Rush, "The Freudian Cover-Up," *Chrysalis* 1 (1977): 31-45; J. L. Herman *Father-Daughter Incest* (Cambridge: Harvard University Press, 1981); J. M. Masson, *The Assault on Truth. Freud's Suppression of the Seduction Theory* (New York: Farrar, Straus & Giroux, 1984).

24 S. Freud, "An Autobiographical Study," [1925] *in Standard Edition,* vol. 20, trans. J. Strachey (London: Hogarth Press, 1959), 34.

25 I. Veith, "Four Thousand Years of Hysteria," in *Hysterical Personality,* ed. M. Horowitz (New York: Jason Aronson, 1977), 7-93.

26 引述自 P. K. Bidelman, *Pariahs Stand Up! The Founding of the Liberal Feminist Movement in France, 1858-1889* (Westport, CT: Greenwood Press, 1982), 17.

27 J. M. Charcot and P. Richer, *Les demoniaques dans l'art* [1881]; (Paris: Macula,1984).

28 Goldstein, *Console and Classify.*

29 引述的譯文來自 Goldstein, *Console and Classify*, 372.

30 W. James, "Review of Janet's essays, 'L'etat mental des hysteriques' and 'L'amnesie continue,'" *Psychological Review* 1 (1984): 195.

31 關於19世紀法國女性主義運動史，請見Bidelman, *Pariahs Stand Up!*; C. G. Moses, *French Feminism in the Nineteenth Century* (Albany, NY: State University of New York Press, 1984).
32 引述自 Goldstein, *Console and Classify,* 375.
33 G. Tourette, "Jean-Martin Charcot." *Nouvelle Iconographie de la Salpetriere* 6 (1893): 241-50.
34 E. Jones, *The Life and Work of Sigmund Freud* (New York: Basic Books, 1953); M. Rosenbaum, "Anna O (Bertha Pappenheim): Her History," in *Anna O:Fourteen Contemporary Reinterpretations,* ed. M. Rosenbaum, and M. Muroff (New York: Free Press, 1984), 1-25.
35 Bonaparte et al., eds. *Origins of Psychoanalysis,* 134.
36 佛洛伊德於1896年5月4號寫給弗萊斯的信，引述自Masson, *Assault on Truth,* 10.
37 Masson, *Assault on Truth*; J. Malcolm, *In the Freud Archives* (New York: Knopf, 1984)。在本書撰寫期間，Masson和Malcolm的法律訴訟仍在進行中。
38 Masson, *Assault on Truth.*
39 女性主義者有非常多的論著在批判佛洛伊德的女性心理學，最經典的兩篇請看K. Horney, "The Flight From Womanhood: The Masculinity Complex in Women as Viewed by Men and by Women," *International Journal of Psycho-Analysis* 7 (1926): 324-39, and K. Millett, *Sexual Politics* (New York: Doubleday, 1969).
40 引述自M. Kaplan, "Anna O and Bertha Pappenheim: An Historical Perspective," in Rosenbaum and Muroff, *Anna O,* 107.
41 引述自M. Rosenbaum, "Anna O (Bertha Pappenheim): Her History, " in Rosenbaum and Muroff. *Anna O,* 22.
42 引述自 Kaplan, "Anna O and Bertha Pappenheim," 114.
43 Showalter, *The Female Malady,* 168-70.
44 C. S. Myers, *Shell Shock in France* (Cambridge: Cambridge University Press, 1940).
45 A. Leri, *Shell Shock: Commotional and Emotional Aspects* (London: University of London Press, 1919), 118.
46 引述自 Showalter, *The Female Malady,* 177.
47 P. Fussell, ed., *Siegfried Sassoon's Long Journey: Selections from the Sherston Memoirs* (New York: Oxford University Press, 1983), xiv.
48 R. Graves, *Goodbye to All That* [1929] (New York: Doubleday, 1957), 263.
49 Fussell, *Sassoon's Long Journey,* 134, 136.
50 Ibid., 141.
51 A. Kardiner, *My Analysis with Freud* (New York: Norton, 1977), 52.
52 Ibid., 110-11.
53 Ibid., 27, 101.
54 A. Kardiner, and H. Spiegel, *War, Stress, and Neurotic Illness* (rev. ed. *The Traumatic Neuroses of War*) (New York: Hoeber, 1947), 1.
55 Ibid., 406.

56 J. W. Appel, and G. W. Beebe, "Preventive Psychiatry: An Epidemiological Approach," *Journal of the American Medical Association* 131 (1946), 1468-71, quote on 1470.

57 R. R. Grinker, and J. Spiegel, *Men Under Stress* (Philadelphia: Blakeston, 1945).

58 Grinker and Spiegel, *Men Under Stress*; Kardiner and Spiegel, *War, Stress.*

59 Kardiner and Spiegel, *War, Stress*, 365.

60 Grinker amd Spiegel, *Men Under Stress*, 371.

61 J. Ellis, *The Sharp End of War: The Fighting Man in World War*☒ (London: David and Charles, 1980).

62 R. J. Lifton, *Home from the War: Vietnam Veterans: Neither Victims nor Executioners* (New York: Simon & Schuster, 1973), 31.

63 "Interview with Chaim Shatan," *McGill News*, Montreal, Quebec, February 1983.

64 M. Norman, *These Good Men: Friendships Forged From War* (New York: Crown, 1989), 139, 141.

65 A. Egendorf et al., *Legacies of Vietnam*, vols. 1-5 (Washington, D.C.: U.S. Government Printing Office, 1981).

66 American Psychiatric Association, *Diagnostic and Statistical Manual of Mental Disorders*, 3rd ed.(DSM- Ⅲ) (Washington, D.C.: American Psychiatric Association, 1980).

67 B. Friedan, *The Feminine Mystique* (New York: Dell, 1963).

68 K. Amatniek (Sarachild), "Consciousness-Raising," in *New York Redstockings: Notes from the Second Year, 1968* (self-published)。有關這段時期女性主義運動起源的歷史，可見 S. Evans, *Personal Politics* (New York: Vintage, 1980).

69 J. Tepperman, "Going Through Changes," in *Sisterhood Is Powerful*, ed. R. Morgan (New York: Random House, 1970), 507-8.

70 K. Sarachild, "Consciousness-Raising: A Radical Weapon," in *Feminist Revolution*, ed. K. Sarachild (New York: Random House, 1978), 145. (Orig. ed. *New York Redstockings*, 1975.)

71 D. E. H. Russell, *Sexual Exploitation: Rape, Child Sexual Abuse, and Sexual Harassment* (Beverly Hills, CA: Sage, 1984).

72 S. Brownmiller, *Against Our Will: Men, Women, and Rape* (New York: Simon & Schuster, 1975).

73 Ibid., 14-15.

74 A. W. Burgess and L. L. Holmstrom, "Rape Trauma Syndrome," *American Journal of Psychiatry* 131 (1974): 981-86.

75 受暴婦女的組織運動史請見 S. Schechter, *Women and Male Violence: The Visions and Struggles of the Battered Women's Movement* (Boston: South End Press, 1982).

76 L. Walker, *The Battered Woman* (New York: Harper & Row, 1979).

77 J. L. Herman and L. Hirschman, "Father-Daughter Incest," *Signs: Journal of Women in Culture and Society* 2 (1977): 735-56.

78 V. Woolf, *Three Guineas* [1938] (New York: Harcourt, Brace, Jovanovich, 1966). 147.

2 恐怖經歷 Terror

1 American Psyciatric Association, *Diagnostic and Statistical Manual of Psychiatric Disorder*, vol. 3(DSM- Ⅲ) (Washington, D.C.: American Psychiatric Association, 1980), 236.

2 N. C. Andreasen, "Posttraumatic Stress Disorder," in *Comprehensive Textbook of Psychiatry*, 4th ed., ed. H. I. Kaplan and B. J. Sadock (Baltimore: Williams & Wilkins, 1985), 918-24.

3 B. L. Green, J. D. Lindy, M. C. Grace et al., "Buffalo Creek Survivors in the Second Decade: Stability of Stress Symptoms," *American Journal of Orthopsychiatry* 60 (1990): 43-54.

4 B. Green, J. Lindy, and M. Grace, "Posttraumatic Stress Disorder: Toward DSM- Ⅳ," *Journal of Nervous and Mental Disease* 173 (1985): 406-11.

5 P. Janet, *L'Automatisme Psychologique* (Paris: Felix Alcan, 1889), 457。關於賈內在心理創傷領域的研究成果，回顧與摘要請見B. A. van der Kolk and O. van der Hart, "Pierre Janet and the Breakdown of Adaptation in Psychological Trauma," *American Journal of Psychiatry* 146 (1989):1530-40.

6 A. Kardiner and H. Spiegel, *War, Stress, and Neurotic Illness* (rev. ed. *The Traumatic Neuroses of War*) (New York: Hoeber, 1947), 186.

7 R. Graves, *Goodbye to All That* [1929] (New York: Doubleday, 1957), 257.

8 Kardiner and Spiegel, *War, Stress*, 13.

9 R. Grinker and J. P. Spiegel, *Men Under Stress* (Philadelphia: Blakeston, 1945), 219-20.

10 L. C. Kolb, "A Neuropsychological Hypothesis Explaining Post-Traumatic Stress Disorders," *American Journal of Psychiatry* 144 (1987): 989-95.

11 R. Pitman, *Biological Findings in PTSD: Implications for DSM-⊠ Classification* (unpublished ms., Veterans Administration Center, Manchester, NH, 1990), 16.

12 M. E. McFall, M. M. Murburg, D. K. Roszell et al. "Psychophysiologic and Neuroendocrine Findings in Posttraumatic Stress Disorder: A Review of Theory and Research," *Journal of Anxiety Disorders* 3 (1989): 243-57.

13 A. Shalev, S. Orr, T. Peri et al. "Impaired Habituation of the Automatic Component of the Acoustic Startle Response in Post-Traumatic Stress Disorder" (Paper presented at the American Psychiatric Association Annual Meeting, New Orleans, LA, 1991).

14 L. C. Kolb and L. R. Multipassi, "The Conditioned Emotional Response: A Subclass of Chronic and Delayed Post-Traumatic Stress Disorder," *Psychiatric Annals* 12(1982): 979-87. T. M. Keane, R. T. Zimering, and J. M. Caddell, "A Behavioral Formulation of Posttraumatic Stress Disorder in VietnamVeterans," *Behavior Therapist* 8 (1985): 9-12.

15 S. Freud, "Beyond the Pleasure Principle," [1922] in *Standard Edition*, vol.18 (London: Hogarth Press 1955): 7-64, quote on 13.

16 Kardiner and Spiegel, *War, Stress*, 201.

17 P. Janet, *Psychological Healing*, [1919] vol. 1, trans. E. Paul and C. Paul (New York: Macmillan, 1925), 661-

63.
18 D. Lessing, "My Father," in *A Small Personal Voice* (New York: Random House, 1975), 87.
19 E. A. Brett and R. Ostroff, "Imagery in Post-Traumatic Stress Disorder: An Overview," *American Journal of Psychiatry* 142(1985): 417-24.
20 R. J. Lifton, "The Concept of the Survivor," in *Survivors, Victims, and Perpetrators: Essays on the Nazi Holocaust*, ed. J. E. Dimsdale (New York: Hemisphere, 1980), 113-26.
21 T. O'Brien, "How to Tell a True War Story," in *The Things They Carried* (Boston: Houghton Mifflin, 1990), 89.
22 B. A. van der Kolk, "The Trauma Spectrum: The Interaction of Biological and Social Events in the Genesis of the Trauma Response," *Journal of Traumatic Stress* 1 (1988): 273-90.
23 L. Terr, "What Happens to Early Memories of Trauma? A Study of Twenty Children Under Age Five at the Time of Documented Traumatic Events," *Journal of the American Academy of Child and Adolescent Psychiatry* 27 (1988): 96-104.
24 R. Pitman, "Post-Traumatic Stress Disorder, Hormones, and Memory," *Biological Psychiatry* 26 (1989): 221-23.
25 van der Kolk, "Trauma Spectrum."
26 B. A. van der Kolk, R. Blitz, W. Burr et al., "Nightmares and Trauma," *American Journal of Psychiatry* 141 (1984): 187-90; R. J. Ross, W. A. Ball, K. A. Sullivan et al., "Sleep Disturbance as the Hallmark of Post-Traumatic Stress Disorder," *American Journal of Psychiatry* 146 (1989): 697-707.
27 L. Terr, *Too Scared to Cry* (New York: HarperCollins 1990), 238, 239, 247.
28 訪談內容，S. Abdulali, 2 April 1991.
29 訪談內容，S. Simone, 7 May 1991.
30 訪談內容，K. Smith, 14 June 1991.
31 Freud, "Pleasure Principle."
32 Janet, *Psychological Healing*, 603.
33 M. Horowitz, *Stress Response Syndromes* (Northvale, NJ: Jason Aronson, 1986), 93-94.
34 P. Russell, "Trauma, Repetition and Affect" (Paper presented at Psychiatry Grand Rounds, Cambridge Hospital, Cambridge, MA, 5 September 1990).
35 New York Radical Feminist Speakout on Rape, 1971，引述自 S.Brownmiller, *Against Our Will: Men, Women, and Rape* (New York: Simon & Schuster, 1975), 358.
36 引述自 P. Bart and P. O'Brien, *Stopping Rape: Successful Survival Strategies* (New York: Pergamon, 1985), 47.
37 引述自 R. Warshaw, *I Never Called it Rape* (New York: Harper & Row, 1988), 56.
38 引述自 N. Frankel and L. Smith, *Patton's Best* (New York: Hawthorne Books, 1978), 89.
39 E. Hilgard, *Divided Consciousness: Multiple Controls in Human Thought and Action* (New York: John Wiley, 1977).
40 D. Spiegel, "Hypnosis, Dissociation, and Trauma," in *Repression and Dissociation: Implications for Personality*

Theory, Psychopathology, and Health, ed. J. L. Singer (Chicago: University of Chicago Press, 1990), 121-42.
41 Hilgard, *Divided Consciousness.*
42 J. Hilgard, *Personality and Hypnosis: A Study of Imaginative Involvement* (Chicago: University of Chicago Press, 1970); R. K. Stutman and E. L. Bliss, "Post-Traumatic Stress Disorder, Hypnotizability, and Imagery," *American Journal of Psychiatry* 142 (1985): 741-43; D. Spiegel, T. Hunt, and H. Dondershine, "Dissociation and Hypnotizability in Post-Traumatic Stress Disorder," *American Journal of Psychiatry* 145 (1988): 301-5; J. L. Herman, J. C. Perry, and B. A. van der Kolk, "Childhood Trauma in Borderline Personality Disorder," *American Journal of Psychiatry* 146 (1989): 490-95.
43 D. Spiegel, E. J. Frischholz, H. Spiegel et al., "Dissociation, Hypnotizability, and Trauma" (Paper presented at the annual meeting of the American Psychiatric Association, San Francisco, May 1989), 2.
44 Hilgard, *Divided Consciousness,* 246.
45 R. K. Pitman, B. A. van der Kolk, S. P. Orr et al., "Naloxone-Reversible Analgesic Response to Combat-Related Stimuli in Post-Traumatic Stress Disorder: A Pilot Study," *Archives of General Psychiatry* 47 (1990): 541-47.
46 Grinker and Spiegel, *Men Under Stress.*
47 J. J. Card, *Lives After Vietnam: The Personal Impact of Military Service* (Lexington, MA: D. C. Heath, 1983).
48 H. Hendin and A. P. Haas, *Wounds of War: The Psychological Aftermath of Combat in Vietnam* (New York: Basic Books, 1984).
49 R. A. Kulka, W. E. Schlenger, J. A. Fairbank et al., *Trauma and the Vietnam War Generation* (New York: Brunner/Mazel, 1990).
50 Lifton, *Concept of the Survivor.*
51 P. Janet, *L'Etat mental des hysteriques* (Paris: Felix Alcan, 1911).
52 Kardiner and Spiegel, *War, Stress*, 128, case 28(my italics).
53 New York Radical Feminist Speakout, 1971，引述自 *Rape: The First Sourcebook for Women*, ed. N. Connell and C. Wilson (New York: New American Library, 1974), 44.
54 引述自 Warshaw, *I Never Called It Rape,* 33.
55 訪談內容，K. Smith, 1991.
56 Grinker and Spiegel, *Men Under Stress.*
57 L. C. Terr, "Chowchilla Revisited: The Effects of Psychic Trauma Four Years After a School-Bus Kidnapping," *American Journal of Psychiatry* 140 (1983): 1543-50.
58 Kardiner and Spiegel, War, Stress; Horowitz, *Stress Response Syndromes*; Brett & Ostroff, "Imagery."
59 范德寇指出，創傷後壓力症的過度警醒症狀等同於戒斷鴉片的症狀。他假設，那是中樞腎上腺素與阿片受體系統之間的平衡有不正常擾動，參見他的研究 "Inescapable Shock, Neurotransmitters, and Addiction to Trauma: Toward a Psychobiology of Post Traumatic Stress," *Biological Psychiatry* 20 (1985):314-25.
60 D. G. Kilpatrick, L. J. Veronen, and P. A. Resick, "The Aftermath of Rape: Recent Empirical Findings,"

American Journal of Orthospychiatry 49 (1979): 658-69.
61 J. V. Becker, L. J. Skinner, G. G. Abel et al., "The Effects of Sexual Assault on Rape and Attempted Rape Victims," *Victimology* 7 (1982): 106-13.
62 C. C. Nadelson, M. T. Notman, H. Jackson et al., "A Follow-up Study of Rape Victims," *American Journal of Psychiatry*139 (1982): 1266-70.
63 A. W. Burgess and L. L. Holmstrom, "Adaptive Strategies and Recovery from Rape," *American Journal of Psychiatry* 136 (1979): 1278-82.
64 H. M. van der Ploerd and W. C. Kleijn, "Being Held Hostage in the Netherlands: A Study of Long-Term Aftereffects," *Journal of Traumatic Stress* 2 (1989): 153-70.
65 Kardiner and Spiegel, *War, Stress*, case 40, 381-89.
66 C. Van Dyke, N, J. Zilberg, and J. A. McKinnon, "PTSD: A 30-year Delay in a WWII Combat Veteran," *American Journal of Psychiatry* 142 (1985): 1070-73.
67 S. Sutherland and D. J. Scherl, "Patterns of Response Among Victims of Rape," *American Journal of Orthopsychiatry* 40 (1970): 503-11; E. Hilberman, *The Rape Victim* (Washington, D.C.: American Psychiatric Press, 1976); D. Rose, "'Worse than death': Psychodynamics of Rape Victims and the Need for Psychotherapy," *American Journal of Psychiatry* 143 (1986): 817-24.
68 V. Woolf, *Mrs. Dalloway* [1925] (New York: Harvest. 1975), 132-33.
69 Lessing, *Small Personal Voice*, 86.
70 D. G. Kilpatrick, C. L. Best, L. J. Veronen et al., "Mental Health Correlates of Criminal Victimization: A Random Community Survey," *Journal of Consulting and Clinical Psychology* 53 (1985): 866-73.
71 D. A. Pollock, M. S. Rhodes, C. A. Boyle et al., "Estimating the Number of Suicides Among Vietnam Veterans," *American Journal of Psychiatry* 147 (1990): 772-76.
72 H. Hendin and A. P. Haas, "Suicide and Guilt as Manifestations of PTSD in Vietnam Combat Veterans," *American Journal of Psychiatry* 148 (1991): 586-91.
73 Freud, "Pleasure Principle," 35.

3 失去連結 Disconnection

1 M. Horowitz. *Stress Response Syndromes* (Northvale, NJ: Jason Aronson, 1986).
2 R. Janoff-Bulman, "The Aftermath of Victimization: Rebuilding Shattered Assumptions," in *Trauma and Its Wake*, ed. C. Figley (New York: Brunner/ Mazel, 1985), 15-35.
3 A. Sebold, "Speaking of the Unspeakable," *Psychiatric Times* (January 1990): 34.
4 E. Erikson, *Childhood and Society* (New York: Norton, 1950); C. E. Franz and K. M. White, "Individuation and Attachment in Personality Development: Extending Erikson's Theory," in *Gender and Personality: Current Perspectives on Theory and Research*, ed. A. I. Stewart and M. B. Lykes (Durham, NC: Duke University Press, 1985), 136-68; J. B. Miller, *Connections, Disconnections and Violations* (Stone Center

Working Paper Series, no. 33, Wellesley, MA, 1988).
5 V. Woolf, *Mrs. Dalloway* [1925] (New York: Harvest, 1975), 134-36.
6 H. B. Lewis, *Shame and Guilt in Neurosis* (New York: International Universities Press, 1971).
7 T. O'Brien, "How to Tell a True War Story," in *The Things They Carried* (Boston: Houghton Mifflin, 1990), 88.
8 R. J. Lifton, "The Concept of the Survivor," in *Survivors, Victims, and Perpetrators: Essays on the Nazi Holocaust*, ed. J. E. Dimsdale (New York: Hemisphere, 1980), 113-26.
9 Janoff-Bulman, "Aftermath of Victimization."
10 R. J. Lifton, *Death in Life: Survivors of Hiroshima* (New York: Simon & Schuster, 1967); J. L. Titchener and F. T. Kapp, "Family and Character Change at Buffalo Creek," *American Journal of Psychiatry* 133(1976): 295-301; K. T. Erikson, *Everything in Its Path: Destruction of Community in the Buffalo Creek Flood* (New York: Simon & Schuster, 1976).
11 N. Breslau and G. Davis, "Post-Traumatic Stress Disorder: The Etiologic Specificity of Wartime Stressors," *American Journal of Psychiatry* 144 (1987): 578-83.
12 B. L. Green, J. D. Lindy, M. C. Grace et al., "Buffalo Creek Survivors in the Second Decade: Stability of Stress Symptoms," *American Journal of Orthopsychiatry* 60 (1990): 43-54.
13 N. Speed, B. Engdahl, J. Schwartz et al., "Posttraumatic Stress Disorder as a Consequence of the POW experience," *Journal of Nervous and Mental Disease* 177 (1989): 1447-53; D. Foy, R. Sipprelle, D. Rueger et al., "Etiology of Posttraumatic Stress Disorder in Vietnam Veterans: Analysis of Premilitary, Military and Combat Exposure Influences," *Journal of Consulting and Clinical Psychology* 52 (1984): 79-87.
14 R. S. Laufe, E. Brett, and M. S. Gallops, "Symptom Patterns Associated with Post-Traumatic Stress Disorder among Vietnam Veterans Exposed to War Trauma," *American Journal of Psychiatry* 142 (1985): 1304-11.
15 Breslau and Davis, "Post-Traumatic Stress Disorder."
16 Lifton, "Concept of the Survivor"; R. J. Lifton, *Home from the War: Vietnam Veterans: Neither Victims nor Executioners* (New York: Simon & Schuster, 1973).
17 引述自 M. Norman, *These Good Men: Friendships Forged From War* (New York: Crown, 1989), 24.
18 A. Kardiner and H. Spiegel, *War, Stress, and Neurotic Illness* (rev. ed. *The Traumatic Neuroses of War*) (New York: Hoeber, 1947), 128.
19 Ibid, 129.
20 引述自 R. Warshaw, *I Never Called It Rape* (New York: Harper & Row, 1988), 68.
21 引述自 J. Schorer, *It Couldn't Happen to Me: One Woman's Story* (Des Moines, Iowa: *Des Moines Register Reprint,* 1990), 15.
22 B. L. Green, M. C. Grace, J. D. Lindy et al., "Risk Factors for PTSD and Other Diagnoses in a General Sample of Vietnam Veterans," *American Journal of Psychiatry* 174 (1990): 729-33.
23 Laufer et al., "Symptom Patterns"; J. Card, *Lives After Vietnam: The Personal Impact of Military Service*

(Lexington, MA: D. C. Heath, 1983).
24 J. H. Shore, E. L. Tatum, and W. M. Vollmer, "Psychiatric Reactions to Disaster: The Mount St. Helens Experience," *American Journal of Psychiatry* 143 (1986): 590-96.
25 R. A. Kulka, W. E. Schlenger, J. A. Fairbank et al., *National Vietnam Veteran Readjustment Study (NVVRS): Executive Summary* (Research Triangle Park, NC: Research Triangle Institute, 1988).
26 這些數據來自於 Terence Keane, Ph.D., Director, Behavioral Science Division, National Center for PTSD, Boston VA Hospital, Boston, MA。在「全國越戰退伍軍人復原研究」(National Vietnam Veterans Readjustment Study)中，研究人員沒有完整分析創傷後壓力症終身盛行率的相關數據。
27 L. Terr, *Too Scared to Cry* (New York: HarperCollins, 1990).
28 A. W. Burgess and L. L. Holmstrom, "Rape Trauma Syndrome," *American Journal of Psychiatry* 131 (1974): 981-86.
29 N. Breslau, G. C. Davis, P. Andreski et al., "Traumatic Events and Post-traumatic Stress Disorder in an Urban Population of Young Adults," *Archives ofGeneral Psychiatry* 48 (1991): 216-22.
30 H. Hendin and A. P. Haas, *Wounds of War: The Psychological Aftermath of Combat in Vietnam* (New York: Basic Books, 1984).
31 R. Grinker and J. Spiegel, *Men Under Stress* (Philadelphia: Blakeston, 1945).
32 M. Gibbs, "Factors in the Victim That Mediate Between Disaster and Psychopathology: A Review," *Journal of Traumatic Stress* 2 (1989): 489-514; S. S. Luther and E. Zigler, "Vulnerability and Competence: A Review of Research on Resilience in Childhood," *American Journal of Orthopsychiatry* 61 (1991): 6-22.
33 E. E. Werner, "Hign Risk Children in Young Adulthood: A Longitudinal Study from Birth to 32 Years," *American Journal of Orthopsychiatry* 59 (1989): 72-81.
34 R. Flannery, "From Victim to Survivor: A Stress-Management Approach in the Treatment of Learned Helplessness," in *Psychological Trauma*, ed. B. A. van der Kolk (Washington, D.C.: American Psychiatric Press, 1987), 217-32.
35 A. Holen, *A Long-Term Outcome Study of Survivors from Disaster* (Oslo, Norway: University of Oslo Press, 1990).
36 Hendin and Haas, *Wounds of War*, 214.
37 P. Bart and P. O'Brien, *Stopping Rape: Successful Survival Strategies* (New York: Pergamon, 1985).
38 訪談內容，Clyde, 1988.
39 Green et al., "Buffalo Creek Survivors."
40 A. W. Burgess and L. L. Holmstrom, "Adaptive Strategies and Recovery from Rape," *American Journal of Psychiatry* 136 (1979): 1278-82.
41 Gibbs, "Factors in the Victim."
42 A. H. Green, "Dimensions of Psychological Trauma in Abused Children," *Journal of the American Association of Child Psychiatry* 22 (1983):231-37.

43 B. A. van der Kolk, "The Trauma Spectrum: The Interaction of Biological and Social Events in the Genesis of the Trauma Response," *Journal of Traumatic Stress* 1(1988): 273-90; Kulka et al., *NVVRS.*

44 A. W. Burgess, "Sexual Victimization of Adolescents," in *Rape and Sexual Assault: A Research Handbook*, ed. Ann W. Burgess (New York: Garland, 1985), 123-38; S. S. Ageton, "Vulnerability to Sexual Assault," in *Rape and Sexual Assault*, vol. 2, ed. Ann W. Burgess (New York: Garland, 1988), 221-44.

45 D. E. H. Russell, *Sexual Exploitation* (Beverly Hills, CA: Sage, 1984).

46 B. L. Green, J. P. Wilson , and J. D. Lindy, "Conceptualizing Post-Traumatic Stress Disorder: A Psychosocial Framework," in Figley, *Trauma and Its Wake.*

47 R. B. Flannery, "Social Support and Psychological Trauma: A Methodological Review," *Journal of Traumatic Stress* 3 (1990): 593-611.

48 訪談內容，H. Spiegel, 14 May 1990.

49 Russell, *Sexual Exploitation.*

50 New York Radical Feminist Speakout on Rape. 1971，引述自 Brownmiller, *Against Our Will: Men, Women, and Rape* (New York: Simon & Schuster, 1975), 364.

51 Burgess and Holmstrom, "Adaptive Strategies."

52 D. G. Kilpatrick, L. J. Veronen, and C. L. Best, "Factors Predicting Psychological Distress Among Rape Victims," in Figley, *Trauma and Its Wake.*

53 Norman, *These Good Men,* 5.

54 Card, *Lives After Vietnam.*

55 Kulka et al., *NVVRS.*

56 J. S. Frye and R. A. Stockton, "Stress Disorder in Vietnam Veterans," *American Journal of Psychiatry* 139 (1982): 52-56.

57 T. M. Keane, S. W. Owen, G. A. Charoya et al., "Social Support in Vietnam Veterans with PTSD: A Comparative Analysis," *Journal of Consulting and Clinical Psychology* 53 (1985): 95-102.

58 S. Haley, "The Vietnam Veteran and His Pre-School Child: Child-Rearing as a Delayed Stress in Combat Veterans," *Journal of Contemporary Psychotherapy* 41 (1983): 114-21.

59 T. S. Foley, "Family Response to Rape and Sexual Assault," in *Rape and Sexual Assault: A Research Handbook*, ed. A. Burgess, 159-188; C. Erickson, "Rape and the Family," *in Treating Stress in Families*, ed. C. Figley (New York:Brunner/Mazel, 1990), 257-89.

60 引述自 "If I can survive this ..." (Cambridge, MA, Boston Area Rape Crisis Center, 1985). Videotape.

61 C. C. Nadelson, M. T. Norman, H. Zackson et al., "A Follow-up Study of Rape Victims," *American Journal of Psychiatry* 139 (1982): 1266-70; J. V. Becker, L. J. Skinner, G. G. Abel et al., "Time-Limited Therapy with Sexually Dysfunctional Sexually Assaulted Women," *Journal of Social Work and Human Sexuality* 3 (1984): 97-115.

62 引述自 Warshaw, *I Never Called It Rape*, 76.

63 O'Brien, *The Things They Carried*, 163.

64 Grinker and Spiegel, *Men Under Stress*; A. Schuetz, "The Homecomer," *American Journal of Sociology* 50 (1944-45): 369-76; Lifton, *Home from the War*; C. Figley and S. Levantman, eds., *Strangers at Home: Vietnam Veterans Since the War* (New York: Praeger, 1980).

65 M. P. Koss, "Hidden Rape: Sexual Aggression and Victimization in a National Sample of Students of Higher Education," in *Rape and Sexual Assault*, vol. 2, ed. A. W. Burgess (New York: Garland, 1987), 3-26。在這項研究中，她們找來通報有被強迫性交的女性，雖然那些犯行符合法律上的強暴定義，當中卻只有27%的受害者會用「真的被強暴了」來描述那次遭遇。

66 這個基礎定義工作有多難完成，光看近年的強暴研究論文標題就可知一二。例如《真正的強暴》(S. Estrich, *Real Rape*, Cambridge: Harvard University Press, 1987)；《被隱藏的強暴》(Koss, *Hidden Rape*) 以及《我不稱它為強暴》(Warshaw, *I Never Called It Rape*)。

67 Estrich, *Real Rape*; C. MacKinnon, "Feminism, Marxism, Method and the State: Toward Feminist Jurisprudence," *Signs: Journal of Women in Culture and Society* 8 (1983): 635-58.

68 New York Radical Feminists Speakout on Rape, 1971，引述自 Connelland Wilson, *Rape: The First Sourcebook for Women*, 51.

69 Boston Area Rape Crisis Center, "If I can survive this..." Videotape, 1985.

70 Hendin and Haas, *Wounds of War*, 44-45.

71 Bart and O'Brien, *Stopping Rape*; Becker et al., "Time-Limited Therapy."

72 Bart and O'Brien, *Stopping Rape*; Warshaw, *I Never Called It Rape*; A. Medea and K. Thompson, *Against Rape: A Survival Manual for Women* (New York: Farrar, Straus & Giroux, 1974).

73 Nadelson et al., "Study of Rape Victims."

74 Lifton, "Concept of the Survivor," 124.

75 C. Shatan, "The Grief of Soldiers: Vietnam Combat Veterans' Self-Help Movement," *American Journal of Orthopsychiatry* 43 (1973): 640-53.

76 Grinker and Spiegel, *Men Under Stress*; Figley and Levantman, *Strangers At Home*.

77 D. Lessing, "My Father," in *A Small Personal Voice* (New York: Random House, 1975).

78 O'Brien, *The Things They Carried*, 76.

79 Lifton, *Home from the War*; Figley and Leventman, *Strangers At Home*.

80 訪談內容，K. Smith, 1991.

81 MacKinnon, *Feminism, Marxism, Method*, 651.

82 Estrich, *Real Rape*; MacKinnon, *Feminism, Marxism, Method*.

83 MacKinnon, *Feminism, Marxism, Method*; Estrich, *Real Rape*; Brownmiller, *Against Our Will*; Bart and O'Brien, *Stopping Rape*; Connell and Wilson, eds., *Rape: The First Sourcebook For Women* (New York: New American Library, 1974).

84 Russell, *Sexual Exploitation*. Koss在1987年的研究資料也證實這個現象。大規模調查大學女性受害者後，她發現只有8%的人會去向警方報案。

85 Burgess and Holmstrom, "Adaptive Strategies."

86 Estrich, *Real Rape*, 3.

4 囚禁 Captivity

1 G. L. Borovsky and D. J. Brand, "Personality Organization and Psychological Functioning of the Nuremberg War Criminals," in *Survivors, Victims, and Perpetrators: Essays on the Nazi Holocaust*, ed. J. E. Dimsdale (New York: Hemisphere, 1980), 359-403; J. Steiner, "The SS Yesterday and Today: A Sociopsychological View," in Dimsdale, *Survivors, Victims, and Perpetrators*, 405-56; J. L. Herman, "Considering Sex Offenders: A Model of Addiction," *Signs: Journal of Women in Culture and Society* 13 (1988): 695-724.

2 H. Arendt, *Eichmann in Jerusalem: A Report on the Bandlity of Evil*, 2nd ed. (New York: Penguin Books, 1964), 276.

3 G. Orwell, *1984* (New York: New American Library, Signet Classic Edition, 1949), 210.

4 A. Dworkin, *Pornography: Men Possessing Women* (New York: Perigee, 1981); C. MacKinnon, *Feminism Unmodified*, pt. 3: *Pornography* (Cambridge: Harvard University Press, 1987).

5 Amnesty International, *Report on Torture* (New York: Farrar, Straus & Giroux, 1973)。這篇報告有特別引述 Alfred Biderman 的研究，他長年觀察美國戰俘被洗腦後的影響，參見 A. D. Biderman, "Communist Attempts to Elicit False Confessions from Air Force Prisoners of War," *Bulletin of New York Academy of Medicine* 33 (1957): 616-25。也可參見 I. E. Farber, H. F. Harlow, and L. J. West, "Brainwashing, Conditioning, and DDD (Debility, Dependency, and Dread)," *Sociometry* 23 (1957): 120-47.

6 K. Barry, "Did I Ever Really Have a Chance: Patriarchal Judgment of Patricia Hearst," *Chrysalis* 1 (1977): 7-17; K. Barry, C. Bunch, and S. Castley, eds., *Networking Against Female Sexual Slavery* (New York: United Nations, International Women's Tribune Centre, 1984).

7 L. Walker, *The Battered Woman* (New York: Harper & Row, 1979), 76.

8 I. Ratushinskaya, *Grey is the Color of Hope* (New York: Vintage, 1989), 260.

9 D. E. H. Russell, *Rape in Marriage* (New York: Macmillan, 1982), 123.

10 P. C. Hearst and A. Moscow, *Every Secret Thing* (New York: Doubleday, 1982), 85.

11 J. E. Dimsdale, "The Coping Behavior of Nazi Concentration Camp Survivors," in Dimsdale, *Survivors, Victims, Perpetrators*, 163-74.

12 N. Sharansky, *Fear No Evil*, trans. S. Hoffman (New York: Random House, 1988), 339.

13 Walker, *The Battered Woman.*

14 引述自 L. Kelly, "How Women Define Their Experiences of Violence," in K. Yllo and M. Bograd, *Feminist Perspectives on Wife Abuse* (Beverly Hills, CA: Sage, 1988), 114-32, quote on 127.

15 R. E. Dobash and R. Dobash, *Violence Against Wives: A Case Against the Patriarchy* (New York: Free Press, 1979), 84.

16 L. Lovelace and M. McGrady, *Ordeal* (Secaucus, NJ: Citadel, 1980), 30.
17 Hearst and Moscow, *Every Secret Thing*, 178-79.
18 Sharansky, *Fear No Evil*, 46.
19 M. Symonds, "Victim Responses to Terror: Understanding and Treatment," in *Victims of Terrorism*, ed. F. M. Ochberg and D. A. Soskis (Boulder, CO: Westview, 1982), 95-103; T. Strentz, "The Stockholm Syndrome: Law Enforcement Policy and Hostage Behavior," in Ochberg and Soskis, *Victims of Terrorism*, 149-63.
20 D. L. Graham, E. Rawlings, and N. Rimini, "Survivors of Terror: Battered Women, Hostages, and the Stockholm Syndrome," in Yllo and Bograd, *Feminist Perspectives*, 217-33; D. Dutton and S. L. Painter, "Traumatic Bonding: The Development of Emotional Attachments in Battered Women and Other Relationships of Intermittent Abuse," *Victimology* 6 (1981): 139-55.
21 D. A. Halperin, "Group Processes in Cult Affiliation and Recruitment," in *Psychodynamic Perspectives on Religion, Sect, and Cult*, ed. D. A. Halperin (Boston: John Wright, 1983).
22 M. J. Strube, "The Decision to Leave an Abusive Relationship," in G. T. Hotaling, D. Finkelhor, J. T. Kirkpatrick et al., *Coping with Family Violence: Research and Policy Perspectives* (Beverly Hills, CA: Sage, 1988), 93-106.
23 Walker, *The Battered Woman*.
24 L. H. Bowker, M. Arbitel, and J. R. McFerron, "On the Relationship Between Wife-Beating and Child Abuse," in Yllo and Bograd, eds., *Feminist Perspectives*, 158-74.
25 E. Wiesel, *Night*, trans. S. Rodway (New York: Hill and Wang, 1960), 61.
26 H. Krystal, "Trauma and Affects," *Psychoanalytic Study of the Child* 33 (1978): 81-116.
27 Lovelace and McGrady, *Ordeal*, 70.
28 J. Timerman, Prisoner *Without a Name:Cell Without a Number*, trans. T. Talbot (New York: Vintage, 1988), 34-35.
29 Ibid., 90-91.
30 Primo Levi, *Survival in Auschwitz: The Nazi Assault on Humanity*, [1958] trans. Stuart Woolf (New York: Collier, 1961); Wiesel, *Night*; Krystal, "Trauma and Affects."
31 Hearst and Moscow, *Every Secret Thing*, 75-76.
32 E. Hilberman, "The 'Wife-Beater's Wife'Reconsidered," *American Journal of Psychiatry* 137 (1980): 1336-47, quote on 1341.
33 K. D. Hoppe, "Resomatization of Affects in Survivors of Persecution," *International Journal of Psycho-analysis* 49 (1968): 324-26; H. Krystal and W. Niederland, "Clinical Observations on the Survivor Syndrome," in *Massive Psychic Trauma*, ed. H. Krystal (New York: International Universities Press, 1968), 327-48; W. De Loos, "Psychosomatic Manifestations of Chronic PTSD," in *Posttraumatic Stress Disorder: Etiology, Phenomenology, and Treatment*, ed. M. E. Wolf and A. D. Mosnaim (Washington, D.C.: American Psychiatric Press, 1990), 94-105.

34 J. Kroll, M. Habenicht, T. Mackenzie et al., "Depression and Posttraumatic Stress Disorder in Southeast Asian Refugees," *American Journal of Psychiatry* 146 (1989): 1592-97.
35 G. Goldstein, V. van Kammen, C. Shelly et al., "Survivors of Imprisonment in the Pacific Theater During World War II," *American Journal of Psychiatry* 144 (1987): 1210-13. J. C. Kluznik, N. Speed, C. Van Valkenburg et al., "Forty Year Follow Up of United States Prisoners of War," *American Journal of Psychiatry* 143 (1986): 1443-46.
36 P. B. Sutker, D. K. Winstead, Z. H. Galina et al., "Cognitive Deficits and Psychopathology Among Former Prisoners of War and Combat Veterans of the Korean Conflict," *American Journal of Psychiatry* 148 (1991): 67-72.
37 W. W. Eaton, J. J. Sigal, and M. Weinfeld, "Impairment in Holocaust Survivors After 33 Years: Data from an Unbiased Community Sample," *American Journal of Psychiatry* 139 (1982): 773-77.
38 Orwell, *1984*, 176-77.
39 A. Partnoy, *The Little School: Tales of Disappearance and Survival in Argentina* (San Francisco: Cleis Press, 1986), 49.
40 Ibid., 71.
41 引述自 D. E. H. Russell, Lives of Courage: *Women for a New South Africa* (New York: Basic Books, 1989), 40-41.
42 Levi, *Survival in Auschwitz*, 106-7.
43 C. C. Tennant, K. J. Goulston, and O. F. Dent, "The Psychological Effects of Being a Prisoner of War: Forty Years after Release," *American Journal of Psychiatry* 143 (1986): 618-22; Kluznik et al., "U.S. Prisoners of War."
44 Krystal, *Massive Psychic Trauma*; J. D. Kinzie, R. H. Fredrickson, R. Ben et al., "PTSD Among Survivors of Cambodian Concentration Camps," *American Journal of Psychiatry* 141 (1984): 645-50.
45 R. Jaffe, "Dissociative Phenomena in Former Concentration Camp Inmates," *International Journal of Psycho-Analysis* 49 (1968): 310-12.
46 引述自 L. Weschler, "The Great Exception: Part I; Liberty," *New Yorker*, 3 April 1989, 43-85, quotation from 81-82.
47 R. Flannery and M. Harvey, "Psychological Trauma and Learned Helplessness: Seligman's Paradigm Reconsidered," *Psychotherapy* 28 (1991): 374-78.
48 引述自 Weschler, "The Great Exception," 82.
49 E. Luchterland, "Social Behavior of Concentration Camp Prisoners: Continuities and Discontinuities with Pre- and Post-Camp Life," in Dimsdale, *Survivors, Victims, and Perpetrators*, 259-82。關於這對倖存者的其他描述也可參見 J. Dimsdale, "The Coping Behavior of Nazi Concentration Camp Survivors," in Dimsdale, *Survivors, Victims, and Perpetrators*, 163-74。亦可參見 Levi, *Survival in Auschwitz*; Wiesel, *Night*.
50 Symonds, "Victim Responses," 99.

51 Dutton and Painter, "Traumatic Bonding."
52 R. J. Lifton, "Cults: Religious Totalism and Civil Liberties," in R. J. Lifton, *The Future of Immortality and Other Essays for a Nuclear Age* (New York: Basic Books, 1987), 209-19.
53 Lovelace and McGrady, *Ordeal*, 134.
54 Timerman, *Prisoner Without a Name*, 141.
55 W. G. Niederland, "Clinical Observations on the 'Survivor Syndrome,'" *International Journal of Psycho-Analysis* 49 (1968): 313-15.
56 Wiesel, *Night*, 43-44.
57 Walker, *The Battered Woman*; Hilberman, "'Wife-Beater's Wife' Reconsidered"; Krystal, *Massive Psychic Trauma*; Tennant et al., "Psychological Effects of Being a POW"; Goldstein et al., "Survivors of Imprisonment"; Kinzie et al., "Survivors of Cambodian Concentration Camps."
58 Niederland, "The 'Survivor Syndrome,'" 313.
59 J. Segal, E. J. Hunter, and Z. Segal, "Universal Consequences of Captivity: Stress Reactions Among Divergent Populations of Prisoners of War and their Families." *International Journal of Social Science* 28 (1976): 593-609.
60 J. J. Gayford, "Wife-Battering: A Preliminary Survey of 100 Cases." *British Medical Journal* 1 (1975): 194-97.
61 Levi, *Survival in Auschwitz*, 49.

5 受虐兒童 Child Abuse

1 M. Bonaparte, A. Freud, and E. Kris, eds., *The Origins of Psychoanalysis. Letters to Wilhelm Fliess, Drafts and Notes: 1887-1902*, trans. E. Mosbacher and J. Strachey (New York: Basic Books, 1954), 187-88.
2 S. Fraser, *My Father's House: A Memoir of Incest and of Healing* (New York: Harper & Row, 1987), 222-23.
3 訪談內容，Karen, 1986.
4 訪談內容，Tani, 1986.
5 訪談內容，Ginger, 1988.
6 訪談內容，Archibald, 1986.
7 訪談內容，Meadow, 1986.
8 R. Kluft, "Childhood Multiple Personality Disorder: Predictors, Clinical Findings, and Treatment Results," in *Childhood Antecedents of Multiple Personality Disorder*, ed. R. Kluft (Washington, D.C.: American Psychiatric Press, 1985), 167-96.
9 C. Ounsted, "Biographical Science: An Essay on Developmental Medicine," in *Psychiatric Aspects of Medical Practice*, ed. B. Mandelborte and M. C. Gelder (London: Staples Press, 1972).
10 訪談內容，Tani, 1986.
11 J. L. Herman, J. C. Perry, and B. A. van der Kolk, "Childhood Trauma in Borderline Personality Disorder,"

American Journal of Psychiatry 146 (1989): 490-85; B. Sanders, G. McRoberts, and C. Tollefson, "Childhood Stress and Dissociation in a College Population," Dissociation 2 (1989): 17-23; J. A. Chu and D. L. Dill, "Dissociative Symptoms in Relation to Childhood Physical and Sexual Abuse," *American Journal of Psychiatry* 147 (1990): 887-92; B. Sanders and M. Giolas, "Dissociation and Childhood Trauma in Psychologically Disturbed Adolescents," *American Journal of Psychiatry* 148(1991): 50-54.

12 訪談內容，Sara Jane, 1986.

13 訪談內容，Nadine, 1986.

14 Kluft, *Childhood Antecedents*; E. Bliss, *Multiple Personality, Allied Disorders, and Hypnosis* (New York: Oxford University Press, 1986); F. Putnam, *Diagnosis and Treatment of Multiple Personality Disorder* (New York: Guilford Press, 1989).

15 Fraser, *My Father's House*, 220-21.

16 訪談內容，Connie, 1986.

17 L. Terr, *Too Scared to Cry* (New York: Harper & Row, 1990); K. A. Dodge, J. E. Bates, and G. S. Pettit, "Mechanisms in the Cycle of Violence," *Science* 250 (1990): 1678-83.

18 A. W. Burgess, C. R. Hartman, M. P. McCausland et al., "Response Patterns in Children and Adolescents Exploited Through Sex Rings and Pornography," *American Journal of Psychiatry* 141 (1984); 656-62.

19 訪談內容，Nadine, 1986.

20 J. L. Herman, *Father-Daughter Incest* (Cambridge, MA: Harvard University Press, 1981)。亦可參見以下作品中對於〈鼠人〉(Rat People)的討論：L. Shengold, *Soul Murder. The Effects of Childhood Abuse and Deprivation* (New York: Yale University Press, 1989).

21 訪談內容，Johanna, 1982.

22 E. Hill, *The Family Secret: A Personal Account of Incest* (Santa Barbara, CA: Capra Press, 1985), 11.

23 Ibid.

24 S. Ferenczi, "Confusion of Tongues Between Adults and the Child: The Language of Tenderness and of Passion," [1932] in *Final Contributions to the Problems and Methods of Psychoanalysis* (New York: Basic Books, 1955), 155-67.

25 Shengold, *Soul Murder*, 26.

26 P. P. Rieker and E. Carmen (Hilberman), "The Victim-to-Patient Process: The Disconfirmation and Transformation of Abuse," *American Journal of Orthopsychiatry* 56 (1986): 360-70.

27 R. Loewenstein, "Somatoform Disorders in Victims of Incest and Child Abuse," in *Incest-Related Syndromes of Adult Psychopathology*, ed. R. Kluft (Washington, D.C.: American Psychiatric Press, 1990),75-112; M. A. Demitrack, F. W. Putnam, T. D. Brewerton et al., "Relation of Clinical Variables to Dissociative Phenomena in Eating Disorders," *American Journal of Psychiatry* 147 (1990): 1184-88.

28 訪談內容，Meadow, 1986.

29 A. Browne and D. Finkelhor, "Impact of Child Sexual Abuse: A Review of the Research," *Psychological Bulletin* 99 (1986): 66-77.

30 G. Adler, *Borderline Psychopathology and its Treatment* (New York: Jason Aronson, 1985).
31 Hill, *The Family Secret*, 229.
32 B. A. van der Kolk, J. C. Perry, and J. L. Herman, "Childhood Origins of Self-Destructive Behavior," *American Journal of Psychiatry* 148 (1991): 1665-71.
33 訪談內容，Sara Jane, 1986。關於自殘行為的主體經驗，類似的描述可見Mary de Young, "Self-Injurious Behavior in Incest Victims: A Research Note," *Child Welfare* 61 (1982): 577-84; and in E. Leibenluft, D. L. Gardner, and R. W. Cowdry, "The Inner Experience of the Borderline Self-Mutilator," *Journal of Personality Disorders* 1 (1987): 317-24.
34 van der Kolk et al., "Origins of Self-Destructive Behavior."
35 R. Rhodes, *A Hole in the World: An American Boyhood* (New York: Simon & Schuster, 1990), 267.
36 D. E. H. Russell, *The Secret Trauma* (New York: Basic Books, 1986).
37 訪談內容，Joanie, 1987.
38 訪談內容，Jo, 1987.
39 訪談內容，Ginger, 1988.
40 訪談內容，Tani, 1986.
41 Herman et al., "Childhood Trauma."
42 G. R. Brown and B. Anderson, "Psychiatric Morbidity in Adult Inpatients with Childhood Histories of Sexual and Physical Abuse," *American Journal of Psychiatry* 148 (1991): 55-61.
43 E. H. Carmen , P. P. Rieker, and T. Mills, "Victims of Violence and Psychiatric Illness," *American Journal of Psychiatry* 141 (1984): 378-83.
44 V. E. Pollack, J. Briere, and L. Schneider et al., "Childhood Antecedents of Antisocial Behavior: Parental Alcoholism and Physical Abusiveness," *American Journal of Psychiatry* 147 (1990): 1292-93.
45 Burgess et al., "Response Patterns in Children."
46 訪談內容，Jesse, 1986.
47 J. Kaufman and E. Zigler, "Do Abused Children Become Abusive Parents?" *American Journal of Orthopsychiatry* 57 (1987): 186-92.
48 P. M. Coons, "Children of Parents with Multiple Personality Disorder," in *Childhood Antecedents*, ed. R. P. Kluft, 151-66, quote on 161.
49 Fraser, *My Father's House*, 211-12.

6 全新的診斷 A New Diagnosis

1 A. D. Biderman and H. Zimmer, eds., *The Manipulation of Human Behavior* (New York: John Wiley, 1961), 1-18.
2 P. Hearst and A. Moscow, *Every Secret Thing* (New York: Doubleday, 1982).
3 討探責備家暴受害者的現象，參見L. Wardell, D. L. Gillespie, and A. Leffler, "Science and Violence

Against Wives," in *The Dark Side of Families: Current Family Violence Research*, ed. D. Finkelhor, R. Gelles, G. Hotaling et al. (Beverly Hills, CA: Sage, 1983), 69-84.

4 L. Dawidowicz, *The War Against the Jews* (London: Weidenfeld and Nicolson, 1975).

5 Biderman and Zimmer, *Manipulation of Human Behavior*; F. Ochberg and D. A. Soskis, *Victims of Terrorism* (Boulder, CO: Westview, 1982).

6 G. T. Hotaling and D. G. Sugarman, "An Analysis of Risk Markers in Husband-to-Wife Violence: The Current State of Knowledge," *Violence and Victims* 1 (1986): 101-24.

7 Ibid., 120.

8 J. E. Snell, R. J. Rosenwald, and A. Robey, "The Wife-Beater's Wife," *Archives of General Psychiatry* 11 (1964): 107-12.

9 D. Kurz and E. Stark, "Not-So-Benign Neglect: The Medical Response to Battering," in K. Yllo and M. Bograd, *Feminist Perspectives on Wife Abuse* (Beverly Hills, CA: Sage, 1988), 249-68.

10 被虐狂（masochism）這個概念一直被誤用，相關的批判探討，請見P. J. Caplan, *The Myth of Women's Masochism* (New York: Dutton, 1985)。近期（1989年），Caplan也撰文大力批判所謂的「自毀性人格疾患」（self-defeating personality disorder），但此文並未公開發表，僅流通於於安大略教育研究所應用心理系（Department of Applied Psychology, Ontario Institute for Studies in Education）。

11 1985年12月4日在華盛頓特區，美國精神醫學學會地方支部的理事會招開臨時委員會討論DSM第3版修訂版的初稿時，有位理事如此說道。

12 D. Goleman, "New Psychiatric Syndromes Spur Protest," *New York Times*, 19 November 1985, C9; "Battling over Masochism," *Time*, 2 December 1985, 76; "Ideas and Trends: Psychiatrists versus Feminists," *New York Times*, 6 July 1986, p. C5.

13 L. C. Kolb, letter to the editor, *American Journal of Psychiatry* 146 (1989): 811-12.

14 H. Krystal, ed., Massive Psychic Trauma (New York: International Universities Press, 1968), 221.

15 Ibid., 314.

16 J. Kroll, M. Habenicht, T. Mackenzie et al., "Depression and Posttraumatic Stress Disorder in Southeast Asian Refugees," *American Journal of Psychiatry* 146 (1989): 1592-97.

17 M. Horowitz, *Stress Response Syndromes* (Northvale, NJ: Jason Aronson 1986), 49.

18 D. Brown and E. Fromm, *Hypnotherapy and Hypnoanalysis* (Hillsdale, NJ: Lawrence Erlbaum, 1986).

19 L. C. Terr, "Childhood Traumas: An Outline and Overview," *American Journal of Psychiatry* 148 (1991): 10-20.

20 J. Goodwin, "Applying to Adult Incest Victims What We Have Learned from Victimized Children," in *Incest-Related Syndromes of Adult Psychopathology*, ed. R. Kluft (Washington, D.C.: American Psychiatric Press, 1990), 55-74.

21 J. L. Herman, D. E. H. Russell, and K. Trocki, "Long-term Effects of Incestuous Abuse in Childhood," *American Journal of Psychiatry* 143 (1986): 1293-96.

22 N. Draijer, *The Role of Sexual and Physical Abuse in the Etiology of Women's Mental Disorders: The Dutch Survey on Sexual Abuse of Girls by Family Members* (unpublished ms., University of Amsterdam, 1989).

23 A. Jacobson and B. Richardson, "Assault Experiences of 100 Psychiatric Inpatients: Evidence of the Need for Routine Inquiry," *American Journal of Psychiatry* 144 (1987): 908-13; J. B. Bryer, B. A. Nelson, J. B. Miller, and P. A. Krol, "Childhood Sexual and Physical Abuse as Factors in Adult Psychciatric Illness," *American Journal of Psychiatry* 144 (1987): 1426-30; A. Jacobson, "Physical and Sexual Assault Histories Among Psychiatric Outpatients," *American Journal of Psychiatry* 146 (1989): 755-58; J. Briere and M. Runtz, "Post Sexual Abuse Trauma: Data and Implications for Clinical Practice," *Journal of Interpersonal Violence* 2 (1987): 367-79.

24 J. Briere and L. Y. Zaidi, "Sexual Abuse Histories and Sequelae in Female Psychiatric Emergency Room Patients," *American Journal of Psychiatry* 146 (1989): 1602-06.

25 關於童年性虐待的長期後遺症，過去相關的實證研究可以參見 A. Browne and D. Finkelhor, "Impact of Child Sexual Abuse: A Review of the Literature," *Psychological Bulletin* 99 (1986): 66-77. 此文獻也摘要出現於 C. Courtois, *Healing the Incest Wound: Adult Survivors in Therapy* (New York: Norton, 1988)；以及 J. Briere, *Therapy for Adults Molested as Children: Beyond Survival* (New York: Springer, 1989).

26 Bryer et al., "Childhood Sexual and Physical Abuse."

27 J. Briere, "Long-Term Clinical Correlates of Childhood Sexual Victimization," *Annals of the New York Academy of Sciences* 528 (1988): 327-34.

28 D. Gelinas, "The Persistent Negative Effects of Incest," *Psychiatry* 46 (1983): 312-32.

29 American Psychiatric Association, *Diagnostic and Statistical Manual of Mental Disorders*, 3rd ed. (DSM-III) (Washington, D.C.: American Psychiatric Press, 1980), 241.

30 A. Lazarus, letter to the editor, *American Journal of Psychiatry* 147 (1990): 1390.

31 I. Yalom, *Love's Executioner and Other Tales of Psychotherapy* (New York: Basic Books, 1989).

32 H. Ornstein, "Briquet's Syndrome in Association with Depression and Panic: A Reconceptualization of Briquet's Syndrome," *American Journal of Psychiatry* 146 (1989): 334-38; B. Liskow, E. Othmer, E. C. Penick et al., "Is Briquet's Syndrome a Heterogeneous Disorder?" *American Journal of Psychiatry* 143 (1986): 626-30.

33 S. O. Lilienfeld et al., "Relationship of Histrionic Personality Disorder to Antisocial and Somatization Disorders," *American Journal of Psychiatry* 143 (1986): 781-22.

34 H. S. Akiskal, S. E. Chen, G. C. Davis et al., "Borderline: An Adjective in Search of a Noun," *Journal of Clinical Psychiatry* 46 (1985): 41-48; M. R. Fyer, A. J. Frances, T. Sullivan et al., "Comorbidity of Borderline Personality Disorder," *Archives of General Psychiatry* 45 (1988): 348-52.

35 F. W. Putnam, *Diagnosis and Treatment of Multiple Personality Disorder* (New York: Guilford Press, 1989); C. A. Ross, S. D. Miller, P. Reagor et al., "Structured Interview Data on 102 Cases of Multiple Personality Disorder from Four Centers," *American Journal of Psychiatry* 147 (1990): 596-601.

36 R. P. Horevitz and B. G. Braun , "Are Multiple Personalities Borderline?" *Psychiatric Clinics of North America*

7 (1984): 69-87.

37 F. W. Putnam, J. J. Guroff, E. K. Silberman et al., "The Clinical Phenomenology of Multiple Personality Disorder: Review of 100 Recent Cases," *Journal of Clinical Psychiatry* 47 (1986): 285-93.

38 R. P. Kluft, "First-Rank Symptoms as a Diagnostic Clue to Multiple Personality Disorder," *American Journal of Psychiatry* 144 (1987): 293-98.

39 J. L. Herman, J. C. Perry, and B. van der Kolk, "Childnhood Trauma in Borderline Personality Disorder," *American Journal of Psychiatry* 146 (1989): 490-95.

40 E. L. Bliss, "Hysteria and Hypnosis," *Journal of Nervous and Mental Disease* 172 (1984): 203-06, T. E. Othmer and C. DeSouza, "A Screening Test for Somatization Disorder (Hysteria)," *American Journal of Psychiatry* 142 (1985): 1146-49.

41 F. T. Melges and M. S. Swartz, "Oscillations of Attachment in Borderline Personality Disorder," *American Journal of Psychiatry* 146(1989): 1115-20.

42 M. Zanarini, J. Gunderson, F. Frankenburg et al., "Discrimnating Borderline Personality Disorder from Other Axis II Disorders," *American Journal of Psychiatry* 147 (1990): 161-67.

43 J. Gunderson, *Borderline Personality Disorder* (Washington, D.C.: American Psychiatric Press, 1984),40.

44 G. Adler, *Borderline Psychopathology and Its Treatment* (New York: Jason Aronson, 1985), 4.

45 R. P. Kluft, "Incest and Subsequent Revictimization: The Case of Therapist-Patient Sexual Exploitation, with a Description of the Sitting Duck Syndrome," in *Incest-Related Syndromes of Adult Psychopathology*, ed. R. P. Kluft (Washington, D.C.: American Psychiatric Press, 1990), 263-88.

46 若要全面地回顧身體型疾患的相關文獻，請見 R. J. Loewenstein, "Somatoform Disorders in Victims of Incest and Child Abuse," in Kluft, *Incest Related Syndromes*, 75-112.

47 E. L. Bliss, *Multiple Personality, Allied Disorders, and Hypnosis* (New York: Oxford University Press, 1986); Putnam, *Diagnosis and Treatment.*

48 O. Kernberg, "Borderline Personality Organization," *Journal of the American Psychoanalytic Association* 15 (1967): 641-85.

49 Kluft, *Childhood Antecedents*; Putnam et al., "Clinical Phenomenology"; Bliss, *Multiple personality*; Ross, Miller, Reagor et al., "Structured Interview Data."

50 Putnam et al., "Clinical Phenomenology."

51 Herman et al., "Childhood Trauma."

52 Briere and Zaidi, "Sexual Abuse Histories"; M. C. Zanarini, J. G. Gunderson, M. F. Marino et al., "Childhood Experiences of Borderline Patients," *Comprehensive Psychiatry* 30 (1989): 18-25; D. Westen, P. Ludolph, B. Misle et al., "Physical and Sexual Abuse in Adolescent Girls with Borderline Personality Disorder," *American Journal of Orthopsychiatry* 60 (1990): 55-66; S. N. Ogata, K. R. Silk, S. Goodrich et al., "Childhood Sexual and Physical Abuse in Adult Patients with Borderline Personality Disorder," *American Journal of Psychiatry* (1990) 1008-13; G. R. Brown and B. Anderson, "Psychiatric Morbidity in Adult Inpatients with Childhood Histories of Sexual and Physical Abuse," *Amercian Journal of Psychiatry* 148

(1991): 55-61.
53 F. M. Mai and H. Merskey, "Briquet's Treatise on Hysteria: Synopsis and Commentary," *Archives of General Psychiatry* 37 (1980): 1401-05, quote on 1402.
54 J. Morrison, "Childhood Sexual Histories of Women with Somatization Disorder," *American Journal of Psychiatry* 146 (1989): 239-41.
55 私人通訊，Barbara, 1989.
56 訪談內容，Tani, 1986.
57 私人通訊，Hope, "A Poem for My Family," 1981.

7 治療關係 A Healing Relationship

1 E. Erikson, *Childhood and Society*, 2nd ed. (New York: Norton, 1963).
2 訪談內容，Tani, 1986.
3 A. Kardiner and A. Spiegel, *War, Stress, and Neurotic Illness* (rev. ed. *The Traumatic Neuroses of War*) (New York: Hoeber, 1947), 361-62.
4 M. Symonds, "Victim Responses to Terror: Understanding and Treatment," in *Victims of Terrorism*, ed. F. Ochberg and D. Soskis (Boulder, CO: Westview, 1982) 95-103.
5 E. Stark and A. Flitcraft, "Personal Power and Institutional Victimization: Treating the Dual Trauma of Woman Battering," in *Post-Traumatic Therapy and Victims of Violence*, ed. F. Ochberg (New York: Brunner/Mazel, 1988), 115-51, quotes on 140-41.
6 R. A. Kulka, W. E. Schlenger, J. A. Fairbank et al., *Trauma and the Vietnam War Generation* (New York: Brunner/Mazel, 1990.)
7 Y. Danieli, "Psychotherapists' Participation in the Conspiracy of Silence about the Holocaust," *Psychoanalytic Psychology* 1 (1984): 23-42, quote on 36.
8 Kardiner and Spiegel, *War, Stress*, 390.
9 O. Kernberg, *Severe Personality Disorders: Psychotherapeutic Strategies* (New Haven: Yale University Press, 1984), 119.
10 Ibid., 114.
11 E. Lister, "Forced Silence: A Neglected Dimension of Trauma," *American Journal of Psychiatry* 139 (1982): 872-76.
12 R. J. Waldinger and J. G. Gunderson, *Effective Psychotherapy with Borderline Patients: Case Studies* (Washington, D.C.: American Psychiatric Press, 1987), case of Martha, 34-35.
13 T. O'Brien, *The Things They Carried* (Boston: Houghton Mifflin, 1990), 227-28.
14 J. A. Chu, "Ten Traps for Therapists in the Treatment of Trauma Survivors," *Dissociation* 1 (1988): 24-32.
15 H. Hendin and A. P. Haas, *Wounds of War: The Psychological Aftermath of Combat in Vietnam* (New York, Basic Books, 1984)

16 D. S. Rose, "'Worse than death': Psychodynamics of Rape Victims and the Need for Psychotherapy," *American Journal of Psychiatry* 143 (1986): 817-24.

17 O. Kernberg, M. A. Selzer, H. Koenigsberg, A. C. Carr et al., *Psychodynamic Psychotherapy of Borderline Patients* (New York: Basic Books, 1989), 75.

18 E. Tanay, "Psychotherapy with Survivors of Nzai Persecution," in *Massive Psychic Trauma*, ed. H. Krystal (New York: International Universities Press, 1968), 225.

19 F. Putnam, *Diagnosis and Treatment of Multiple Personality Disorder* (New York: Guilford Press, 1989), 178-79.

20 Waldinger and Gunderson, *Effective Psychotherapy*, case of Jennifer, 128.

21 Putnam, *Multiple Personality Disorder.*

22 I. L. McCann and L. A. Pearlman, "Vicarious Traumatization: A Framework for Understanding the Psychological Effects of Working with Victims," *Journal of Traumatic Stress* 3 (1990): 131-50.

23 Danieli, "Psychotherapists' Participation in Conspiracy of Silence."

24 Y. Fischman, "Interacting with Trauma: Clinicians' Responses to Treating Psychological Aftereffects of Political Repression," *American Journal of Orthopsychiatry* 61 (1991): 179-85.

25 Putnam, *Multiple Personality Disorder.*

26 L. Comas-Diaz and A. Padilla, "Countertransference in Working with Victims of Political Repression," *American Journal of Orthopsychiatry* 60 (1990):125-34.

27 Krystal, *Massive Psychic Trauma*, 142.

28 J. T. Maltsberger and D. H. Buie, "Countertransference Hate in the Treatment of uicidal Patients," *Archives of General Psychiatry* 30 (1974): 625-33, quote on 627.

29 L. Shengold, Soul Murder: *The Effects of Childhood Abuse and Deprivation* (New Haven: Yale University Press, 1989), 290.

30 Danieli, "Psychotherapists' Participation in Conspiracy of Silence."

31 R. Mollica, "The Trauman Story: Psychiatric Care of Refugee Survivors of Violence and Torture," in *Post-Traumatic Therapy and Victims of Violence*, ed. F. Ochberg (New York: Brunner/Mazel, 1988), 295-314, quote on 300.

32 S. Haley, "When the Patient Reports Atrocities. Special Treatment Considerations of the Vietnam Veteran," *Archives of General Psychiatry* 30 (1974): 191-96, quote on 194.

33 R. S. Shrum, *The Psychotherapy of Adult Women with Incest Histories: Therapists' Affective Responses* (Ph.D. diss., University of Massachusetts, 1989).

34 Krystal, *Massive Psychic Trauma*, 140-41.

35 Danieli, "Psychotherapists' Participation in Conspiracy of Silence."

36 E. Bliss, *Multiple Personality, Allied Disorders, and Hypnosis* (New York: Oxford University Press, 1986), 213.

37 J. Goodwin, *At the Acropolis: A Disturbance of Memory in a Context of Theoretical Debate* (unpublished ms., Department of Psychiatry, Medical College of Wisconsin, Milwaukee, 1989).

38 H. Searles, "The Countertransference with the Borderline Patient," in *Essential Papers on Borderline Disorders: One Hundred Years at the Border*, ed. M. Stone (New York: New York University Press, 1986), 498-526.
39 Waldinger and Gunderson, *Effective Psychotherapy*, case of Jennifer, 114.
40 Kernberg et al., *Psychodynamic Psychotherapy*, 103.
41 訪談內容，Melissa, 1987.
42 訪談內容，J. Wolfe and T. Keane, 11 January 1991.
43 J. Chu, "Ten Traps for Therapists."
44 Kernberg, *Severe Personality Disorders*; Kernberg et al., Psychodynamic Psychotherapy.
45 P. Ziegler, Interview, 1986. See also P. Ziegler, *The Recipe for Surviving the First Year with a Borderline Patient* (unpublished ms., Department of Psychiatry, Cambridge Hospital, Cambridge, MA, 1985).
46 Ann, letter to the editor, *American Journal of Psychiatry* 147 (1990): 1391.
47 Waldinger and Gunderson, *Effective Psychotherapy*.
48 Danieli, "Psychotherapists' Participation in Conspiracy of Silence."
49 例如可見 Comas-Diaz and Padilla, "Countertransference."
50 Goodwin, *At the Acropolis*.
51 D. R. Jones, "Secondary Disaster Victims: The Emotional Effects of Recovering and Identifying Human Remains." *American Journal of Psychiatry* 142 (1985): 303-07.
52 McCann and Pearlman, "Vicarious Traumatization."
53 Comas-Diaz and Padilla, "Countertransference."
54 Erikson, *Childhood and Society*, 169.

8 安全感 Safety

1 O. van der Hart, P. Brown, and B. A. van der Kolk, "Pierre Janet's Treatment of Post-Traumatic Stress." *Journal of Traumatic Stress* 2 (1989): 379-95; R. M. Scurfield, "Post-trauma Stress Assessment and Treatment: Overview and Formulations," in C. R. Figley, *Trauma and Its Wake*, vol. 1 (New York: Brunner/Mazel, 1985), 219-56; F. Putnam, *Diagnosis and Treatment of Multiple Personality Disorder* (New York: Guilford Press, 1989).
2 D. P. Brown and E. Fromm, Hypnotherapy and Hypnoanalysis (Hillsdale, NJ: Lawrence Erlbaum, 1986); E. R. Parson, "Post-Traumatic Self Disorders: Theoretical and Pracitical Considerations in Psychotherapy of Vietnam War Veterans," in *Human Adaptation to Extreme Stress*, ed. J. P. Wilson, Z. Harel, and B. Kahana (New York: Plenum, 1988), 245-83; Putnam, *Multiple Personality Disorder*.
3 S. Sgroi, "Stages of Recovery for Adult Survivors of Child Sexual Abuse," in *Vulnerable Populations*, vol. 2, ed. S. Sgroi (Lexington, MA: D. C. Heath, 1989), 11-130.
4 L. S. Schwartz, "A Biopsychosocial Treatment Approach to PTSD," *Journal of Traumatic Stress* 3 (1990):

221-38.

5 Putnam, *Multiple Personality Disorder.*

6 R. P. Kluft, "The Natural History of Multiple Personality Disorder," in *Childhood Antecedents of Multiple Personality Disorder*, ed. *R. P. Kluft* (Washington, D.C.: American Psychiatric Press, 1984), 197-238.

7 A. Holen, *A Long-Term Outcome Study of Survivors from a Disaster* (Oslo, Norway: University of Oslo Press, 1990); idem, "Surviving a Man-Made Disaster: Five-Year Follow Up of an Oil-rig Collapse" (Paper presented at Boston Area Trauma Study Group, March 1988).

8 舉例來說，就有學者討論過亂倫的後續影響，初步的條列整理可見J. Herman, *Fater-Daughter Incest* (Cambridge: Harvard University Press, 1981).

9 I. Agger and S. B. Jensen, "Testimony as Ritual and Evidence in Psychotherapy for Political Refugees," *Journal of Traumatic Stress* 3 (1990): 115-30, quote on 124.

10 引述自 T. Beneke, *Men on Rape* (New York: St. Martin's Press, 1982), 137.

11 J. Davidson, S. Roth, and E. Newman, "Fluoxetine in PTSD," *Journal of Traumatic Stress* 4 (1991): 419-24; P. J. Markovitz, J. R. Calabrese, S. C. Schulze et al.: "Fluoxetine in the Treatment of Borderline and Schizotypal Personality Disorders," *American Journal of Psychiatry* 148 (1991): 1064-67; J. Shay, "Fluoxetine Reduces Explosiveness and Elevates Mood of Vietnam Combat Veterans with PTSD," *Journal of Traumatic Stress* 5 (1992), in press; B. A. van der Kolk, preliminary data, controlled study of fluoxetine in PTSD (Trauma Clinic, Massachusetts General Hospital, Boston, MA, 1991).

12 關於PTSD精神藥理學的回顧，可參見M. Friedman, "Biological Approaches to the Diagnosis and Treatment of PTSD," *Journal of Traumatic Stress* 4 (1991): 69-72; J. M. Silver, D. P. Sandberg, and R. E. Hales, "New Approaches in the Pharmacotherapy of Posttraumatic Stress Disorder," *Journal of Clinical Psychiatry* 51, supplement (1990): 33-38.

13 在創傷事件中，家庭成員扮演什麼角色，探討文章可見C. Figley, ed., *Treating Stress in Families* (New York: Brunner/Mazel, 1990).

14 J. Schorer, *It Couldn't Happen to Me: One Woman's Story* (Des Moines, IA: *Des Moines Register* reprint 1990), 6.

15 D. G. Kilpatrick, L. J. Veronen, and P. A. Resick, "The Aftermath of Rape: Recent Empirical Findings," *American Journal of Orthopsychiatry* 49 (1979): 658-69.

16 L. Ledray, *The Impact of Rape and the Relative Efficacy of Guide-to-Goals and Supportive Counseling as Treatment Models for Rape Victims* (Ph.D. diss., University of Minnesota, Minneapolis, 1984).

17 M. P. Koss and M. R. Harvey, *The Rape Victim: Clinical and Community Interventions* (Beverly Hills, CA: Sage, 1991).

18 G. L. Belenky, S. Noy, and Z. Solomon, " Battle Factors, Morale, Leadership, Cohesion, Combat Effectiveness, and Psychiatric Casualties," in *Contemporary Studies in Combat Psychiatry*, ed. G. L. Belenky (Westport, CT: Greenwood Press, 1987).

19 D. Rose, " 'Worse than Death': Psychodynamics of Rape Victims and the Need for Psychotherapy," *American Journal of Psychiatry* 143 (1986): 817-24; Z. Solomon, *The Never-Ending Battle* (unpublished ms.,

Mental Health Department, Israeli Defense Forces, 1990).
20 J. Gunderson, *Borderline Personality Disorder* (Washington, D.C.: American Psychiatric Press, 1984), 54.
21 S. Schechter, *Guidelines for Mental Health Practitioners in Domestic Violence Cases* (Washington, D.C.: NationalCoalition Against Domestic Violence, 1987).
22 關於這類處理程序的原型，可參見D. Adams, "Treatment Models of Men Who Batter," in K. Yllo and M. Bograd, *Feminist Perspectives on Wife Abuse* (Beverly Hills, CA: Sage, 1988), 176-99.
23 E. Schatzow and J. Herman, "Breaking Secrecy: Adult Survivors Disclose to Their Families," *Psychiatric Clinics of North America* 12 (1989): 337-49.

9 回顧與哀悼 Remembrance and Mourning

1 R. Mollica, "The Trauman Story: The Psychiatric Care of Refugee Survivors of Violence and Torture," in *Post-Traumatic Therapy and Victims of Violence*, ed. F. Ochberg (New York: Brunner/Mazel, 1988), 295-314.
2 F. Snider, Presentation at Boston Area Trauma Study Group (1986).
3 S. Freud, "Remembering, Repeating, and Working-Through (Further Recommendations on the Technique of Psycho-Analysis, II," [1914]) in *Standard Edition*, vol. 12, trans. J. Strachey (London: Hogarth Press, 1958), 145-56。在這篇論文中，佛洛伊德也第一次提到「重複性強迫衝動」(repetition compulsion)的概念，後來他也有更進一步說明，參見"Beyond the Pleasure Principle."
4 Y. Danieli, "Treating Survivors and Children of Survivors of the Nazi Holocaust," in *Post-Traumatic Therapy*, ed. F. Ochberg, 278-94, quote on 286.
5 訪談內容，J. Wolfe and T. Keane, January 1991.
6 L. McCann and L. Pearlman, *Psychological Trauma and the Adult Survivor: Theory, Therapy, and Transformation* (New York: Brunner/Mazel, 1990).
7 Breuer and Freud, "Studies on Hysteria," [1893-95] in *Standard Edition*, vol. 2, trans. J. Strachey (London: Hogarth Press, 1955), 6.
8 關於這種當下與過去時態同時存在的感覺，更詳細的描述請見V. Rozynko and H. E. Dondershine, "Trauma Focus Group Therapy for Vietnam Veterans with PTSD," *Psychotherapy* 28 (1991): 157-61.
9 The term is from R. Janoff-Bulman, "The Aftermath of Victimization: Rebuilding Shattered Assumptions," in *Trauma and Its Wake*, ed. C. Figley (New York: Brunner/Mazel, 1985), 135.
10 訪談內容，Karen, 1986.
11 O. van der Hart, P. Brown, and B. van der Kolk, "Pierre Janet's Treatment of Post-Traumatic Stress," *Journal of Traumatic Stress* 2 (1989): 379-96.
12 S. Hill and J. M. Goodwin, *Freud's Notes on a Seventeenth Century Case of Demonic Possession: Understanding the Uses of Exorcism* (unpublished ms., Department of Psychiatry, Medical College of Wisconsin,

Milwaukee, 1991).
13 I. Agger and S. B. Jensen, "Testimony as Ritual and Evidence in Psychotherapy for Political Refugees," *Journal of Traumatic Stress* 3 (1990): 115-30.
14 Mollica, "The Trauma Story," quote on 312.
15 T. M. Keane, J. A. Fairbank, J. M. Caddell ed al., "Implosive (Flooding) Therapy Reduces Symptoms of PTSD in Vietnam Combat Veterans," *Behavior Therapy* 20 (1989): 245-60.
16 A. J. Cienfuegos and C. Monelli, "The Testimony of Political Repression as a Therapeutic Instrument," *American Journal of Orthopsychiatry* 53 (1983): 43-51, quote on 50.
17 Agger and Jensen, "Testimony as Ritual."
18 Cienfuegos and Monelli, "Testimony of Political Repression."
19 T. Keane將此成果發表於1990年6月在哈佛醫學院的心理創傷研討會。
20 近日，類似的治療計畫也用在參戰退伍軍人身上，也肯定了Keane的研究成果，參見P. A. Boudeyns, L. Hyer, M. Woods et al., "PTSD Among Vietnam Veterans: An Early Look at Treatment Outcome Using Direct Therapeutic Exposure," *Journal of Traumatic Stress* 3 (1990): 359-68.
21 W. Owen, letter to his monther, February 1918，引述自P. Fussell, *The Great War and Modern Memory* (London: Oxford University Press, 1975), 327.
22 S. Freud, "The Aetiology of Hysteria," [1896] in *Standard Edition*, vol. 3, trans. J. Strachey (London: Hogarth Press, 1962), 191-221, quote on 205.
23 訪談內容，S. Simone, 1991.
24 D. Brown and E. Fromm, *Hypnotherapy and Hypnoanalysis* (Hillsdale NJ: Lawrence Erlbaum, 1986).
25 訪談內容，S. Moore, 16 November 1990.
26 R. Kluft, Course on Treatment of Multiple Personality Disorder, Annual Meeting of the American Psychiatric Association, San Francisco, CA, May 1989.
27 A. Shalev, T. Gali, S. Schreiber, and R. Halamish, *Levels of Trauma: A Multidimensional Approach to the Psychotherapy of PTSD* (unpublished ms., Center for Traumatic Stress, Hadassah Hospital, Jerusalem, Israel, 1991).
28 R. F. Mollica, G. Wyshak, J. Lavelle et al., "Assessing Symptom Change in Southeast Asian Refugee Survivors of Mass Violence and Torture," *American Journal of Psychiatry* 147 (1990): 83-88.
29 關於哀悼所產生的心理動力，相關討論請見*The Anatomy of Bereavement* (New York: Basic Books,1984); C. M. Parkes, *Bereavement: Studies of Grief in Adult Life* (London: Tavistock, 1986).
3 Danieli, "Treating Survivors," 282.
31 訪談內容，Claudia, 1972.
32 R. S. Laufer, E. Brett, and M. S. Gallops, "Symptom Patterns Associated with Post-Traumatic Stress Disorder Among Vietnam Veterans Exposed to War Trauma," *American Journal of Psychiatry* 142 (1985): 1304-11.
33 從無能為力的怒火轉變成義憤填膺，特別感謝我母親條列整理出這個心理過程，請見H. B.

Lewis, *Shame and Guilt in Neurosis* (NewYork: International Universities Press, 1971); H. B. Lewis, "Shame: The'Sleeper' in Psychopathology," in H. B. Lewis, *The Role of Shame in Symptom Formation* (Hillsdale, NJ: Lawrence Erlbaum, 1987), 1-28.

34 L. Shengold, *Soul Murder: The Effects of Childhood Abuse and Deprivation* (New Haven: Yale University Press, 1989), 315.

35 Danieli, "Treating Survivors," 287.

36 訪談內容，S. Abdulali, 1991。在1991年的訪談中，Terence Keane也提到，對創傷故事感到「無聊」也象徵受害者已沒有遺憾了。

10 重建連結 Reconnection

1 M. H. Stone, "Individual Psychotherapy with Victims of Incest," *Psychiatric Clinics of North America* 12 (1989): 237-56, quote on 251-52.

2 引述自 E. Bass and L. Davis, *The Courage to Heal: A Guide for Women Survivors of Child Sexual Abuse* (New York: Harper & Row, 1988), 163.

3 訪談內容，M. Soalt, Model Mugging of Boston, 7 December 1990.

4 訪談內容，M. Soalt, 1990.

5 J. Goodwin, "Group Psychotherapy for Victims of Incest," *Psychiatric Clinics of North America* 12 (1989): 279-93, quote on 289.

6 M. Horowitz, *Stress Response Syndromes* (Northvale, NJ: Jason Aronson, 1986), 136.

7 R. J. Lifton, *Home from the War. Vietnam Veterans: Neither Victims nor Executioners* (New York: Simon & Schuster, 1973), 287.

8 引述自 E. Schatzow and J. Herman, "Breaking Secrecy: Adult Survivors Disclose to Their Families," *Psychiatric Clinics of North America* 12 (1989): 337-49, quote on 348.

9 G. NiCarthy, *Getting Free: A Hanbook for Women in Abusive Relationships* (Seattle, WA: Seal Press, 1982), 238.

10 Saphyre，引述自 Bass and Davis, *The Courage to Heal,* 264.

11 引述自 Bass and Davis, *The Courage to Heal,* 166.

12 L. Lovelace and M. McGrady, *Ordeal* (Secaucus, NJ: Citadel, 1980), 253.

13 Susan, in the Elizabeth Stone House Newsletter (Boston, MA, 1990).

14 NiCarthy, *Getting Free*, 254.

15 J. V. Becker, L. J. Skinner, G. G. Abel et al., "Time-Limited Therapy with Sexually Dysfunctional Sexually Assaulted Women," *Journal of Social Work and Human Sexuality* 3 (1984): 97-115.

16 L. Davis, *The Courage to Heal Workbook: For Women and Men Survivors of Child Sexual Abuse* (New York: Harper & Row, 1990), 441.

17 M. Norman, *These Good Men: Friendships Forged from War* (New York: Crown, 1990), 301-02.

18 N. Sharansky, *Fear No Evil*, trans. Stefani Hoffman (New York: Random House, 1988), 360.
19 私人通訊，E. M. D., 1984.
20 訪談內容，S. Buel, 1991.
21 訪談內容，K. Smith, 1991.
22 H. Arendt, *Eichmann in Jerusalem: A Report on the Banality of Evil*, 2nd ed. (New York: Penguin Books, 1964), 261.
23 訪談內容，S. Simone, 1991.
24 訪談內容，S. Buel, 21 May 1991.
25 訪談內容，Marcie, 1989.
26 E. Kahana, B. Kahana, Z. Harel et al., "Coping with Extreme Trauma," in *Human Adaptation to Extreme Stress: From the Holocaust to Vietnam*, ed. J. Wilson, Z. Harel, and B. Kahana (New York: Plenum, 1988), 55-80; W. Opden velde, P. R. Falger, H. de Groen et al., "Current Psychiatric Complaints of Dutch Resistance Veterans from World War II: A Feasibility Study," *Journal of Traumatic Stress* 3 (1990): 351-58.
27 訪談內容，Beth, 1986.
28 R. Rhodes, *A Hole in the World: An American Boyhood* (New York: Simon & Schuster, 1990), 269.
29 M. R. Harvey, *An Ecological View of Psychological Trauma* (unpublished ms., Cambridge Hospital, Cambridge, MA, 1990).
30 S. Fraser, *My Father's House: A Memoir of Incest and Healing* (New York: Harper & Row, 1987), 253.

11 共同性 Commonality

1 P. Levi, *Survival in Auschwitz: The Nazi Assault on Humanity*, trans. Stuart Woolf (New York: Collier, 1961), 145.
2 I. D. Yalom, *The Theory and Practice of Group Psychotherapy*, 3rd ed. (New York: Basic Books, 1985).
3 M.Harvey, "Group Treatment for Survivors," in M. Koss and M. Harvey, *The Rape Victim: Clinical and Community Interventions* (Beverly Hills, CA: Sage, 1991), 205-44.
4 B. A. van der Kolk, "The Role of the Group in the Origin and Resolution of the Trauma Response," in *Psychological Trauma*, ed., B. A. van der Kolk (Washington, D.C.: American Psychiatric Press, 1987), 153-72.
5 訪談內容，K. Smith, 1991.
6 Group follow-up questionnaire, 1984.
7 Yalom, *Group Psychotherapy*, 45.
8 Group follow-up questionnaire, 1984.
9 Group follow-up questionnaire, 1987.
10 Group follow-up questionnaire, 1986.
11 訪談內容，K. Smith, 1991.

12 L. H. Bowker, "The Effect of Methodology on Subjective Estimates of the Differential Effectiveness of Personal Strategies and Help Sources Used by Battered Women," in G. H. Hotaling, D. Finkelhor, J. T. Kirkpatrick et al., *Coping with Family Violence: Research and Policy Perspectives* (Beverly Hills, CA: Sage), 1988, 80-92.

13 J. L. Walker and J. L. Nash, "Group Therapy in the Treatment of Vietnam Combat Veterans," *International Journal of Group Therapy* 31 (1981): 379-89.

14 Y. Danieli, "Treating Survivors and Children of Survivors of the Nazi Holocaust," in F. Ochberg, *Post-Traumatic Therapy and Victims of Violence* (New York: Brunner/Mazel, 1988), 278-94.

15 R. Mollica, presentation to Boston Area Trauma Study Group, 1988.

16 J. Yassen and L. Glass, "Sexual Assault Survivor Groups," *Social Work* 37 (1984): 252-57.

17 A. Shalev, *Debriefing Following Traumatic Exposure* (unpublished ms., Center for Traumatic Stress, Hadassah University Hospital, Jerusalem, Israel, 1991).

18 C. Dunning的演講，1991年發表於波士頓地區創傷研究社（Boston Area Trauma Study Group）。

19 1981年的團體追蹤問卷（Group follow-up questionnaire）。

20 M. Bean, "Alcoholics Anonymous," *Psychiatric Annals* 5 (1975): 5-64.

21 R. Flannery, "From Victim to Survivor: A Stress-Management Approach in the Treatment of Learned Helplessness," in van der Kolk, *Psychological Trauma*, 217-32.

22 E. R. Parson, "The Unconscious History of Vietnam in the Group: An Innovative Multiphasic Model for Working through Authority Transferences in Guilt-Driven Veterans," *International Journal of Group Psychotherapy* 38 (1988): 275-301, quote on 285.

23 J. L. Herman and E. Schatzow, "Time-Limited Group Therapy for Women with a History of Incest," *International Journal of Group Psychotherapy* 34 (1984): 605-16.

24 J. O. Brende, "Combined Individual and Group Therapy for Vietnam Veterans," *International Journal of Group Psychotherapy* 31 (1981): 367-78; Walker and Nash, "Treatment of Vietnam Combat Veterans"; Parson, "Unconscious History of Vietnam."

25 V. Rozynko and H. E. Dondershine, "Trauma Focus Group Therapy for Vietnam Veterans with PTSD," *Psychotherapy* 28 (1991): 157-61; Walker and Nash, "Treatment of Vietnam Combat Veterans."

26 舉例來說，目前有個亂倫受害者互助團體，成員全都是女性，可是領導組合卻是資深男性精神分析師配上資淺女性心理學家，參見R. Ganzarain and B. Buchele, *Prisoners of Incest: A Perspective from Psychoanalysis and Groups* (Madison, CT: International Universities Press, 1988).

27 Yalom, Group Psychotherapy; J. P. Wilson , Trauma, *Transformation and Healing: An Integrative Approach to Theory, Research, and Post-Traumatic Therapy* (New York: Brunner/Mazel, 1990).

28 J. L. Herman and E. Schatzow, "Recovery and Verification of Memories of Childhood Sexual Trauma," *Psychoanalytic Psychology* 4 (1987): 1-14.

29「想像的禮物」的主意來自以色列心理學家Orit Nave。

30 Survivor group farewell ceremony, Somerville, MA, 1984.
31 Y. Fischman and J. Ross, "Group Treatment of Exiled Survivors of Torture," *American Journal of Orthopsychiatry* 60 (1990): 135-42.
32 Danieli, "Treating Survivors."
33 Group follow-up questionnaire, 1988.
34 R. M. Scurfield, S. K. Kenderdine, and R. J. Pollard, "Inpatient Treatment for War-Related Post-Traumatic Stress Disorder: Initial Findings on a Longer-Term Outcome Study," *Journal of Traumatic Stress* 3 (1990): 185-202.
35 P. M. Coons and K. Bradley, "Group Psychotherapy with Multiple Personality Patients," *Journal of Nervous and Mental Disease* 173 (1985): 515-21.
36 J. V. Becker, L. J. Skinner, G. G. Abel, and J. Cichon, "Time-Limited Therapy with Sexually Dysfunctional Sexually Assaulted Women," *Journal of Social Work and Human Sexuality* 3 (1984): 97-115, quote on 98.
37 訪談內容，M. Soalt, 1990.
38 S. Fraser, *My Father's House: A Memoir of Incest and Healing* (New York: Harper & Row, 1987), 253.
39 關於人際取向心理治療團體的基本模式，完整的說明請見 Yalom, *Group Psychotherapy*.
40 R. Rhodes, *A Hole in the World: An American Boyhood* (New York: Simon & Schuster, 1990), 15.

後記　創傷的辯證不停歇
Afterword: The Dialectic of Trauma Continues (2015)

1 比起其他威權體制國家，如伊朗、中國、俄羅斯，美國所關押的本國人民比例最高，參見M. Alexander, *The New Jim Crow: Mass Incarceration in the Age of Colorblindness* (New York: New Press, 2011).
2 D. R. Rubinow, "Out of Sight, Out of Mind: Mental Illness Behind Bars," *American Journal of Psychiatry* 171 (2014): 1041-44.
3 J. Risen, *Pay Any Price: Greed, Power, and Endless War* (New York: Houghton Mifflin, 2014).
4 Risen在前引文章中有詳細談到，美國心理學會如何更改它的倫理規章，以提供掩護，讓旗下的心理學家參與審問被拘留的嫌犯；在紐倫堡審判中，他們都以「只是服從命令」來辯解自己惡名昭彰的行為。相反地，美國精神醫學學會與美國醫學學會的倫理規章就明白規定，嚴厲禁止自己的會員參與審訊，請見K. G. Pope and T. G. Gutheil, "Contrasting Ethical Policies of Physicians and Psychologists Concerning Detainee Interrogations," *British Medical Journal* 338 (2009): 1653。我的同事Ken Pope，他是多本基礎心理學教科書的共同作者，曾是美國心理學會的成員，也擔任過其倫理委員會的主席，他之所以從此組織辭職，就是為了抗議它自行更改倫理政策。
5 P. Klay, "Redeployment," in *Redeployment* (New York: Penguin, 2014), 12.
6 D. T. Armeni, "A Soldier Fights Off the Cold," *New York Times,* May 11, 2014, SR11.
7 M. K. Nock, C. A. Deming, C. S. Fullerton et al., "Suicide Among Soldiers: A Review of Psychosocial

Risk and Protective Factors," *Psychiatry* 76 (2013): 97-125.

8 J. J. Fultona, P. S. Calhouna, H. R. Wagnera, et al., "The Prevalence of Posttraumatic Stress Disorder in Operation Enduring Freedom/Operation Iraqi Freedom (OEF/OIF) Veterans: A Meta-Analysis," *Journal of Anxiety Disorders* 31 (2015): 98-107.

9 C. W. Hoge, C. A. Castro, S. C. Messer, D. McGurk, D. I. Cotting, and R. L. Koffman, "Combat Duty in Iraq and Afghanistan, Mental Health Problems, and Barriers to Care," *New England Journal of Medicine* 351 (2004): 13-22.

10 R. A. Kulka, W. E. Schlenger, J. A. Fairbank et al., *National Vietnam Veterans Readjustment Study (NVVRS): Description, Current Status, and Initial PTSD Prevalence Estimates* (Washington, DC: Veterans Administration, 1988), https://crownschool.uchicago.edu/sites/default/files/uploads/KULKA.pdf.

11 B. P. Dohrenwend, T. J. Yager, M. M. Wall et al., "The Roles of Combat Exposure, Personal Vulnerability and Involvement in Harm to Civilians or Prisoners in Vietnam War-related Posttraumatic Stress Disorder," *Clinical Psychological Science* 1 (2013): 223-38.

12 R. J. Lifton, *Home from the War: Vietnam Veterans-Neither Victims Nor Executioners* (New York: Simon & Schuster, 1973).

13 B. Carey, "Combat Stress Among Veterans Is Found to Persist Since Vietnam," *New York Times,* August 8, 2014, A14.

14 Figures from Department of Defense website, www.defense.gov.

15 D. Dickerson, *An American Story* (New York: Pantheon, 2000), 120-22.

16 C. P. Smith and J. J. Freyd, "Institutional Betrayal," *American Psychologist* 69 (2014): 575-87.

17 R. Kimerling, K. Gima, M. W. Smith et al., "The Veterans Healtth Administration and Military Sexual Ttauman," *American Journal of Public Health* 97 (2007): 2160-66.

18 相對地，在男性的部分，大約2%表示自己曾遭人強暴，14%說自己曾遭親密伴侶嚴重施暴，還有6%說自己曾被人跟蹤，詳見M. J. Breiding, S. G. Smith, K. C. Basile et al., "Prevalence and Characteristics of Sexual Violence, Stalking, and Intimate Partner Violence Victimization－National Intimate Partner and Sexual Violence Survey, United States, 2011," *Morbidity and Mortality Weekly Report,* Center for Disease Control and Prevention, September 5, 2014.

19 P. Tjaden and N. Thoennes, *Prevalence, Incidence, and Consequences of Violence Against Women: Findings From the National Violence Against Women Survey* (Washington, DC: U.S. Department of Justice, 1998), https://www.ojp.gov/pdffiles/172837.pdf.

20 Tanya Somanader, "President Obama Launches the 'It's on Us' Campaign to End Sexual Assault on Campus," *What's Happening* (blog), White House, September 19, 2014, https://obamawhitehouse.archives.gov/blog/2014/09/19/president-obama-launches- its-us-campaign-end-sexual-assault-campus.

21 S. Sinozich and L. Langton, *Special Report: Rape and Sexual Assault Victimization Among College-Age Females, 1995-2013*, U.S. Department of Justice, Bureau of Justice Statistics, December 14, 2014, NCJ248471, https://bjs.ojp.gov/content/pub/pdf/rsavcaf9513.pdf.

22 大學校方很少會通報警方。在一個罕見的案例中，校方有確實通報，讓強暴者最終接受審判並定罪。當時，有幾個美式足球隊的成員集體強暴一個意識不清的女性。施暴者自信滿滿，相信自己有資格這麼做，其中三個共犯甚至還用手機錄下強暴的過程。從畫面中，我們看到帶頭的一邊笑，一邊發保險套，還慫恿隊員們趕快加入。此案參見Blinder and R. Perez-Pena, "Vanderbilt Rape Convictions Stir Dismay and Denial," *New York Times,* January 28, 2015.

23 Investigative Staff of the *Boston Globe, Betrayal: The Crisis in the Catholic Church* (New York: Little, Brown, 2002).

24 我的同事法蘭克・普特南（Frank Putnam）身兼精神醫學與兒童醫學教授，他提到，只要一有童年身體受虐的爭議案例出現，就會有人指證歷歷，說那些受害者都是類似的「說謊慣犯」。就算證據確鑿，不同年紀受害者從X光上都可看到多處骨折，這些「專家」還是辯解說，那是一種人為疾患（fictitious syndrome），稱為「暫時性易碎骨頭症」（Temporary Brittle Bone Disease）。總之，只要一有受虐兒童的相關議題，社會上就會有人一直否認，程度甚至超出我們的想像。（作者與普特南於2014年11月4日的私人通訊。）

25 C. Dalenberg, "Recovered Memory and the Daubert Criteria: Recovered Memory as Professionally Tested, Peer Reviewed and Accepted in the Relevant Scientific Community," *Trauma, Violence and Abuse* 7 (2006): 274-301. See also B. A. van der Kolk, "The Unbearable Heaviness of Remembering," in *The Body Keeps the Score: Brain, Mind and Body in the Healing of Trauma* (New York: Viking, 2014), 184-99.

26 D. Brown, "Neuroimaging of Posttraumatic Stress Disorder and Dissociative Disorders" (unpublished manuscript, 2014).

27 J. H. Krystal, L. P. Karper, J. P. Seibyl et al., "Subanesthetic Effects of the Noncompetitive NMDA Antagonist, Ketamine, in Humans: Psychotomimetic, Perceptual, Cognitive and Neuroendocrine Responses," *Archives of General Psychiatry* 51 (1994): 199-213.

28 M. Teicher, K. Rabi, Y. S. Sheu et al., "Neurobiology of Childhood Trauma and Adversity," in *The Impact of Early Life Trauma on Health and Disease: The Hidden Epidemic,* ed. R. A. Lanius, E. Vermetten, and C. Pain (New York: Cambridge University Press, 2010), 112-22.

29 A. N. Schore, "Biological Approaches to Early Life Trauma," in Lanius, Vermeeten, and Pain, *Impact of Early Life Trauma,* 142-47. Dr. Schore is the author of a major, threevolume work integrating psychoanalytic theory, developmental psychology, and neuroscience: *Affect Regulation and the Origin of the Self* (New York: Routledge, 1994); *Affect Dysregulation and Disorders of the Self* (New York: W. W. Norton, 2003); and *Affect Regulation and the Repair of the Self* (New York: W. W. Norton, 2003).

30 M. W. Miller, E. J. Wolf, and T. M. Keane, "Posttraumatic Stress Disorder in DSM-5: New Criteria and Controversies," *Clinical Psychology: Science and Practice* 21 (2014): 208-20.

31 V. J. Felitti, R. F. Anda, D. Nordenberg et al., "The Relationship of Adult Health Status to Childhood Abuse and Household Dysfunction," *American Journal of Preventive Medicine* 14 (1998): 245-58.

32 S. R. Dube, R. F. Anda, V. J. Felitti et al., "Childhood Abuse, Household Dysfunction, and the Risk of Attempted Suicide Throughout the Life Span: Findings from the Adverse Childhood Experience Study,"

Journal of the American Medical Association 286 (2001): 3089-96.

33 V. J. Felitti, Foreword to Lanius, Vermetten, and Pain, *Impact of Early Life Trauma*, xiii.

34 這個治療模式稱為「跨出憂鬱」(Moving Beyond Depression),可以間接地當作預防措施,因為母親產後憂鬱是導致孩童受虐與被忽視的重大危險因子。(作者與普特南於2014年11月4日的私人通訊。)

35 P. K. Trichett, J. G. Noll, and F. W. Putnam, "The Impact of Sexual Abuse on Female Development: Lessons from a Multigenerational, Longitudinal Research Study," *Development and Psychopathology* 23 (2011): 453-76, quote on page 468.

36 例子可見D. L. Olds, "The Nurse-Family Partnership: An Evidence-Based Preventive Intervention," *Infant Mental Health Journal* 27 (2006): 5-25.

37 J. Bowlby, *Attachment and Loss*, vol. 1, *Attachment* (New York: Basic Books, 1969).

38 C. George and J. Solomon, "Attachment and Caregiving: The Caregiving Behavioral System," in *Handbook of Attachment: Theory, Research, and Clinical Applications*, ed. J. Cassidy and P. R. Shaver (New York: Guilford, 1999), 649-70.

39 I. Bretherton and K. A. Mulholland, "Internal Working Models in Attachment Relationships: Elaborating a Central Construct in Attachment Theory," in *Handbook of Attachment: Theory, Research, and Clinical Applications*, 2nd ed., ed. J. Cassidy and P. R. Shaver (New York: Guilford, 2008). 102-28.

40 J. Bowlby, *A Secure Base: Parent-Child Attachment and Healthy Human Development* (New York: Basic Books, 1988).

41 M. D. S. Ainsworth, M. C. Blehar, E. Waters et al., *Patterns of Attachment: A Psychological Study of the Strange Situation* (Hillsdale, NJ:Erlbaum, 1978).

42 K. Lyons-Ruth and M. A. Easterbrooks, "Assessing Mediated Models of Family Change in Response to Infant Home Visiting: A Two-Phase Longitudinal Analysis," *Infant Mental Health Journal* 27 (2006): 55-69.

43 利昂斯－魯斯與作者的私人通訊。

44 L. Dutra, J.-F. Bureau, B. Holmes et al., "Quality of Early Care and Childhood Trauma: A Prospective Study of Developmental Pathways to Dissociation," *Journal of Nervous and Mental Disease* 197 (2009): 383.

45 K. Lyons-Ruth, J.-F. Bureau, B. Holmes et al., "Borderline Symptoms and Suicidality/Self-Injury in Late Adolescence: Prospectively Observed Relationship Correlates in Infancy and Childhood," *Psychiatry Research* 206 (2013): 273-81.

46 E. A. Carlson, B. Egeland, and L. A. Sroufe, "A Prospective Investigation of the Development of Borderline Personality Symptoms," *Development and Psychopathology* 21 (2009): 1311-34.

47 Y. Erturk, *15 Years of the United Nations Special Rapporteur on Violence Against Women (1994-2009)—A Critical Review*, UN Office of the High Commissioner for Human Rights, 2009, Document #A/HRC/11/6/Add5.

48 近日的研究統計出,在美國有通報後的強暴案中,只有13%最後被判為性犯罪,詳見

K. Daly and B. Bonhours, "Rape and Attrition in the Legal Process: A Comparative Analysis of Five Countries," *Crime and Justice* 39 (2010): 485-565.

49 J. L. Herman, "Justice from the Victim's Perspective," *Violence Against Women* 11 (2005): 571- 602.

50 U.S. Department of Education, "U.S. Department of Education Releases List of Higher Education Institutions with Open Title IX Sexual Violence Investigations," news release, May 1, 2014.

51 心理學家Mary Koss是美國研究校園強暴的專家。她首創以受害者為中心的修復式正義（victim-centered restorative justice）模型，以作為回應強暴控訴的措施之一。詳見M. P. Koss, J. K. Wilgus, and K. M. Williamsen, "Campus Sexual Misconduct: Restorative Justice Approaches to Enhance Compliance with Title IX Guidance," *Trauma, Violence, and Abuse* 15 (2014): 242-57.

52 關於天主教會中發生的兒童性虐待，最齊全的資料庫是由非營利組織「主教問責」（Bishop Accountability）負責維護管理，參見www.BishopAccountability.org.

53 J. M. Chu, *Rebuilding Shattered Lives: Treating Complex PTSD and Dissociative Disorders,* 2nd ed. (New York: J. Wiley & Sons, 2011); C. A. Courtois and J. D. Ford, *Treatment of Comples Trauma: A Sequenced, Relationship-Based Approach* (New York: Guilford, 2013).

54 E. H. Erikson, *Childhood and Society* (New York: W. W. Norton, 1950).

55 Institute of Medician, *Treatment of Posttraumatic Stress Disorder: An Assessment of the Evidence* (Washington, DC: National Academies Press, 2008).

56 A. McDonagh, M. Friedman, G. McHugo et al., "Randomized Trial of Cognitive-Behavioral Therapy for Chronic Posttraumatic Stress Disorder in Adult Female Survivors of Childhood Sexual Abuse," *Journal of Clinical and Consulting Psychology* 73 (2005): 515-24; J. D. Ford and P. Kidd, "Early Childhood Trauma and Disorders of Extreme Stress as Predictors of Treatment Outcome with Chronic Posttraumatic Stress Disorder," *Journal of Traumatic Stress* 11(1998): 743-61; P. P. Schnurr, M. J. Friedman, C. Engel et al., "Cognitive Behavioral Therapy for Posttraumatic Stress Disorder in Women: A Randomized Controlled Trial,"*Journal of the American Medical Association* 297 (2007): 820-30; R. Bradley, J. Greene, E. Russ et al., "A Multidimensional Meta-Analysis of Psychotherapy for PTSD," *American Journal of Psychiatry* 162 (2005): 214-27.

57 K. H. Seal, S. Maguen, B. Cohen et al., "VA Mental Health Services Utilization in Iraq and Afghanistan Veterans in the First Year of Receiving New Mental Health Diagnoses," *Journal of Traumatic Stress* 23 (2010): 5-16.

58 D. J. Morris, "After PTSD, More Trauma," *New York Times,* January 18, 2015, SR1.

59 E. M. Seppala, J. B. Nitschke, D.L. Tudorascu et al., "Breathing-Based Meditation Decreases Posttraumatic Stress Disorder Symptoms in US Military Veterans: ARandomized Controlled Study," *Journal of Traumatic Stress* 27 (2014): 397-405; B. van der Kolk, L. Stone, J. West et al., "Yoga as an Adjunctive Therapy for PTSD," *Journal of Clinical Psychiatry* 75 (2014): 559-65.

60 van der Kolk, *Body Keeps the Score,* 273.

61 D. Frost, K. M. Laska, and B. E. Wampold, "The Evidence for Present-Centered Therapy as a Treatment

for Posttraumatic Stress Disorder," *Journal of Traumatic Stress* 27 (2014): 1-8.
62 M. Cloitre, K. Chase Stovall-McClough, K. Nooner et al., "Treatment for PTSD Related to Childhood Abuse: Arandomized Controlled Trial," *American Journal of Psychiatry* 167 (2010): 915-24.
63 可見F. Leischenring and S. Rabung, "Effectiveness of Long-Term Psychodynamic Psychotherapy: A Meta-Analysis," *JAMA: Journal of The American Medical Association* 300 (2008): 1551-65.
64 P. Fonagy and A. Bateman, "The Development of Borderline Personality Disorder—A Mentalizing Model," *Journal of Personality Disorders* 22 (2008): 4-21, quote on 5.
65 A. Bateman and P. Fonagy, "Eight-Year Follow-Up of Patients Treated for Borderline Personality Disorder: Mentalization-Based Treatment Versus Treatment as Usual," *American Journal of Psychiatry* 165 (2008): 631-38.
66 A. Bateman and P. Fonagy, "Randomized-Controlled Trial of Outpatient Mentalization-Based Treatment Versus Structured Clinical Management for Borderline Personality Disorder," *American Journal of Psychiatry* 166 (2009): 1355-64.
67 J. Allen, *Restoring Mentalizing in Attachment Relationships: Treating Trauma with Plain old Therapy* (Washington, DC: American Psychiatric Publishing, 2013), 197.
68 Ibid., 193.
69 Ibid., 202.
70 C. B. Truax and P. R. Carkhuff, *Toward Effective Counseling and Psychotherapy* (Chicago: Aldine, 1967).
71 B. E. Wampold, Z. E. Imel, K. M. Laska et al., "Determining What Works in the Treatment of PTSD," *Clinical Psychology Review* 30 (2010): 923-33.
72 B. E. Wampold, *The Great Psychotherapy Debate: Models, Methods, and Findings.* (Mahwah, NJ: Erlbaum, 2001).
73 可參見J. L. Herman, "Craft and Science in the Treatment of Traumatized People," *Journal of Trauma and Dissociation* 9 (2008): 293-300.
74 想要更了解這一點，請參見A. O. Horvath, A. C. D. Re, C. Fluckiger et al., "Alliance in Individual Psychotherapy," in *Psychotherapy Relationships That Work: Evidence-Based Responsiveness,* 2nd ed., ed. J. C. Norcross and M. J. Lambert (New York: Oxford University Press, 2011), 25-69.
75 K. M. Laska, A. S. Gurman, and B. E. Wampold, "Expanding the Lens of Evidence-Based Practice in Psychotherapy: A Common Factors Perspective," *Psychotherapy* 51 (2014): 467-81.
76 B. Brand and R. Loewenstein, "Does Phasic Trauma Treatment Make Patients with Dissociative Identity Disorder More Dissociative?" *Journal of Trauma and Dissociation* 15 (2014): 52-65.
77 M. Mendelsohn, R. Zachary, and P. Harney, "Group Therapy as an Ecological Bridge to New Community," *Journal of Aggression, Maltreatment and Trauma* 14 (2007): 227-43.
78 M. T. Shea, M. McDevitt-Murphy, D. J. Ready et al., "Group Therapy," in *Effective Treatments for PTSD: Practice Guidelines from the International Society for Traumatic Stress Studies,* 2nd ed., ed. E. B. Foa, T. M. Keane, M. J. Friedman et al., (New York: Guilford, 2009), 306-26.

79 P. P. Schnurr, M. J. Friedman, D. W. Foy et al., "Randomized Trial of Trauma-Focused Group Therapy for Posttraumatic Stress Disorder," *Archives of General Psychiatry* 60 (2003): 481-88.

80 L. M. Najavits, *Seeking Safety: A Treatment Manual for PTSD and Substance Abuse* (New York: Guilford, 2002).

81 R. A. Desai, I. Harpat-Rotem, L. M. Najavits et al., "Impact of Seeking Safety Program on Clinical Outcomes Among Homeless Female Veterans with Psychiatric Disorders," *Psychiatric Services* 59 (2008): 996-1003; D. A. Hien, L. R. Cohen, G. M. Miele et al., "Promising Treatments for Women with Comorbid PTSD and Substance Abuse Disorders," *American Journal of Psychiatry* 161 (2004): 1426-32; L. M. Najavits, R. D. Weiss, S. R. Shaw et al., "Seeking Safety': Outcome of a New Cognitive-Behavioral Psychotherapy for Women with Posttraumatic Stress Disorder and Substance Dependence," *Journal of Traumatic Stress* 11 (1998): 437-56.

82 M. Mendelsohn, J. L Herman, E. Schatzow et al., *The Trauma Recovery Group: A Guide for Practitioners* (New York: Guilford, 2011).

83 Ibid., 103.

結語 Epilogue (2022)

1 K. T. Putnam, W. W. Harris, and F. W. Putnam, "Synergistic Childhood Adversities and Complex Adult Psychopathology," *Journal of Traumatic Stress* 26 (2013): 435-42; K. Lyons-Ruth, J.-F. Bureau, B. Holmes et al. "Borderline Symptoms and Suicidality/Self- Injury in Late Adolescence: Prospectively Observed Relationship Correlates in Infancy and Early Childhood," *Journal of Psychiatric Research* 206 (2013): 273-81, doi: 10.1016/j.psychres.2012.09.030.

2 J. D. Ford, "Why We Need a Developmentally Appropriate Trauma Diagnosis for Children: A 10 Year Update on Developmental Trauma Disorder," *Journal of Child and Adolescent Trauma* (November 2021), https://doi.org/10.1007/s40653-021-00415-4.

3 例子可見J. D. Ford and C. A. Courtois, eds., *Treating Complex Traumatic Stress Disorder in Adults: Scientific Foundations and Therapeutic Models*, 2nd ed. (New York: Guilford, 2020).

4 C. A. Gutner, M. W. Gallagher, A. S. Baker et al., "Time Course of Treatment Dropout in Cognitive-Behavioral Therapies for Posttraumatic Stress Disorder," *Psychological Trauma* 8 (2016): 115-21.

5 M. Bohus, N. Kleindienst, C. Hahn et al., "Dialectical Behavior Therapy for Posttraumatic Stress Disorder (DBT-PTSD) Compared with Cognitive Processing Therapy (CPT) in Complex Presentations of PTSD in Women Survivors of Childhood Abuse: A Randomized Clinical Trial," *JAMA Psychiatry* 77 (2020): 1235-45, doi: 10.1001/jamapsychiatry.2020.2148.

6 J. C. Norcross, ed., *Psychotherapy Relationships That Work: Evidence-Based Responsiveness* (New York: Oxford University Press, 2011).

7 M. Bunn, J. Marsh, and A. Haidar, "Sharing Stories Eases Pain: Core Relational Processes of a

Group Intervention with Syrian Refugees in Jordan," *Journal for Specialists in Group Work*, doi: 10.1080/01933922.2021.2000084.

8 J. Herman, D. Kalliavayalil, L. Glass, B. Hamm et al., *Group Trauma Treatment in Early Recovery: Promoting Safety and Self-Care* (New York: Guilford, 2018).

9 M. Mendelsohn, J. L. Herman, E. Schatzow et al., *The Trauma Recovery Group: A Guide for Practitioners* (New York: Guilford, 2011).

10 S. Fisher, *Neurofeedback in the Treatment of Developmental Trauma: Calming the Fear-Driven Brain* (New York: W. W. Norton, 2014).

11 R. C. Kluetsch, T. Ros, J. Theberge et. al. "Plastic Modulation of PTSD Resting-State Networks and Subjective Well-Being by EEG Neurofeedback," *Acta Psychiatrica Scandinavica* 130 (2014): 1-14, doi: 10.1111.acps.12229; C. Imperatori, G. Della Marca, N. Amoroso et al., "Alpha/Theta Neurofeedback Increases Mentalization and Default Mode Network Connectivity in a Non-Clinical Sample," *Brain Topography* 30 (2017): 822-31, doi: 10.1007/s10548-017-0593-8.

12 B. van der Kolk, H. Hodgdon, M. Gapen et al., "A Randomized Controlled Study of Neurofeedback for Chronic PTSD," *Plos One*, December 16, 2016, doi:10.1372/journal.pone0166752.

13 作者與范德寇於2021年11月27日的私人通訊。

14 可參見F. Putnam, *The Way We Are: How States of Mind Influence Our Identities, Personality, and Potential for Change* (New York: International Psychoanalytic Books, 2016).

15 可參見M. Pollan, *How to Change Your Mind: What the New Science of Psychedelics Teaches Us About Consciousness, Dying, Addiction, Depression, and Transcendence* (New York: Penguin Random House, 2018).

16 J. M. Mitchell, M. Bogenschutz, A. Lilienstein et al., "MDMAAssisted Psychotherapy for Severe PTSD: A Randomized, Double-Blind, Placebo-ontrolled Phase 3 Study," *Nature Medicine* 27 (2021): 1025-33.

17 M. Mithoefer, "The Evolving Science of the Use of Psychedelic Substances in the Treatment of PTSD" (workshop, Trauma Research Foundation Conference, May 26, 2021).

左岸|心靈 346

創傷與復原（30週年紀念版）

性侵、家暴和政治暴力倖存者的絕望及重生

Trauma and Recovery: The Aftermath of Violence—From Domestic Abuse to Political Terror

作　　者　茱蒂絲・赫曼（Judith Herman）
譯　　者　施宏達、陳文琪、向淑容

總 編 輯　黃秀如
責任編輯　孫德齡
企畫行銷　蔡竣宇
封面設計　EDO
電腦排版　宸遠彩藝

社　　長　郭重興
發 行 人　曾大福
出　　版　左岸文化／遠足文化事業股份有限公司
發　　行　遠足文化事業股份有限公司
　　　　　23141新北市新店區民權路108-2號9樓
電　　話　02-2218-1417
傳　　真　02-2218-8057
客服專線　0800-221-029
E-Mail　rivegauche2002@gmail.com
左岸臉書　https://www.facebook.com/RiveGauchePublishingHouse/
團購專線　讀書共和國業務部　02-22181417分機1124

法律顧問　華洋法律事務所　蘇文生律師
印　　刷　成陽印刷股份有限公司
初　　版　2018年05月
二版一刷　2023年02月
定　　價　520元
I S B N　9786267209202（平裝）
　　　　　9786267209240（EPUB）
　　　　　9786267209233（PDF）

國家圖書館出版品預行編目資料

創傷與復原：性侵、家暴和政治暴力倖存者的絕望及重生 / 茱蒂絲・赫曼(Judith Herman)著；施宏達、陳文琪、向淑容譯. -- 二版. -- 新北市：左岸文化出版：遠足文化事業有限公司發行，2023.02

424面；14.8 x 21公分. -- (左岸心靈；346)

譯自：Trauma and recovery: the aftermath of violence: from domestic abuse to political terror

ISBN 978-626-7209-20-2(平裝)

1. 創傷後障礙症　2. 心理治療
3. Post-traumatic stress disorder.
4. Post-traumatic stress disorder-Treatment.

178.8　　112001004